中国休闲农业年鉴

2018

农业农村部乡村产业发展司　主编

中国农业出版社

中国优质农产品开发服务协会
休闲农业与乡村旅游分会简介

　　休闲农业与乡村旅游分会是中国优质农产品开发服务协会的直属分支机构，主要开展以下工作：组织行业培训、规划设计、技术咨询、信息交流、会展招商；参与有关行业发展以及相关的政府决策论证，提出有关经济产业政策和立法的建议；制定本行业质量规范、技术规程、服务标准；加强行业诚信自律，健全会员诚信自律管理制度、信用评价和认证制度；参与地方或国家有关行业标准的制定；开展行业统计、行业调查，发布行业信息，出具公信证明，价格协调，开展行业准入资格、资质审核等工作；开展国内外经济技术交流与合作；开展法律、法规、规章和分会章程规定的相关活动。

　　会员主要有：从事休闲农业与乡村旅游专业合作社、农家乐经营户和休闲农庄，旅游、休闲农业行政管理部门，休闲农业及乡村旅游规划科研、教学、设计机构，其他与休闲农业及乡村旅游相关的机构。

全国首个新乡村主义实践区
——江苏宜兴白塔村

规划设计单位：江苏东方景观设计研究院有限公司

　　随着乡村旅游、田园综合体、特色小镇和乡村振兴政策的不断提出，国家对休闲农业和乡村旅游发展愈来愈重视。作为有着"全国休闲农业与乡村旅游示范点""江苏最具魅力休闲乡村"等15项荣誉称号的白塔村，在2018年宜兴西渚茶禅小镇成功申报的背景下，将依托茶文化、禅宗文化、田园文化，通过三产相互融合来打造一处集循环农业、创意农业、农事体验、禅宗养生于一体的休闲农业与乡村旅游好去处。

　　白塔村乡村旅游规划以西渚镇白塔村整个村域为研究范围，总面积为7.54平方千米。规划重点片区是张戴路南侧与云溪路西侧，面积为2.09平方千米。白塔村地处无锡市西侧、环太湖经济带西侧，是上海3小时都市圈、"苏锡常"金三角的重要部分，被杭州都市圈和南京都市圈环绕，是宁杭生态经济带新兴中心城市，区位优势明显，交通便利，资源丰富。规划中秉承生态可持续发展原则、产品开发特色化原则、产业融合互动原则、配套管理升级完善原则，全面梳理白塔村现有的乡土肌理，总结现有生态植被种类，保护原有的水乡田园，挖掘白塔村文化优势，充分融入禅宗文化与茶文化、竹文化元素，开发农事体验、禅宗养生、田园休闲的旅游产品，依据产品配套的相关服务设施，搭建必要的生态建筑景观，景观建筑搭配将注重原生性，最终打造成保持原汁原味的田园综合体的新白塔模式。

　　规划本着"绿色、生态、智慧"的开发理念，依托现有的乡土田园资源，充分挖掘农耕文化、禅文化、红色文化、陶文化、竹文化元素，通过"三生"融合、"三产"联动的智慧、科技手段，真正实现以"禅养、休闲、度假"为主题的具备田园休闲、文化科普、禅宗养生、生态度假、创意农业、智慧农业等功能的智慧型新乡村主义实践区、乡村振兴示范区、江苏省五星级乡村旅游点、宜居宜游的田园小镇、长三角知名的禅宗养生度假旅游目的地、国内知名的田园综合体、全国休闲农业与乡村旅游示范点。

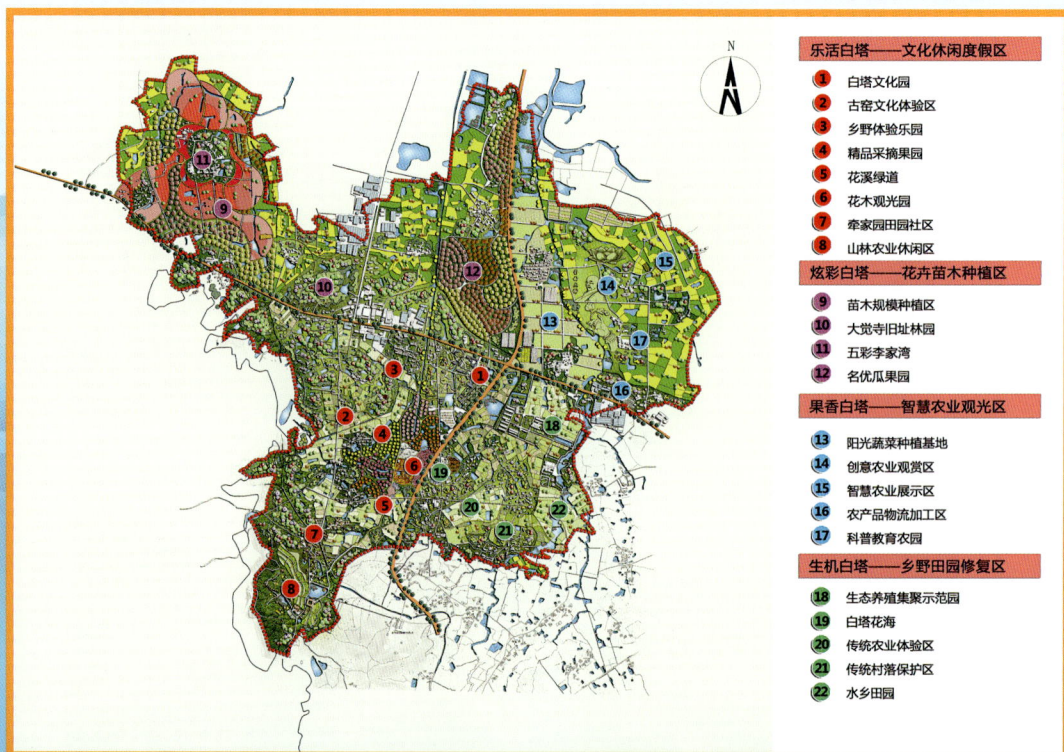

总平面图

　　白塔村以"忆古追今、乐活白塔"为形象战略，突出"一个核心（白塔文化园）、打造两条廊带（云溪路禅宗旅游带、张戴路交通串联带）、联动四大组团"的动态发展格局，形成乐活白塔——文化休闲度假区、炫彩白塔——花卉苗木种植区、果香白塔——智慧农业观光区、生机白塔——乡野田园体验区四大功能板块，策划24个旅游大项目，串联多条旅游线路，并与周边景点联合营销，采取农民为主，政府、村集体、各方企业等多方合作的管理模式，将白塔村的休闲农业与乡村旅游推向高潮，真正实现白塔村的乡村振兴。

鸟瞰图

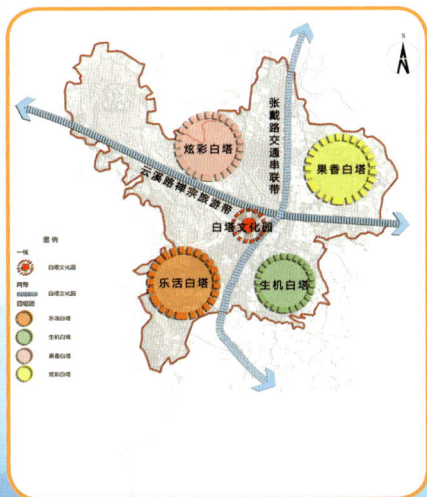

空间结构图

国民小学效果图

种植设计图

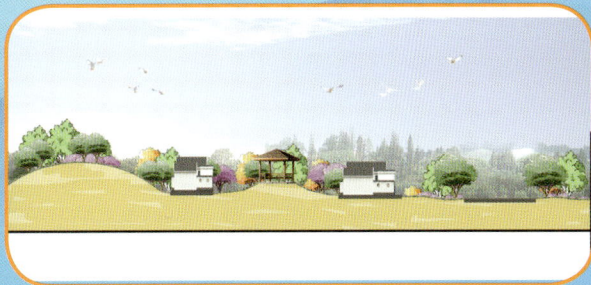

山体景观剖面图

农业生态修复型田园综合体
——儒春田园综合体规划

规划设计单位：江苏东方景观设计研究院有限公司

总体鸟瞰图

儒春田园综合体位于广西壮族自治区北海市铁山港区南康镇伞塘村，规划面积627.5公顷。项目所在地区位优势显著，交通便利，资源丰富，气候温暖湿润。规划区目前以农业种植为主，主要农作物有水稻、甘蔗、木薯、玉米、花生、西瓜等，特色农业以豆角种植、对虾养殖为主，种类丰富，为农业发展和推广提供了良好的基础。同时，依托南康镇（首批中国特色小镇）独特的文化底蕴，丰富的文化活动，以及非物质文化遗产（花灯、社戏等），促进特色乡村文化的发展。

在整体规划中依托现有的生态农业资源，并且与当地历史人文资源、生态植被资源相结合，以生态保护为先，以最小干预为前提，以国家农业园为基础，以南康镇本土文化体验为特色，以互联网+为技术支撑，致力于打造南康镇伞塘村特色鲜明的乡村旅游地和田园度假地、生态保护的农业示范地、现代化操作的科技前沿地、高校人才实验集聚地。

规划分为五大片区，即核心区、拓展区1、拓展区2、外延区和示范区。项目一期建设计划围绕东区3 000亩核心区展开。核心区利用现有地形，充分发挥其空间转换与衔接功能，以原住民生活区域为核心，利用原始的田野和村庄，将农业生产、乡村生活、农耕文化体验相结合，参照生态休闲和乡土文化旅游模式，以农业种植、规模农业、特色农业为主要产业。

外延区（农业种植区）位于规划区中西部腹地，规划为农业科技生产区，主要作为规模农业、特色农业的生产区域以及农业试验田的所在区，承担鲜活农产品生产的重任，同时，为合作高校的农业试验田提供场地。配置符合当地气候条件的高价值热带水果和蔬菜，果实成熟期覆盖整个夏秋旺季，在进行农业生产的同时，吸引游客持续前来进行农业主题旅游。

示范区（科研农业新模式示范）位于规划区西部，是二期建设的主要区域。示范区规划以农业产业为核心，是高科技农业科研的集聚区和农产品产业链深化的区域。与高校深度合作进行高科技农业研究，同时发展农副产品加工及物流配送和光伏科技产业。此外，规划的农业综合管理中心也位于此区域，对田园综合体内的农业发展进行统一管理，在后期规划引入智能化农业系统。

拓展区（美丽乡村）位于规划区东北部，引入"田园+养老"的休闲农业庄园模式，发展客户托管式和游客体验式小片开放农田。

拓展区（主题农业互动区）位于核心区东侧，主要以田园项目为主，在提供农业产值的同时为游客提供动物、农作物、花田野趣等相关亲子活动。

规划过程中围绕田园综合体的发展定位，将规模化的现代农业与乡村旅游综合体结合，以国家级田园综合体和国家农业公园为目标，打造中国乡村休闲和农业观光的升级版，实现农业旅游的高端形态。围绕可持续发展理念，牢牢把握田园综合体试点的要求，重点抓好生产体系、产业体系、经营体系、生态体系、服务体系、运行体系等六大支撑体系建设。同时，融入低碳环保的理念，致力于将规划区打造成一个涵盖园林化的乡村景观、生态化的郊野田园、产业化的组织形式、现代化的农业生产区等内容的田园综合体试点村。

现状农耕图

功能分区图

目　　录

发展概况

全国休闲农业概况 …………………………… 3
中国重要农业文化遗产发掘保护工作 ……… 4
全国休闲农业和乡村旅游示范创建活动 …… 5
全国休闲农业和乡村旅游精品景点线路
　推介 ………………………………………… 5
中国美丽休闲乡村推介活动 ………………… 6

各地概况

北京市 ………………………………………… 11
　主要做法及成效 …………………………… 11
天津市 ………………………………………… 12
　主要做法及成效 …………………………… 12
山西省 ………………………………………… 13
　主要做法及成效 …………………………… 13
内蒙古自治区 ………………………………… 15
　主要做法及成效 …………………………… 15
　存在问题 …………………………………… 15
辽宁省 ………………………………………… 16
　基本情况 …………………………………… 16
　主要做法 …………………………………… 16
吉林省 ………………………………………… 18
　主要做法及成效 …………………………… 18
黑龙江省 ……………………………………… 20
　基本情况 …………………………………… 20
　主要做法及成效 …………………………… 20
　存在问题 …………………………………… 21

江苏省 ………………………………………… 22
　主要做法及成效 …………………………… 22
　存在问题 …………………………………… 23
浙江省 ………………………………………… 23
　主要做法及成效 …………………………… 23
安徽省 ………………………………………… 26
　主要成效及特点 …………………………… 26
　主要做法 …………………………………… 26
　存在问题 …………………………………… 27
福建省 ………………………………………… 28
　主要做法及成效 …………………………… 28
　存在问题 …………………………………… 29
江西省 ………………………………………… 30
　主要做法及成效 …………………………… 30
　存在问题 …………………………………… 31
山东省 ………………………………………… 31
　基本情况 …………………………………… 31
　主要做法 …………………………………… 32
河南省 ………………………………………… 33
　主要成效 …………………………………… 33
　主要做法 …………………………………… 33
　存在问题 …………………………………… 34
湖北省 ………………………………………… 34
　基本情况 …………………………………… 34
　主要做法及成效 …………………………… 34
　存在问题 …………………………………… 35
湖南省 ………………………………………… 36
　主要成效 …………………………………… 36
　主要做法 …………………………………… 37
广东省 ………………………………………… 39

　　主要做法及成效 ………………… 39
　　存在问题 …………………………… 40
广西壮族自治区 ……………………… 41
　　基本情况 …………………………… 41
　　主要做法及成效 ………………… 41
　　存在问题 …………………………… 43
海南省 ………………………………… 43
　　主要做法及成效 ………………… 43
　　存在问题 …………………………… 44
重庆市 ………………………………… 45
　　主要成效 …………………………… 45
　　主要做法 …………………………… 46
四川省 ………………………………… 47
　　主要成效 …………………………… 47
　　主要做法 …………………………… 47
　　存在问题 …………………………… 48
贵州省 ………………………………… 49
　　主要做法及成效 ………………… 49
云南省 ………………………………… 51
　　发展成效 …………………………… 51
　　主要做法 …………………………… 52
西藏自治区 …………………………… 53
　　发展成效 …………………………… 53
　　主要做法 …………………………… 53
　　存在问题 …………………………… 54
甘肃省 ………………………………… 54
　　基本情况 …………………………… 54
　　主要做法 …………………………… 55
　　发展成效 …………………………… 55
　　存在问题 …………………………… 56
青海省 ………………………………… 56
　　主要做法及成效 ………………… 56
宁夏回族自治区 ……………………… 57
　　发展成效 …………………………… 57
　　主要做法 …………………………… 58
　　存在问题 …………………………… 61
新疆维吾尔自治区 …………………… 61
　　基本情况 …………………………… 61
　　主要做法 …………………………… 62
青岛市 ………………………………… 62
　　主要做法及成效 ………………… 62
　　存在问题 …………………………… 63
厦门市 ………………………………… 64
　　主要做法及成效 ………………… 64

新疆生产建设兵团 …………………… 66
　　发展成效 …………………………… 66
　　主要做法 …………………………… 67
　　存在问题 …………………………… 69

国外发展概况及动向

国外发展概况及动向 ………………… 73
　　巴西 ………………………………… 73
　　马来西亚 …………………………… 78
　　俄罗斯 ……………………………… 81
　　日本 ………………………………… 83
　　英国 ………………………………… 84

中国重要农业文化遗产

河北迁西板栗复合栽培系统 ………… 89
河北兴隆传统山楂栽培系统 ………… 89
山西稷山板枣生产系统 ……………… 89
内蒙古伊金霍洛旗农牧生产系统 …… 90
吉林柳河山葡萄栽培系统 …………… 90
吉林九台五官屯贡米栽培系统 ……… 91
江苏高邮湖泊湿地农业系统 ………… 91
江苏无锡阳山水蜜桃栽培系统 ……… 91
浙江德清淡水珍珠传统养殖与利用系统 … 92
安徽铜陵白姜生产系统 ……………… 92
安徽黄山太平猴魁茶文化系统 ……… 92
福建福鼎白茶文化系统 ……………… 93
江西南丰蜜橘栽培系统 ……………… 93
江西广昌传统莲作文化系统 ………… 94
山东章丘大葱栽培系统 ……………… 94
河南新安传统樱桃种植系统 ………… 94
湖南新田三味辣椒种植系统 ………… 95
湖南花垣子腊贡米复合种养系统 …… 95
广西恭城月柿栽培系统 ……………… 95
海南海口羊山荔枝种植系统 ………… 96

全国休闲农业与乡村旅游
示范县、示范点

山西省芮城县 ………………………… 99
内蒙古自治区伊金霍洛旗 …………… 100
吉林省汪清县 ………………………… 101
黑龙江省五常市 ……………………… 103
江苏省徐州市贾汪区 ………………… 106

浙江省衢州市柯城区 …………… 107
安徽省休宁县 …………………… 109
福建省寿宁县 …………………… 112
江西省南丰县 …………………… 114
山东省诸城市 …………………… 116
河南省卢氏县 …………………… 119
湖北省大冶市 …………………… 122
湖南省平江县 …………………… 125
广东省珠海市斗门区 …………… 128
重庆市涪陵区 …………………… 130
四川省遂宁市船山区 …………… 131
云南省丽江市古城区 …………… 135
陕西省石泉县 …………………… 138
甘肃省天水市秦州区 …………… 140
青岛市即墨区 …………………… 142
新疆生产建设兵团第一师 7 团 … 143

中国美丽休闲乡村

特色民居村（41 个） ………… 150
北京市平谷区黄草洼村 ………… 150
河北省邯郸市永年区东街村 …… 150
河北省秦皇岛市北戴河区北戴河村 … 150
河北省滦平县小城子村 ………… 151
吉林省吉林市丰满区孟家村 …… 151
吉林省东辽县朝阳村 …………… 151
黑龙江省同江市八岔赫哲族村 … 151
上海市嘉定区毛桥村 …………… 152
上海市金山区水库村 …………… 152
上海市青浦区蔡浜村 …………… 152
江苏省宜兴市张阳村 …………… 153
江苏省苏州市吴中区旺山村 …… 153
江苏省连云港市赣榆区谢湖村 … 153
浙江省长兴县顾渚村 …………… 154
浙江省嘉善县汾南村 …………… 154
安徽省潜山县官庄村 …………… 154
福建省南靖县书洋镇 …………… 155
江西省井冈山市神山村 ………… 155
江西省广昌县姚西村 …………… 155
江西省萍乡市安源区红旗分场 … 155
山东省滨州市经济技术开发区狮子
　刘村 ………………………… 156
山东省淄博市淄川区朱水湾村 … 156
河南省西平县芦庙村 …………… 156

湖北省南漳县峡口村 …………… 156
湖北省神农架林区红花朵村 …… 157
湖北省来凤县石桥村 …………… 157
湖南省龙山县捞车河村 ………… 157
广西壮族自治区容县龙镇村 …… 157
四川省武胜县观音桥村 ………… 158
四川省平昌县龙尾村 …………… 158
贵州省贞丰县纳孔村 …………… 158
云南省腾冲市银杏村 …………… 159
西藏自治区江孜县玉堆村 ……… 159
西藏自治区林芝市巴宜区唐地村 … 159
陕西省商洛市商州区江山村 …… 159
甘肃省嘉峪关市河口村 ………… 160
青海省西宁市城北区晋家湾村 … 160
新疆维吾尔自治区新源县肖尔布拉
　克新村 ……………………… 160
大连市庄河市马道口村 ………… 161
青岛市崂山区晓望社区 ………… 161
青岛市黄岛区大泥沟头村 ……… 161

特色民俗村（35 个） ………… 162
北京市延庆区南湾村 …………… 162
北京市大兴区魏庄村 …………… 162
北京市顺义区河北村 …………… 162
山西省灵丘县上北泉村 ………… 163
内蒙古自治区托克托县郝家窑村 … 163
内蒙古自治区克什克腾旗小红山子
　嘎查 ………………………… 163
辽宁省东港市大鹿岛村 ………… 164
吉林省通化县老岭村 …………… 164
江苏省南京市江宁区孟墓社区 … 164
浙江省开化县龙门村 …………… 165
安徽省绩溪县尚村 ……………… 165
福建省漳浦县大埔村 …………… 165
山东省莱州市初家村 …………… 166
山东省长岛县北城村 …………… 166
湖南省洞口县宝瑶村 …………… 166
广东省翁源县南塘村 …………… 166
海南省儋州市铁匠村 …………… 167
海南省陵水县坡村 ……………… 167
重庆市梁平区聚宝村 …………… 167
四川省平武县桅杆村 …………… 168
四川省阿坝县神座村 …………… 168
贵州省荔波县水甫村 …………… 168
云南省建水县西庄镇 …………… 169

西藏自治区隆子县斗玉村 …………… 169
陕西省宜君县淌泥河村 ……………… 169
陕西省佳县赤牛圪村 ………………… 170
甘肃省平凉市崆峒区西沟村 ………… 170
青海省湟中县卡阳村 ………………… 170
宁夏回族自治区吴忠市利通区牛家
　坊村 ………………………………… 171
宁夏回族自治区隆德县新和村 ……… 171
宁夏回族自治区中卫市沙坡头区鸣
　沙村 ………………………………… 171
新疆维吾尔自治区焉耆回族自治县
　下岔河村 …………………………… 172
新疆维吾尔自治区新和县加依村 …… 172
新疆维吾尔自治区温宿县帕克勒克村 … 172
新疆生产建设兵团第四师 77 团阔克
　托别镇 ……………………………… 172

现代新村（48 个） ………………… 173
天津市武清区韩指挥营村 …………… 173
天津市宁河区齐心庄村 ……………… 173
河北省枣强县八里庄村 ……………… 173
河北省隆化县西道村 ………………… 174
山西省长治县东掌村 ………………… 174
山西省阳泉市郊区桃林沟村 ………… 174
内蒙古自治区乌审旗神水台村 ……… 175
内蒙古自治区伊金霍洛旗乌兰木伦村 … 175
辽宁省鞍山市千山风景名胜区上石
　桥村 ………………………………… 175
辽宁省盘山县新村村 ………………… 176
吉林省德惠市十三家子村 …………… 176
黑龙江省漠河县北极村 ……………… 176
黑龙江省农垦宝泉岭管理局绥滨农场 … 176
黑龙江省甘南县兴十四村 …………… 177
上海市崇明区丰乐村 ………………… 177
江苏省太仓市电站村 ………………… 177
安徽省金寨县响洪甸村 ……………… 177
安徽省凤阳县小岗村 ………………… 178
福建省惠安县下坑村 ………………… 178
福建省福清市牛宅村 ………………… 178
江西省新余市渝水区下保村 ………… 179
江西省南昌市新建区石咀村 ………… 179
河南省武陟县西滑封村 ……………… 179
河南省信阳市浉河区甘冲村 ………… 179
河南省济源市韩彦村 ………………… 179
湖北省荆州市高新技术开发区黄湖移民

新村 ………………………………… 180
湖北省枝江市关庙山村 ……………… 180
湖南省浏阳市东门村 ………………… 181
湖南省桃江县朱家村 ………………… 181
广东省蕉岭县九岭村 ………………… 181
广西壮族自治区南丹县巴平村 ……… 181
重庆市石柱县万胜坝村 ……………… 182
重庆市永川区八角寺村 ……………… 182
重庆市北碚区北泉村 ………………… 182
四川省彭州市宝山村 ………………… 183
四川省雅安市名山区红草村 ………… 183
贵州省福泉市双谷村 ………………… 183
云南省楚雄市紫溪彝村 ……………… 183
陕西省凤县马场村 …………………… 184
陕西省南郑县瓦石溪村 ……………… 184
甘肃省康县花桥村 …………………… 184
甘肃省天水市秦州区孙集村 ………… 185
青海省海东市乐都区王佛寺村 ……… 185
宁夏回族自治区隆德县清凉村 ……… 185
大连市瓦房店市渤海村 ……………… 186
新疆生产建设兵团第四师可克达拉市
　可克达拉镇 ………………………… 186
新疆生产建设兵团第十师 188 团 1 连 … 186

历史古村（26 个） ………………… 186
北京市怀柔区红螺镇村 ……………… 186
天津市蓟州区西井峪村 ……………… 187
山西省临县李家山村 ………………… 187
山西省晋中市榆次区后沟村 ………… 187
辽宁省绥中县新堡子村 ……………… 188
江苏省江阴市红豆村 ………………… 188
浙江省松阳县西坑村 ………………… 188
安徽省黟县柯村 ……………………… 189
福建省政和县念山村 ………………… 189
江西省婺源县延村 …………………… 189
山东省郓城县后彭庄村 ……………… 190
河南省商水县邓城镇邓东村 ………… 190
河南省漯河市郾城区裴城村 ………… 190
湖南省祁阳县八尺村 ………………… 190
广东省中山市南区曹边村 …………… 191
广西壮族自治区武宣县下莲塘村 …… 191
广西壮族自治区灵山县苏村 ………… 191
海南省琼海市大园古村 ……………… 192
海南省澄迈县罗驿村 ………………… 192
贵州省天柱县地良村 ………………… 192

云南省剑川县寺登村 ……………… 192
陕西省礼泉县烽火村 ……………… 193
宁波市海曙区李家坑村 …………… 193
宁波市余姚市芝林村 ……………… 193
厦门市海沧区青礁村 ……………… 194
厦门市翔安区金柄村 ……………… 194

领导讲话

在首届中国农村创业创新论坛上的
　主旨演讲 ………………………… 197
在 2017 全国休闲农业和乡村旅游大会上
　的讲话 …………………………… 200
在全国休闲农业和乡村旅游管理人员培训班
　开班暨全国休闲农业和乡村旅游产业联盟
　成立仪式上的讲话 ……………… 202
在2017 年中央财政农业生产发展资金项目农
　村一二三产业融合发展支出方向工作任务实
　施培训班上的讲话 ……………… 206
在2017 年中国美丽休闲乡村建设现场经验交
　流活动上的讲话 ………………… 211
在2017 全国休闲农业和乡村旅游推介对接活
　动上的讲话 ……………………… 214

法律法规与规范性文件

农业部关于公布第四批中国重要农业文化遗产
　名单的通知 ……………………… 219
农业部等十二部门关于促进农村创业创新园区
　（基地）建设的指导意见 ……… 219
农业部关于公布 2017 年全国休闲农业和乡村
　旅游示范县（市、区）的通知 … 222
国土资源部　国家发展改革委关于深入推进农
　业供给侧结构性改革做好农村产业融合发展
　用地保障的通知 ………………… 223
农业部办公厅关于开展中国美丽休闲乡村推介
　工作的通知 ……………………… 224
农业部办公厅关于开展全国休闲农业和乡村旅
　游示范县（市、区）创建工作的通知 … 226
农业部办公厅　中国农业发展银行办公室关于
　政策性金融支持农村一二三产业融合发展的
　通知 ……………………………… 228
农业部办公厅关于推动落实休闲农业和乡村旅
　游发展政策的通知 ……………… 231

农业部办公厅关于支持创建农村一二三产业融
　合发展先导区的意见 …………… 233
农业部办公厅关于公布 2017 年中国美丽休闲
　乡村推介结果的通知 …………… 236
农业部办公厅关于印发全国农产品加工业人才
　培训等三个行动方案的通知 …… 238
农业部办公厅　中国农业发展银行办公室关于
　政策性金融支持农村创业创新的通知 … 247
农业部办公厅关于推介休闲观光牧场
　的通知 …………………………… 249
农业部办公厅关于公布 2017 年休闲渔业品牌
　创建主体认定名单的通知 ……… 250
北京市农村工作委员会等 13 部门关于加快休
　闲农业和乡村旅游发展的意见 … 256
内蒙古自治区农牧业厅关于印发《内蒙古自
　治区休闲农牧业发展"十三五"规划》的
　通知 ……………………………… 260
安徽省人民政府办公厅关于支持利用空闲农房
　发展乡村旅游的意见 …………… 266
山东省人民政府办公厅关于印发山东省乡村旅
　游提档升级工作方案的通知 …… 269
广西壮族自治区农业厅等 16 部门关于加快发
　展休闲农业的指导意见 ………… 274
甘肃省农牧厅等 16 部门关于大力发展休闲农
　业的实施意见 …………………… 279
新疆生产建设兵团关于印发《新疆生产建设兵
　团推进农牧团场一二三产业融合发展的实施
　意见》的通知 …………………… 284

索　引

索引 ……………………………………… 291

发 展 概 况

全国休闲农业概况
中国重要农业文化遗产发掘保护工作
全国休闲农业和乡村旅游示范创建活动
全国休闲农业和乡村旅游精品景点线路推介
中国美丽休闲乡村推介活动

全国休闲农业概况

休闲农业是乡村产业的重要组成部分，是横跨一二三产业、兼容生产生活生态、融通工农城乡的新产业新业态。近年来，休闲农业和乡村旅游的供给结构更加优化、要素资源更加活跃，产业规模稳步扩大、发展主体类型不断多元化、产业布局不断优化、发展机制不断创新。2017 年，农业部高度重视休闲农业和乡村旅游发展，在各级休闲农业管理部门的共同努力下，围绕农业提质增效、农民就业增收、农村繁荣发展，通过加强规划引导、创设扶持政策、强化品牌培育、加大公共服务、提升发展内涵、营造发展氛围等措施，不断推动休闲农业和乡村旅游发展取得新成效。

2017 年，全国休闲农业和乡村旅游接待游客超过 22 亿人次，营业收入超过 6 200 亿元，从业人员 900 万人，带动 700 万户农户受益。休闲农业带动农业强、农村美、农民富的作用越来越突出，产业发展受到社会各界持续高度关注。农业部提出发展休闲农业要以农耕文化为魂，以美丽田园为韵，以生态农业为基，以创新创造为径，以古朴村落为形。各地充分认识到休闲农业对经济增长的积极作用，进一步提高思想认识、加强组织领导、强化协调配合、完善政策措施、强化公共服务、加大工作力度，切实推进我国休闲农业和乡村旅游持续健康发展。

【政策创设工作】　　通过督促检查、通报宣传等方式，推动各地将休闲农业和乡村旅游政策意见细化实化为具体举措，逐步形成中央政策引导、地方措施配套的政策体系。2017 年，印发了《农业部办公厅关于推动落实休闲农业和乡村旅游发展政策的通知》（农办加〔2017〕15 号），对农业部等 14 部门

《关于大力发展休闲农业的指导意见》（农加发〔2016〕3 号）的相关政策再次重申，要求各地切实推动系列政策的细化落实，并组织人员赴广西、新疆、江苏等地开展督导调研工作，了解各地休闲农业和乡村旅游系列政策的落实情况。

【首届全国休闲农业和乡村旅游大会】　　以"践行'两山'理论、发展休闲农业"为主题，2017 年 4 月在浙江安吉举办了首届全国休闲农业和乡村旅游大会，启动仪式、现场考察、专业论坛、推介对接四大板块精彩纷呈，明确了以农民为中心的发展思想，以农业为基础的发展定位，以绿色为导向的发展方式，以文化为灵魂的发展特色，带动各地掀起了新一轮产业发展热潮。

【休闲农业品牌培育工作】　　按照面点线结合的思路，在整合优化的基础上，2017 年继续打造"3＋1＋X"休闲农业和乡村旅游品牌体系。在面上，开展全国休闲农业和乡村旅游示范县（市、区）创建，着力培养一批生态环境美、产业优势足、发展势头好、示范带动能力强的休闲农业和乡村旅游聚集区；在点上，开展中国美丽休闲乡村推介活动，在全国打造一批天蓝、地绿、水净，安居、乐业、增收的美丽休闲乡村（镇），培育消费新增长点；在线上，开展休闲农业和乡村旅游精品景点线路推介，吸引城乡居民到乡村休闲旅游。2017 年，农业部认定了 60 个休闲农业和乡村旅游示范县（市、区），向社会推介了 150 个中国美丽休闲乡村（镇），发布了 670 条休闲农业和乡村旅游精品线路、2 160 个精品景点，扩大了品牌知名度和影响力。

【农业文化遗产发掘工作】　　认定河北迁西板栗复合栽培系统等 29 个传统农业系统为第四批中国重要农业文化遗产，指导各遗产地

按标准设立遗产标识,确定保护规划和管理办法。举行第四批中国重要农业文化遗产发布活动,印制《第四批中国重要农业文化遗产》宣传图册,制作宣传视频,不断推动重要农业文化遗产的挖掘、保护、传承和利用,为丰富休闲农业的历史文化资源和景观资源,进一步弘扬中华传统农业文化,带动遗产地农民增收做出贡献。

【基础性工作】 组织开展休闲农业统计监测工作,科学设置指标和监测统计方式,探索构建统计监测工作机制。在陕西杨凌、重庆分别举办了休闲农业和乡村旅游扶贫学习交流活动、休闲农业和乡村旅游培训班,有效提升了休闲农业和乡村旅游示范县(市、区)负责人、村干部和合作社负责人发展休闲农业的管理服务和市场营销能力。加强政策研究,组织开展了农业主题公园发展情况研究、休闲农业与乡村旅游典型模式研究、全国休闲农庄发展情况跟踪研究等。积极参与住房和城乡建设部牵头的中国传统村落保护工作、文化部牵头的大运河文化带建设总体规划编制工作等。

【宣传推介工作】 为进一步拉动休闲消费市场、带动农民就业增收,2017年农业部根据季节特点和小长假时点分布,围绕"春节到农家过大年""早春到乡村去踏青""初夏到农村品美食""仲秋到田间去采摘"4个主题,通过中国农业信息网、中国休闲农业网等网络专栏,《农民日报》等报纸专版以及微信转发等形式,多形式、多渠道、有步骤、有重点、分时段向社会推出休闲农业和乡村旅游精品景点线路,有效解决供需对接不畅、信息不对称问题,满足城乡居民休闲度假需求。同时,通过中央电视台、新华社、《人民日报》、中央人民广播电台分别以联播、综述、新闻等形式,全方位报道了我国休闲农业和乡村旅游的发展成果。

中国重要农业文化遗产发掘保护工作

我国农耕文化源远流长,是各族劳动人民长久以来生产、生活实践的智慧结晶,体现着中华民族的生命力和创造力,贯穿于中华传统文化的始终。中华民族在长期的生息发展中,凭借着独特多样的自然条件和勤劳与智慧,创造了种类繁多、特色明显、经济价值与生态价值高度统一的重要农业文化遗产。农业文化遗产是中华优秀传统文化的重要组成部分,具有悠久的历史渊源、独特的农业产品、丰富的生物资源、完善的技术体系和较高的文化价值。由于缺乏系统有效的保护,在经济快速发展和城镇化加快推进的过程中,一些重要农业文化遗产正面临着被破坏、被遗忘、被抛弃的危险。

为贯彻落实党的十八大提出的"建设优秀文化传承体系,弘扬中华优秀传统文化"决策部署,农业部组织开展了中国重要农业文化遗产发掘工作。发掘农业文化遗产的历史价值、文化和社会功能,向社会公众宣传展示其中的精髓,能够增强国民对民族文化的认同感、自豪感,带动全社会对民族文化的关注和认知,对于弘扬中华农业文化,促进农业可持续发展和遗产地农民就业增收具有重要意义。农业部自2012年启动中国重要农业文化遗产发掘保护工作,确立了"在发掘中保护、在利用中传承"的思路,深入挖掘遗产价值,创新保护与利用机制,制定了《重要农业文化遗产管理办法》,成立了中国重要农业文化遗产专家委员会。

根据《农业部办公厅关于开展第四批中国重要农业文化遗产发掘工作的通知》(农办加〔2016〕13号)要求,各地高度重视,积极挖掘整理当地的重要农业文化遗产。依据《中国重要农业文化遗产认定标准》和《重要农业文化遗产管理办法》,在省级农业主管部门初审推荐基础上,经农业部中国重要农业文化遗产专家委员会评审，并在中国农业信息网公示，认定河北迁西板栗复合栽培系统等 29 个传统农业系统为第四批中国重要农业文化遗产。

对认定的中国重要农业文化遗产，农业部通过举办发布活动、制作中国重要农业文化遗产画册和宣传视频、编写系列丛书，利用报刊、电视、网络等重要媒体进行宣传报道，交流各地动态传承的经验措施，不断推动重要农业文化遗产的挖掘、保护、传承和利用。农业部通过开展中国重要农业文化遗产发掘保护工作，推动了农业文化遗产多种功能日益凸显、品牌价值日益提高，提高了全社会对农业文化遗产重要价值的认识和保护意识，努力实现遗产地文化、生态、经济、社会全面协调可持续发展，为促进农业可持续发展、带动遗产地农民就业增收、传承农耕文明和弘扬农耕文化做出了积极贡献。

全国休闲农业和乡村旅游示范创建活动

休闲农业和乡村旅游是现代农业和现代旅游业的新业态，是推进农村一二三产业融合发展的新载体，是促进农村经济发展的新动能，是实现农民就业增收的新途径。发展休闲农业和乡村旅游对于推动农业供给侧结构性改革，培育新型农业经营主体，推进农村一二三产业融合发展，促进农业增效、农民增收、农村增绿，满足人民日益增长的美好生活需要，具有十分重大的意义和作用。

为加快休闲农业和乡村旅游发展，树立发展典型，探索发展模式，总结发展经验，充分发挥典型的示范带动作用，2010 年农业部联合国家旅游局启动实施全国休闲农业和乡村旅游示范创建活动，按照坚持示范创建与示范带动相结合、坚持政府引导与社会参与相结合、坚持系统开发与突出特色相结合、

坚持设施改造与素质提升相结合的原则，通过地方自愿创建、自愿申报、省级推荐和专家评审等程序，培育了一批生态环境优、产业优势大、发展势头好、示范带动能力强的全国休闲农业和乡村旅游示范县（市、区），成为推动休闲农业和乡村旅游工作开展的有力抓手，成为促进农村一二三产业融合发展的新引擎。

根据《农业部办公厅关于开展全国休闲农业和乡村旅游示范县（市、区）创建工作的通知》（农办加〔2017〕11 号）要求，2017 年，农业部继续开展全国休闲农业和乡村旅游示范县（市、区）创建工作。经各县（市、区）申报、省级农业主管部门审核、专家评审和网上公示，认定了河北省邢台县等 60 个县（市、区）为全国休闲农业和乡村旅游示范县（市、区）。通过开展宣传推介、人才培训等工作，有效地推动示范县（市、区）的相关产业不断发展壮大，实现了典型引路、以点带面的工作目标，为农业强起来、农村美起来、农民富起来做出了应有的贡献。

全国休闲农业和乡村旅游示范县（市、区）创建工作开展以来，各地高度重视，积极创建，形成了很好的典型示范和品牌带动效应，有力地提升了产业的社会影响力。通过示范创建工作，进一步探索休闲农业和乡村旅游发展规律，厘清发展思路，明确发展目标，创新体制机制，完善标准体系，优化发展环境，形成"统筹谋划、系统部署、上下联动、示范引领"的品牌创建新格局，为城乡居民提供看山望水忆乡愁的休闲旅游好去处。

全国休闲农业和乡村旅游精品景点线路推介

为方便城乡居民品味农耕文化、乐享田园生活、体验休闲劳作、感知民俗风情，2017 年国庆长假期间，农业部向社会推介了

一批休闲农业和乡村旅游精品线路和景点，包括全国 150 个中国美丽休闲乡村、91 个中国重要农业文化遗产、670 条休闲农业精品线路，以供城乡居民休闲出行。所推介的休闲农业和乡村旅游精品是在各级休闲农业主管部门推荐的基础上，经过全国休闲农业专家委员会、中国重要农业文化遗产专家委员会的权威专家严格评审，精心遴选而出的，旨在促进品牌创建、宣传发展典型、打造融合亮点、呼吁社会关注、方便居民选择、带动农民增收、推动市场消费。

150 个中国美丽休闲乡村推介以推进生态文明、建设美丽乡村为目标，以传承农耕文明、展示民俗文化、保护传统民居、发展休闲农业为重点，向公众推介一批天蓝、地绿、水净，安居、乐业、增收的美丽休闲乡村（镇），包括特色民居村、特色民俗村、现代新村、历史古村等。91 个中国重要农业文化遗产具有悠久的历史渊源、独特的农业产品、丰富的生物资源，是经济和生态价值高度统一的传统农业生产系统，在活态性、适应性、复合性、战略性、多功能性和濒危性等方面具有显著特征。千岭万壑中鳞次栉比的梯田，烟波浩渺的古茶庄园，波光粼粼和谐共生的稻鱼系统，广袤无垠的草原游牧部落，孕育着自然美、生态美、人文美、和谐美。670 条休闲农业和乡村旅游精品线路，涵盖了全国 31 个省（自治区、直辖市）的 2 160 个服务质量优良、产业特色明显、休闲功能齐全的休闲农业精品点，类型包括农家乐、采摘垂钓园、休闲农庄、休闲观光园、民俗村、魅力休闲乡村，以及一批农耕特色和自然山水、乡村风貌融为一体的农事景观。

农业部要求各地休闲农业管理部门和相关经营单位，加强统筹指导，加强宣传推介，拓展功能价值，强化安全管理，提供优质服务，做好接待准备，为城乡居民提供一个舒适、祥和、安全、便捷的休闲度假环境。城乡居民出行可以参考休闲农业和乡村旅游精品线路和景点，根据需要进行选择，乐享吃、住、行、游、购、学、观、教、娱的高品质体验，过一次不快不慢的生活。

中国美丽休闲乡村推介活动

中国美丽休闲乡村是以农业为基础、农民为主体、乡村为单元，以农耕文化为魂，以美丽田园为韵，以生态农业为基，以创新创造为径，以古朴村落为形，围绕农业生产过程、农民劳动生活和农村风情风貌，因地制宜发展休闲农业和乡村旅游的典范。开展中国美丽休闲乡村推介活动，旨在深入贯彻党的十八大提出的"大力推进生态文明建设，努力建设美丽中国"重大决策部署，进一步提升美丽休闲乡村的社会知名度和影响力，扩大宣传效果，营造良好氛围，激发各地建设美丽休闲乡村的积极性和创造性，培育休闲农业和乡村旅游知名品牌，拉动城乡居民休闲旅游消费。

中国美丽休闲乡村推介活动以行政村为主体单位，包括特色民居村、特色民俗村、现代新村、历史古村等类型。参加推介的村应依托悠久的村落建筑、独特的民居风貌、厚重的农耕文明、浓郁的乡村文化、多彩的民俗风情、良好的生态资源，因地制宜发展休闲农业，确保功能特色突出，文化内涵丰富，品牌知名度高，农民利益分享机制完善，具有很强的示范辐射和推广作用。

为深入贯彻落实党的十八届五中全会和 2017 年中央 1 号文件精神，总结各地发展休闲农业和乡村旅游的经验，树立一批发展典型，促进美丽宜居乡村建设，2017 年，农业部继续组织开展中国美丽休闲乡村推介活动。按照"政府指导、农民主体、多方参与、共建共享"的思路，推介一批天蓝、地绿、水净，安居、乐业、增收的美丽休闲乡村（镇）。根据《农业部办公厅关于开展中国美丽休闲乡村推介工作的通知》（农办加〔2017

10 号）要求，经过地方推荐、专家评审和网上公示等程序，向社会推介了北京市平谷区黄草洼村等 150 个村（镇）为 2017 年中国美丽休闲乡村。其中，特色民居村 41 个、特色民俗村 35 个、现代新村 48 个、历史古村 26 个。这些美丽休闲乡村都是围绕农业生产过程、农民劳动生活和农村风情风貌，因地制宜发展休闲农业和乡村旅游的典范。

2017 年 12 月，农业部在四川省武胜县举办了中国美丽休闲乡村发布活动，向全社会发布了认定的 150 个中国美丽休闲乡村名单，进一步扩大了休闲农业和乡村旅游品牌的知名度。同时，农业部不断加强组织领导，完善政策措施，加大公共服务，强化宣传引导，充分发挥中国美丽休闲乡村的示范带动作用，有力带动了我国休闲农业和乡村旅游持续健康快速发展，促进了农业提质增效、农民就业增收、农村繁荣发展。

各地概况

北京市
天津市
山西省
内蒙古自治区
辽宁省
吉林省
黑龙江省
江苏省
浙江省
安徽省
福建省
江西省
山东省
河南省
湖北省
湖南省
广东省
广西壮族自治区
海南省
重庆市
四川省
贵州省
云南省
西藏自治区
甘肃省
青海省
宁夏回族自治区
新疆维吾尔自治区
青岛市
厦门市
新疆生产建设兵团

北 京 市

【主要做法及成效】　全市现有休闲农业园区1 201个，民俗旅游接待户8 245户。2016年，接待游客4 548万人次，实现收入42.3亿元，同比分别增长12.5％和8％。2017年前三季度，接待游客3 204万人次，实现收入31.6亿元。2017年以来，主要开展了以下工作：

（一）以创设政策为核心，做好顶层设计

按照农业部、国家发展和改革委员会、财政部等14个部门《关于大力发展休闲农业的指导意见》（农加发〔2016〕3号）要求，与市发展和改革委员会、市经济和信息化委员会等12个部门联合印发《关于加快休闲农业和乡村旅游发展的意见》（京政农发〔2017〕30号）。该《意见》按照践行"绿水青山就是金山银山"的发展理念，以环境生态化、居住文明化、活动民俗化、饮食本地化、服务规范化、管理网络化为方向，提出了推动休闲农业和乡村旅游提档升级的五项重点任务和四类政策措施。

（二）以品牌创建为引领，树立发展典型

一是按照农业部办公厅《关于开展中国美丽休闲乡村推介工作的通知》（农办加〔2017〕10号），组织各区开展中国美丽休闲乡村申报工作，北京市顺义区河北村、大兴区魏庄村、平谷区黄草洼村、怀柔区红螺镇村、延庆区南湾村被推介为2017年中国美丽休闲乡村；二是开展第三批北京休闲农业园区（企业）星级创建工作，配合市旅游发展委员会开展星级民俗旅游村、民俗旅游户评定工作。

（三）以发展内涵为指引，引导提档升级

一是加强《北京休闲农业与乡村旅游创意设计导则》的推广与应用，引导休闲农业经营者提升创意设计水平；二是为提升休闲农业经营项目的趣味性、体验性、知识性，

丰富休闲农业产业链的经营内容，组织编写《北京休闲农业与乡村旅游主题活动创意设计导则》，展示了京郊及其他省份发展较为成熟、市场认可度高的主题活动设计案例。

（四）以制定标准为抓手，规范行业发展

制定《北京市共享农园建设与服务标准》。针对园区租赁土地供消费者进行耕种的休闲产品，在土壤、水、景观、标识等硬件设施及科普、娱乐等服务领域制定标准，引导园区提高产品供给质量。

（五）以产业融合为先导，做好农事节庆活动

一是举办农事节庆活动。支持鼓励休闲农业各类经营主体，举办农事节庆活动，突出主题特色，打造主题品牌，促进了一二三产业深度融合，推动了京郊休闲农业提档升级。例如，大兴西瓜节、昌平草莓节、平谷桃花节、海淀樱桃节、房山柿子节、通州番茄文化节等农事节庆活动，已成为全市休闲农业知名活动，向市民展示农业领域创新创意的丰富成果。二是成功举办北京农业嘉年华。2017年3月11日至5月7日，成功举办了第五届北京农业嘉年华，累计接待入园游客136.9万人次，实现总收入3.41亿元，其社会影响力不断扩大、综合效益不断提升。北京农业嘉年华已成为拓展都市现代农业实现形式、发展方式、运行模式创新的成功范例，并成为一个集科技展示、园艺观光、娱乐休闲、科普教育等于一体的盛会，是北京都市现代农业的亮丽名片和昌平区转型发展的新亮点。

（六）以扩大影响为目标，加强宣传推介

一是与《北京晨报》社合作，开展"乡村休闲·新鲜品味"主题宣传活动，每周推出一期休闲农业主题宣传，累计推出24期，累计推介休闲农业和乡村旅游采摘、景观、亲子活动、美食等产品近百个。同时依托新媒体平台，通过北京旅游、北京美丽乡村等微信公众号、微博以及《今日头条》等平台进行转载，扩大宣传影响力。二是依托北京

农业嘉年华平台，组织 6 个区举办 10 场主题日活动，展示推介各区特色农产品、休闲农业和乡村旅游产品。

（七）以提升理念为导向，开展指导培训

举办全市休闲农业和乡村旅游经营管理人员培训班，以特色民居为主题，组织农业部有关领导、百里乡居、北井小院、黄山店村等特色民居典型代表进行授课。全市各区农委主管领导、主管科室负责同志，休闲农业重点乡镇主管乡镇长，民俗旅游村支部书记、村主任，民俗旅游接待户代表共计 190 人参加培训。

（北京市农业农村局）

天 津 市

【主要做法及成效】 2017 年，天津市休闲农业围绕一二三产业融合发展的总体部署和《天津市休闲农业"十三五"发展规划》的总体目标，以服务城市、改善生态、增强人民幸福指数为宗旨，进一步优化产业布局，完善产业体系，丰富业态模式，发展水平得到明显提升，经济和社会效益显著增强。全市休闲农业直接从业人员超过 6.9 万人，带动农民就业人数超过 30 万人，接待游客数量超过 1 995 万人次，综合收入突破 75 亿元，增幅达到 20% 以上。

（一）政策引导坚强有力

制定并下发了促进天津市休闲农业和乡村旅游发展的指导意见，要求各区进一步完善政策措施，加大工作力度，切实推动休闲农业向着高水平、高效益快速发展；召开了休闲农业发展座谈会，邀请市政府参事和权威专家就新形势下天津市休闲农业发展路径进行研究；组织了全市休闲农业和乡村旅游现场推动会，对休闲农业工作进行全面总结和部署，并向市政府办公厅报送了《关于我市休闲农业发展和特色民居建设有关情况的

报告》，得到了市主要领导的肯定。

（二）示范引领卓有成效

积极启动休闲农业"1322"载体建设目标［即到 2020 年，在全市培育 10 个产业融合农业特色小镇，建设 300 个设施完善的休闲农业示范村（点），提升 20 个休闲农业示范园和 20 个休闲农业项目聚集区］，完成了 2017 年建成 30 个示范村（点）和 5 个精品示范园区的目标任务，使全市休闲农业示范村（点）总数达到 230 个，精品示范园区总数达到 20 个。按照《农业部办公厅关于开展中国美丽休闲乡村推介工作的通知》（农办加〔2017〕10 号）要求，市农村工作委员会积极组织各区开展创建和申报工作，最终蓟州区西井峪、武清区韩指挥营、宁河区齐心庄 3 个村被农业部认定为中国美丽休闲乡村，并通过主流媒体大力开展宣传推介，通过示范引领带动行业整体发展水平的提升。

（三）重点项目进展顺利

围绕实施休闲农业"十三五"发展规划，深入推进蓟州乡村旅游发展行动计划、武清运河休闲旅游带、宝坻潮白河旅游观光带等重点区域和项目建设。完成了《大运河天津段沿线现代农业发展规划》的制定。加大对各区休闲农业重点项目的扶持与督导，确保了蓟州青甸洼生态莲藕现代都市观光区、西青王稳庄鱼米之乡起步区等一批项目的顺利开建。

（四）宣传推介再出新招

举办了天津乡村特色美食大赛以及蓟州梨园情旅游文化节、宁河七里海河蟹节、津南稻香文化节等一批休闲农业节庆活动，培育了一批知名品牌。完成了天津休闲农业 9 条精品线路电视宣传片的制作播出以及画册出版，大大提升了品牌形象。依托网络、报刊、新媒体平台等多种渠道开展宣传推介，在《天津日报》头版刊登了题为《本市休闲农业和乡村旅游发展驶入快车道》和《本市启动休闲农业和乡村旅游发展规划——三年内打造成津郊支柱产业》的新闻报道，在天

津广播电视台连续播出天津休闲农业人物专访、广告宣传片和电视专题片，进一步提高了游客对天津休闲农业的认知度和响应度。

（五）合作交流充满活力

一是充分发挥市休闲农业协会、市休闲农业研究中心和市休闲农业专家指导委员会的职能作用，加强行业自律和交流合作，推进天津市休闲农业的持续健康发展。二是加强京津冀休闲农业合作，进一步实施《京津冀休闲农业一体化发展规划》，加大资源整合、市场对接、信息交流和项目策划的实施力度，成立京津冀沟域经济发展联合会，务实推进三地休闲农业的协同发展。三是积极推广津台创意农业示范平台建设成果，拓宽天津市创意农业发展新途径。

天津市休闲农业基本情况

	单位	休闲农业经营主体总计（1）＋（2）	农家乐（1）	休闲观光农园（庄）（2）
经营主体个数	个	3 946	3 700	246
从业人数	人	69 000	37 000	32 000
其中：农民就业人数	人	63 000	37 800	25 200
带动农户数	户	101 000		70 000
接待人次	人次	19 950 000	5 985 000	13 965 000
营业收入	万元	750 000	150 000	600 000
其中：农副产品销售收入	万元	450 000	45 000	405 000
利润总额	万元	120 000		67 300
从业人员劳动报酬	元	35 000		

（天津市农业农村委员会）

山 西 省

【主要做法及成效】

（一）政策先行

2017年4月，山西省农业厅联合省直14个厅（局）制定下发了《山西省关于贯彻落实农业部等十四部委〈大力发展休闲农业的指导意见〉的实施方案》（晋农新农发〔2017〕3号，以下简称《方案》）。《方案》明确了各级各部门发展休闲农业和乡村旅游的工作职责和任务，省政府将这项工作列入了年终对省直部门的工作考核范围。

（二）示范引领

应农业部要求开展了全国休闲农业和乡村旅游示范县、中国美丽休闲乡村推荐工作。长治市、芮城县被农业部认定为2017年全国休闲农业和乡村旅游示范县。省农业厅联合山西省旅游发展委员会共同开展2017年山西省休闲农业和乡村旅游示范县、示范点评选活动。新增山西省休闲农业和乡村旅游示范县5个，山西省休闲农业和乡村旅游示范点43个。吕梁市临县碛口镇李家山村、晋中市榆次区东赵乡后沟村、大同市灵丘县红石塄乡上北泉村、长治县南宋镇东掌村、阳泉市郊区平坦镇桃林沟村被评选为"2017年中国美丽休闲乡村"。

截至2017年年底，山西省已创建了全国休闲农业与乡村旅游示范县11个、示范点16个；山西省休闲农业与乡村旅游示范县28个、示范点201个；中国最美休闲乡村8个、中国美丽休闲乡村10个、中国美丽田园3个。

同时，省农业厅积极推动贫困地区的中国重要农业文化遗产挖掘申报工作。充分挖掘山西省农业的文化内涵，稷山板枣生产系统已于 6 月成功申报成为第四批中国重要农业文化遗产。开展全国休闲农业与乡村旅游星级企业创建活动。引导支持成立了山西省休闲农业协会，加强行业标准的制定及行业自律。共评出星级企业 44 家，其中四星级企业 17 家，五星级企业 3 家。

（三）总结指导

首次召开全省休闲农业和乡村旅游（临汾）现场会，山西省农业厅厅长关建勋和省旅游发展委员会副主任操学诚出席会议并讲话，关厅长会上强调，休闲农业和乡村旅游已经成为农业旅游文化"三位一体"、生产生活生态同步改善、农村一二三产业深度融合的新产业新业态新模式，为全省农业转型发展、农民增收致富发挥着越来越重要的作用。要特别注意把握和处理好"四个关系"，要全力争取实现"六大突破"。临汾市、长治市、小店区、平顺县、襄汾县燕村荷花园、汾阳市贾家庄村做了典型发言。此次会议的召开，必将有效促进山西省休闲农业和乡村旅游更好更快发展，为加快实现产业兴旺乡村振兴发展进一步增添动力。

（四）宣传推介

向农业部推介了一批休闲农业和乡村旅游示范县、示范点精品线路。同时做好休闲农业精品景点线路材料的收集汇总整理，推出了《山西休闲农业和乡村旅游》宣传册，并在全国休闲农业大会上向各地代表免费发放，在农业博览会上开展了休闲农业和乡村旅游专题推荐。4～5 月，全省各地先后举办了梨花节、桃花节。忻州市定襄凤凰山乡村旅游节、长治市农业嘉年华、晋城市阳城皇城相府农业嘉年华等休闲农业和乡村旅游推介活动及各市县的农事节庆活动。积极推进平面媒体、微信平台的发布以及重要媒体的对接工作。

（五）专题培训

举办了休闲农业和乡村旅游示范点提升工程培训班、中国重要农业文化遗产发掘保护培训班、山西省休闲农业和乡村旅游示范县创建工作培训班 3 次全省休闲农业系统专题培训班。组织贫困县休闲农业和乡村旅游管理部门、企业代表，开展多层次、多形式的系统培训，提高认识、增长见识、启发思维。此外还组织了省外学习取经、省内南北区域交流等专题培训交流。

（六）标准建设

与省旅游发展委员会、省扶贫办联合推进省农家乐和小型采摘园标准化建设。以规范提升农家乐和小型采摘园标准化创建为重点，进一步增强服务意识，完善服务体系，拓展服务领域，加大扶持力度，不断提升山西省农家乐和小型采摘园发展水平，加快培育一批生态环境优、产业优势大、发展势头好、带动能力强的农家乐和小型采摘园聚集村。

山西省休闲农业基本情况

	单位	休闲农业经营主体总计	农家乐	休闲观光农园（庄）
经营主体个数	个	9 855	8 323	1 532
从业人数	人	148 636	66 117	82 519
其中：农民就业人数	人	133 131	59 665	73 466
带动农户数	户	132 505	未统计	132 505
接待人次	人次	58 956 958	32 302 391	26 654 567
营业收入	万元	753 448	249 430	504 018

（续）

	单位	休闲农业经营主体总计	农家乐	休闲观光农园（庄）
其中：农副产品销售收入	万元	263 749	75 669	188 059
利润总额	万元	104 499	未统计	104 499
从业人员劳动报酬	元	2 700	未统计	2 700

（山西省农业农村厅）

内蒙古自治区

【主要做法及成效】

（一）注重规划引导，产业规模不断扩大

在《内蒙古自治区休闲农牧业发展"十二五"规划》的基础上，制定了《内蒙古自治区休闲农牧业发展"十三五"规划》，规划引领全区休闲农牧业和乡村牧区旅游产业的发展。休闲农牧业产业规模不断扩大。截至 2017 年年底，全区休闲农牧业经营主体达到 3 000 个，从业人员达到 6.8 万人，其中农牧民就业 5.7 万人，带动农牧户 10.5 万户；年接待游客达到 2 500 万人次，同比增长 8%；营业收入达到 64.7 亿元，同比增长 12%。

（二）注重内涵提升，品牌体系初步形成

一是继续开展休闲农牧业示范创建工作。由内蒙古自治区农牧业厅牵头，与自治区旅游局联合制定了《内蒙古自治区休闲农牧业和乡村牧区旅游示范旗（县、区）评定和管理办法》和《内蒙古自治区休闲农牧业和乡村牧区旅游示范点评定和管理办法》，按照两个管理办法，开展休闲农牧业和乡村牧区旅游示范创建工作。截至 2017 年年底，共创建国家级休闲农业和乡村旅游示范县 9 个，示范点 17 个，自治区级休闲农牧业和乡村牧区旅游示范旗（县、区）18 个，示范点 107 个。二是丰富发展内涵。通过建设中国最美休闲乡村、挖掘农耕游牧文化、创意田园景观，打造出一批民俗特色鲜明、民族风情浓郁的休闲农牧业产品。截至 2017 年年底，共推介并认定中国美丽休闲乡村 14 个，中国美丽田园 9 个，挖掘 6 个极具保护价值的农牧业生产系统，认定 3 个中国重要农业文化遗产，休闲农牧业和乡村牧区旅游品牌体系初步形成。

（三）强化培训提高，发展氛围趋向好转

通过教育培训、宣传推介，努力为休闲农牧业行业发展营造良好环境。一是通过扩大宣传，提高休闲农牧业的社会认知度。组织推介了一批中国最美休闲乡村、中国美丽田园和休闲农牧业创意精品。按照春赏花、夏消暑、秋采摘、冬年庆 4 个时间节点，向社会宣传推介休闲农牧业精品线路 60 多条，景点 200 多个。二是针对不同群体，举办各类培训班、观摩会，提升管理人员、从业人员的政策理论水平和业务能力。聘请国内专家进行休闲农牧业管理人员、经营主体以及农业文化遗产等专题讲座，组织参加了农业部举办的星级企业内审员培训班和休闲农业与乡村旅游扶贫学习交流培训班。"十二五"期间，共培训人员 600 多人次，2017 年培训 100 多人次。三是召开休闲农牧业经验交流会、现场会，观摩内蒙古自治区休闲农牧业发展典型，总结交流工作经验，进一步提高全区休闲农牧业管理人员和从业人员的管理水平和业务能力。

【存在问题】

内蒙古自治区休闲农牧业和乡村牧区旅游发展取得了一些成效，但也存在一些问题，主要表现为：

一是缺乏整体规划和科学指导。点多线短面少，特色特点不突出。重复建设，功能单一，发展雷同现象比较普遍。

二是资金投入少，对发展休闲农牧业的关注度不够，政策引导有待进一步加强。

三是专业性经营和管理人才欠缺，经营与服务缺乏创新。企业管理和服务质量参差不齐，标准不高。

内蒙古自治区休闲农业基本情况

	单位	休闲农业经营主体总计	农家乐	休闲观光农园（庄）
经营主体个数	个	3 033	2 393	640
从业人数	人	68 405	28 725	39 680
其中：农民就业人数	人	57 101	26 775	30 326
带动农户数	户	104 674		90 410
接待人次	人次	25 022 437	4 754 264	20 268 173
营业收入	万元	647 261	50 852	596 409
其中：农副产品销售收入	万元	352 631	26 103	326 528
利润总额	万元	103 561		80 112
从业人员劳动报酬	元	18 519		28 000

（内蒙古自治区农牧厅）

辽 宁 省

【基本情况】　据初步统计，2017 年全省休闲农业经营主体 11 023 个，其中：农家乐 9 475 个，休闲农庄 793 个，休闲农业园区 545 个，民俗村 210 个，从业人员 29 万人，年接待游客超过 8 700 万人次，年经营收入 190 亿元，带动农户 25.4 万户。全省新增投资项目 132 个，计划投资 58 亿元，项目完成投资 26.5 亿元。

【主要做法】

（一）品牌推介和示范创建

一是年初向农业部推荐了一些休闲农业和乡村旅游精品线路、景点和项目等，辽宁省的大梨树村是全国 3 个典型景点之一，并在 2017 全国休闲农业和乡村旅游大会上进行了现场展示和宣传；二是向农业部推荐 3 个休闲农业和乡村旅游示范县、1 个示范市，辽宁省的丹东东港市、营口鲅鱼圈区被认定为全国休闲农业与乡村旅游示范县；三是向农业部推荐 6 个村参评中国美丽休闲乡村活动，辽宁省有 4 个村获此殊荣；四是向农业部农村社会事业发展中心推荐全国休闲农业和乡村旅游星级示范创建单位，辽宁省有 4 个企业获得全国休闲农业与乡村旅游五星级示范创建单位，2 个企业获得全国休闲农业和乡村旅游四星级示范创建单位；五是全省开展了省级休闲农业和乡村旅游星级企业示范创建活动，2017 年共有 30 家企业获此殊荣，其中五星级企业 4 家，四星级企业 19 家；六是全省各地开展了一些节庆活动，如桃花（樱花、梨花等）节、采摘节、美食节、赛马节、赶海节、捕捞节、观鸟节等，丰富了休闲农业和乡村旅游的内容，提高了公众的认知度。

（二）培训宣传引导和调研

1. 培训工作。一是组织一些企业到外省参加农业部农村社会事业发展中心举办的休闲农业和乡村旅游管理人员培训班；二是对村支部书记和农技推广人员进行如何利用当地资源加快培育新的经济增长点，促进和加强新农村建设等专题培训。以提高素质，更新观念，为农村各项事业发展助力。

2. 宣传工作。一是组织一些典型企业宣传材料在相关媒体上进行广泛宣传；二是组织编辑了《辽宁休闲农业和乡村旅游精品荟萃》，在社会上广为宣传，提高公众对全省休闲农业企业的认知度和影响力。

3. 调查研究。按照省农村经济委员会的部署，组织了一个调研组对全省休闲农业和乡村旅游进行了一次深入调研，并形成了《辽宁省休闲农业和乡村旅游产业发展情况的调查报告》。

4. 引导全省各地开展了一些活动并制定扶持企业发展的政策措施，加快全省各地休闲农业和乡村旅游产业发展。如沈阳市农委、财政局联合制定并印发了《沈阳市休闲农业采摘园区项目管理实施细则》《沈阳市休闲农业专业村项目管理实施细则》《沈阳市都市现代农业示范园区项目管理实施细则》。2017年沈阳市财政安排专项扶持资金 4 000 余万元，主要用于对都市休闲农业建设项目、休闲农业采摘园区项目和休闲农业专业村项目进行补助。

大连市农委在 2017 年主要开展了"大连十大美丽乡村""大连最佳乡村旅游景点""大连农（渔）家乐十大招牌菜评选活动""大连美丽乡村摄影大赛""中国（大连）美丽乡村发展论坛"等系列活动，反响热烈，有力推动了休闲农业和乡村旅游发展。

丹东市把休闲农业和乡村旅游作为本地区重点发展产业之一，通过招商引资，加快基础设施建设，各类休闲农（渔）庄、休闲农业园区、农（渔）家乐等发展迅速，并以开展各类节庆活动（如：桃花节、油菜花节、葵花节、观鸟节、赛马节、采摘节、美食节、海产品捕捞节、赶海节等）为宣传推手，扩大影响面，对产品进行线上（线下）并行销售，成为全省休闲农业和乡村旅游发展最快、效果最好的地区之一。

盘锦市利用特有的资源优势，如红海滩、芦苇湿地、辽河入海口等天然景观，按照"绿水青山，就是金山银山"的发展理念，加快发展美丽乡村建设，并在全省率先发展民宿业、认养业来推进休闲农业和乡村旅游发展，2017年全市认养面积达到近 30 万亩[*]，通过广泛宣传，休闲农业和乡村旅游发展迅速。

辽宁省休闲农业基本情况

	单位	休闲农业经营主体总计	农家乐	休闲观光农园（庄）
经营主体个数	个	11 023	9 475	1 548
从业人数	人	297 715		
其中：农民就业人数	人	249 822		
带动农户数	户	254 045		
接待人次	万人次	8 700		
营业收入	万元	1 900 000		
其中：农副产品销售收入	万元	723 970		
利润总额	万元	322 092		
从业人员劳动报酬	元	32 000		

（辽宁省农业农村厅）

---

[*] 亩为非法定计量单位，1 亩等于 1/15 公顷。

吉林省

【主要做法及成效】 2017年全省休闲农业经营主体约为3 700户，其中休闲农业观光园2 800个，农家乐900户，直接安置农民就业13万人次，带动农户7.5万户以上。年接待游客近3 500万人次，全省休闲农业销售收入接近80亿元，同比增长16%以上，成为农业农村经济发展新的增长点和农民增收致富的重要途径。

（一）新业态不断成型，农业功能不断拓展

吉林省是传统的农业大省，通过积极鼓励与引导，在发挥生产功能的基础上，拓展了休闲度假、文化传承、科普教育、农事体验、养生养老及健身运动等功能，休闲农业和乡村旅游新业态形成了由小到大、由点到片、由弱到强的态势，呈现出新主体竞相涌现、新功能日趋拓展的格局，逐步成为带动农业农村经济发展、促进农民增收致富的重要途径。吉林市立足资源禀赋、文化特色和产业基础，规划引导休闲农业与乡村旅游发展，重点构建"一带、一圈、两县、两区"的休闲农业发展格局。一带是"万昌—孤店子"温泉农业带。联结着万昌、孤店子两个现代农业先导区和中新食品区，3个园区现已晋升为省级现代农业产业园，成为吉林省乃至东北重要的温泉娱乐休闲养生旅游目的地。"一圈"是环城都市休闲农业圈。打造"春踏青品鱼、夏游湖赏花，秋看红叶采鲜果、冬观雾凇住农家"的农业观光、休闲采摘特色活动。"两县"是丰满—蛟河两个国家休闲农业示范县（区）。主推乡村田园风光、特色农业景观、乡村民俗文化、山水美食体验旅游"四大特色"，打造关东风情、农家生活、特色美食、长白山特产、葡萄酒文化和朝鲜族民俗文化"六个特色小镇"。"两区"指"北有金珠花海、南有二道采摘"2个休闲农业示范

区。重点建设花海戏水公园、乡村民宿、户外拓展区、金珠绿道漫行系统等项目，重点建设金丰现代农业园、庆丰乐樱桃园、苏相锦绣黄桃园、张家沟甜瓜园、王相李子园等特色果品采摘园。截至2017年年底，永吉县万昌镇休闲农业经营主体已达43家，包括休闲农业企业5家，休闲农庄10家，农家乐28家。年营业收入达到2 000万元，接待人次5万人次，带动农户100余户，带动农民增收150万元；吉林市昌邑区共有休闲旅游农业企业29家，其中农家乐22家，休闲农庄3家，休闲农业园4家，资产总额约4亿元。年营业收入达到9 000多万元，带动1 440农户增收。

（二）基础设施建设不断完善，服务水平不断提高

按照吉林省休闲农业和乡村旅游提档升级的发展阶段要求，全省在规划发展、融合发展基础上，强基固本，切实加强基础设施建设，努力实现生产设施、服务配套设施和基础设施"三个提升"，取得了显著成效。长春市嘉龙集团是一家以生猪养殖、屠宰加工为主营业务的国家级农业产业化龙头企业，2017年积极延伸产业链条，走种养生态循环发展道路，投资1.2亿元建设了占地50万平方米的吉地嘉禾现代有机农业示范园区，建设了集有机水稻示范区、绿色有机果菜采摘体验区、生猪良种标准化繁育示范区、休闲旅游度假区和水稻博物馆于一体的农业综合示范区，建设完善了具有现代农业特点的生产、服务等基础设施，开始大量接待来自长春、哈尔滨等地的城乡居民游玩、体验。

（三）产业融合不断深化，产业功能不断增强

吉林省立足资源优势，在农业、旅游和文化之间，在乡土意境和时尚度假之间，在农村一二三产业之间搞融合创新发展，积极引导和支持农民采取休闲农业合作社、联合体等组织化方式发展休闲农业，鼓励和引导社会资本进入，向休闲农业输入现代理念和要素。2017

年全省争取农业部、财政部实施的农村一二三产业融合发展试点项目的支持，建设储藏窖、冷藏库及烘干房等鲜食农产品初加工设施 721 座，在德惠、敦化、通化等 6 个县（市、区）扶持了 7 个重点休闲农业项目，重点对休闲农业集聚村合作社、休闲农庄等休闲农业经营主体，在完善游客综合服务中心、游步道、观景台、农耕文化展馆、垃圾污水处理设施、餐饮住宿消毒设施、生态停车场等方面投资实行补助，共投入项目资金 1 136 万元，撬动社会资本投入 5 704.7 万元。吉林市依托独特的优势资源，通过"村企合一""村企联动"等方式，把企业资金优势和村委会组织优势结合在一起，由过去单一的种养业，发展出集种植养殖、农产品加工、温泉养生、休闲采摘、餐饮娱乐等多项产业于一体的产业模式，相继建成一批以吉林市昌邑区孤店子镇大荒地村、吉林市龙潭区缸窑镇哈什蚂村、舒兰市平安镇两方村等为代表的休闲魅力乡村，打造成为集休闲旅游、农产品加工销售流通、电子商务的一二三产业深度融合发展的产业聚集乡村，文旅融合乡村，推进了农业现代化和城镇化。

（四）产业结构不断优化，产品类型不断丰富

各地依托青山绿水、田园风光、乡土文化等资源，开发休闲农庄、乡村酒店、特色民宿、自驾露营、户外运动等休闲农业和乡村旅游产品，不断丰富休闲度假、旅游观光、养生养老、创意农业、农耕体验、乡村手工艺等产业类型。辽源市东辽县双福村打造"福"文化特色新村，按照脱贫、致富、示范的发展思路，以打造"福"文化为核心，以修建柳堤、河流治理、公路绿化、改水改厕等建设为基础，以百亩采摘园、国家级登山步道、油菜花海等乡村游、农家乐为重点，以扩大食用菌种植、扩建袜厂等产业为支撑，扎根福地，拓宽福路，增添福祉，已经成为环境优美、花果飘香、乡风文明、村容整洁、村民富裕的美丽乡村。2017 年修建了 150 亩的花果山，进行立体化种植，种植果树 8 000 棵。树下打造步登高、虞美人、矢车菊、金盏菊、鼠尾草等 7 个品种 12 色花海，既可观赏花海又可采摘瓜果，打造花果飘香的美丽乡村。

（五）发展环境不断优化，发展氛围不断浓厚

2017 年，吉林省休闲农业这一农业农村新产业新业态新模式的建设和发展，充分践行了习近平总书记"两山理论"，已经成为各级农业部门聚焦农业供给侧结构性改革、聚焦农村产业融合发展、聚焦农民创业增收的重要抓手，上下凝心聚力，努力工作。一是精心组织推动。各地在省农业委员会的统一组织带领下，深入基层，搞好发动，组织休闲农业经营主体开展了"春节到农村过大年""春季乡村踏青""夏季农村避暑""赏金秋、迎国庆、庆丰收"等精品线路和精品景点发布等活动，每次活动都向全省城乡居民推荐出 3~4 条精品线路，春季、夏季、秋季分别发布精品景点 95 个、134 个、55 个，满足了城乡居民升级的消费需求，农民增收效果显著。二是弘扬农耕文化。各级农业部门近几年共挖掘出 16 项农业重要文化遗产，截至 2017 年年底，苹果梨栽培系统等 3 项已被农业部确定为中国重要农业文化遗产，丰富和充实了吉林省休闲农业的历史文化底蕴。三是加强示范带动。截至 2017 年，全省已培育出 13 个国家级休闲农业与乡村旅游示范县、16 个示范点、20 个全国最美（美丽）休闲乡村、35 个三星级以上示范企业，示范引领着全省休闲农业和乡村旅游的发展。2017 年，省农业委员会与省旅游发展委员会联合组织开展了省级休闲农业和乡村旅游示范县、吉林美丽休闲乡村品牌培育活动，经各地申报、专家组评审，通化县、汪清县、大安市 3 个县（市）、长春市九台区大顶子村等 20 个村有望获批，省农业委员会评定的三星级以上休闲农业企业 104 个，已向社会发布。四是弘扬农耕文化。为了弘扬东北农耕文化，注重农业重要文化遗产挖掘和保护，积

极发展具有历史记忆的产品和产业，认真组织全省各市（州）、县（市、区）农业部门开展了农业文化遗产普查和推荐活动，省农业委员会按照认定标准，经过组织、筛选和审核，将吉林柳河山葡萄栽培系统、吉林和龙山参仿生栽培系统、吉林省长春市双阳区"双阳梅花鹿"、吉林省长春市九台区"五官屯皇粮贡米"之粳稻栽培系统等 4 个项目申报为第四批中国重要农业文化遗产，其中柳河山葡萄栽培系统、九台五官屯贡米栽培系统获批中国农业重要文化遗产称号。五是启动省级财政支持2018 年休闲农业发展项目，已落实休闲农业发展专项资金 500 万元，重点在 2017 年实施一二三产业融合发展试点县基础上，完善休闲农业设施建设，提高休闲农业发展水平，发挥试点项目效应。

吉林省休闲农业基本情况

	单位	休闲农业经营主体总计	农家乐	休闲观光农园（庄）
经营主体个数	个	3 700	900	2 800
从业人数	人	153 012	30 602	122 410
其中：农民就业人数	人	130 060	22 110	107 950
带动农户数	户	75 000	18 000	57 000
接待人次	人次	35 000 900	10 850 200	24 150 700
营业收入	万元	810 000	153 900	656 100
其中：农副产品销售收入	万元	89 100	16 929	72 171
利润总额	万元	121 500	——	——
从业人员劳动报酬	元	16 000	——	——

（吉林省农业农村厅）

黑龙江省

【基本情况】　2017 年，全省休闲农业经营主体发展到 5 703 家，同比增长 10.2%，带动农户 13.9 万户。从业人员 20.7 万人，其中农民就业人员 14.3 万人，从业人员年人均劳动报酬达到了 2.48 万元。农家乐及休闲观光田园农庄接待人次累计 1 942.6 万人次，营业收入 82.4 亿元，同比增长 10.6%，实现利润总额 13.7 亿元。

【主要做法及成效】

　（一）培育经营主体，激发发展活力

　　依托合作社等新型农业经营主体发展乡村旅游，初步打造成了集农业新技术、新成果推广、稻米文化展示、品牌宣传推介、休闲采摘游乐、田间风光体验于一体的休闲农业旅游新业态。发展采摘垂钓、农事体验等到村到户项目，培育休闲农庄（园）和特色农家乐等经营主体，鼓励农民利用自家农房、院落连片打造特色农家乐聚集村，打造休闲农业和乡村旅游聚集区和产业带。全省休闲观光农园（庄）发展到 1 240 个，同比增长12%；农家乐发展到 4 436 个，同比增长9%。休闲农业和乡村旅游已成为建设现代农业、促进农民创业增收的重要载体和有效途径。

　（二）创建示范典型，发挥引领作用

　　积极参与全国休闲农业和乡村旅游示范创建活动，带动产业质量提升、范围拓展和环境营造。2017 年，五常、海林两个市被评为全国休闲农业和乡村旅游示范县（市、区），全国示范县（市、区）数量增至 12 个，已评为全国示范点的共有宁安小朱家等 18 个乡村旅游点；同江市八岔赫哲族村等 4 个村被评为中国最美休闲乡村，中国最美休闲乡村增至 13 个；黑河市爱辉区获"中国最美乡村旅游目的地""中国知青文化旅游胜地""全省新农村建设先进县"等荣誉称号。大庆等 11 个市（地）、18 个县（市、区）的 31 家企业开展了"冬捕""冬钓"及"冬季休闲渔业"等形式多样的冬季渔业活动，累计参与人数达到 10 余万人，"冬捕"产量达 8 000 多吨，冬捕期间实现产值千万元。加大了逊克县边疆俄罗斯族村等民族村落开发力度，该村是全国第一个俄罗斯族村，已成为远近闻名的俄罗斯当代风情旅游村寨。同时该村拥有我国纬度最高的荷花池，每到 8 月荷花盛开季节，边赏荷花边吃农家美味是边疆荷花池休闲观光园的一大亮点，年接待游客 3 000 多人次。

（三）加强宣传推介，打造旅游品牌

为了加快培育黑龙江省农业农村发展新动能，推动休闲农业产业发展，通过传统媒体、新媒体、专业摄影、出版画册等方式广泛进行推介、展示，增强市民对家乡的认识和认同感。2017 年重点加大了对休闲农业和乡村旅游点、精品旅游线路的宣传力度。年初开展了首届"龙江最美休闲乡村、龙江乡村旅游精品线路评选活动"。通过《农村报》《哈尔滨日报》《生活报》等新闻媒体先后多次对松北万宝大道、呼兰湿地、五常稻作农业等休闲农业和乡村旅游精品线路进行了报道。鼓励有条件的地区发展智慧乡村游，提高在线营销能力。以县（市、区）为基础，搭建农村综合性信息化服务平台，提供电子商务、乡村旅游、农业物联网、价格信息、公共营销等服务。

（四）落实发展政策，优化产业环境

2017 年 2 月，制定了《黑龙江省农产品加工与一二三产业融合发展规划（2016—2020 年）》，将休闲农业和乡村旅游作为重要内容纳入规划安排。落实发展政策主要体现在以下方面：一是将休闲农业和乡村旅游项目建设用地，纳入土地利用总体规划和年度计划优先安排实施。允许在符合土地管理法律法规和土地利用总体规划、依法办理建设用地审批手续、坚持节约集约用地的前提下，利用一定比例的土地开展观光和休闲度假旅游。二是把休闲农业功能拓展作为试点类型之一，采取以奖代补、先建后补、财政贴息、产业投资基金等方式，着力改善休闲农业与乡村旅游重点村基础服务设施。三是政府建立农村贷款专项担保基金，对于休闲农业和乡村旅游发展给予重点扶持。在已出资 25.5 亿元设立农业担保资金基础上，再出资 10 亿元用于吸引国内大型融资担保公司在黑龙江省设立新的融资担保机构，增大担保资金规模。创新政府涉农资金使用和管理方式，研究通过政府和社会资本合作、设立基金、贷款贴息等方式，带动社会资本投向农村产业融合领域。四是按照"季节性旅居养老服务"规划布局，重点围绕"环镜泊湖（兴凯湖、松花湖）景观休闲养老区、大小兴安岭森林氧吧养老区、五大连池药泉康疗养老区、北部湿地温泉疗养养老区、三江平原田园特色养老区、哈尔滨赏冰滑雪度假养老区"建设"北方夏季绿色养老基地"，形成候鸟式养老产业联盟。五是大力推进农耕文化教育进校园，统筹利用现有资源建设农业教育和社会实践基地，引导公众特别是中小学生参与农业科普和农事体验。加大政策扶持力度，引导各类科技人员、大中专毕业生等到农村创业，实施鼓励农民工等人员返乡创业三年行动计划，开展百万乡村旅游创客行动。

【存在问题】 黑龙江省乡村旅游发展态势良好，但是和浙江、福建、山东等经济发达地区相比还有很大的差距，存在着不可忽视的问题：一是旅游产业开发层次较低。农业服务业的多元化、深层次发展不够，休闲农业还处在采摘、农家乐等初级业态阶段，农业三产服务水平低，休闲业态雷同现象普遍；二是配套建设不到位。个别乡村在通车线路、公共厕所、通信联络、垃圾处理、饮食卫生等方面建设存在一定的缺陷。

黑龙江省休闲农业基本情况

	单位	休闲农业经营主体总计	农家乐	休闲观光农园（庄）
经营主体个数	个	5 703	4 436	1 240
从业人数	人	207 262	125 139	82 103
其中：农民就业人数	人	142 705	81 869	60 776
带动农户数	户	138 838	9 046	128 377
接待人次	人次	19 426 006	8 516 735	10 610 190
营业收入	万元	824 164	232 721	567 920
其中：农副产品销售收入	万元	221 574	88 288	132 515
利润总额	万元	136 501	15 365	117 731
从业人员劳动报酬	元	24 800	18 800	6 000

（黑龙江省农业农村厅）

江 苏 省

【主要做法及成效】　截至 2017 年年底，全省具有一定规模的休闲观光农业园区景点（包括农家乐）增至 8 500 个以上，年接待游客量达 1.5 亿人次，综合收入超过 420 亿元，同比增长 20%。全省休闲观光农业从业人员近 100 万人，其中农民 92.3 万人。重点开展了以下工作：

（一）强化政策落实

深入贯彻中央 1 号文件和省委 1 号文件精神以及农业部等部委的"两个文件"精神，深入推进农业供给侧结构性改革，把创意休闲农业作为农业结构调整的重要内容，把创建省级休闲农业示范村列入涉农县（市、区）发展现代农业考核目标；认真开展创意休闲农业政策调研，出台《关于加快发展创意农

业的意见》，撰写江苏省创意休闲农业发展报告；认真落实习近平总书记的"两山理论"和首届全国休闲农业和乡村旅游大会上提出的"以农业为基础、以农民为中心、以绿色为导向、以文化为灵魂"的休闲农业发展要求，积极拓展农业农村多种功能，培育创意休闲农业精品园区景点和农庄民宿，提升休闲农业绿色发展能力；召开全省创意休闲农业工作推进会，推动全省创意休闲农业强省建设。

（二）强化示范创建

启动"12311"创意休闲农业品牌培育工作，初步确立了 105 个江苏农业特色小镇和 101 个主题创意农园培育目标，出台了《江苏省农业特色小镇培育发展情况评估指标（试行）》标准，加快建设农业特色小镇、主题创意农园、特色田园乡村等休闲农业示范项目；继续在各涉农县（市、区）培育了 107 个省级休闲观光农业示范村，认定了 71 个江苏省休闲观光农业示范村；着力开展全国休闲农业和乡村旅游示范县（市、区）创建、中国美丽休闲乡村推介和全国休闲农业与乡村旅游星级示范企业（园区）创建等国家级品牌创建工作，其中徐州市贾汪区、宿迁市宿豫区、盐城东台市 3 个县（市、区）获得全国休闲农业和乡村旅游示范县（市、区）认定，宜兴市张阳村等 6 个村获得中国美丽休闲乡村推介，仪征市江扬生态农业有限公司等 52 家企业创建成全国休闲农业与乡村旅游星级示范企业。中国重要农业文化遗产申报取得突破，江苏高邮湖泊湿地农业系统和无锡阳山水蜜桃栽培系统获得第四批中国重要农业文化遗产项目认定，为江苏省推进中国（全球）重要农业文化遗产工作增添新经验。

（三）强化宣传推介

支持各地举办梨花节、桃花节、樱花节、油菜花节、草莓文化节、葡萄节、茶叶文化节等农事节庆活动多达 800 余个。落实农业

部组织的"春季赏花"活动，在《扬子晚报》推介"春季赏花"电子地图，服务市民到农村乡野赏花踏青、美食休闲，提振农村"春花经济"效益。积极宣传全省休闲农业示范精品，在省电视台《走进新农村》栏目、省农业委员会微信公众号和江苏政务信息平台等媒体宣传推介江苏省休闲观光农业示范村、全省休闲农业与乡村旅游精品景点和线路。编制了《江苏省四季经典休闲观光农业精品线路集萃》宣传册，在全国休闲农业和乡村旅游大会上宣传推介。着力开发全省休闲农业互联网平台，有序推进"休闲农游"微信公众号、手机 App 和休闲农业网站建设。

（四）强化创意发展

举办首届江苏省创意休闲农业设计大赛，各地级市进行了分赛活动，在全省发掘了近 1 300 件园区与景观类、产品与包装类、营销与服务类以及其他衍生类创意休闲农业设计作品，评选出 200 件创意设计获奖作品，制作成获奖作品集进行宣传表彰，积极引导创意项目落地投资建设，加快形成创意产业链。首届江苏省创意休闲农业设计大赛同步举办了江苏省大学生休闲农业线路创意设计竞赛、江苏省创意休闲农业卡通形象设计和微电影竞赛等活动，评选出 30 个线路设计获奖团队和 12 个卡通形象与微电影作品。10 月中旬，举办了首届江苏省创意休闲农业设计大赛精品展示活动，为江苏省培育多元创意主体、健全创意产业体系、放大创意品牌影响力、提升产业综合效益、丰富创意休闲农业发展内涵、提升产业核心竞争力等发挥了重要的推动作用。

【存在问题】 江苏省休闲观光农业发展虽然取得了一定成效，但仍存在整体发展水平不够高、区域发展不平衡性大、多产业融合度不够强、科技文化内涵不深、创意创新能力不足、产品市场竞争力不强、从业人员素质有待提高、管理服务能力有待提升以及相应扶持政策有待整合提档等问题，急需着力加以解决。

江苏省休闲农业基本情况

	单位	休闲农业经营主体总计	农家乐	休闲观光农园（庄）
经营主体个数	个	8 500	4 828	3 672
从业人数	人	999 276	463 759	535 517
其中：农民就业人数	人	923 115	463 759	459 356
带动农户数	户	931 647	518 290	413 357
接待人次	万人次	15 146.2	4 634.8	10 511.4
营业收入	万元	4 201 393.1	579 360.4	3 622 032.7
其中：农副产品销售收入	万元	1 729 823.5	208 569.8	1 521 253.7
利润总额	万元	3 403 128.4	428 726.6	2 934 608.7
从业人员劳动报酬	元	45 360		45 360

（江苏省农业农村厅）

浙 江 省

【主要做法及成效】 2017 年，全省休闲农业产值超过 340 亿元，同比增长 20％以上。休闲农业与乡村旅游已经成为城乡居民的新看点、社会投资的新热点和农民就业增收的新亮点。

（一）强化重大活动带动，拉高休闲农业发展站位

一是高标准、高水平承办全国休闲农业和乡村旅游大会。4 月 11～12 日，全国休闲农业和乡村旅游大会在安吉县召开，农业部部长韩长赋、副部长陈晓华、时任省长车俊、副省长孙景淼以及来自农业部等 14 个国家部委的相关司局负责同志、各省（自治区、直辖市）休闲农业和乡村旅游主管部门负责同志以及企业界、媒体等各方代表近 1 000 人参加会议和相关活动。韩长赋充分肯定浙江省休闲农业和乡村旅游发展成果，要求把

浙江的创新、探索、经验、模式，在全国各个地方广泛复制、开花结果。车俊在致辞中总结了近年来浙江发展休闲农业和乡村旅游的做法和成效，指出正是红红火火的乡村旅游、生机勃勃的休闲农业，让浙江的乡村发生了翻天覆地的变化。会议期间，还举行了中国休闲农业和乡村旅游论坛，项目、精品景点、优质农产品对接推介活动，浙江省在论坛上做了典型发言，余村、溪龙白茶现代农业产业园、鲁家村家庭农场集聚区、蔓塘里美丽乡村等现场参观点得到与会代表的高度肯定。人民网、新华网、中央电视台综合频道、《农民日报》、《浙江日报》、浙江卫视等中央和省级媒体聚集浙江休闲农业发展作了重点报道，极大地扩大了休闲农业的影响。二是高质量、高要求宣传展示休闲农业成果。11月24～28日在杭州举行的浙江农业博览会上，专门开设了休闲农业展区和特色农业强镇展区，通过图片、影像、产品、创意设计等向杭州市民呈现2017年浙江省休闲农业发展成果，并推荐休闲农业和乡村旅游精品线路、乡村旅游地农产品，受到了杭州市民的青睐。

（二）强化平台项目支撑，搭建休闲农业发展载体

一是深化农业"两区"（粮食生产功能区和现代农业园区）建设。前些年建成的农业"两区"，完善的基础设施、集中连片的产业规模、丰富的"花""果"资源为休闲农业和乡村旅游发展提供了良好的条件。从2016年开始，各地按照集聚、融合、创新、共享发展的要求，拉高标杆、补齐短板，打造"两区"升级版，组织实施一二三产业深度融合的现代农业园区和以特色和优势产业为支撑的特色农业强镇创建工作。现代农业园区明确要求园区内所有村庄达到美丽村庄要求，并至少有一个AAA级景区村庄，至少有2处休闲观光园。特色

农业强镇要求主导产业强、生态环境美、农耕文化深、农旅融合紧，至少建成2个以上有一定知名度的休闲农业观光点，年接待游客20万人次以上，休闲农业年总收入5 000万元以上。2017年，通过自愿申报、编制方案、专家评审、现场答辩等程序评选确定了23个省级现代农业园区创建点和26个特色农业强镇创建点，累计特色农业强镇创建点达到50个。现代农业园区和特色农业强镇建设为休闲农业提供发展平台。二是开展农村一二三产业融合试点示范，推进休闲农业向纵深发展。在高水平高质量完成2016年中央农村一二三产业融合7个试点县项目的基础上，扎实推进2017年整县制试点。通过整合相关资金，扩大试点范围，专门整合筹措了2.95亿元专项资金在19个县（市、区）开展整县制推进工作，根据上报的建设方案，超过1/5资金将专门用于休闲农业相关的基础设施和配套设施建设。作为项目试点县，龙泉市立足山区特色、围绕生态循环，按照"园区景区化、农旅一体化"理念，促成乡村旅游常态化，建成休闲观光农业示范点35个，1～7月乡村旅游接待游客223万人次，同比增长26.8%。

（三）强化美丽农业建设，夯实休闲农业发展基础

一是深入推进打造整洁田园建设美丽农业行动。为从根本上切实解决田园环境中存在的"脏、乱、差"问题，提升田园洁化、美化水平，从2016年开始，在全省范围内部署开展了打造整洁田园建设美丽农业行动，以农业"两区"、景区周边、道路河道两侧的农田为整治重点区域，全面整治田园环境，完善田园基础设施，改造提升生产设施，整治各类杂乱干线，调整优化产业布局，建立健全长效机制，促进田园清洁化、景观化和农业生态化、规模化水平明显提升，切实把农业建设成为最美丽的产业。2017年，全省各地累计投入经费57 617万元，收集废弃物

22 326 吨，清除田间垃圾 220 535 吨，改造设施大棚 8 345 392 平方米，改造生产管理用房 786 962 平方米，整理杆线 28 097 根，复绿复耕 134 598 亩，新增田园景观点 816 个。二是扎实推进美丽牧场建设工程。按照"规范、生态、美丽"的内涵要求，将畜禽养殖场营造为"场区布局合理、设施制度完善、生产全程清洁、产出安全高效、资源循环利用、整体绿化美化"的美丽牧场。截至 2017 年年底，全省已经建成美丽牧场 300 余家，涌现了美保龙、九峰等一大批生态景区牧场。

（四）强化品牌示范引领，打造休闲农业发展样板

一是积极争创国字号品牌。2017 年，新增宁波市北仑区、永嘉县、衢州市柯城区、丽水市莲都区等 4 个全国休闲农业与乡村旅游示范县（市、区），总数达到 26 个，位居全国第一；德清淡水珍珠传统养殖与利用系统入选第四批中国重要农业文化遗产名单，总数达到 8 个，位居全国各省前列；长兴县顾渚村等 6 个村被列入中国美丽休闲乡村，总数达到 28 个。同时，推荐参加全国休闲农业精品线路评选等工作，以点带面，示范带动了全省面上的休闲农业和乡村旅游健康发展。二是扎实开展省级示范创建。2017 年，

浙江省农业厅继续联合省旅游局开展了省级休闲农业与乡村旅游示范县、示范乡镇、示范点创建工作，新增 6 个省级示范县、18 个省级示范乡镇、25 个省级示范点，提升了休闲农业与乡村旅游整体发展水平。

（五）强化体制机制创新，优化休闲农业发展环境

一是创新多元投入机制。盘活中央、省财政各项政策性资金，鼓励社会资本投入休闲农业发展。全省休闲观光农业园区累计投入资金 333.5 亿元。二是创新产业扶持机制。省政府办公厅在 2007 年、2011 年、2016 年三次出台农家乐休闲旅游业发展意见，加强顶层设计。省、市、县三级将农家乐休闲旅游村庄列入"千村示范、万村整治"工程和美丽乡村建设计划，给予相应资金扶持。三是创新利益联结机制。坚持富民导向，通过发展休闲农业促进农民持续增收。桐乡市乌村引入专业旅游公司实行股份制经营，农户按照相应股份进行分红。天台县后岸村对全村农家乐经营户实行"四统一"管理（统一营销、统一内部设施、统一价格、统一管理），2017 年全村乡村旅游收入超过 2 000 万元，户均经营收入超过 18 万元，实现了壮大村级集体经济和增加农民收入双赢目标。

浙江省休闲农业基本情况

	单位	休闲农业经营主体总计	农家乐	休闲观光农园（庄）
经营主体个数	个	21 498	16 900	4 598
从业人数	人	421 500	185 900	235 600
其中：农民就业人数	人	357 000	135 200	221 800
带动农户数	户	352 100	202 800	149 300
接待人次	人次	351 750 000	151 710 000	200 040 000
营业收入	万元	5 511 148	1 983 800	3 527 348
其中：农副产品销售收入	万元	1 161 317	551 877	609 440
利润总额	万元	469 534	257 894	211 640
从业人员劳动报酬	元	32 926	32 200	33 500

（浙江省农业农村厅）

安 徽 省

【主要成效及特点】 据农业部门统计，2017年安徽省休闲农业和乡村旅游接待旅客人数达到1.8亿人次，营业收入693.42亿元，从业人员64.73万人，同比分别增长35.3%、12.56%、28.82%。全省休闲农业和乡村旅游带动农民就业人数48.91万人，带动贫困户数63 774户；全省休闲农业经营主体达到17 411家，同比增长36.39%，其中：休闲观光农园、农庄3 447家，农家乐12 980家，其他类型主体984家；休闲农业协会和联盟分别达109个和27家。休闲农业正呈现出主体多元化、业态多样化、设施现代化、发展集聚化和服务规范化的良好发展态势。

（一）新主体竞相涌现

休闲农业和乡村旅游日益受到各级党委政府和社会各界的关注，产业已从初期的农民自发发展，转变为由政府引导扶持、以农民为主体、社会资本踊跃参与的生动局面，人才、资金、管理、信息等要素加速回流农村，经营主体更加多元，分工更加精细。如合肥市三瓜公社先后组建四大产业专业合作社，将种植、养殖、生产、线上线下交易、物流等环节融为一体，通过"合作社＋农户"模式，发展社员1 500多户，带动周边11个村集体经济增长200%。

（二）新机制不断探索

安徽省积极探索与农民互利共赢的产业发展和利益共享机制，让农民通过土地、庭院、设施等资产入股，以股东身份从产业发展中获得收益。如石台县洪墩村成立乡村旅游发展公司，采取"公司＋农户"经营方式，鼓励农户将自家空置房屋自行改造进行整合，按照"五统一"要求进行运营，运营收入由村集体与农户按2∶8比例进行分成，辐射带动贫困户73户226人就业增收，全村农民人

均可支配收入已达8 850元。

（三）新类型日渐多元

安徽省各地充分依托当地的自然条件、文化底蕴、区位优势和消费习惯，以城市郊区、景区周边、民族地区和传统农区等为重点，在农家乐、田园农业游、民俗风景游、村落古镇游、休闲度假游、科普教育游、回归自然游等模式的基础上，进一步整合各类资源，创新发展形式，探索形成了芜湖大浦农业嘉年华、和县蔬菜嘉年华、六安茶谷等特色各异的新类型，开辟了产业发展新途径，形成了串点成线、连片成带、集群成圈的发展格局，让人们从过去简单的"吃农家饭、住农家院、做农家活、看农家景、享农家乐"，向回归自然、认识农业、怡情生活等方向转变。

（四）新功能日趋拓展

安徽省各地在发展过程中，紧紧围绕人们"眼看什么、嘴吃什么、肺吸什么、脑学什么、手玩什么"等新需求、新动向，拓展休闲农业科普教育、农事体验、养生养老、健身运动功能，让人们近距离参与农业生产，了解乡村民俗，融入农耕生活。如广德县箐箐庄园由最初的猕猴桃单纯种植基地逐步发展成以猕猴桃种植为主体并集观光旅游、餐饮住宿、休闲度假、多种水果采摘、户外真人CS、企业培训、养殖、猕猴桃酒深加工、土特产购物于一体的大型生态农业观光园，并先后被评为国家级AAA景区，全国五星级休闲农业观光园，全国科普惠农示范基地。

【主要做法】

（一）积极主动作为，各地休闲农业发展创意不断

4月，省农业委员会举办了以"我为家乡休闲农业代言"为主题的全省休闲农业推介竞赛活动，组织全省16个市农业委员会主要领导亲自推介辖区内休闲农业的发展现状

和精品园区、线路，引得各大主流媒体、新型媒介争相报道，成为网络搜索的新热词，群众身边的新话题。在提高休闲农业热度的同时，也提升了各市农委对休闲农业工作的重视程度，推动了各市农业部门转变工作方式，形成"主要领导亲自抓，分管领导具体抓，职能部门抓落实"的工作体制机制。同时，立足培育社会化组织，积极开展业务指导，推进安徽省休闲农业协会筹备、全国休闲农业和乡村旅游专家库推荐等相关工作开展。

（二）建立监测体系，全省休闲农业实现动态管控

安徽省建立"省—市—区（县）"三级监测体系，落实一季一报监测工作制度，及时掌握全省各个地区休闲农业的发展情况。据农业部门统计，上半年安徽省休闲农业经营主体达到 16 072 家，比 2016 年年底增长 25.90%，其中：休闲观光农园、农庄 3 154 家，农家乐 12 303 家，分别比上年增长 30.98%、22.59%；休闲农业专业合作社 452 家；休闲农业协会和联盟分别达 49 家、32 家；全省休闲农业综合营业收入总额达 343.77 亿元，休闲农业带动农户数达 58.68 万户，从业人员 60.28 万人，其中农民就业人数 43 万人。休闲农业正呈现出业态多样化、产业集聚化、主体多元化、设施现代化、服务规范化和发展绿色化的良好发展态势。

（三）加大宣传推介，休闲农业品牌打造有声有色

2017 年年初，利用安徽省在上海主办农业产业化交易会之机，开展休闲农业推介活动，向上海新闻界、旅游界及上海市有关部门推介安徽省休闲农业。活动期间，组织安徽省 20 家休闲农业经营主体与上海 25 家旅行社、企业、投资主体签订了合作协议。9 月，先后利用 2017 中国安徽名优农产品暨农业产业化交易会和 2017 长三角休闲农业和乡村旅游博览会这一平台，展示安徽省休闲农业和乡村旅游发展成果，推介全省 16 个市的休闲农业精品点、精品旅游线路。进一步深化了长三角地区休闲农业发展交流，推介安徽休闲农业优质品牌，引导安徽省精品休闲农业"走出去"。同时，在 2017 中国安徽名优农产品暨农业产业化交易会上，首次设立了休闲农业与农耕文化展厅，全方位、多视角、多层次地展现安徽省休闲农业和乡村旅游的独特魅力。展会期间，展区内观众络绎不绝，引起了社会各界的广泛关注。

（四）强化典型带动，休闲农业示范创建彰显成效

安徽省坚持把典型引路、示范带动作为推进休闲农业和乡村旅游的重要抓手，使农民学有目标，企业创有对照，居民游有品牌。2017 年，省农业委员会先后完成了 2017 年全国休闲农业和乡村旅游示范县（市、区）的推荐以及全省休闲农业和乡村旅游示范县、示范点的创建工作。先后推荐休宁县、舒城县、潜山县 3 个县为全国休闲农业和乡村旅游示范县，认定东至县、凤阳县、蒙城县 3 个县为 2017 年省级休闲农业和乡村旅游示范县，肥东县奥瑞旗度假山庄等 20 个园区为 2017 年休闲农业和乡村旅游示范点。截至 2017 年年底，全省共有全国休闲农业和乡村旅游示范县 12 个、示范点 20 个，全国十佳休闲农庄 3 个，中国美丽休闲乡村 11 个，中国美丽田园 9 个，中国重要农业文化遗产 4 个；中国休闲农业和乡村旅游精品线路 3 条；省级休闲农业和乡村旅游示范县 42 个、示范点 140 个，省级休闲农业专业示范村 16 个。

【存在问题】　一是用地难。安徽省基本农田面积大，可供开发利用的土地指标少，一批经营主体由于建设用地无法解决，基础设施不能完善配套，经营效益不佳。一些经营

主体在未完全改变土地性质的前提下，自行建设的一些简易、最基本的设施，也面临被拆迁的困境。二是扶持力度不够。除了省级和少数市（县）对休闲农业示范点有少量扶持资金外，大多没有安排专项资金，加上很多经营主体处在建设初期，由于没有政府的项目支撑和相关政策扶持，仅靠经营主体的投资，往往导致后期资金不足，保持健康发展的难度很大。三是规划滞后。在市级层面上多数缺乏统一的整体规划，绝大多数县（市、区）没有制定休闲农业和乡村旅游的发展专项规划。四是人才缺乏，管理水平低。专业人才、管理人才、经营人才不足。很多投资者对休闲农业既没有专业知识背景，又缺乏经营管理人员，加之企业发展目标不明、管理水平不高，在激烈的市场竞争面前，没有比较优势。

安徽省休闲农业基本情况

	单位	休闲农业经营主体总计	农家乐	休闲观光农园（庄）
经营主体个数	个	17 411	12 980	3 447
从业人数	人	647 331		
其中：农民就业人数	人	489 136		
带动农户数	户	680 468		
接待人次	万人次	18 069.8		
营业收入	亿元	693.42		
其中：农副产品销售收入	亿元	161.48		
利润总额	亿元	90.67		
从业人员劳动报酬	元	23 870		

（安徽省农业农村厅）

福 建 省

【主要做法及成效】 2017 年，福建省休闲农业继续保持投资、消费发展的良好态势，全省具有一定规模的休闲农业经营主体达到 4 000 多家，安排农民直接就业达 8 万多人，全年接待游客 6 500 万人次，营业收入近 100 亿元。整个产业呈现"发展加快、特色初现、功能拓展、内涵提升"的发展特点，成为经济社会发展的新业态、新亮点。

（一）开展示范创建与推介，引导行业规范化发展

一是组织开展全国休闲农业与乡村旅游示范县、中国美丽休闲乡村推荐工作，全省已获得全国休闲农业与乡村旅游示范县 13 个，2017 年新增寿宁县、尤溪县、福清市 3 个；获得全国最美（美丽）休闲乡村 29 个，2017 年新增惠安县山霞镇下坑村等 7 个村（镇）。二是开展省级休闲农业示范、省级最美休闲乡村创建活动，全省已认定省级休闲农业示范点 231 个、省级最美休闲乡村 71 个，2017 年新认定省级休闲农业示范点 30 个、省级最美休闲乡村 20 个。三是注重发挥特色农业的观光功能，深入挖掘保护乡土文化、农耕文化，结合休闲旅游设施、古建筑与农业采摘体验等，在重大节假日、重要时令季节，有组织、有计划地开展全省性的休闲农业精品景点和精品线路宣传推介，利用传统媒体和互联网等新兴媒体，充分扩大休闲农业和乡村旅游产业的影响力，打造一批具有福建特色的休闲农业品牌，引导休闲农业规范化发展，提升发展水平。

（二）保护传承农耕文化，增强产业发展后劲

一是申报农业文化遗产认定。全省获得全球重要农业文化遗产 2 个，其中，尤溪联合梯田（作为"中国南方亚热带地区梯田系统"的 4 个子项目之一）于 2017 年 11 月获得联合国粮食及农业组织全球重要农业文化遗产专家咨询小组原则通过；全省获得中国重要农业文化遗产 4 个，福鼎白茶农业文化系统通过第四批 2017 年中国重要农

业文化遗产认定。二是配合省政协开展"加强农业文化遗产保护，助推城乡旅游业发展"专题调研工作，协助收集有关材料，在省政协十二届一次会议中提出了《加强农业文化遗产保护，助推城乡旅游业发展的建议》。三是开展农业文化遗产普查，做好福建丰泽清源山茶文化系统等25个农业文化遗产的保护、传承、利用，发掘重要农业文化遗产的历史价值、文化和社会功能，探索农业文化遗产动态保护机制，传承农耕文明和弘扬农耕文化，进一步增强遗产地产业发展后劲，带动遗产地农民就业增收，促进农业可持续发展。

（三）加强闽台交流合作，推进产业创新发展

一是在第九届海峡论坛上举办"两岸特色乡镇交流暨生态农业对接会"，邀请我国台湾地区中国海峡两岸农业协会秘书长龚世明做了《台湾休闲农业与创意农业案例》的讲座，共有两岸农业界及农村基层从事生态及休闲农业的两岸业界嘉宾、代表等320余人参加活动。二是在福州举办"海峡两岸休闲农业和乡村旅游发展论坛"，由福建省休闲农业协会、《海峡农业》杂志社主办，邀请两岸休闲农业专家和业者，以"绿色、生态、合作、创新"为主题，共商闽台休闲农业发展方向和途径，并进行全国休闲农业和乡村旅游示范县专场推介。

（四）支持返乡创业人员从事休闲农业，拟制定出台有关相关补助实施办法

省政府办公厅下发了《关于支持农民工等人员返乡创业十二条措施的通知》（闽政办〔2015〕149号），明确提出"引导一二三产业融合发展带动返乡创业。省级财政对获得国家级、省级休闲农业示范点的创业企业，分别给予一次性补助60万元、40万元"的补助政策。由于省财政厅、农业厅尚未制定相关的实施细则，因此相关补助工作进度受到了影响。2017年年底，经与省财政厅协商，拟于2018年制定出台相关实施细则（或办法），明确申报程序、企业资格认定、资金渠道来源等事项，落实补助政策，支持返乡创业人员从事休闲农业。

【存在问题】　近几年来的休闲农业发展实践，充分彰显了其促进增收的经济功能、带动就业的社会功能、保护传承农耕文明的文化功能、美化乡村环境的生态功能，促使农区变景区、田园变公园、劳动变运动、农产品变礼品，休闲农业正成为提升农业、美化乡村、富裕农民、清新福建的重要新兴产业。但由于发展时间较短，当前全省休闲农业发展也面临一些问题与困难。

1. 农村基础设施建设滞后。福建省农村农业产业基础设施建设仍较为薄弱，特别是农村综合性信息化服务平台，休闲农业与乡村旅游配套公共服务设施等方面的建设有待进一步完善。

2. 经营主体资金需求难以得到满足。休闲农业具有投资大、回收慢的特征，而福建省休闲农业经营主体绝大部分是民营企业，普遍存在起步晚、规模小、资金积累不足、贷款抵押物资少等问题，融资受限，资产难于盘活，影响了产业发展。

3. 用地制约问题突出。休闲农业的发展受土地制约，尤其是城市周边是发展休闲农业的主场，大部分地区由于发展规划、土地利用等原因使得休闲农业项目很难获得配套设施用地。用地政策不明确，没有保障，制约产业发展。

4. 发展仍处于初级阶段。绝大部分休闲农业项目仍停留在种养、采摘、观光等初级阶段，极少能够满足住宿、娱乐等综合功能，且缺乏一批具有历史、地域、民俗、人文特点、凸显清新福建特色的知名品牌，消费者对高品质的休闲消费需求还难以满足。

福建省休闲农业基本情况

	单位	休闲农业经营主体总计	农家乐	休闲观光农园（庄）
经营主体个数	个	4 082	2 475	1 607
从业人数	人	99 269	28 308	70 959
其中：农民就业人数	人	86 223	25 757	60 466
带动农户数	户	16 538	7 821	157 537
接待人次	人次	64 428 951	21 061 150	43 367 801
营业收入	万元	931 274.1	298 319.48	632 954.62
其中：农副产品销售收入	万元	460 262.4	61 004.4	399 258
利润总额	万元	159 322.19	12 682	144 300.89
从业人员劳动报酬	元	563 761.48	50 242.44	513 434.04

（福建省农业农村厅）

江 西 省

【主要做法及成效】　　2017 年，全省休闲农业规模不断扩大，效益明显提升。休闲观光农园农庄总数达 4 810 家，同比增长 15%；农家乐经营户超过 2.31 万户，同比增长 10%；休闲农业从业人员超过 110 万人，其中农民就业 96 万人；休闲农业综合收入约 260 亿元，其中农副产品销售收入约 103 亿元，利润总额达 38.5 亿元。

（一）加大政策扶持力度

制定并下发了《江西省休闲农业"十三五"发展规划》，明确了未来 5 年全省休闲农业发展方向、目标和任务，也为全省休闲农业的发展提出了指导性意见；下发了《2017年全省休闲农业工作意见》；制定了《休闲农业和乡村旅游发展工程实施方案》，确保了各项工作有计划、分步骤地有效推进。

（二）组织和指导农事节庆活动

全省各地相继举办了踏春赏花、果实采摘、春耕插秧等 200 多个农事节庆活动，参与活动人数达 1 200 多万人次，营业收入达 62 亿元。如南昌市连续多年举办的"休闲农业·秀美乡村"活动月、婺源县油菜花节、井冈蜜柚节、南丰蜜橘节等大型的具有代表性的农事节庆活动。11 月，在南丰县举办了江西省第三届休闲农业乡土美食推介活动，弘扬了乡土美食文化，提升了休闲农业品牌影响。

（三）积极开展科技下乡与人才培训

组织休闲农业服务小分队深入基层开展送科技下乡活动。活动现场发放《江西休闲农业画册》《休闲农业理论与实务》等相关资料 260 余份，并举办了休闲农业经营管理与服务培训班。11 月，组织省、市、县休闲农业管理人员及企业代表共 28 人赴我国台湾地区开展休闲农业专题培训，借鉴台湾精致农业发展先进经验和技术，进一步推动全省休闲农业的快速发展，促进两岸休闲农业交流。

（四）大力开展品牌创建工作

下发了《2017 年省级休闲农业示范县（点）认定工作的通知》《江西省休闲农业品牌创建工作方案的通知》《江西省休闲农业品牌创建有关评定办法的通知》等文件。在全省范围内组织开展了江西省美丽休闲乡村、星级农家乐、十佳休闲农庄、休闲农业十大精品线路的创建和申报工作。组织申报了农业部中国美丽休闲乡村，其中井冈山市神山村等 6 个乡村入选 2017 年中国美丽休闲乡村推介名单。组织申报了农业部全国休闲农业和乡村旅游示范县，永修、南丰、崇义3县创建成功。积极组织20家休闲农业企业参与全国休闲农业和乡村旅游星级企业示范创建活动，其中6家休闲农业企业通过了五星级企业初步评审。开展"春节到农家过大年、早春到乡村去踏青、初夏到农村品美食、仲秋到田间去采摘"等主题宣传活动，向农业部推荐江西省精品线路15条。

（五）积极开展重要农业文化遗产的申报、保护与利用工作

组织和指导有关市、县发掘本地重要农业文化遗产的历史、文化和社会价值，编制农业遗产申报项目书和遗产保护与发展规划，其中江西南丰蜜橘栽培系统、江西广昌传统莲作文化系统通过专家评审，列入第四批中国重要农业文化遗产名单。开展了全球重要农业文化遗产申报工作，多次组织专家学者对崇义上堡客家稻作农业文化系统申报材料进行评审和修改，通过了联合国农业文化遗产评估团的评估。参与了江西省第一批省级传统村落的评选活动，其中大部分村落重点发展休闲农业产业。

（六）大力开展宣传推介活动

广泛利用传统媒体，开辟专栏文章、拍摄播放宣传片，宣传江西省休闲农业。1月5日在《农民日报》第2版发表以"赣鄱乡村别样美——江西省休闲农业与乡村旅游发展综述"为主题的江西休闲农业文章和图片。积极主动宣传推介江西省第三届休闲农业乡土美食推介活动，利用江西农村广播（惠农直播室）、省农业厅官方微信公众号"江西农业"对活动进行预告报道，邀请中国新闻网、江西卫视、《江西日报》等20余家主流媒体到现场报道。

（七）积极参加展示展销活动

7月，组织有关专家和企业参加了由联合国粮农组织东亚地区农业文化遗产研究会主办的第四届东亚地区农业文化遗产学术研讨会，专家在会上发表了论文，企业展示展销了特色农产品。组织有关市、县休闲农业企业、重要农业文化遗产地参加2017中国上海国际休闲农业及乡村旅游产业展览会和第十五届中国国际农产品交易会，展览展示全省休闲农业发展成效和重要农业文化遗产保护成果。

【存在问题】 在肯定成效的同时，江西省休闲农业工作还存在不少问题。例如，休闲农业发展现状与爆发式增长的市场需求不相适应，发展方式还比较粗放，基础设施滞后，不能满足市场需求，文化内涵挖掘不够、产品类型不够丰富；休闲农业行业管理的规范化、标准化、法制化还亟待建立和完善；休闲农业从业人员和管理人员的系统专业培训有待加强。

江西省休闲农业基本情况

	单位	休闲农业经营主体总计	农家乐	休闲观光农园（庄）
经营主体个数	个	27 910	23 100	4 810
从业人数	人	1 100 000	673 000	427 000
其中：农民就业人数	人	960 000	628 300	331 700
带动农户数	户	107 800	24 050	83 750
接待人次	人次	45 000 000	28 520 700	16 479 300
营业收入	万元	2 600 000	1 040 000	1 560 000
其中：农副产品销售收入	万元	1 030 000	406 000	624 000
利润总额	万元	385 000	150 200	234 800
从业人员劳动报酬	元	26 000	22 850	29 150

（江西省农业农村厅）

山 东 省

【基本情况】 2017年，在农业部和省委、省政府的正确领导下，山东省各级农业部门认真贯彻落实"创新、协调、绿色、开放、

共享"五大发展理念，突出夯实产业基础、拓展农业功能、推动产业融合、促进农民增收等工作重点，紧密结合山东实际，扎实推进各项工作，休闲农业和乡村旅游发展取得了较好成效。截至 2017 年年底，全省共创建国家级休闲农业与乡村旅游示范县 20 个，国家级休闲农业与乡村旅游示范点 30 个，创建省级各类休闲农业和乡村旅游示范 300 多个，全省休闲农业经营主体达到 19 000 余家，其中农家乐 15 000 多家，休闲观光农园（庄）4 900 多家，从业人员 80 多万人，年接待游客超过 15 900 万人次，全年营业收入超过 630 亿元，其中农副产品销售收入 300 多亿元，从业人员年均劳动报酬 33 000 元，带动近 60 万农户受益。

【主要做法】

（一）加强部门联动，开展休闲农业和乡村旅游示范创建

按照农业部统一部署，组织开展休闲农业和乡村旅游示范创建活动，2017 年，有 3 个县获全国休闲农业和乡村旅游示范县（市、区）称号，7 个村荣获中国美丽休闲乡村荣誉称号。联合旅游部门，组织开展省级示范创建工作，认定省级休闲农业和乡村旅游示范县 10 个，示范点 20 个，美丽休闲乡村 20 个，齐鲁美丽田园 20 个，休闲农业示范园区 22 个。同时在有关专项资金安排上，优先向休闲农业和乡村旅游示范县和示范点倾斜，加速培育休闲农业和乡村旅游示范典型。

（二）加大扶持力度，夯实发展休闲农业和乡村旅游的产业基础

以项目为载体，大力推进现代农业产业园建设、高效特色农业发展、农村一二三产业融合，将农业功能拓展纳入全省生态循环农业示范基地建设内容，为发展休闲农业和乡村旅游提供产业支撑。2017 年，在 28 个景观资源较好的生态循环农业示范项目基地，投入 480 多万元用于发展休闲农业；在农村一二三产业融合试点项目中，在 11 家基础较好的一二三产业融合项目基地，投入 5 790 万元用于发展休闲农业和乡村旅游。各市、县也积极争取资金用于发展休闲农业，如济南市每年安排 2 000 余万元用于发展生产、生态、生活"三生功能"于一体的都市型现代农业示范园区建设。

（三）加强人员培训，提高从业人员素质

从业人员能力素质是决定行业发展水平的重要因素。一年来，为全面提高全省休闲农业从业人员能力水平，全省各级组织开展丰富多彩的业务培训，不断提升从业人员的经营管理水平。一是开展全省休闲农业和乡村旅游培训。在济南长清区召开全省休闲农业培训班，邀请国家和省内知名专家授课，对全省各市（县）70 多名休闲农业管理人员进行了休闲农业和乡村旅游专题培训。二是组织参加农业部相关业务培训。年内积极组织参加农业部举办的各类主题推介会及相关业务培训会，学习先进省份的典型做法和宝贵经验，促进与各省之间的交流沟通。三是各市（县）组织开展丰富多彩的培训、观摩等活动。淄博市充分发挥全市 107 所农民田间学校的作用，2017 年举办都市农业、休闲农业等专题培训班 70 余个。

（四）采取多种形式，加强休闲农业宣传推介

印制并发放全省休闲农业和乡村旅游画册及宣传画报，开展全省休闲农业和乡村旅游精品园区和线路征集活动，通过省农业信息网、电视、广播、报纸及微信等渠道进行宣传推荐。在山东农业信息网、《农业知识》杂志开设专栏，积极宣传休闲农业和乡村旅游品牌。各地也开展多种类型的特色活动，策划推出一批具有浓郁文化特色和地域风貌的节庆活动，大力推介具有地域特色的休闲农业和乡村旅游品牌。德州市齐河县在

CCTV-7 投放了《美丽中国乡村行——醉美齐河》宣传片，受到社会各界广泛关注和好评。莱芜市汶源街道每年举办一次桃花旅游文化节，已成功举办 14 届，知名度和影响力不断提升。

山东省休闲农业基本情况

	单位	休闲农业经营主体总计	农家乐	休闲观光农园（庄）
经营主体个数	个	19 722	15 254	4 916
从业人数	人	824 360	301 382	495 610
其中：农民就业人数	人	747 319	272 515	562 814
带动农户数	户	591 774	—	564 156
接待人次	人次	159 778 747	62 427 835	95 744 012
营业收入	万元	6 352 739	2 687 079	3 676 806
其中：农副产品销售收入	万元	3 397 167	679 109	1 645 760
利润总额	万元	2 134 099	—	1 249 129
从业人员劳动报酬	元	33 404	—	33 870

（山东省农业农村厅）

河 南 省

【主要成效】　河南休闲农业经过 20 多年的发展，已涌现出一大批融休闲度假、观赏观光、农事参与、农耕文化、高效农业、民俗风情等的休闲农业景点和园区。2017 年，全省共有休闲农业经营主体 16 181 个，实现营业收入 153.98 亿元，从业人数 34.32 万人，其中农民 31.49 万人，占从业人数的 91.75%。全省创建全国休闲农业与乡村旅游示范县 16 个、示范点 21 个，中国美丽田园 6 处；中国美丽休闲乡村 19 个，中国重要农业文化遗产 2 处，全国十大精品线路 1 条，全国十佳农庄 1 个。

【主要做法】

（一）贯彻政策文件精神

河南省农业产业化办公室认真贯彻落实农业部会同国家发展和改革委员会等 11 部委联合印发的《关于积极开发农业多种功能大力促进休闲农业发展的通知》、农业部会同国家发展和改革委员会等 14 部委联合印发的《关于大力发展休闲农业的指导意见》，并在代省政府拟定的《关于支持返乡下乡人员创业创新促进农村一二三产业融合发展的实施意见》中明确休闲农业的用地政策。洛阳市、新乡市、商丘市也先后出台了关于支持休闲农业发展的政策措施。

（二）缓解休闲农业经营主体融资难

休闲农业发展需要大量的资金投入，仅仅依靠自有资金运作力量有限。一方面，借助河南省农业产业化集群培育资金，对被认定为集群的休闲农业龙头企业，在贷款上给予贴息；另一方面，2017 年收集整理一批资金需求项目，汇编成册，通过省政府金融服务办公室，向省内多家金融机构进行推荐，促成了一批项目成功对接，最大限度地帮助解决休闲农业经营主体的融资难题。

（三）加大对经营管理者的培训力度

2017 年 5 月，组织一批省内农业产业化龙头企业和休闲农业负责人在郑州进行培训，邀请了农业部农产品加工局的领导和相关专家学者，对农业供给侧改革、一二三产业融合、休闲农业、融资上市等内容进行了详细讲解，受到了社会各界的一致好评。

（四）加大政策的宣传贯彻力度

积极与《河南日报》《大河报》《东方今报》等省内新闻媒体进行合作，对国家出台的一些政策精神，以及被农业部认定的示范县、示范点进行宣传和报道。与此同时，为扩大休闲农业的吸引力和影响力，鼓励引导各地举办不同类型的休闲农业活动。受到社会各界的一致关注，营造了良好的发展氛围。

（五）创建全国示范县和中国最美休闲乡村

按照农业部相关文件的要求，先后开展了创建第四批中国重要农业文化遗产、中国美丽休闲乡村和全国休闲农业与乡村旅游示范县工作，通过基层推荐、实地考察、筛选、向农业部推荐等工作，最终新安县樱桃传统种植系统被农业部命名为中国第四批重要农业文化遗产，有 6 个村被命名为中国美丽休闲乡村，有 2 个县被认定全国休闲农业与乡村旅游示范县。

【存在问题】 虽然近几年河南休闲农业发展较快，但与全国先进地区相比，发展速度及水平还有不小差距，还存在诸多阻滞发展的问题。突出表现在：建设规划重视不足、基础建设相对薄弱、开发层次尚待提升、创新创意比较薄弱、互动体验需要深入、休闲内容不够丰富、经营项目较多雷同、服务质量有待提高、行业管理仍需规范、环境保护亟待加强等诸多方面。

河南省休闲农业基本情况

	单位	休闲农业经营主体总计	农家乐	休闲观光农园（庄）
经营主体个数	个	16 181	12 898	425
从业人数	人	343 257	33 963	25 897
其中：农民就业人数	人	314 962	32 001	21 325
带动农户数	户	330 879	—	6 137
接待人次	人次	1 135 258	17 602 694	3 074 910
营业收入	万元	1 539 862	76 416	264 163
其中：农副产品销售收入	万元	384 965	25 174	68 751
利润总额	万元	296 169		57 146
从业人员劳动报酬	元	42 115	—	33 813

（河南省农业农村厅）

湖 北 省

【基本情况】 截至 2017 年年底，湖北省拥有全国休闲农业与乡村旅游示范县（市、区）13 个、示范点 19 个，中国美丽休闲乡村 19 个，中国重要农业文化遗产 2 个，省级休闲农业示范点 140 家。规模以上休闲农业点达 5 600 家，从业农民达 17 万人，年接待游客达 8 000 万人次，综合收入达 320 亿元，从业农民人均年收入达25 000元。

【主要做法及成效】

（一）出台相关政策，强化组织推动

2017 年 1 月，湖北省出台了《省人民政府办公厅关于推进农村一二三产业融合发展的实施意见》，强调要拓展农业多种功能，推进农业与旅游、教育、文化、健康养老产业深度融合。3 月，省农业厅、省发展和改革委员会、省旅游发展委员会联合印发了《湖北省现代农业产业园创建工作方案》，把休闲农业园区作为重要创建内容。4 月，武汉市出台了《关于开展"市民下乡、村民进城"活动，加快我市新农村建设的支持措施（暂行）》，鼓励市民下乡利用农村闲置房屋等资产发展休闲农业。省农业厅在大冶市召开了全省休闲农业与乡村旅游推进会，宣讲了政策，交流了经验，参观了现场，明确了思路，促进了工作。利用高素质农民培训指标，先后培训休闲农业管理人员和从业人员 3 000 多人。引导省级休闲农业示范点成立了湖北休闲农业和乡村旅游产业联盟，搭建了学习交流、资源共享平台。

（二）加大资金投入，积极创建品牌

在国家农村一二三产业融合试点项目中安排 8 个休闲农业主体开展试点，引导企业新增投资 2.8 亿元，积极创建休闲农业品牌。大冶市每年拿出 2 000 万元财政专项支持休闲农业发展。麻城市每年列支财政预算资金1 200万元奖励休闲农业示范村创建。黄石市、荆门市、天门市对获得市级、省级、国家级休闲农业示范创建认定的单位，给予2万～30万元奖励。咸宁市咸安区印发《区委办公室、区政府办公室关于印发〈咸安区精准扶贫产业扶持因户施策办法（试行）等"五个一批"的扶贫实施办法〉的通知》（咸安办发〔2016〕7号），对贫困户新开办农家乐（旅游休闲农庄、采摘基地）和通过网上认证建立网店的，一次性给予1万元创业补贴。

（三）加强宣传推介，形成发展氛围

4月，编辑制作100多幅美丽乡村宣传展板，补充完善了《湖北最美休闲乡村》宣传片。12月，编印《湖北省农村一二三产业融合发展百佳汇编》，推介了14个休闲农业典型案例。利用湖北电视台垄上频道、湖北农业信息网和湖北农业微信公众号向社会推介了一批休闲农业精品景点。6月，联合楚天传媒集团等单位，开展"2017荆楚最美村镇"评定推介活动；10月，联合省旅游委启动了"2018·湖北美丽乡村油菜花海"评定推介活动。武汉市举办农业嘉年华，荆门市举办中国农谷·荆门（沙洋）油菜花旅游节、孝感市举办郁金香节、潜江市举办龙虾节、枝江市举办三峡·枝江桃花节等农事节庆活动，为休闲农业和美丽休闲乡村打造了品牌、集聚了人气、增加了收益。

【存在问题】　近年来，随着消费结构升级和农业供给侧结构性改革的深化，休闲农业和乡村旅游迎来了"井喷"时期，社会资本投资热情高涨，基础设施不断完善，产业规模不断扩大，消费者满意度逐年提升，为促进农业增效、农民增收和新农村建设做出了积极的贡献。但也存在一些不容忽视的问题。

1. 规划引导滞后，项目建设同质化。

2014年编制了《省农业厅关于印发湖北省休闲农业发展总体规划（2013—2020）》，但还有部分县（市、区）没有编制休闲农业发展规划，在引导休闲农业产业区域布局上显得滞后，项目选址、投资和建设，主要依赖市场主体的认知，跟着感觉走，设计与定位不准，产业布局不够合理，重复建设、同质化竞争现象依然存在。

2. 基础设施薄弱，公共服务滞后。湖北省大部分贫困地区把发展休闲农业作为产业支撑，虽然加大了公共服务的投入，但通往休闲农业和乡村旅游景区道路相对狭窄，标识路牌、停车场、游步道、通信网络、卫生绿化、垃圾处理等基础设施还不够完善，存在游客"引不来、留不住、难再来"的现象。

3. 管理人才缺乏，服务水平不高。从事休闲农业和乡村旅游业的主体大多数是农民，科技文化素质相对较低，管理经验不足，与市场需求不相适应。尽管已开展了休闲农业的相关培训，但培训的面还比较窄，培训的深度还不够。部分休闲农业园区远离城市，难以留住专业性人才。

湖北省休闲农业基本情况

	单位	休闲农业经营主体总计	农家乐	休闲观光农园（庄）
经营主体个数	个	35 742	30 045	5 697
从业人数	人	346 178	158 356	187 822
其中：农民就业人数	人	173 241	74 635	98 606
带动农户数	户	46 183		46 183
接待人次	人次	80 010 320	32 452 720	47 557 900
营业收入	万元	3 203 416	1 296 238	1 907 178
其中：农副产品销售收入	万元	1 641 540	686 314	955 226
利润总额	万元	323 531	—	323 531
从业人员劳动报酬	元	25 000	—	25 000

（湖北省农业农村厅）

湖 南 省

【主要成效】 2017年，在市场拉动、政策推动、创新驱动、政府带动下，全省休闲农业和乡村旅游蓬勃发展，呈现五大特点。

（一）总量规模持续增长

全省休闲农业经营主体达1.7万家，其中规模农庄4510家、星级农庄1078家，分别较上年增长2.5%、5.5%和5%。实现经营收入380亿元，其中农副产品销售收入160亿元，同比分别增长18.8%、17.4%；接待人次1.7亿人次，增长2.5%。随着系列利好政策相继出台及市场持续火爆，全省休闲农业与乡村旅游投资持续增速，尤其是2017年上半年，全省休闲农业与乡村旅游新增投资67.2亿元，接近2016年全年新增投资总量。从单体投资额看，单个投资10亿元以上的大项目有4个（衡阳、岳阳各1个，益阳2个），从区域看，环洞庭湖区、湘南地区投资增速较快，如常德市柳叶湖周边上半年新增投资2000万元以上的项目超过10个，益阳市一季度投资过亿元的项目3个，新增投资总额已超过2016年全年总额；永州市上半年新上500万元以上的项目23个，同比增加9个，投资总额12.51亿元，同比增长23.6%，增速位列全省第一。

（二）区域特色日趋明显

在产业规划编制、优惠政策制定、扶持资金投向等措施引导下，各地结合产业优势、生态特征、交通区位、文化特色等因素发展休闲农业与乡村旅游。全省行业发展区划逐渐打破传统经济板块，"一心一区三带"发展趋势明显，逐渐形成：以都市休闲农业为核心的"长株潭"板块，以"鱼米之乡"为特色的环洞庭湖休闲农业区，以粤港澳地区度假胜地打造为特色的京广沿线休闲农业产业带，突出湖湘农耕文化体验的二广高速休闲农业产业带，以及最具民族民俗特色的大湘西休闲农业产业带。同时，随着市场消费升级，经营主体致力于转型升级、提质改造、深耕内涵，从低端休闲娱乐模式向丰富内涵融合发展模式转变。经营服务由单一传统的老三样向拓展农业功能、盘活农村闲置资产、发展创意文化转型，农事体验、文化认知、自然教育、民宿度假等功能随着特色产业的发展、农庄与村庄的融合不断创新。

（三）示范创建成效显著

国家级及省级示范创建工作开展顺利，成功组织创建全国休闲农业与乡村旅游示范县2个、中国美丽休闲乡村5个；评选出全省休闲农业示范点38家，择优推荐15家获评全省休闲农业示范园；星级农庄创建223家。系列创建活动的开展，进一步激发了行业管理、经营者的积极性与开拓性，培育了一批生态环境优、产业优势明显、发展势头好、示范带动能力强的区域品牌，形成了以盘龙大观园、惠众农庄为代表的特色产业融合性发展模式，以长沙慧润乡村、新化油溪桥村为代表的村园融合型发展模式，以桂园国际、致乐谷为代表的生态融合型发展模式，以土地主生态农庄、橘海度假山庄为代表的产业精准扶贫融合型模式。有效引导全省休闲农业企业在发展路径、融合模式、特色彰显等方面实现了突破，呈现出结构优化、效益提升、投资增速的利好局面。

（四）农庄效益稳步回升

随着持续着力产业的结构调整、功能拓展及产品创新，全省休闲农业总体效益逐步回升。预计，全年休闲农业利润总额52.8亿元，较2016年增加14.5亿元，同比增长37.7%，增速高出20个百分点。从农庄个体效益看，通过休闲农业业态的创新、老牌农庄的转型，盈利农庄主体比例提升。很多老牌农庄在经营服务上有了新思路，长沙飘峰山庄"农二代"接手后，整体引入"自然学校"亲子教育，转型效果明显。长沙县田茂农庄在原有水果基地基础上，租用老院子改建为水果产业创客公共服务平台和乡村酒店，2017 年开业后成为长沙北部最大的旅游接待点。依托绿水青山、田园风光资源，乡村酒店、特色名宿、乡村自驾房车营地等新业态也在多地迅速发展，2017 年长沙县果园镇、长沙市岳麓区莲花桐木片区、宁乡市黄材金沙镇等地，乡村民宿如雨后春笋，效益显著。

（五）带动能力逐渐增强

随着融合发展、产业链条延伸以及农企共享机制的创新与完善，休闲农业大大拓宽了农民的就业增收空间，改善了农村生产生活环境。农民参与积极性与主体意识不断增强，通过房屋入股、土地出租、产品销售以及工资性收入等获取产业红利。据初步统计，全省休闲农业安置就业人员 79.1 万人、带动农户数 68.5 万户、发放工资总额 100.5 万元，同比增长 8%。同时，通过农产品的分级、预制、深加工以及其他服务，拓宽了农业产业的增值增收，据统计，这部分增收额达 60 亿元，占农产品销售收入的 40%。再者，休闲农业发展在精准扶贫中发挥了不可替代的作用，全省 51 个贫困县，通过休闲农业带动 27.8 万户脱贫，户均增收 13 580 元。以怀化市为例，休闲农业及相关产业对贫困地区脱贫贡献率超过 40%，全市有望比全国提前 2 年实现脱贫目标。总结出了 6 种发展休闲农业带动贫困人口脱贫致富模式：村级组织引领型（麻阳县楠木桥村九村联创）、企业主导型（会同县依托农业产业化龙头企业）、市场推动型（鹤城区大坪村农民入股）、产业支撑型（中方县大松坡村依托葡萄产业）、旅游带动型（溆浦县山背村依托旅游开发）、民俗文化型（通道县皇都村依托侗文化资源）。

【主要做法】

（一）编制了湖南省休闲农业发展规划

顺应湖南省休闲农业发展需求，编制发布了《湖南省休闲农业发展规划（2017—2025）》（简称《规划》）。在综合分析各区域产业优势、生态特征、交通区位、文化特色等因素的基础上，遵循休闲农业产业内在机理与发展规律，打破传统经济板块布局思路，将全省休闲农业规划布局为"一心一区三带"。为确保规划编制的科学严谨，省农业委员会广泛汲取市（州）及专家的智慧，认真谋划，施行"五步骤"稳步推进该项工作：组建工作小组，制定编制方案；深入开展调研，收集整理资料；确立指导思想，明确编制依据；起草规划文本，广泛征求意见；认真组织评审，确保规划科学。期间先后征求意见 8 次，改稿 20 余次。《规划》的编制发布进一步提升了规划先行的重要性，也将促使全省休闲农业区域发展更科学有序。在规划编制、宣传贯彻过程中，各市（州）献计献策，给予了大力支持，市、县及部分农庄也相应启动了规划编制、调整工作。湘潭市组织各县（市、区）分管领导和农业企业负责人赴省外学习，提出了重点构建"一圈三板块五园区"的休闲旅游农业发展蓝图，还制定了湘潭市休闲农业发展五年行动计划；邵阳市起草了邵阳市休闲农业发展规划（2017—2020 年）；岳阳市编制了中长期休闲农业发展规划，平江县安定镇茅田村与北京时代天元公司合作建立了茅田旅游服务公司，编制了茅田农业公园中长期规划，项目投资 10 亿元，建设 37 千米"小桥流水人家"休闲文化长廊。

（二）开展了全省休闲农业示范创建工作

依据湖南省"十三五"示范创建实施方案，2017 年继续组织开展了全省休闲农业示范创建工作。2017 年侧重于引导全省休闲农业打造一批特色产业融合型、生态资源融合型、民居村镇融合型休闲农业知名品牌，在经营规模、综合效益等考核数据方面较往年做了调整。评审过程中，省农业委员会严控"四关"以确保客观公正：一是"顶层设计"

关，省农业委员会先后于 2 月、5 月印发《全省 2017 年休闲农业示范创建工作方案》《关于明确 2017 年休闲农业示范创建申报工作若干事项的通知》等文件，就申报条件、指标、程序和要求做了详细说明；二是"程序申报"关，按照创建主体申请、县级农业部门审查推荐、市级农业部门复核程序申报，不超报、不越报、不漏报；三是"考核评审"关：省农业委员会分别从休闲农业专家库中聘请 3 名休闲农业专家、3 名财会专家，抽调 3 个市（州）农业部门的分管领导，组成评审专家组，逐步开展资料审核、现场考察、综合会审、党组审议；四是"风险防控"关：严格执行家乡回避制度，确保专家不受任何外来干扰；严格执行廉洁纪律，所有考评人员不得与参评单位发生任何联系，坚持廉洁公正评审；严禁弄虚作假，所有申报资料必须真实，一旦发现弄虚作假，取消参评资格；严格纪律监督，评审工作向机关纪委汇报，并邀请负责同志参与监督，确保评审纪律落到实处。评审过程及公示期间未收到任何异议，创建活动成效明显。

（三）组织了"以点带线促面系列遴选推介活动"

坚持休闲农业示范点（园区）、美丽休闲乡村、示范县"一盘棋"思想，通过"以点带线促面系列遴选推介活动"，充分发挥示范点（园区）的辐射带动作用，形成"串珠成线、串线成面"的规模效应，培育打造行业品牌。一是整建打造重点示范区。以全国休闲农业与乡村旅游示范县、美丽休闲乡村的评选工作为契机，着力培育区域品牌，经宣传发动、引导创建、层层筛选，平江县、古丈县获评全国休闲农业与乡村旅游示范县，龙山捞车河等 5 个村分别以特色民居、特色民俗、现代新村和历史古村特点获评中国美丽休闲乡村。二是挖掘保护与传承利用农业文化遗产。继续组织开展了全省农业文化遗产普查及推荐工作。湖南省新田三味辣椒复

合种植系统、花垣子腊贡米复合种植系统上榜农业部第四批中国重要农业文化遗产。2017 年 12 月，全国农业文化遗产与中国美丽休闲乡村发布会上，湖南省新田县作为农业文化遗产代表做典型发言。三是培育遴选星级农庄。2017 年开展了第五批全省星级农庄复审工作，确定保留星级的农庄 223 家，其中省五星级农庄 66 家。组织全省 41 家农庄申报国家星级农庄评审，其中五星级农庄 10 家。四是组织"四大主题"精品线路推介活动，结合农事季节特点和工作重点，围绕"春节到农家过大年""早春到乡村去踏青""初夏到农村品美食""仲秋到田间去采摘"4 个主题，遴选推介了 41 条精品线路。五是组织展会推荐，通过参与中部农业博览会、湖南美丽乡村展、特色产业园等会展、节庆活动，积极推介湖南省休闲农庄的民俗民韵、特色特产，为农庄唱戏搭台，农庄的创意特色、招牌卖点、文化内涵、品牌推广、品牌价值均得到了完美展示，对湖南省休闲农业的提质增效起到了很好的推动作用。

（四）搭建完善行业服务"四大平台"

通过平台搭建，提供智力、资本、营销等支撑，配套服务体系建设，引导休闲农业转型升级、提质增效。一是搭建智力支撑平台。第一，建立休闲农业人才培训平台与人才交流机制、科研院所与休闲农庄对接机制。定期举办培训班、组织服务团队分区指导、推行"引进来走出去"交流机制，为行业管理经营人员更新发展理念，提升素质。2017 年全省市（县）及行业协会通过举办培训班，培训了近 2 000 人次，第二，建立休闲农业发展智库，分设总体规划、产业建设、生态保护、旅游管理、文化创意、投资分析等专题。2017 年湖南省通过政府服务采购方式，委托智库专家承担全省休闲农业"十三五"详规。二是规范行业协会平台建设。按照省委、省政府办公厅《关于推进行业协会与行政机关脱钩的实施方案》通知要求，完成休

闲农业协会换届与脱钩工作后，进一步规范提升行业服务管理。指导行业协会完成了星级农庄第 5 批复评与第 7 批评定筹备工作。三是搭建营销支撑平台。通过政府采购服务方式，利用互联网、电视、报刊引导消费、推介品牌，为企业搭建网络推介平台。与省农业产业化服务中心建成全省休闲农业电子地图。鼓励经营主体通过"互联网＋"，走出湖南，走出中国，湖南省鹰皇、乡下客等网络公司，打造了休闲农业与乡村旅游推介平台；搭建节会营销平台，通过博览会、会展及特色农作物、产品、民俗等节庆活动，提升企业知名度，促进产品销售。四是搭建资本支撑平台。对接湖南省农业信贷担保有限公司，为休闲农业搭桥共促休闲农业融资担保体系建设。对接股权交易所，通过股权交易所融资平台，让休闲农业企业对接资本市场，建立股权融资与交易的全新机制，吸引更多社会资本参与休闲农业的开发与建设。2017 年通过引导、推荐，21 家休闲农业企业在湖南股权交易所 Q 板挂牌上市，岳阳相思山庄成功融资 1 000 万元。

（五）编辑完成《全省休闲农业改革发展成果》

为系统总结党的十八大以来湖南农业农村改革发展的实践成果和理论成果，省农业委员会确定编辑出版《新征程、新辉煌——湖南农业农村改革发展系列丛书》，休闲农业作为新业态单独成册，省农业委员会农业产业化指导处承担《休闲农业分册》的编辑任务。为尽量体现市（州）的工作亮点、成效，在人员少、时间紧、任务重的情况下，在明确章节板块后，先后征集、补充市（州）材料 200 篇，文字 20 多万字，照片 500 多幅，反复完善修改，最后确定了概述及区域特色、典型风采、文化遗产、精品线路 4 个章节。本书凝聚了各市（州）、县（市、区）的智慧和心血，汇聚了市（州）的成果，推介了一大批来自

基层一线的鲜活典型和成功经验。可以说是对辉煌成就的集中展示，更是对未来工作的有益启示，为在新的起点上推进全省休闲农业发展提供了宝贵经验。日前，所有编辑工作已经完成，即将出版。

湖南省休闲农业基本情况

	单位	休闲农业经营主体总计	农家乐	休闲观光农园（庄）
经营主体个数	个	17 130	9 200	4 650
从业人数	人	790 700	152 600	579 000
其中：农民就业人数	人	702 200	141 000	516 000
带动农户数	户	685 000	—	396 000
接待人次	人次	175 000 000	77 890 000	68 900 000
营业收入	万元	3 801 500	1 273 000	1 735 000
其中：农副产品销售收入	万元	1 603 600	431 000	965 000
利润总额	万元	527 530		303 600
从业人员工资总额	万元	1 670 600		919 100

（湖南省农业农村厅）

广 东 省

【主要做法及成效】

（一）结合政策推进

2009 年制定了《广东省农业旅游示范点评选标准》，2013 年编制了《广东省乡村旅游与休闲农业发展规划（2013—2020）》，2016 年编制了《广东省农业现代化"十三五"规划》《广东省生态文明建设"十三五"规划》，并在全国率先制定《广东省省级农业公园评定标准及申报创建评价体系》。

（二）加大资金扶持

从 2016 年起，省财政资金计划共投入 2.5 亿元，扶持创建 100 个农业公园，其中省级和市级各 50 个，首批认定、创建 24 家广东省农业公园，营业收入合计超过 58 亿元，客流量达到 1 600 余万人次，带动农户 32 600 多户，户均年增收 7 875 元。2017 年，

省财政安排 3 000 万元联合省旅游局支持休闲农业与乡村旅游项目基础设施建设，中央财政安排广东省农村一二三产业融合发展试点项目任务资金 7 253 万元，广东省支持 14 个试点县共计支持经营主体 61 个，其中涉及休闲农业的主体 33 个，补助金额约 3 400 万元，重点支持休闲农业公共服务设施建设。

（三）组织节庆活动

持续开展寻找广东最美乡村、认定广东古村落、评定广东国家级历史文化名村等一系列活动，开展了评选旅游特色县、镇、村工作，推出一批具有岭南文化特色的旅游目的地（16 个特色县、78 个特色镇、104 个特色村）。各地还充分利用农业资源优势，结合农作物开花摘果季节，开展形式多样的乡村旅游活动和农事节庆活动，从春天的"桃花节""李花节"，到夏天的"杨梅节""芒果节""漂流冲浪""荔枝节""龙眼节"，秋天的"金稻节""菜心节""柑橘节"，冬天的"红叶节""香雪（梅花）节"等，还有贯穿全年的"小楼人家"、古镇古村休闲假期、乡村田园风光摄影、乡村自驾游等，通过优化自然资源与社会资源，引导市民参与休闲农业体验。

（四）着力培育品牌

全省共有 8 个县（市、区）和 19 个休闲农业旅游点被农业部、国家旅游局联合认定为全国休闲农业与乡村旅游示范县和全国休闲农业与乡村旅游示范点，10 个乡村被认定为中国美丽休闲乡村，3 个景观被认定为中国美丽田园。2013 年起省农业厅、省旅游局联合开展创建休闲农业与乡村旅游示范镇、示范点活动，104 个乡镇和 240 个休闲农业旅游点被认定为广东省休闲农业与乡村示范镇和广东省休闲农业与乡村旅游示范点。建设广东乡村网推介宣传休闲农业与乡村旅游景点路线。

（五）高频推介路线

运用省内外旅游交流活动和中国（广东）国际旅游产业博览会、广东国际旅游文化节、第八届广东现代农业博览会等高端会展节事平台，宣传休闲农业与乡村旅游产品和景点景区，提高广东省休闲观光农业和乡村旅游的知名度和影响力。并在 2017 年首届全国休闲农业和乡村旅游大会上组织推介广东省 3 个休闲农业项目和 6 条精品景点路线，制作 1 000 册宣传手册到现场对接推介，同时加强与国内外主流媒体以及各类新闻媒体平台的合作，利用网络技术创新宣传营销方式，增强线上线下营销能力，多渠道、多形式、立体化宣传推介广东乡村和休闲农业旅游。

【存在问题】

1. 区域布局和发展不平衡。珠三角地区土地面积虽不到全省的 24%，却集中了全省 70% 的休闲观光园。从 2014 年省级休闲农业与乡村旅游示范镇的分布情况来看，珠三角地区有 8 个，占 36.4%，从 2014 年省农业厅和省旅游局评选出的 66 处休闲农业与乡村旅游示范点的布局来看，珠三角地区有 22 个，占比达 33.3%，其他地区各自所占比例均远低于珠三角地区。

2. 产业发展水平不高。一是开发建设存在无序性和盲目性。现有的休闲农业大多是涉农单位、乡村企业、农民，在市场需求的拉动作用下自主开发形成的，缺少整体规划和科学论证，项目设计雷同，市场定位不明，在开发建设上随意性较大。在一些小区域内，众多的乡村旅游与休闲农业点经营模式、格局、服务项目大同小异，简单效仿，重复建设。二是档次不高，特色不突出。广东省虽然创建了一些休闲农业品牌和重点示范企业，但目前休闲农业大多数仍以观光、餐饮、垂钓和采摘为主要模式，规模小，档次低，精品少。许多乡村旅游与休闲农业产品只是表层开发，创新设计和深度加工不够，或者缺乏特色农业支撑，或者缺乏文化内涵，或者缺乏乡村旅游娱乐活动和旅游商品开发等，对游客缺乏吸引力。三是经营粗放简单，行业管理不规范。休闲农业企业和个体大多处于粗放经营阶段，整体管理服务水平较低。部分企业和农家乐没有营业执照、卫生许可证、税务登记证等，多数没有配备必要的消防设施、安全设施，设施设备简陋，环境、卫生条件差。

3. 基础设施不配套。休闲农业大都位于经济水平相对较低的农村地区，公共服务设施、环境建设普遍滞后于产业发展的需求。许多休闲农业点的道路及旅游交通标识、公共厕所、环保设施、垃圾处理、停车场、安全饮水、电力供应、通信网络等设施，达不到基本的规范与要求，直接影响了客源数量。

4. 保障措施不完善。虽然广东省已出台了《广东省农家乐旅游服务规范》《广东省星级农家乐休闲旅游项目评审标准》《广东省农家乐等级划分与评定》等文件，对农家乐发展提出要求，但对休闲农业其他模式的建设标准、经营管理标准、服务标准等标准化建设尚不完善。此外，乡村旅游和休闲农业配套设施、经营设施建设用地难，资金缺乏，成为制约产业发展的瓶颈问题，一些规划好的项目难以落地，一些现有的休闲农业项目规模无法扩大。

广东省休闲农业基本情况

指标名称	计量单位	休闲农业经营主体总计	农家乐	休闲观光农园（庄）
经营主体个数	个	14 856	5 839	2 968
从业人数	人	557 684	120 068	59 360
其中：农民就业人数	人	446 147	96 354	47 462
带动农户数	户	389 416	—	326 089
接待人次	人次	205 763 821	9 876 663	8 230 552
营业收入	万元	6 754 273	243 153	283 679
其中：农副产品销售收入	万元	202 628	6 077	13 170
利润总额	万元	540 341	—	32 416
从业人员工资总额	元	2 161 361 702	—	136 165 787

（广东省农业农村厅）

广西壮族自治区

【基本情况】　广西壮族自治区农业部门通过加大品牌培育、强化公共服务、加强宣传推介、促进产业融合等措施，挖掘特色农业发展潜力，着力打造城乡居民望山看水忆乡愁的好去处，休闲农业保持高速增长态势。截至2017年年底，全区共创建国家级休闲农业与乡村旅游示范县14个、中国美丽休闲乡村18个、自治区级休闲农业与乡村旅游示范点113个，建立农家乐近4 800个，乡村旅游点1 320多个，规模休闲农业园756个。全年接待游客6 300多万人次，同比增长20%；产业总收入超过230亿元，同比增长20%。

【主要做法及成效】

（一）立足顶层设计，努力创设优良的产业发展环境

2017年，经广西壮族自治区人民政府同意，广西壮族自治区农业厅联合发展改革委、旅游、财政等15部门印发了《关于加快发展休闲农业的指导意见》，进一步优化政策措施，加快推进全区休闲农业产业发展。同时广西农业厅加大投入，仅2017年就投入

1 000多万元专项资金，力争创设优良的发展环境，支持各地休闲农业产业提升发展。例如，2017年支持桂林市恭城县、玉林市容县等10个全国休闲农业与乡村旅游示范县编制休闲农业发展规划，调整产业结构，形成串点成线、连片成带、集群成圈的发展格局。同时，2017年支持了柳城县桂柳田园、北海金品休闲农业观光基地等40多个休闲农业示范点建设，强化休闲农业创意和设计，不断丰富农业产品、农事景观、环保包装、乡土文化等创意和设计，进一步拓展休闲农业发展空间。

（二）依托示范园区，着力打造产业融合发展载体

2014年，自治区党委、政府做出创建广西现代特色农业（核心）示范区的决策，把示范区建设作为广西全面深化农村改革、加快发展现代农业的有效载体和有力抓手。截至2017年年底，全区启动创建的各级现代农业示范区共1 744个，其中1/3以上园区将休闲旅游作为主要产业功能，80%的园区规划设计了休闲观光设施。现代特色农业示范区已经成为发展休闲农业的重要载体，为全区休闲农业产业发展奠定了坚实的基础。其中，南宁市力度最大，围绕都市休闲农业示范区建设，2017—2018年，每年安排4 200万元共8 400万元专项资金，在现代特色农业示范区基础上进行提档升级，每年支持15个现代农业示范区创建休闲农业示范区，力争到2019年建成30个产业特色鲜明、休闲功能完善、拉动增收大、示范带动强的休闲农业旅游园区。

（三）加强宣传推介，全面塑造休闲农业整体形象

一是制作专题片打造产业形象。2017年，广西壮族自治区农业厅制作了广西休闲农业视频宣传片，在广西电视台、广西农业信息网、广西农业微信公众号以及自治区组织的农业投资合作洽谈会、农交会、农业论坛等平台上推介宣传广西休闲农业的好去处。二是制作电子导览图推介。正式完成上线的广西休闲农业电子导览图，以现代技术手段展示全区休闲农业与乡村旅游精品，向区内外提供广西休闲农业景点景区、特色农家餐饮和交通信息等资讯服务。三是加强媒体宣传。截至2017年年底，广西壮族自治区农业厅累计在《农民日报》《广西日报》、广西农业信息网休闲农业频道和广西农业微信公众号上发送休闲农业相关宣传报道超过200篇，有效扩大广西休闲农业与乡村旅游精品景点和线路的知名度和吸引力，提升行业经济效益和社会效益。

（四）坚持规划引领，突出培育"七带三区"产业聚集带

广西壮族自治区农业厅启动编制了《广西休闲农业发展规划（2017—2025年）》，依托山清水秀等独特优势，以规划引领，全力打造广西休闲农业产业聚集带（区），着重做好首府南宁都市休闲农业示范区、柳州都市休闲农业示范区、桂林休闲农业国际旅游示范区、沿边民族风情特色休闲农业产业带、沿江亲水观光休闲农业产业带、滨海海洋文化休闲农业产业带、依山森林旅游生态休闲农业产业带、沿高铁（公路）特色种养休闲产业带、富硒农业休闲体验产业带、养生长寿生态休闲农业产业带等"七带三区"休闲农业聚集带（区），全面推动广西全域范围内的休闲农业产业提档升级。2016年，广西壮族自治区农业厅启动实施了"一县一规划"工程，争取到2020年全区各市、县（市、区）基本完成休闲农业规划编制工作。

（五）强化品牌培育，充分发挥典型示范带动作用

2017年，农业部门继续围绕一二三产业融合发展，积极发动各市、县（市、区）积极参加全国休闲农业与乡村旅游示范县（市、区）创建活动，着力培育推荐了南宁

市马山县、玉林市北流市、百色市田东县等生态环境优、产业优势大、发展势头好、示范带动能力强的县域休闲农业与乡村旅游集聚区。同时，农业部门积极组织参加中国美丽休闲乡村申报推介活动，打造了河池市南丹县巴平村、来宾市武宣县下莲塘村等天蓝、地绿、水净、安居、乐业、增收的美丽休闲乡村。2017 年开始，广西壮族自治区农业厅继续联合自治区旅游发展委员会开展全区休闲农业与乡村旅游示范创建活动，共创建了南宁市金穗生态园、宁明县花山田园等 50 个广西休闲农业与乡村旅游示范点。

【存在问题】 目前，部分地区休闲农业仍处于自由发展状态。部分县（市、区）没有编制休闲农业发展规划，休闲农业项目在结构布局上缺乏整体性，休闲农业投资开发带有一定的盲目性，休闲农业与乡村旅游产业和其他产业融合度不够；许多休闲农业点（场所）主要还是以游览观光、果园采摘为主，产品结构单一，档次不高，休闲农业资源内涵挖掘不深，没有充分地将地方传统文化融入休闲农业产品开发中。

广西壮族自治区休闲农业基本情况

	单位	休闲农业经营主体总计	农家乐	休闲观光农园（庄）
经营主体个数	个	6 000	4 800	756
从业人数	人	286 858	93 910	148 700
其中：农民就业人数	人	241 175	74 270	147 995
带动农户数	户	197 050	66 500	130 448
接待人次	人次	63 371 022	31 915 700	3 041 400
营业收入	万元	2 316 844	968 140	1 235 000
其中：农副产品销售收入	万元	308 400	124 980	173 200
利润总额	万元	305 700	58 730	245 800
从业人员劳动报酬	元	40 100	36 812	44 200

（广西壮族自治区农业农村厅）

海 南 省

【主要做法及成效】 2017 年，海南省各级农业部门发挥生态立省、经济特区、国际旅游岛"三大优势"，开展全域旅游创建，探讨建设共享农庄，推动农业旅游融合发展，促进休闲农业持续保持良好发展态势。2017 年全省休闲农业和乡村旅游点 400 多家，同比增长 8.0%，直接从业人数 3 万多人，间接从业人员 10 万多人，带动农户 3.5 万户，接待人次 2 189 万人次，同比增长 8.2%，呈现出快速增长的态势。

（一）创新发展模式，建设共享农庄

印发《2017 年海南省共享农庄创建试点申报方案》，选择一批基础条件好、有特色、积极性较高的村庄、农场、农业生产基地率先建设共享农庄。试点先行，循序渐进，当年先创建，次年再认定，分年度推进，力争"两年有起色、三年见成效、五年成体系"，2017 年试点创建 61 个。通过组建共享农庄专家库、编制《共享农庄设计师引见》及建设规划、建设规范、评选认定管理办法等标准与办法，搭建网络平台，设计品牌标志，组织开展线上、线下推广活动。举办共享农庄论坛、展馆布展、招商签约等活动。组织创建试点单位赴江苏、浙江等地考察学习宣传推介。制定优惠政策，对共享农庄予以财政、金融保险、用地等政策支持。召开共享农庄培训促进会，加强试点创建指导。年内筹措 11 568 万元支持共享农庄创建试点建设，其中省级财政资金 5 268 万元、市（县）财政资金 6 300 万元。配合省政府金融工作办公室筹建海南共享农庄股权投资管理有限公司，筹集发展基金 50 亿元。组织海南共享农庄创建试点单位参加 2017 年中国（海南）国际热带农产品冬季交易会布展，61 家创建试点单位共签订合同、协议投资 330 亿元，其中合同 127 多亿元。

（二）强化规划引导，优化全域布局

依托高速铁路、邮轮游船航线以及全省"多规合一"提出的"田"字形高速路和"三纵四横"的国（省）道主干线，做好休闲农业的顶层设计，着力打造特色休闲农业产业带和产业集群。编印各种宣传资料，向国内外着重推介 12 条休闲农业与乡村旅游精品线路与景点，全力打造全域旅游品牌。设立信息网、微信、微博等新媒介，增强新媒介宣传休闲农业功能。借助"冬交会""农博会""泛珠会"等平台，展示展销海南特色休闲农业新产品。中国美丽休闲乡村建设现场经验交流活动在四川武胜县举行，会上海南省农业厅做了题为《创新融合模式，建设共享农庄，推动海南休闲农业和乡村旅游建设上新台阶》的典型经验交流。

（三）拓宽产业业态，推进农业公园建设

把抓好农业公园建设作为促进产业融合的突破口，2017 年整合 1.12 亿元资金支持博鳌国家农业公园建设，加强博鳌地区农业产业结构调整、休闲农业配套设施建设，为博鳌亚洲论坛创造"非正式、舒适、和谐"的田园风光、自然风貌。同时，继续开展中国美丽休闲乡村、中国休闲农业与乡村旅游示范县（点）创建工作，全省已创建中国美丽休闲乡村 12 个、中国休闲农业与乡村旅游示范县（点）6 个、省级农业公园 13 个、省级休闲农业示范点 213 个，创造农民就业岗位超过 12 万个，有力推动传统农业向休闲农业、热带高效农业转变。

（四）发挥热带特色，丰富产品类型

根据热带水果的不同生长季节和上市时间，举办四季果园嘉年华活动，以荔枝、蜜瓜、芒果、红毛丹等地方知名公用品牌为抓手，以精品拍卖、精准扶贫、产品订单互联网竞购为亮点，推出多条休闲果园采摘精品线路，打造观光休闲旅游品牌。省农业、旅游部门还联合举办百个休闲果园评选活动，推进百个观光果园创建提档升级。三亚亚龙湾玫瑰谷，以玫瑰花卉为休闲农业主题，将鲜花生产、观赏、销售扩展到了食品领域，每亩花田年产值超过 3 万元，2017 年接待游客 153 万人次，带动周边 267 名农民就业。

（五）挖掘农业文化，提升发展内涵

开展农业文化遗产普查，全省共挖掘 13 个海岛特有重点农业文化遗产，海口羊山荔枝种植系统、琼中山兰稻作文化系统两个农业文化遗产入选 2017 年中国重要农业文化遗产保护名单。各市（县）还注重挖掘传统黎苗民俗风情，提升美丽乡村文化底蕴。琼海市会山镇加脑村将苗家文化融入特色村寨建设，成功打造原住民景观、苗族文化中心、苗家客栈、苗家咖啡、苗家乐等特色景点，吸引游客 16 万多人次前来休闲旅游体验。

【存在问题】 海南省休闲农业起步晚，重视不足，同质同构等问题已严重制约了海南休闲农业产业发展。主要表现在：一是财政资金投入少，全省除琼海、海口、三亚、保亭 4 个市有少量财政扶持外，其他市（县）没有安排资金，省财政部门预算仅安排一点工作经费，没有产业专项；二是产业设计链不完善，功能单一、主题不明、特色不突出等；三是休闲点及共享农庄追求高大上，没有切合产业特色、田园风光、风土人情、民俗风情，有的盲目复古、简单照搬，缺少历史厚重感和文化乡土味；四是活动内容不丰富，功能拓展乏力，无法满足城乡居民多样化、个性化的需求，采摘园数量众多，能细看可回味的并不多见等。

海南省休闲农业基本情况

	单位	休闲农业经营主体总计	农家乐	休闲观光农园（庄）
经营主体个数	个	400	122	278
从业人数	人	30 019	2 108	27 911
其中：农民就业人数	人	25 632	1 668	23 964
带动农户数	户	34 593	—	34 593
接待人次	人次	21 889 986	3 477 398	18 412 588
营业收入	万元	271 737	16 008	255 729
其中：农副产品销售收入	万元	145 628	3 797	141 831
利润总额	万元	42 946		42 946
从业人员劳动报酬	元	28 403	—	28 403

（海南省农业农村厅）

重 庆 市

【主要成效】

（一）总体水平日益提升

近年来，重庆市切实把休闲农业作为现代农业的新型产业形态和现代旅游的新型消费业态，已使之发展成为农村经济的新亮点。全市培育创建全国休闲农业与乡村旅游示范区（县）12 个、示范点 23 个，中国美丽田园 11 个，中国最美（美丽）休闲乡村 16 个；建设部级美丽乡村 36 个、市级示范村 388 个；打造休闲农业和乡村旅游景区景点 3 000 余个，发展农家乐 2 万余家、休闲果园及农庄 7 500 多个；市级以上休闲农业和乡村旅游示范区（县）17 个、示范乡镇 17 个、示

范点 113 个。

（二）经济效益日益凸显

经过多年发展，全市休闲农业整体呈现出从郊区到山区、景区到农区、零星到集群、观光到休闲快速扩张、转型发展态势，避暑休闲成为亮点，采摘赏花成为爆点，民俗体验成为热点，四季休闲成为特点。打造了"巴渝·醉美乡村"精品线路 100 条，其中春季踏青赏花线路 74 条、321 个休闲点，夏季避暑纳凉线路 57 条、218 个休闲点，秋季收获体验线路 36 条、202 个休闲点，冬季民俗年节线路 53 条、216 个休闲点。2017 年，全市休闲农业与乡村旅游接待游客 1.7 亿人次，综合收入 510 亿元，带动农民就业 100 多万人。休闲农业正逐步成长为农村经济重要的支柱产业。

（三）产业融合日益增强

依托现代特色效益农业基地、农村自然生态人文资源和美丽乡村建设成果，拓展农业功能，延伸产业链条，提升资源开发利用价值，变农区为景区、田园为公园、空气为人气、农房为客房、产品为商品，休闲农业正成为农村一二三产业融合发展的重要载体。截至 2017 年年底，全市发展休闲果园 5 500 多个，休闲渔业面积 5.7 万亩，全国休闲渔业示范基地 13 家，以休闲农业为主的"三产融合型"市级现代农业示范园区 50 个；有 817 个高山生态扶贫搬迁集中安置点发展休闲农业与乡村旅游；培育休闲农业市级农业产业化龙头企业 20 家。

（四）发展环境日益优化

为加快休闲农业和乡村旅游发展，各级都相继制定了系列政策措施。市委、市政府发布了《关于深化拓展五大功能区发展的实施意见》，对各功能区域休闲农业和乡村旅游发展提出了要求；市政府相继下发《关于促进旅游投资和消费的实施意见》《关于加快农村一二三产业融合发展的实施意见》《关于加快乡村旅游发展的意见》等配套政策文件，

把休闲农业与乡村旅游摆上了重要位置，进一步凝聚了共识。特别是市政府办公厅转发《市农委等部门关于用好农业农村发展用地政策促进农民增收的指导意见（试行）的通知》，出台了很多创新性的政策举措，为破解休闲农业"用地难"提供了政策保障。

【主要做法】

（一）完善规划体系

各区（县，包括自治县）要积极组织编制本行政区域休闲农业发展规划，注重与城乡建设总体规划、土地利用规划、农业农村发展规划、交通水利等基础设施建设规划衔接，提高规划的科学性、可操作性和权威性。找准切合本地区实际的休闲农业发展定位和方向，探索、总结和推广一套行之有效的发展模式，构建布局合理、特色鲜明、绿色低碳的旅游产品体系和多业融合发展的产业体系。

（二）创建示范基地

大力实施现代农业园区、农业科技园区、美丽乡村、星级农家乐、精品民宿、滨水休闲和森林养生等示范创建工程，鼓励支持休闲农业景区（点）创建国家 A 级旅游景区和旅游度假区。选择一批休闲农业旅游资源禀赋高、基础条件好、市场需求旺、资金和人才有保障、具有一定开发规模的地区、企业和农户，积极创建全国及市级休闲农业与乡村旅游示范县、示范镇、示范村、示范户，并总结推广创建经验和做法。

（三）改善基础设施

深入推进现代特色效益农业发展，夯实休闲农业发展的产业基础。将休闲农业发展与现代农业园区建设、美丽乡村建设、高山生态扶贫搬迁、精准扶贫等工作相结合，整合国家、市级、区（县）等多渠道投入力量，加快休闲农业旅游的基础配套设施建设。着重建设垃圾污水无害化处理、公共厕所、停车场、宽带等公共设施，改善景区景点的接待条件，提升接待能力。加强传统民居保护

修缮，鼓励发展特色民宿，因地制宜兴建特色餐饮、住宿、购物、娱乐等配套服务设施。

（四）推动产业扶贫

鼓励贫困地区利用其天然的生态、历史、文化等资源优势发展休闲农业与乡村旅游。引导主城区、城市开发新区及旅游要素联盟精准扶贫渝东南、渝东北两大旅游协作区，重点支持建设一批旅游扶贫重点项目、打造一批休闲农业与乡村旅游精品线路、创建一批休闲农业旅游品牌、开展一批游客互送旅游活动。各区（县，包括自治县）引导贫困山区群众，通过土地、山林承包经营权流转等方式，参与休闲农业发展，分享产业链收益，实现脱贫致富。

（五）传承农耕文明

加强重要农耕文化遗产发掘、保护、传承和利用，强化历史文化名村（镇）、少数民族特色村寨、传统村落整体格局和历史风貌保护，注重民间艺术、农耕文化、民风民俗等文化资源的传承，开展全国休闲农业乡土文化艺术园创建活动。按照传承与创新相结合的理念，就地取材挖掘农耕文化，寻幽探微发扬山水文化，追根溯源传承建筑文化，去伪存真浓缩民俗文化，促进农耕文明的推广、保护和延续。

（六）培育知名品牌

围绕生产、生活、生态、人文等内部要素，接待能力、就业人数、休闲收入、游客感受等外部因素，统筹设计评价指标，分类开展以全国最有魅力的休闲乡村推介、全国休闲农业星级评定为核心的休闲农业品牌培育工程，打造一批有影响的休闲农业节庆活动，打响"山水重庆，世界田园"区域休闲农业旅游品牌，提升休闲农业产业影响力、社会认知度和产品知名度，引领休闲消费热点的形成，提高全国休闲农业发展水平和经济社会效益。

（七）鼓励创业创新

引导和支持旅游创业创新，建设一批农业

科技旅游示范基地，推进休闲农业智慧旅游景区建设，鼓励大型互联网企业进军休闲旅游业，推动旅游线上线下深度融合发展。大力提升休闲农业旅游基础设施和信息服务的互联网化水平，积极发展基于互联网的休闲农业旅游服务新业态。实施休闲农业旅游创业创新工程，重点支持休闲农业智慧旅游景区、休闲农业产业园区、乡村旅游创客基地建设。

（八）健全投入机制

鼓励各区（县，包括自治县）将中央、市级有关乡村建设资金适当向休闲农业集聚区倾斜。鼓励各区（县，包括自治县）采取以奖代补、先建后补、财政贴息、设立产业投资基金等方式加大财政扶持力度。金融机构创新担保机制和信贷模式，扩大对休闲农业经营主体的信贷支持。鼓励社会资本依法合规利用 PPP 模式、众筹模式、"互联网＋"模式、发行债券等新型融资模式投资休闲农业。各区（县，包括自治县）健全多元化投入机制，组织实施休闲农业与乡村旅游提升工程，推动休闲农业与乡村旅游的提档升级。

（九）加大宣传推介

增强线上线下营销能力，鼓励社会资本参与休闲农业宣传推介平台建设。协调相关部门和媒体，加强休闲农业宣传策划，通过"互联网＋"和促销会、说明会、洽谈会以及各种节会等形式，结合重庆市农事农时季节和全年节假日安排，分四季有侧重地进行宣传推介。重点宣传推介 100 条精品线路，扩大休闲农业知名度和吸引力，吸引更多城市居民到农村去观光、避暑、采摘、节庆。

（重庆市农业农村委员会）

四 川 省

【主要成效】 2017 年以来，全省深入贯彻省第十一次党代会精神，以"五大"发展理念和习近平总书记关于"绿水青山就是金山银山"的科学论断为引领，以市场为导向，以推动休闲农业提档升级，促进农民就业增收，满足居民休闲消费升级需求，建设全国农业休闲养生示范区为目标，加快推进休闲农业提升发展。2017 年，全省休闲农业与乡村旅游接待游客量达 3.52 亿人次，同比增长 4.8%，综合经营性收入达 1 320 亿元，同比增长 14.78%，带动 1 290 万名农民就业增收，同比增长 11.69%，全省农民人均增收 94 元，规模效益位居全国前列。休闲农业已成为推动农业农村经济发展的新动能，农民就业增收的大产业。

【主要做法】

（一）科学制定发展规划

按照"科学规划、合理布局、注重特色、绿色发展、提升水平"的原则，编制出台了《四川省休闲农业发展"十三五"规划》（简称《规划》），提出到 2020 年，全省休闲农业综合经营性收入达 2 000 亿元，带动 2 000 万名农民就业增收，着力打造"五大"休闲农业发展区，重点实施休闲农业和乡村旅游提升工程。全省各地在《规划》引领下，立足自身资源禀赋，因地制宜，相继制定当地休闲农业发展规划，并把休闲农业产业发展与现代农业、新村建设、产业扶贫等有机结合，统筹规划、统一布局，同步推进。

（二）着力建设休闲农业景区

按照"产业基地为基础、创意农业为手段、农耕文化为灵魂"的要求，大力推进现代农业产业基地景区化建设，加快建设休闲农业景区，打造以花卉、水果、蔬菜、茶叶、中药材、水产等为主题的各类农业主题公园 120 个，累计建成 440 个。雅安市名山区依托万亩生态茶叶基地，深入挖掘蒙顶山茶文化内涵，建成一条 69 千米的生态茶产业文化旅游经济走廊，打造了牛碾坪等 6 个各具特色的茶乡组团，辐射带动沿线 12 个乡镇近

15 万名农民，仅牛碾坪全年接待游客达 20 万余人次，综合收入达 1.6 亿元，带动农民人均增收 500 元以上。绵阳江油市打造"水果王国＋草花世界"新安农业主题公园，2017 年实现总产值 1.7 亿元，解决当地农民临时性用工 60 余万人次，年工资性收入 4 000 余万元。

（三）积极打造休闲农业专业村

以农业产业扶贫、乡村旅游扶贫为抓手，结合幸福美丽新村建设、古村落改造、民族民俗文化村建设，多层次开发乡村生产生态生活功能，多维度策划创意创新创造形态，打造农旅融合集聚发展的休闲农业专业村。2017 年新建休闲农业专业村 100 个，累计建成 1 400 个。阿坝藏族羌族自治州茂县凤仪镇坪头村依托 870 余亩水果、1 200 余亩蔬菜，将"羌文化"元素融入休闲农业发展中，村内建有农家乐和休闲农庄等 50 余家、乡村客栈 160 余家，2017 年休闲农业与乡村旅游综合性收入超过 6 000 万元，接待游客超 60 万人次，带动 1 000 余名农民就业，农民人均年收入增加 2 000 元以上。

（四）着力培育休闲农业知名品牌

以提升质量水平为核心，以扩大影响力和示范带动效应为目标，积极培育国家级和省级品牌。组织开展了 2017 年全国休闲农业与乡村旅游示范县（市、区）创建工作，通过自愿申报、市（州）初审、省级评审等程序，向农业部择优推荐上报了德阳市罗江区、宜宾市高县、遂宁市船山区 3 个县（市、区），已累计创建全国休闲农业与乡村旅游示范县（市、区）16 个。武胜县观音桥村、平昌县龙尾村、平武县桅杆村、阿坝县神座村、彭州市宝山村、雅安市名山区红草村 6 个村获评 2017 年中国美丽休闲乡村，全省总数达到 19 个。盐亭嫘祖蚕桑生产系统和名山蒙顶山茶文化系统被认定为第四批中国重要农业文化遗产，四川省共有 5 项被认定为中国重要农业文化遗产。开展了第二批省级示范休闲农庄的创建认定工作。

（五）积极开展休闲农业宣传推介

为展示四川省休闲农业发展成果，激发产业内在活力，提升产业影响力和市场竞争力，全方位多渠道地开展宣传推介活动。举办了"2017 四川美丽田园欢乐游"系列活动，其中省级大型活动 5 个，全年带动地方举办特色节庆活动 350 余个，吸引游客上亿人次。成都市统筹策划 120 多个以"踏青赏花、采果品茗、农耕体验、运动休闲"等为主题的休闲农业和乡村旅游节庆活动，做到了月月有节会，每节有特色。2017 年四川省农业厅和中共四川省委农村工作委员会、四川省旅游发展委员会三家联合举办了全省第八届乡村文化旅游节四季版，分别在春夏秋冬 4 个时节选定不同的主题举办大型宣传活动。并利用主流报刊、电视台、网络等媒体力量全方位扩大休闲农业影响。编辑发行了《休闲农业》季刊，提供行业资讯、政策解读、经典案例分享等服务，年发行量 1.8 万册以上。

【存在问题】

1. 产业扶持资金不足。目前国家、省级层面均缺乏对休闲农业发展的扶持专项资金，已经成为制约产业提升的瓶颈。虽然有些地区对休闲农业进行了一定的投入，但总的来看，财政资金的效益不明显，资金缺口较大，经营者融资难的问题比较突出。

2. 基础设施亟待完善。标识标牌设置不合理，游览观光道建设不规范，景区景点打造不精致。停车场、安全、消防、应急、医疗、食宿等基础设施滞后。

3. 发展方式较为粗放。四川省大多数项目开发深度不够，以就餐、钓鱼、采摘、棋牌为主，参与性不强，缺乏创意和特色，结构雷同，同质同构现象严重，抗经营风险能力较弱。

4. 服务质量有待提高。大部分休闲农业

经营主体缺乏管理的相关标准，管理制度不健全、不规范，从业人员缺乏专业培训，服务水平亟待提高。受传统经营方式和管理思想的影响，基层干部和经营主体缺乏市场观念和品牌意识。

四川省休闲农业基本情况

指标名称	计量单位	休闲农业经营主体总计	农家乐	休闲观光农园（庄）
经营主体个数	个	32 605	25 128	7 477
从业人数	人	1 300 939	478 546	822 393
其中：农民就业人数	人	1 170 845	430 691	740 154
带动农户数	户	700 295	—	700 295
接待人次	人次	352 003 528	239 002 399	113 001 129
营业收入	万元	13 200 680	8 052 414	5 148 266
其中：农副产品销售收入	万元	2 490 902	356 417	2 134 485
利润总额	万元	1 770 552	—	1 770 552
从业人员工资总额	元	28 460	—	28 460

（四川省农业农村厅）

贵 州 省

【主要做法及成效】 2017年，全省休闲农业经营主体营业收入达80亿元，比上年同期增长20%左右。全省累计创建省级休闲农业与乡村旅游示范点90家、国家级休闲农业示范点（县）23家、中国重要农业文化遗产2家、中国美丽田园15家、中国最美（美丽）休闲乡村14家、中国休闲农业与乡村旅游十大精品线路1条，极大地提升了贵州休闲农业和乡村旅游的知名度和美誉度。全省休闲农业发展进入重点打造、全面推进的阶段，休闲农业产业品牌不断扩容，品牌影响力逐步扩大。

（一）高度重视休闲农业和乡村旅游发展政策的贯彻落实

贵州省高度重视休闲农业和乡村旅游的发展，把发展休闲农业和乡村旅游作为发展现代农业、增加农民收入、建设社会主义新农村的重要内容来抓，近几年来省委1号文件都提出要大力发展休闲农业和乡村旅游，使之作为繁荣农村、富裕农民的新兴支柱产业和农业供给侧结构性改革的重要内容。农业部联合有关部门印发的《关于积极开发农业多种功能大力促进休闲农业发展的通知》和《关于大力发展休闲农业的指导意见》，为贵州省农村发展、农业增效、农民增收提供了新的动力源泉，带来新的政策机遇。贵州省高度重视对系列发展政策的学习贯彻，组织全省农业系统认真学习，通过报纸、门户网站、微信公众号等进行宣传报道，让农业系统和广大农民知晓政策、用好政策。通过学习进一步深刻认识到发展休闲农业和乡村旅游是践行习近平总书记提出的"两山"理论的具体行动，把思想统一到系列发展政策的要求部署上来，增强工作责任感和紧迫感，努力在发展休闲农业和乡村旅游中实现新作为，做出新贡献。

（二）建立了省级农业产业发展资金，扶持休闲农业和乡村旅游发展

2017年，省本级投入1 040万元资金扶持休闲农业精品项目建设。省农业委员会已累计投入近6 000万元资金扶持了一批特色鲜明、运行规范、前景广阔的休闲农业和乡村旅游项目，撬动了工商资本、民营资本和

金融资本投入开发，形成了"政府扶持、企业为主、农民参与"的投入机制。同时为了加大资本市场对休闲农业和乡村旅游发展的支持力度，贵州省成立了总规模3 000亿元的脱贫攻坚基金，将"农旅一体化、休闲农业、乡村旅游、康养旅游、民族风情旅游"作为支持的重点产业，有力地带动了贵州省休闲农业和乡村旅游的发展。

（三）创新用地支持，夯实休闲农业和乡村旅游发展基础

2017年，省农业委员会加强和国土部门的沟通，从以下三个方面保障休闲农业项目用地：第一，合理统筹规划。一是支持使用未利用地，在符合生态环境保护要求和相关规划的前提下，对使用荒山、荒地、荒滩及石漠化等土地建设的项目，优先安排新增建设用地计划指标。二是休闲农业项目以城乡建设用地增减挂钩支持易地扶贫政策为平台，贯通农村低效用地、工矿废弃地复垦利用进行国土资源综合整治，推进农村基础设施建设，扶持农业旅游项目的发展。第二，加大用地保障。一是对符合土地利用总体规划与城乡规划等规划要求的项目，及时安排新增建设用地计划指标，依法办理土地转用、征收或回收手续，积极组织土地供应。二是依法实行用地分类管理制度，属于永久性设施用地的，依法按建设用地管理；属于自然景观用地及农牧渔业种植、养殖用地的，不征收（回收）、不转用。第三，多方式供应和利用土地。旅游相关建设项目用地中，用途单一且符合法定划拨范围的，可以划拨方式供应；用途混合且包括经营性用途的，应采取招标拍卖挂牌方式供应。同时鼓励以长期租赁、先租后让、租让结合方式供应旅游项目建设土地。通过创新用地政策，促进了全省休闲农业和乡村旅游产业的蓬勃发展。

（四）实施休闲农业和乡村旅游提升工程

加大投入，整合村级公益事业建设一事一议财政奖补、农村危房改造、污水处理、沼气建设等涉农资金，扶持建设一批功能完备、特色突出的休闲农业项目，着力改善开发休闲农业村寨的道路、供水设施、宽带、停车场、厕所、垃圾污水处理、游客服务中心、餐饮住宿的洗涤消毒设施、农事景观观光道等基础服务设施。会同相关部门制定了《贵州省乡村旅游村寨建设与服务标准》《贵州省乡村旅游客栈服务质量等级划分与评定》《贵州省乡村旅游经营户（农家乐）服务质量等级划分与评定》3个地方标准，推进管理规范化和服务标准化，提升从业人员的素质，强化了行业组织服务水平，加快形成自我管理、自我监督、自我服务、诚信经营的社会化服务体系。

（五）培育知名品牌，强化宣传

2017年，贵州省贵定县获得全国休闲农业与乡村旅游示范县，贞丰县纳孔村、荔波县水甫村、福泉市双谷村、天柱县地良村入选2017年中国美丽休闲乡村。在2017年农业部进行的有关会议上，贵州省多次作为先进典型进行经验交流。一是2017年4月在浙江召开的全国休闲农业和乡村旅游大会上，贵州省荔波县作为唯一的县级代表做了"发展休闲农业助推扶贫攻坚"的经验交流发言。二是7月农业部在湖北召开的高品质油菜产地现场观摩会议上，贵州省兴义市做了以"依托油菜产业发展休闲农业"为主题，推进产业融合发展的经验交流。三是12月农业部在四川召开的中国美丽休闲乡村发布活动上，贵州省天柱县地良村作为典型案例在大会上以"发展休闲旅游打造历史古村"为题进行了经验交流发言，得到了参会领导和代表的高度评价。在整合资源的基础上，重点打造了一批休闲农业品牌，和省旅游发展委员会共同主办了贵州十大最美油菜花农事景观评选活动，通过网络媒体和微信等现代化传播手段进行评选，得到了社会的广泛认可。编制了《贵州省休闲农业和乡村旅游》宣传画册。

贵州省休闲农业基本情况

指标名称	计量单位	休闲农业经营主体总计	农家乐	休闲观光农园（庄）
经营主体个数	个	6 145	5 208	917
从业人数	人	94 058	38 824	64 856
其中：农民就业人数	人	76 939	32 810	43 096
带动农户数	户	131 235	—	98 723
接待人次	人次	63 592 700	30 736 683	29 514 017
营业收入	万元	797 816	391 043	398 153
其中：农副产品销售收入	万元	237 603	90 234	143 655
利润总额	万元	248 152	—	192 974
从业人员工资总额	元	413 260 599	—	335 021 196

（贵州省农业农村厅）

云 南 省

【发展成效】 2017 年，云南省休闲农业营业收入达 120 亿元，同比增长 12%，休闲农业呈现出良好发展势头。

（一）发展成效显著

一是示范创建成效好。截至 2017 年，云南省共获得国家级品牌 70 个，省级品牌 92 个。二是"春花经济"促增收。每年的 2 月初到 3 月中下旬，是云南省春花盛开的时节，漫山遍野的油菜花、桃花等争奇斗艳，闻名而至的赏花客络绎不绝，以腾冲、罗平为代表的小县城一时间成为中外游客汇聚的花花世界。各级农业部门因势利导，大力发展"春花经济"，举办罗平油菜花节、腾冲花海节等各种花卉节庆，引导休闲农业健康发展，有力促进了地方经济发展和农民增收。精明的罗平人种油菜种出了好风景，依托这一风景打造了乡村旅游业，罗平油菜花海这一自然奇观得到了海内外的认可。2002 年，罗平县经上海大世界吉尼斯总部批准，创下了吉尼斯世界纪录：罗平油菜种植园成为世界最

大的自然天成花园。罗平县油菜产业真正成为富民产业。中国·云南·罗平国际油菜花文化旅游节，成为面向全国、走向世界的休闲农业观光旅游大型节日活动，成为云南旅游的一大亮点。2017 年罗平县各类休闲农业经营主体已超 150 家，资产总额超 10 亿元，其中规模以上（营业收入 500 万元以上）休闲农业经营主体 4 家，2017 年全县旅游综合收入达 32 亿元，接待游客 368 万人次，其中休闲农业与乡村旅游接待游客 293 万人次（其中 2 月达 175 万人次），休闲农业总收入达 28 亿元。三是宣传推广见成效。结合云南省休闲农业发展成效，省农业厅编辑出版了专门宣传休闲农业的书籍《休闲农业秀美乡村》（云南休闲农业指南），提高了云南省休闲农业的知名度和认知度。为加速云南省农村一二三产业融合发展，省农业厅对各州（市）农村一二三产业融合的典型案例进行了认真遴选和编排，将其汇编成《云南农村一二三产业融合发展典型案例》，供全省各地借鉴学习。

（二）服务水平显著提高

云南省休闲农业从最初的单一娱乐性的农家乐逐渐向产业配套、功能多样的休闲农业发展，从低水平服务向高水平服务转变。全省认定的国家级品牌和省级品牌的单位和企业服务水平显著提高，相继开发了采摘、耕作、科教、民族文化等休闲农业体验项目，最终实现农民增收、农业增效、政府增税的发展目标。

（三）休闲特色逐步显现

各地根据自然条件和农业资源禀赋，结合人们的消费需求，加大了休闲农业资源的深度开发，不断调整产业布局，逐渐形成了具有浓厚地方特色和农业特色的休闲农业产业发展模式。拥有以中国重要农业文化遗产为依托、体验农耕文化为主的山水民族风情休闲农业区，如红河哈尼梯田稻作系统和哈尼族长街宴；以中心城市群为依托的城市居

民假日休闲娱乐、购物、农业教育等为主的多功能休闲农业区，如昆明锦庄农业科技有限公司等。同时，形成"夏秋有花，时来时赏；春冬有果，时来时品"的田园农业休闲游格局。

（四）带动作用不断增强

休闲农业的发展，带动了农村商贸、交通运输、乡村客栈等产业的繁荣，促进了农民就业增收和农业农村经济发展。云南省发展较好的国家级休闲农业与乡村旅游示范点云南昆明石林台湾农民创业园，坚持科技创新驱动，持续完善园区复合型功能区建设，构建农业、旅游、文化、休闲等多产业聚合的农业综合体。着力推进以万家欢蓝莓庄园、杏林大观园、云烟印象烟庄、枇杷庄园、耀奇香草谷等为代表的农业观光、乡村休闲、康体养生的农旅融合项目，打造石林农业休闲游品牌，园区示范带动作用逐渐增强，成为石林旅游的第二张名片，2017年入园游客达48万人次。

【主要做法】

（一）创新机制，融合发展

省农业厅在推动休闲农业发展的同时十分注重与乡村旅游的融合发展，主动与省旅游局对接，并于2011年联合出台了《云南省休闲农业与乡村旅游示范企业认定管理办法》等一系列文件，联合成立了云南省休闲农业与乡村旅游工作协调小组，办公室设在省农业厅，共同推进云南省休闲农业与乡村旅游的发展。

（二）示范引领，引导发展

在休闲农业的推进工作中，各级农业部门高度重视培养休闲农业与乡村旅游发展典型，树立了一批国家级、省级、州（市）级先进典型，充分发挥其示范带动作用。2010年以来，云南省共创建国家级和省级品牌近100余家，其中，国家级品牌70家（中国重要农业文化遗产7个、全国休闲农业与乡村旅游示范县12个、中国美丽田园12个、中国美丽休闲乡村18个、全国休闲农业与乡村旅游示范点21个），省级休闲农业与乡村旅游示范企业91家。

（三）突出特色，提升发展

云南省休闲农业的发展突出了乡土性、体验性、群众性和差异性，注重乡村生态和自然环境的保护，让山村青山常在、绿水长流，加强了对广大农村人文景观和风俗文化的保护和传承，制定了人文保护的乡规民约，使广大游客能够回归自然，体验乡村风情。如普洱市澜沧县惠民乡芒景村充分发挥当地的自然优势和民族风情，大力发展休闲农业，被农业部授予中国最有魅力休闲乡村称号。

（四）塑造形象，协调发展

云南民族文化悠久，生态环境良好，旅游资源丰富，是全国享有盛名的旅游胜地。云南省立足于旅游大省这一品牌，加大了对云南休闲农业的宣传力度。罗平县精心设计打造的罗平县国际油菜花文化旅游节，让罗平从一个鲜为人知的偏远山区小县一跃成为旅游名县。通过这些活动，极大地提升了休闲农业与乡村旅游的影响力和文化软实力，推动了云南省休闲农业与乡村旅游的协调发展。

（五）制定政策，加快发展

云南农耕文化至今仍能原生态般地保留下来，作为一种文化现象，它深藏于滇云大地，深藏于26个民族的生活中，它在中国及世界农耕文化链中，以独具魅力的地域文化特征，见证着人类生生不息的历程，是云南省宝贵的农业文化遗产，也是云南省农业发展的又一优势。基于这一认识，省农业厅积极争取，出台了《中共云南省委云南省人民政府关于进一步加强农耕文化保护与传承工作的意见》（云发〔2015〕11号）文件，开展云南省重要农业文化遗产的认定工作。

（云南省农业农村厅）

西藏自治区

【发展成效】

一是产业规模不断扩大，富民惠民功能更加显著。自治区党委、政府高度重视旅游业，不断加强组织领导，厘清工作思路，增加资金投入，加快发展步伐。旅游部门紧紧围绕自治区政府的工作思路，狠抓各项工作落实，保证了全区旅游经济持续增长，由此推动了乡村旅游和休闲农业的快速发展，休闲农业和乡村旅游产业规模不断扩大，在西藏旅游产业中的地位显著提高，休闲农业与乡村旅游不仅成为国内外游客赴藏旅游的重要内容，而且成为农牧民非农就业、增收的重要形式。通过"特色乡村旅游工程"建设，在主要旅游沿线、主要旅游景区（点）、主要城镇周围等乡村旅游资源潜力富集区域大力发展乡村旅游，形成了以农家乐、藏家乐、休闲度假点、家访点为主题的产品，包含自助、自驾等专项旅游和生态旅游的乡村旅游产品体系，以及覆盖全区、具有一定规模的产业体系。全区星级家庭旅馆850多家，全国休闲农业与乡村旅游示范县8个、示范点12个、中国美丽休闲乡村12个、中国最有魅力休闲乡村1个；全区乡村旅游及旅游扶贫建设项目资金累计超过10亿元，项目辐射贫困人口达6万人。出现了巴河镇、俊巴渔村、扎西岗村、达东村等一批旅游致富村镇的典型，形成了"以旅游助农、农旅结合、安居致富、城乡互动"的旅游富民发展新格局，农牧民吃上"旅游饭"、发上"旅游财"成为近年来西藏民生的新亮点。

二是服务质量快速提升，市场结构更趋合理。自治区通过旅游扶贫、特色乡村旅游工程、重点乡村旅游示范扶持等途径，不断加大对乡村旅游从业人员的培训力度，切实帮助他们提高了乡村旅游服务意识、服务质量和经营理念，保证乡村旅游饮食卫生、住宿环境、产品品质等各个环节服务质量的不断提升，从而高质量地满足了国内外、区内外旅游市场的需求，初步形成了面向国内外客源市场、本地城镇居民的乡村旅游市场格局。

三是科学规划统领，设施条件加快完善。围绕青藏铁路通车，林芝、阿里、日喀则机场通航，拉日铁路等重大基础设施建设，配套完善了主要旅游干线公路升级改造，以拉萨为中心的4条旅游环线公路的黑色化，全面完成拉狮公路改造工程，加速茶马古道等主要旅游路线和重点景区的旅游配套设施，大幅度缓解了休闲农业与乡村旅游发展的瓶颈。拉萨市、林芝市结合实际，制定了乡村旅游发展规划。

【主要做法】

（一）加强管理，确保有序发展

各级、各部门紧紧围绕完善基础设施、加大产业投入、活跃市场、保护生态环境、合理开发景点的思路，充分利用西藏的休闲农业和乡村旅游业资源，带动更多的农牧民群众致富。各级政府对休闲农业和乡村旅游业实行统一管理，加大科学管理力度，确保各项措施稳步推进。

（二）加大扶持，推动稳步发展

一是技术扶持。开展家庭旅馆、农家乐等休闲农业和乡村旅游的培育和扶持工作，提升服务水平。全区开展农家乐、观光农业技术培训5期，参训人数470人次；二是资金扶持。加查县投入资金35万元扶持神湖旅游农家乐；投入资金15万元扶持神湖旅店家庭宾馆；乃东区投资1.2亿元在结巴乡多若村集中连片建设1 000亩现代雅碧休闲农业产业园区。

（三）依托产品，丰富产业内容

林芝拥有丰富的林下资源及种植养殖资源。2017年，该市加强对高原特色农畜产品的加工开发，特别是苹果、茶叶、松茸、虫草、藏猪、牦牛等产品加工研发，形成了一批具有品牌效应的农副产品，丰富了休闲农庄、农家乐的经营项目，拓宽了农牧民增收手段，提升了休闲农业产业内涵和产业档次。

（四）创新思路，提升产业档次

林芝市产业发展主动适应旅游发展新常态，突出改革创新，认真落实"旅游＋""＋旅游"政策措施，有效推动旅游与城镇化建设、特色农牧业、民俗文化等相关产业的有机融合，通过旅游带动其他产业发展，切实将全域旅游做大做强。加快餐饮住宿、民俗文化体验、游客服务中心等项目建设。结合特色产业，建设集生态田园观光（桃花、油菜花、青稞）、乡村民俗风情体验互动、摄影写生、特色美食等观光、休闲、康养、度假功能于一体的复合型旅游。

【存在问题】　近年来，休闲农业与乡村旅游发展迅速，在促进农村村居环境改善，拓宽农牧民就业渠道，带动增收等方面起到了积极的作用，但还存在一些问题。

1. 旅游基础公共服务设施严重滞后。旅游基础设施和公共服务设施严重滞后仍然是制约西藏乡村旅游与休闲农业发展的瓶颈。乡村旅游对外交通基础薄弱，游客出游交通花费时间长、成本高，与快旅慢游的市场需求之间矛盾突出，卫生、信息、金融等公共配套设施依然严重缺乏，旅游安全保障系统投入少，严重制约乡村旅游和休闲农业的规模化、标准化发展。

2. 市场发育程度低。一是乡村旅游和休闲农业专门市场还不成熟。目前主要为徒步体验等特趣市场和区内市场，均为小众市场，国内大众观光市场很少关注西藏乡村旅游和休闲农业；二是基础公共服务设施建设的社会化、市场化发育程度较低；三是市场意识

不强；四是缺少培育市场化意识的体制机制。

3. 缺乏规划引导，优势资源整合不力。专门的旅游规划对乡村旅游和休闲农业研究不够，特色发掘不足，开发建设带有一定的盲目性，导致产品类型单一，缺乏龙头、精品项目，规模小，丰富的资源没有得到有效的整合，不仅难以满足现代旅游市场需求，更不能适应建设"重要的世界旅游目的地"的要求。

4. 市场管理不规范，市场秩序比较混乱。虽然农牧部门名义上参与乡村旅游和休闲农业发展工作，但由于缺乏手段，无法进行管理。

5. 政府的指导、服务、扶持等手段欠缺，引领作用不明显。

西藏自治区休闲农业基本情况

	单位	休闲农业经营主体总计	农家乐	休闲观光农园（庄）
经营主体个数	个	821	805	16
从业人数	人	5 902	5 120	782
其中：农民就业人数	人	5 016	4 317	696
带动农户数	户	7 603	4 389	2 213
接待人次	人次	1 226 234.5	1 144 819	81 415.5
营业收入	万元	5 634	4 405.7	1 228.3
其中：农副产品销售收入	万元	2 259.8	1 196.8	1 063
利润总额	万元	2 061.02	1 484.2	576.82
从业人员劳动报酬	元	7 297.56	4 196.04	3 101.52

（西藏自治区农牧厅）

甘 肃 省

【基本情况】　据统计，截至2017年年底，全省各类休闲农业经营主体11 640家，其中，农家乐10 736家，休闲观光农园等904家，从业人数13.5万人，其中农民就业

11.6 万人，接待人数 3 864.2 万人次，营业收入 33.4 亿元，各项指标均以 10% 以上的速度增长。

【主要做法】

（一）出台了扶持政策

贯彻落实农业部等 11 个部门《关于积极开发农业多种功能大力促进休闲农业发展的通知》和农业部等 14 个部门《关于大力发展休闲农业的指导意见》精神，省农牧厅牵头联合发改、财政、旅游、国土等 16 个省直部门出台了《关于大力发展休闲农业的实施意见》（甘农牧发〔2017〕291 号）。

（二）创建了一批示范品牌

组织全省积极参加全国示范创建活动，甘肃省武威市凉州区、天水市秦州区被农业部评选为全国休闲农业与乡村旅游示范县，康县花桥村等 4 个村被农业部评选为中国美丽休闲乡村，申报 2 家休闲农业经营主体为全国休闲农业星级示范企业。

（三）开展了农业文化遗产挖掘保护

开展了全省农业文化遗产普查，申报康县蚕桑农业文化系统为中国重要农业文化遗产。指导迭部扎尕那农林牧复合系统陈述答辩，进入全球农业文化遗产候选项目，并于 11 月 24 日正式入选全球农业文化遗产名录。

（四）总结了全省示范创建经验

4 月，对 2010 年以来创建的 8 个全国休闲农业与乡村旅游示范县发展休闲农业的好经验好做法进行了系统总结，相关内容写入 2016 中国休闲农业发展报告。

（五）开展了宣传推介

组织全省示范县、美丽休闲乡村以及休闲农业经营主体代表参加了农业部 4 月在安吉召开的全国休闲农业和乡村旅游大会。开展了项目、景点和产品对接推介活动。甘肃省共向大会推荐了优质休闲农业和乡村旅游项目 37 个、休闲农业精品景点 50 个、农事景观和节庆活动 26 项。

【发展成效】 近年来，甘肃一些地方，围绕当地主导产业，深入挖掘乡村文化底蕴，以生态富民为主线，推进产业融合，促进农业与文化、旅游等产业融合发展，农村面貌发生了明显变化。

（一）促进了农民增收

休闲农业的发展，为有资源优势的农民找到了致富门路。凡是靠近城市和景区周边的农村，都不同程度地搞起了休闲农业。农民的房屋成了游客居住的乡村旅馆，农户的产品成了就地购买的土特产品，农村农业设施、农民空置的房屋、富余的劳动力、自产的蔬菜水果等，都发挥了不同程度的增收作用。

（二）促进了农村产业结构调整

全省坚持以农为本理念，讲求区域特色，优化分区布局，在景区景点周边、旅游线路沿线和农业示范园区大力建设以农业产业示范、田园风光展示、旅游休闲观光、农村生活体验、民俗接待和农家美食为特色的休闲农业基地，引导城郊农民大力发展观光农业、生态农业、精品农业，种植无公害蔬菜，建设绿色农业示范园，呈现田园风光与山水风光浑然一体的景象，推动传统农业向现代农业的转变。

（三）促进了农村劳动力的就地转移

休闲农业和乡村旅游具有劳动密集型的特点，且对服务人员技能要求不是很高。乡村旅游的兴起和发展，使当地农民就业不离乡，有力地促进了农村富余劳动力的转移，无论男女老少都比较容易找到适合自己干的事情，特别是农村妇女劳动力在发展乡村旅游中发挥了主力军作用，工艺品加工和经营，以及店铺、餐饮服务人员大部分是女性。

（四）促进了美丽乡村建设

农民发展休闲农业有了钱，农民主动配

合政府盖新房、修村路、改水电、改厨、改厕，农村基础设施、村容村貌和生产生活条件发生了很大变化。特别是在当地政府规划的引导下，一些村容整洁、各具特色的旅游小城镇应运而生。

（五）促进了城乡要素合理流动

随着休闲农业发展，吸引城市的资金、人才等现代要素流入农村，助推了城乡一体化发展，为打破城乡二元结构带来积极影响。城镇居民游客的到来，也带来了与城市现代文明的渗透交融，带动了农民遵纪守法、诚实守信，民主互助观念的发扬，促进了城乡统筹发展。

【存在问题】　　一是没有扶持引导资金。总体上甘肃休闲农业发展还处于起步阶段，政策不完善，财政无投入，发展无规划，基本处于自发式发展状态。二是开发深度不够。经营主体特色不明显，对乡村文化内涵挖掘不够深，延伸产品开发不足。同一区域内休闲观光农业项目开发的模式雷同。三是管理人才匮乏。经营管理人员基本都是原来从事农业生产的农民，对休闲农业缺乏管理经验，整体素质偏低。四是管理机制不健全。农业部门与工商、国土、卫生、公安、旅游等部门齐抓共管的机制尚未形成，游客的餐饮、住宿、娱乐在安全、卫生等方面管理还不规范。

甘肃省休闲农业基本情况

	单位	休闲农业经营主体总计	农家乐	休闲观光农园（庄）
经营主体个数	个	11 640	10 736	904
从业人数	人	134 883	109 255	25 628
其中：农民就业人数	人	116 268	104 410	11 858
带动农户数	户	147 001	114 661	32 340
接待人次	万人次	3 864.2	3 056.6	807.6
营业收入	万元	334 538.1	297 662.3	36 875.8
其中：农副产品销售收入	万元	83 345.6	65 842.5	17 503.1
利润总额	万元	95 042.5	83 885.2	11 157.3
从业人员劳动报酬	元	20 649.2	19 743.9	22 873.2

（甘肃省农业农村厅）

青 海 省

【主要做法及成效】

（一）产业规模持续扩大

在市场拉动、政策推动、创新驱动、政府带动下，青海省休闲农牧业蓬勃发展，全省共有各类休闲农牧业经营主体 2 535 家，其中休闲农（牧）庄 287 家，农家乐（牧家乐、渔家乐）2 167 家，休闲农牧业聚集村、民俗村 81 个，从业人数 4.5 万人，其中休闲农牧业从业人员达到 3.2 万人，年接待游客达 1 646 万人次，实现营业收入 24.7 亿元，其中农副产品销售收入 13 亿元，创利润 10 亿元，发放从业人员劳动报酬 16.3 亿元。

（二）发展类型日趋丰富

全省各地初步形成了以种植业为主的传统农业观光型、以城郊设施农业为主的设施农业休闲型、以民俗文化为主的民俗文化体验型、以草地畜牧业为主的草地生态旅游型、以旅游景点为主的风景名胜依托型等5种发展类型，并且逐步向主题化、产业化、区域化和专业化方向发展。

（三）品牌效应逐步显现

青海省积极开展中国美丽乡村推荐工作和全国休闲农业与乡村旅游示范县创建工作，2017年湟源县被农业部认定为全国休闲农业与乡村旅游示范县；湟中县卡阳村等3个乡村被农业部认定为中国美丽休闲乡村；向农业部推荐休闲农业和乡村旅游重点项目2个，并向中国农村杂志社推荐中国美丽乡村百佳范例村9个。截至2017年年底，青海省通过国家认定的休闲农牧业示范县9个，休闲农牧业示范点105家，星级休闲农牧业与乡村旅游示范园区1家，推介中国美丽休闲乡村9个，中国美丽田园3个，休闲农牧业的品牌效应逐步显现。

（四）政府引领作用日益增强

2017年，青海省投资600万元集中打造了30个具有鲜明特色的休闲观光农牧业示范点，投资60万元用于开展青海成都休闲农业合作共建。省政府出台了《关于贯彻落实农业部进一步促进休闲农牧业持续健康发展的实施意见》，西宁市政府颁布实施了《西宁市农家乐管理办法（试行）》，互助县制定了《互助土族故土园旅游服务标准》；循化县制定了《农家乐旅游接待点安全管理制度》《农家乐旅游接待点质量管理制度》，进一步引领和规范了全省休闲农牧业的发展。

（五）开展培训，提升休闲农牧业管理水平

2017年安排专项经费60万元，开展青海成都休闲农业共建活动。一是支持规划设计。由成都市统筹城乡和农业委员会（简称成都市农委）组织专家团队，赴青海考察调研，帮助青海省进行规划设计和确立发展思路。二是结对共建休闲农牧业基地。从青海省现已认定的休闲农牧业和乡村旅游示范点中遴选出5家，赴成都休闲农业示范点进行结对共建。三是举办培训班。由省农牧厅组织，于9月在成都举办一期（50人）青海休闲农牧业和乡村旅游示范点管理经营人员培训班，由成都市农委选派专家授课、安排考察地点，并组织结对共建示范点人员开展专题座谈。

（六）加大宣传推广力度

编辑制作《青海休闲农牧业精品路线宣传片》《大美青海·生态农牧——青海休闲农牧业与乡村旅游画册》，收集全省现有各类休闲农牧业与乡村旅游示范点，用图片和文字的形式进行宣传，大力推介，对扩大青海省休闲农牧业与乡村旅游示范点知名度，增加游客数量，提高农牧民收益将起到很好的推动作用。通过微信等新媒体平台全力推介青海西宁周边休闲农业和乡村旅游点，形成线上线下多种宣传模式。

虽然青海省休闲农业的发展取得了一些进展，但从总体上看，还存在基础设施薄弱，休闲旅游内容单调，经营管理水平不高，经营主体融资不畅，资源优势在很大程度上还未转化为产业优势和经济优势等问题。

（青海省农业农村厅）

宁夏回族自治区

【发展成效】　　2017年，宁夏休闲农业和乡村旅游发展加速，助推了宁夏全域旅游建设，促进了休闲农业健康发展。宁夏各级休闲农业主管部门按照农业部、自治区党委、政府部署要求，坚持统筹规划、强化政策创设、加大公共服务，推动休闲农业和乡村旅游发展，呈现出规模越来越大、影响越来越广、效果越来越明显的良好态势，也日益成为"塞上江南、神奇宁夏"的重要组成部分。

休闲农业已成为宁夏农业农村发展新亮点。宁夏休闲农业起步晚，但发展较快，呈现出布局优化、质量提升、领域拓展的良好态势。主要表现为：

一是产业规模不断壮大。宁夏休闲农业快速发展起步于"十一五"末，"十二五"期间年游客接待量和经营主体数量分别保持了约20%、10%的增幅。宁夏已形成以银川、吴忠石嘴山、固原、中卫周边地区为核心，沿黄河城市带、贺兰山沿线为两大辐射区的"一体两翼多点"发展格局，以及"近城、靠景、依产（特色农业产业）、沿路"的布局特征。截至2017年年底，全自治区现有休闲农业经营主体单位（经营者、经营户）750个，其中休闲农家（农家乐）425个、休闲观光农园（农庄）190个；休闲农业园区56个；民俗村17个。从业人数25 571人，其中农民就业人数21 667人；带动农户45 240户。2017年接待游客数量超过900万人次，营业收入达17.6亿元。

二是综合效益日益突出。全自治区休闲农家经营户年均收入基本在4万元以上，从业人员年均收入近3万元。银川、吴忠市大部分休闲农家经营户收入都在10万元以上。银川等重点发展区域内的休闲农业经营收入已占到当地农业总产值30%以上。

三是品牌建设强力推进。共创建全国休闲农业与乡村旅游示范县（区）10个、示范点16个，中国美丽休闲乡村11个，中国重要农业文化遗产3处，中国美丽田园5处。2017年创建自治区级休闲农业示范点45个。国家五星级休闲农业与乡村旅游企业4家。四星级休闲农业与乡村旅游企业9家，继灵武长枣种植系统和中宁枸杞种植系统之后，宁夏盐池滩羊养殖系统成功荣获第四批中国重要农业文化遗产称号。

四是业态类型日趋丰富。各地依托资源优势，培育打造了一批以欣赏田园美景、品味乡土美食、参与农事活动、感受农耕文化等为主要内容的休闲农园、休闲农庄和休闲乡村，发展了一批民俗文化、农事节庆等不同类型的休闲农业业态。

【主要做法】

（一）突出规划引领，着力构建休闲农业新格局

一是谋划规划，全景打造。宁夏各地区瞄准"开放、和谐、富裕、美丽"四个宁夏建设的战略目标，分别提出了"两宜银川""绿色石嘴山""水韵吴忠""休闲中卫"和"生态固原"的发展理念，将休闲农业和乡村旅游业纳入经济社会发展整体布局中进行统筹谋划，全景打造，写进了关于做好农村工作的相关意见中，编制出台了《宁夏休闲农业"十三五"发展规划》。二是招商引资，借力助推。通过各种形式发布休闲农业投资指南，组织筹备了中国-阿拉伯国家博览会现代农业展暨中国（宁夏）园艺博览会休闲农业板块创意作品展示展览。举办"宁台休闲农业文创对接会"，宣介并引智投创休闲农业，规划休闲农业主题、特色发展，增添新动力。三是政策引导、资金支持。配合完成了自治区党委政研室、自治区政协、民革中央对宁夏休闲农业和乡村旅游发展的政策调研。不断加大协调力度，积极引导政府和社会多方面资金注入休闲农业和乡村旅游的发展。连续5年自治区政府下达《关于加快推进农业特色优势产业发展若干政策意见》支持休闲农业发展，2017年增加资金1 000万元，用于支持休闲农业示范点创建项目及建设，每个点以奖代补20万元。并且将休闲农业和乡村旅游服务设施建设纳入农村一二三产业融合试点项目补助内容，积极搭建项目投资对接平台，有力引导提升产业发展质量、激励了各方主体发展的积极性。

（二）突出产业融合，着力构筑休闲农业发展新业态

大力实施"休闲农业＋"发展战略，拓展发展领域。一是加快推进休闲农业＋文化

产业发展。组织筹备举办宁夏休闲农业推进年活动，全年举办 87 场推介和展示活动，做到了市市有活动、县县有节会，收到良好的经济、社会效果，直接拉动休闲旅游人数 180 万人次，将地域文化、田园景观、农事体验、生活情趣等元素与休闲农业相关功能有机结合，创造出了一系列富于乡土气息的休闲农业品牌节会。二是加快推进休闲农业＋特色产业示范村建设。加快特色产业示范村镇建设，积极争取项目资金，通过金融创新，打造十大特色产业示范村——科海鱼米之乡等项目，2017 年在全区建设命名 10 个特色产业示范村，使之成为统筹城乡发展的新增长点和助推器。三是加快推进休闲农业＋信息产业发展。启动智慧休闲农业与乡村旅游建设工程，各休闲农业主体单位安装相关设施设备及 Wi-Fi；创建宁夏休闲农业微信平台，搭建集咨询、展示、预定、交易于一体的智慧休闲农业服务平台。四是加快推进休闲农业＋旅游业融合发展。开展了休闲农业的提升和示范创建，着力发展田园观光、休闲农庄、生态渔村、采摘篱园、乡村酒店、五色梯田、养生山吧、山水人家、回族家访等业态，促进农业与文化、科技、艺术、教育、体育、康养、旅游、时尚等产业融合发展。

（三）突出协调发展，凝聚休闲农业发展新共识

一是加强上下协调推进。自治区农牧厅积极加强与有关部门、市（县）政府联动，主动上门、寻求支持，构建相互支持、齐抓共管的休闲农业发展新机制，形成了各市、县（区）争相发展休闲农业的良好氛围；与发改、工商、交通、税务、公安部门联合，构建齐抓共管的监管机制；与文化、旅游、体育部门联合，打造休闲农业综合体；与建设、土地、规划部门联合优化城乡休闲农业与乡村旅游资源投向布局；与交通部门联合，完善休闲农业与乡村旅游交通标识、道路通达；与市（县）政府对接，推动休闲农业与乡村旅游工作和项目落地。二是加强管理协调发展。制定《宁夏休闲农业经营主体分类分级标准》《宁夏示范休闲农庄标准》等地方标准，出台《宁夏星级列级创建方案》，组织进行了《宁夏休闲农业示范点创建工程》，连续 2 年开展了宁夏休闲农业推进年活动，从资源、环境、市场、服务、交通、效益等多方面进行规范管理，协调发展。三是加强行业管理。开展原产地休闲农产品品牌营销。建立健全休闲农业管理数据体系，加强行业数据管理和共享，加强产业发展跟踪研究。

（四）突出共享目标，体现休闲农业发展新担当

一是加强产业扶贫。按照精准扶贫的要求，以休闲农业及一二三产业融合发展统筹产业扶贫，进行帮扶行动。做实项目。开展"两带两加"休闲农业扶贫项目，农庄景点带村、能人带户、合作社＋农户、企业＋农户，通过农庄、能人、合作社、企业等休闲农业市场主体投资、营销，带动贫困户分享休闲农业经济效益，实现脱贫。将宁夏休闲农业示范项目有重点地向贫困地区倾斜，年内在"西海固"等贫困地区培育自治区级休闲农业示范点 14 家。二是完善休闲农业公共服务。通过自治区评星列级工程，全面启动休闲农业基础设施提升，完善示范点项目设计，以农为主，推动主题化提升、差异化表达、支撑点塑造、特色文化植入、盈利模式改造，提升休闲农业发展水平，打牢产业扶贫基础。三是加强学习培训。2017 年先后在河南郑州、山西长治和自治区内举办休闲农业和乡村旅游培训班、休闲农业和乡村旅游现场交流学习活动，重点培训了休闲农业和乡村旅游示范点负责人、贫困地区的村干部和合作社负责人 1 000 人次。通过理论学习、参观考察和现场教学等形式，帮助企业主管人员、贫困地区村干部换脑子、学点子、

结对子、压担子、趟路子，达到理论与实践、扶智与扶志、资源与市场的有机结合。促使各类人员承担休闲农业发展新担当。

（五）突出创新驱动，激发休闲农业发展新动能

按照"政府搭建平台、平台聚集资源、资源服务创业"的思路，完善一套政策、搭建一批平台、培育一批带头人、总结一批模式，构建一个服务体系，使休闲农业成为促进"三农"融合发展的重要平台。一是创新思路。围绕全域旅游统筹规划，努力实现资源整合，要素综合调动，共建共享的目标，拓展农业功能，实现一二三产业融合发展，建设田园综合体，实施乡村振兴战略。打造区域特色产业，注重文化、景观创意，形成农业资源与跨界元素良性互动，为消费者提供吃住行游乐购等全方位服务与产品。二是创新休闲农业产品。打造精品线路，支持各地围绕"浪漫花海、沙游胜地、瓜果飘香、亲子体验、山水人家、回乡别院、田园养生"等主题，设计精品线路；印发宁夏休闲农业体验自驾地图，加大休闲度假产品的开发，探索和完善新的旅居产品，进行休闲农业冬季营业调研，引导农庄规划设计全年营销产品。大力发展冰上体验项目，搭建冬季营销新平台。三是创新市场主体。鼓励休闲农业企业之间成立新的联合体，或通过入股或者成立股份合作公司的形式，发展休闲农业。通过联合，跨地区兼并重组和投资合作等途径加强休闲农业投资引导，拓展休闲农业投资和消费，促进休闲农业规模化、品牌化、网络化经营。四是创新行业服务。加强与农业银行合作，创设休闲农业信贷新产品。加大对宁夏休闲农业协会服务指导，协调宁夏休闲农业协会成立联组长机构，建立会员联组制度，组织召集辖区会员开展活动，推荐入会企业，提供咨询服务，学习培训，规划策划，宣传推介，成果展示，助推休闲农业协会期刊按期出版，增强休闲农业主体单位凝聚力。

（六）突出宣传推介，拓展休闲农业发展新空间

一是充分利用自治区对外平台。利用中国-阿拉伯国家博览会、世界穆斯林旅行商大会、中国-阿拉伯国家合作论坛、中美旅游论坛等时机，设立休闲农业专题，借势宣传推介休闲农业，提升区内休闲农业的知名度和影响力；根据季节特点和节假日时点分布，围绕"春节到农家过大年""早春到乡村去踏青""初夏到农村品美食""仲秋到田间去采摘"4 个主题，多形式、多渠道、有步骤、有重点、分时段加大宣传力度，2017 年向社会推介了休闲农业和乡村旅游精品线路 50条，精品景点 60 个，满足了城镇居民的休闲消费需求。二是运用新兴媒体平台，加强网络推介。与互联网公司合作，共同打造"互联网＋宁夏特色农业"线上线下营销平台，通过视频、地图、新闻、网页、图片等信息服务，推送宁夏休闲农业与乡村旅游信息。组织参加全国休闲农业和乡村旅游论坛和全国新农民新技术创业创新博览会。建立网站平台和手机客户端。发布经营项目信息，开展网络内容话题营销，策划专题活动，代售门票、休闲农业产品，组织专区宣传推介，要求主体单位编制特色鲜明、主题突出、制作精美的 H5 链接、微视频动态链接，开展精准化、主题化、差异化、创意化的营销活动，为农庄提供经营指导和信息服务。三是打造节会平台。举办了以"乡村让生活更美好，乡村让人们更向往""创意提升农业，休闲改变生活"为主题的宁夏休闲农业创意大赛，遴选金奖 12个，银奖 20 个，铜奖 20 个，优秀奖 28 个。策划和举办了一系列休闲农业节会和品牌推介活动。举办活动的休闲农庄接待游客人数和营业收入都较前增加了 1～2 倍。

（七）突出品牌打造，引导休闲农业新出彩

继续组织开展宁夏休闲农业示范创建行

动与评级，引导各地在发展过程中注重保护生态环境、增加农民收入、提升农业效益，促进一二三产业融合发展。形成了一批颇有个性化的休闲农业品牌。如沿黄城市带休闲观光农业区、银川市西夏区沿山生态果林、贺兰山东麓葡萄产业基地、兴庆区黄沙古渡、金凤区湖上垂钓、石嘴山黄河金岸。参加了农业部组织的各项休闲农业示范创建活动、星级创建行动。培育出了一批国家级休闲农业品牌，其中，国家级休闲农业与乡村旅游示范县（市、区）10 个、示范点 16 个，中国美丽休闲乡村 9 个，全国休闲农业与乡村旅游三星级以上单位 57 个，组织了自治区级休闲农业示范点创建活动，两年创建示范点 90 个，引导宁夏休闲农业新出彩。

【存在问题】 宁夏休闲农业存在认识不统一、布局不合理、业态多重复、区域发展不平衡、融合发展不够、管理模式落后、水平提升较慢、文化底蕴不深、质量效益较弱等诸多问题。主要表现在：

1. 规划布局欠合理。部分主体没有制订发展规划，规划布局不合理。主题定位模糊，园区功能布局零乱，同质化现象比较严重；生产、生活、生态设施不配套，使用效率不高。

2. 人力资源难支撑。休闲农业从业人员的整体素质结构与产业发展要求差距很大。部分法人受教育程度不高，思想观念、经营理念落后，缺乏驾驭产业融合发展的能力；产业因为人的因素难以推进。

3. 服务平台建设滞后。休闲农业的发展离不开人力、资本、营销三大支撑，这三大支撑需要政府通过设立发展基金以及人才培训、资金融通、互联网＋等服务平台予以保障。而这些方面均呈明显不足。

4. 产品结构不合理。观光产品多，休闲度假产品少；大众化、同质化休闲农业产品多，个性化、品牌化休闲农业产品少；满足吃住行游购娱的浅层开发多，针对商养学闲情奇的深度开发少；高端客户和消费外流突出。服务质量不高。

宁夏回族自治区休闲农业基本情况

	单位	休闲农业经营主体总计	农家乐	休闲观光农园（庄）
经营主体个数	个	750	425	190
从业人数	人	25 571	—	—
其中：农民就业人数	人	21 667	—	—
带动农户数	户	45 240	7 930	37 310
接待人次	人次	9 026 193	3 072 473	5 953 720
营业收入	万元	175 998	42 741	133 257
其中：农副产品销售收入	万元	48 210	12 971	35 239
利润总额	万元	22 791	5 958	16 833
从业人员劳动报酬	元	84 733.75	55 171.95	29 561.8

（宁夏回族自治区农业农村厅）

新疆维吾尔自治区

【基本情况】 截至 2017 年年底，全区休闲农业各类经营组织（户）达到 5 988 家，较上年同期减少 62 家，接待游客 1 773 万人次，较上年同期增加 35 万人次，实现营业收入 37.95 亿元，较上年同期增长 9.72％，带动农户数 7.87 万户。培育国家级、自治区级休闲农业与乡村旅游示范县（市）26 个（含国家级 11 个），示范点 258 个（含国家级 19 个），其中新增全国休闲农业与乡村旅游示范县 1 个，自治区级休闲观光农业示范县 6 个、自治区级休闲观光农业示范点 82 个；中国美丽休闲乡村 17 家（新增 4 家）；中国美丽田园 7 处；中国重要农业文化遗产 4 项（新增 1 项）；全国休闲农业和乡村旅游星级示范企业（园区）246 家（三星级以上）。

【主要做法】 一是强化宏观指导服务。坚持规划先行，根据自治区发展和改革委员会反馈意见精神，进一步修订完善形成《新疆维吾尔自治区休闲农业发展"十三五"规划（送审稿）》，报自治区发展改革委审定备案发布实施。二是规范开展示范创建。修订完善《新疆维吾尔自治区休闲观光农业示范创建管理办法》，进一步规范提升示范创建活动标准、程序等，组织开展2017年自治区休闲观光农业示范创建活动，并组织专家开展评审。公布现有20个自治区休闲观光农业示范县、183个示范点动态运行结果（其中，取消7个，督促整改1个，继续保留175个），新认定自治区级休闲观光农业示范县6个，示范点82个。三是加快培育知名品牌。组织参与2017年全国休闲农业与乡村旅游示范县创建活动（推荐2个，获批1个）、中国美丽休闲乡村评选（推荐8家，获批4家）、全国休闲农业与乡村旅游星级示范企业（园区）创建（四星级推荐25家，三星级推荐17家）、第四批中国重要农业文化遗产认定工作（推荐5项，1项获批，4项入围储备项目）。四是扩大宣传营销推介。积极协调举办以"践行'两山'理论 休闲农业让生活更美好"为主题的"自治区休闲农业和乡村旅游大会暨2017新疆美丽乡村休闲旅游行"活动启动仪式。围绕"休闲农业让生活更美好"主题举行论坛演讲，探讨休闲农业发展思路，交流工作经验。筹备组织参加首届中国（上海）国际休闲农业和乡村旅游展览会，配合承办单位提供相关图片资料，做好新疆展区宣传。五是认真组织专题培训。积极组织全国休闲农业与乡村旅游三星级以上企业（园区）负责人、各地（州、市）、县（市）部门同志赴湖南、宁夏参加休闲农业专题培训班。组织新疆荣获2016年全国休闲农业与乡村旅游示范县的3个县（市）的休闲农业部门主要负责同志赴重庆参加全国休闲农业和乡村旅游培训班，组织相关同志赴成都参加"美丽乡村休闲农业"打造升级观摩研讨会，赴北京参加2017年农村一二三产业融合发展支出项目实施培训班。以上各类培训累计110多人次。六是加快行业理论研究。结合农业部等14个部委联合印发的《关于大力发展休闲农业的指导意见》（农加发〔2017〕3号）、国家发展和改革委员会等14个部委联合印发的《促进乡村旅游发展提质升级行动方案（2017年）》精神，结合新疆发展实际，研究制定《关于大力发展休闲观光农业的实施意见》（初稿）。组织专家团队，认真做好自治区党委农村工作办公室2017年农业科技与推广项目"新疆发展休闲农业和乡村旅游的途径与对策课题研究"实施工作。

新疆维吾尔自治区休闲农业基本情况

	单位	休闲农业经营主体总计	农家乐	休闲观光农园（庄）
经营主体个数	个	5 988	5 090	898
从业人数	人	58 575	42 715	15 860
其中：农民就业人数	人	40 221	29 257	10 964
带动农户数	户	78 715	47 566	31 149
接待人次	人次	17 732 985	10 656 121	7 076 864
营业收入	万元	379 553	202 816	176 737
其中：农副产品销售收入	万元	62 595	40 588	22 007
利润总额	万元	58 613	34 386	24 227
从业人员劳动报酬	元			

（新疆维吾尔自治区农业农村厅）

青岛市

【主要做法及成效】 截至2017年年底，全市共培育创建各级休闲农业与乡村旅游示范点472个。其中：国家级46个，省级346

个，市级 80 个。有 4 个区（市）成功创建全国休闲农业与乡村旅游示范县，有 6 个村（社区）入选中国美丽休闲乡村。入选国家级休闲农业与乡村旅游示范单位数量位居全国副省级以上城市前列。

（一）农业新产业新业态发展成效初显

着力在发展体验型、循环型、智慧型休闲旅游农业上下功夫，共培育休闲旅游农业经营主体 3 053 家，休闲旅游农业年接待游客 1 856 万人次，实现了"农区变景区、田园变公园、农民变导游"。发展"互联网＋现代农业"，引进了淘宝、京东等大型电商企业，全市农村电商平台达到 550 家，村级益农信息服务社 516 家，农业电商年交易额超过 55 亿元，推动农资下乡和农产品进城实现新突破。农业科技贡献率 67%、信息化率 58%、综合机械化率 86.2%，分别高出全国 11 个、10 个和 23 个百分点。

（二）产业融合发展载体持续拓展

累计建成高标准现代农业园区 837 个。其中：国家级标准园 202 个，市级标准园 635 个。带动农村劳动力就业创业 6.2 万人，带动 20.1 万户农民增收 20% 以上。培育蓝莓小镇、菇香小镇、玫瑰小镇等 20 余个特色小镇，高效设施农业发展到 80 万亩以上，全市农业注册商标 1.7 万多个，著名农业品牌 166 个，形成了胶州大白菜、黄岛蓝莓、崂山茶等一批有较强市场竞争力的农业特色主导产业和知名品牌。

（三）保护特色村庄，乡村旅游魅力不断提升

按照习近平总书记"看得见山、望得见水、记得住乡愁"的要求，对富有特色的传统村落和特色建筑，摸清底子，全面规划，保护提升。一是科学保护提升。对历史文化名村和具有长久保留价值的自然村落，尽可能在原有村庄形态上改善居民生活条件，保护传统特点，传承乡村文化。如胶州市胶北街道玉皇庙村由于保护得力，成为当地乡土文化教育基地和乡村旅游点。截至 2017 年年底，全市已有 3 个村庄列入国家传统村落保护名录和国家历史文化名村。分别是即墨区雄崖所村、凤凰村和崂山区青山渔村。二是展开"乡村记忆工程"普查工作。深入挖掘农村地域文化，筛选出 8 处传统文化村落、18 处传统民居、9 处"乡村记忆"博物馆，其中即墨区雄崖所村成为省"乡村记忆工程"试点村落。三是挖掘打造全市特色村庄 146 个。包含历史文化特色村、自然风光特色村、产业发展特色村三种类型。如西海岸新区的大泥沟头村、王家台后村、平度市一里村等特色村庄。

（四）农业节会品牌，拉动休闲农业游经济发展

按照"整合优势资源，提升整体形象，推动旅游发展"的宗旨，积极创办崂山茶文化节、宫家村葡萄采摘节、红岛蛤蜊节、红石崖草莓采摘节、青岛国际蓝莓节、田横祭海节、中国秧歌节、大泽山葡萄节、莱西湖捕鱼节等节庆品牌，实现季季有节会、月月有活动的目标，发挥节庆活动的形象传播与客源聚集效应、经济效益拉动与关联产业带动效应。积极培育企业作为承办主体，策划举办民俗性、参与性的旅游活动、文化活动和商贸活动，将节会打造成"市民的节日、游客的盛会"，大大提高了地方知名度和美誉度，拉动了农业经济发展，促进了当地产业结构调整，为农民转产增收开辟了新途径。规范提升农业品牌效力，形成了渔家风情、休闲山林、滨河生态、温泉养生、田园休闲、历史民俗等六大旅游产品体系。近年来，培育了"山海人家""山里人家""茶乡人家""惜福人家""胶东渔家"等休闲农业品牌，推出了崂山绿茶、北宅樱桃、金钩海米、沙子口鲅鱼等 30 多个特色产品。

【存在问题】

1. 政策支持力度不足。青岛休闲农业发

展历史相对较短，农民自由资产积累不足，导致缺乏足够的资金投入，致使休闲农业项目开发困难重重。虽然出台了《青岛市关于加快休闲农业发展的实施意见》《关于加快乡村旅游发展的意见》和《青岛市乡村旅游专项规划（2015—2020）》等相关文件，但是仍然缺少促进休闲农业和乡村游发展的专项政策扶持，对促进全市休闲农业发展的鼓励支持没有落到实处。

2. 缺乏科学统筹规划引领。青岛现有的休闲农业项目一方面大多处于点状发展状态，缺少宏观布局规划和科学管理，且没有进行有效资源整合，难以实现规模化发展。另一方面，很多休闲农业项目并没有对当地的市场进行深入的调查研究，盲目跟风、重复建设问题严重，难以体现本土特色，出现了休闲农业项目一哄而起，但缺少规划引领，层次不高，效益低下的现象。

3. 农业文化深度发掘不够。一方面，很多休闲农业项目过分追求城市化景观建设，专注于人工景观的打造，失去了项目本身的自然风味、乡土风情，难以吸引游客。另一方面，多数休闲农业项目局限在采摘、农家宴、一般农村景观观赏等初级水平，缺乏对传统农耕文化、渔家文化和农业文化的充分挖掘，能吸引回头客、走在全国前列的项目很少，缺乏核心吸引力和竞争力。

4. 基础设施建设和服务体系滞后。大部分休闲农业位于城市郊区或经济发展水平较低的农村，安全、消防、应急、医疗、食宿等基础设施条件差、设备简陋，垃圾污水的无害化处理问题严重，不能满足游客需求。休闲农业发展涉及的政策、资本、规划、设施、信息等诸多服务体系等严重滞后，不能满足休闲产业快速发展的需求。

青岛市休闲农业基本情况

	单位	休闲农业经营主体总计	农家乐	休闲观光农园（庄）
经营主体个数	个	3 053	2 196	857
从业人数	人	43 830	15 276	28 554
其中：农民就业人数	人	73 437	30 587	42 850
带动农户数	户	41 000	27 650	13 350
接待人次	万人次	1 856	428	1 428
营业收入	亿元	39.2	26	13.2
其中：农副产品销售收入	亿元	22.87	16	6.87
利润总额	亿元	5.4	3.4	2.0
从业人员劳动报酬	元	25 200	28 800	25 200

（青岛市农业农村局）

厦门市

【主要做法及成效】 2017 年，全市接待消费者达到 560 万人次，总收入约为 6.7 亿元。截至 2017 年年底，厦门市共获评全国休闲农业与乡村旅游示范点 9 个，省级休闲农业示范点 23 个，市级休闲农业示范点 43 个，中国最美（美丽）休闲乡村 7 个，福建最美休闲乡村 4 个。

（一）加大政策扶持，破解发展瓶颈

1. 加强组织领导，推动休闲农业发展。一是成立领导机构。市政府成立厦门市加快发展都市休闲农业工作领导小组，张毅恭副市长担任组长，成员由市有关部门和岛外4个区的领导组成。二是建立部门联动机制。休闲农业工作涉及多个部门，为加强管理、形成合力，市政府出台了《厦门市民宿管理暂行办法》（厦府办〔2017〕71号），明确由市旅游发展委员会牵头，卫计、公安（治安、消防）、农业、环保、规划等相关部门协助，建立联合核验工作机制，规范并简化农村民宿各项证照办理，为厦门市农村民宿发展提供更快速有效的服务。

2. 强化规划引导，规范休闲农业发展。将休闲农业纳入《厦门市现代都市农业产业发展规划（2014—2020）》《厦门市现代都市农业产业发展空间布局规划》，作为都市现代农业发展的重点产业。市旅游发展委员会与市农业局已联合编制《厦门市休闲农业和乡村旅游发展实施规划》，同时指导、支持各区编制旅游发展规划。

3. 完善政策体系，扶持休闲农业发展。近几年全市农村工作会议和市委、市政府出台的扶持农业农村发展的政策中，都将休闲农业作为重点工作加以推动，特别是在用地支持、资金扶持、规范管理、指导服务等方面加大对休闲农业产业发展的支持力度；各区结合实际，也分别出台了《民宿管理实施细则》等扶持政策措施，市、区合力推动休闲农业加快发展。

4. 夯实基础设施建设，改善休闲农业发展环境。2017年，市建设局已投入财政资金4.73亿元，重点推动美丽乡村建设、农村垃圾治理、生活污水处理等工作。全年安排52个美丽乡村建设计划，拟投资8 200万元。在推进美丽乡村建设中，进一步完善村庄基础设施，打造休闲公园，有条件地推进旅游要素建设，鼓励利用旧屋改造成游客集散中心、空闲地建设停车场。继续对无法接入市政管网的边远村庄生活污水进行分散式处理，新增投资1.8亿元。同时，建立了"村保洁、镇收集、区转运、市处理"农村生活垃圾治

理体制。

（二）推动示范引领，促进农民增收

1. 加快项目建设，促进多元发展。策划生成一批特色鲜明、品质优良、附加值高的休闲农业项目。2017年初，市政府引导市、区属国有企业投建休闲农业示范项目，策划推动大型休闲农业项目共7个，其中同安2个、翔安2个、集美3个，截至10月底，已开工4个。

2. 突出优势特色，推动创新发展。一方面，围绕农业打造休闲田园。如天岩山生态农场、鑫美园都市农庄等休闲农业点，致力于打造集农业科技创新、绿色蔬果种植、特色农业旅游、营养健康教育、传统文化推广为一体的生态农业观光园。另一方面，研发休闲农业特色文创产品。以当地农特产品为素材，结合当地民俗文化，通过创意改造和包装，推出更具当地特色风味、更具吸引力的旅游产品。如海沧区大曦山香草公园，研发自制香草茶、香草糕点、香草精油等一系列产品，翔安区岩谷咖啡农场，针对咖啡的种植、研磨、烹煮开展现场教学DIY活动，广受好评。

3. 发挥国企优势，强化典型示范。引导和支持国有企业等大型企业，采取大规划、大投资、大项目方式开发休闲农业和乡村旅游，整体规划、成片开发，并建立企业与当地村集体或农民的利益联结机制，带动农民就业增收。4个已开工建设的项目进展顺利。同时，鼓励企业和村集体利用农民自家农舍和农村闲置房屋发展农村民宿。

4. 加强宣传推介，实施品牌发展。在春节、清明节、端午节、中秋、国庆等节假日前分别以踏青、采摘等为主题在《厦门日报》《厦门晚报》及官方微信等媒介宣传推介休闲农业精品路线，重点对国家级、省级和市级休闲农业示范点进行推介，进一步提升厦门市休闲农业项目知名度，提供市民休闲出游指引，为休闲农业示范点带来客源。对获评

国家级、省级和市级休闲农业示范点，以及星级乡村旅游经营单位发放奖励资金，激励休闲农业点加强自身建设，提升品质，提高发展水平。

（三）保护生态环境，推动持续发展

1. 合理利用资源，保护农村生态环境。一是规划生态功能小区。组织编制并实施《美丽厦门环境总体规划（2014－2030 年）》（厦府〔2015〕148 号）。二是坚持生态立区。实施"绿色工程"成为各区创建抓手，全市有 146 个村获得省级生态村，岛外 4 个区全部获得国家生态区称号。三是划定生态红线。配合省环境保护厅开展福建省生态红线划定工作。

2. 开展溪流污染整治，实现可持续发展。一是制定整治方案。制定《厦门市溪流污染整治方案》，全面启动溪流污染整治工作。二是建立全流域河道养护机制。印发《厦门市溪流养护管理办法》，建立河道养护长效机制，全面推进溪流养护保洁工作。三是安全生态水系建设全面启动。制定《厦门市安全生态水系建设实施方案》，明确通过 3 年时间全面完成厦门市 465 千米溪流安全生态水系建设任务。四是全面推行河长制。

3. 加强环境综合治理，推进美丽乡村建设。根据中央、省政府关于"千村整治、百村示范"的部署要求，大力推进美丽乡村建设，结合农村生活污水分散式治理和农村生活垃圾治理工作，打造了一批美丽乡村示范村，为这些村庄发展休闲农业和乡村旅游打下良好基础。

厦门市休闲农业基本情况

	单位	休闲农业经营主体总计	农家乐	休闲观光农园（庄）
经营主体个数	个	143	56	87
从业人数	人	5 715	919	4 796
其中：农民就业人数	人	5 412	786	4 626
带动农户数	户	7 103	60	7 043
接待人次	万人次	560.3	115	445.3
营业收入	万元	67 020	9 970	57 050
其中：农副产品销售收入	万元	46 670	7 360	39 310
利润总额	万元	8 895	1 135	7 760
从业人员劳动报酬	元	15 798	15 798	15 798

（厦门市农业农村局）

新疆生产建设兵团

【发展成效】　截至 2017 年年底，兵团共有 716 个休闲农业经营主体，其中农家乐557 家，休闲观光农园（庄）159 个，从业人数 5 823 人，其中职工就业人数 5 532人，带动农户数 5 012 户，年接待人数 231.9 万人次，年营业收入 4.67 亿元，其中农副产品销售收入 2.05 亿元，年利润总额 1.67 亿元。兵团已拥有全国休闲农业与乡村旅游示范县 5 个，示范点 8 个，中国最美（美丽）休闲乡村 9 个，中国美丽田园 4个。整个产业呈现出"发展快、领域多"的良好态势，成为兵团经济社会发展的新业态、新亮点。

（一）结合城镇化建设，提升接待能力

休闲农业与团场城镇化建设相结合，提升团场旅游产品，打造复合性乡村旅游，增强吸引力和接待能力。第八师鱼米水乡依托生态园林，除在传统餐饮、动物养殖和果蔬采摘上下功夫，还将闲置多年的高尔夫球场，改造成为石河子市最大也是唯一的专用室外婚礼庆典场地。第十二师222团建设新疆天山冰湖葡萄酒庄、西餐厅、冰湖生态餐厅，将个性化旅游、建筑元素融入团场城镇化建设中，构成特色景观。

（二）依托休闲旅游，扩大影响力

通过新农村建设，把生态农业与农家旅游结合起来，扩大师市和团场的知名度和影响力。第四师73团金琪珊葡萄园，种植和销售采用高科技信息化管理，实现线上线下销售，提高产品知名度；第十师181团将二连逐步打造成为千亩玫瑰观赏园、千亩果蔬采摘园、万亩现代农业体验园，建成具有田园风光、农家风情的农家旅游休闲体验胜地。各地休闲农业与乡村旅游发展不仅改善了当地的生活环境，还增加了职工的收入，提高了师市和产品的知名度，为当地经济发展做出了贡献。

（三）休闲农业与扶贫相结合，增加职工收入

加大扶贫开发和土地流转力度，发展休闲农业，促进农业发展方式转变和职工就业增收。争取国家旅游扶贫政策支持，将58个边境团场和南疆困难团场全部纳入国家旅游重点扶贫工作范围，其中10个连队入选2015年国家贫困村旅游扶贫试点范围，3个试点连队列入全国旅游公益扶贫行动支持范围。二师团场利用荒沙、荒水以及土地流转等方式发展休闲农业，第十师181团流转土地2 000余亩，200余名职工进入园区务工和发展农家旅游服务业，人均增收3万～4万元，发挥职工特长。增加了职工收入。

（四）延长产业链，推动一二三产业融合发展

休闲农业与乡村旅游产业链条逐步拉长，不仅是把农业、农产品加工业和团场服务业紧密连接的一种新型的农业产业形态，还是连接一二三产业的纽带，要素配套逐步健全，从单纯满足"食"的农家乐，正在向满足旅游者"食、住、行、游、购、娱"等多方面需求发展。第十师187团开发了以参与性为主的图瓦民俗文化旅游村主题公园项目。第八师依托西部民俗风情园景区，打造西部民俗风情园自驾游宿营地，桃源生态旅游示范区打造集旅游观光、佛教文化、养老于一体的中华万福城旅游项目。

【主要做法】

（一）掌握发展现状

为贯彻落实党中央、国务院决策部署，深入推动农业供给侧结构性改革，全面掌握兵团休闲农业发展现状，及时总结典型经验，开展兵团休闲农业情况调查。整个产业呈现出"发展加快、领域拓展"的良好态势，成为兵团经济社会发展的新业态、新亮点。

（二）培育经营主体

根据国家旅游局规划财务司和农业部农垦局《关于组织开展国家现代农业庄园创建工作的通知》（旅发〔2016〕157号）要求，为推进兵团现代农业和旅游业深度融合，进一步培育和发展新型现代农业发展模式和旅游消费形态，将农业潜在的价值最大限度地挖掘出来，兵团旅游局和兵团农业局联合组织开展国家现代农业庄园初审工作，经筛选拟推荐第一师10团国家现代农业庄园、第六师共青团农场农谷庄园和第十二师五一国家农业科技园区为国家现代农业庄园。

根据国家旅游局规划财务司和农业部农

垦局《关于报送国家现代农业庄园创建补充材料的通知》（旅规财函〔2017〕35号）要求，兵团旅游局和兵团农业局辅导进入第二轮评审创建国家现代农业庄园程序的第一师10团国家现代农业庄园和第六师共青团农场农谷庄园开展了创建国家现代农业庄园自评工作，填报完成了自评报告和材料清单，并予以上报。

（三）培育休闲农业品牌

组织申报全国休闲农业与乡村旅游示范县和中国美丽休闲乡村，第一师7团2017年被认定为全国休闲农业与乡村旅游示范县（市、区），第四师77团阔克托别镇、第四师可克达拉市可克达拉镇和第十师188团一连获农业部2017中国美丽休闲乡村荣誉称号。

为了规范休闲农业发展，打造兵团休闲农业品牌，促进团场职工持续快速增收，根据《新疆生产建设兵团休闲农业示范团场示范点认定办法（试行）》（兵农（产）发〔2016〕236号），兵团农业局下发了《关于申报2016年农业示范团场、示范点的通知》，10个师共申报22个示范团场、9个师申报29个示范点，经团场申报、师农业局初审、兵团农业局审核，决定认定一师7团等7个团场为2017年兵团休闲农业示范团场、一师5团阿克苏格林山庄等19个点为2017年兵团休闲农业示范点。

（四）加强宣传推介力度

为大力提升休闲农业的知名度和影响力，农业部农产品加工局与中央电视台协调，3月至4月在中央电视台综合频道和经济频道开展田园观花系列报道，广泛宣传各地的农事景观和节庆活动，吸引游客前往踏春赏花。根据农业部要求，经兵团农业局积极组织，各师农业局配合，统计兵团2017年春季筹办了9个赏花节庆活动，组织开展3个重要节假日、29条休闲农业精品景点线路的宣传推介活动。在全国休闲农业和乡村旅游大会推

介13项兵团休闲农业和乡村旅游合作项目和12个精品景点，将相关材料报送至农业部农产品加工局。重点推荐3个项目和6个景点参加全国休闲农业和乡村旅游大会对接推介。遴选兵团3个单位休闲农业与乡村旅游材料推荐编入《全国休闲农业与乡村旅游经典案例》。

（五）提高全员素质

深入推进农业供给侧结构性改革，大力促进休闲农业和乡村旅游持续健康发展，组织兵团4个师8人参加农业部4月在浙江省安吉县召开的全国休闲农业和乡村旅游大会，通过现场考察、专业论坛、对接推介活动，学习培育新主体、增强新动能、发展新产业、打造新业态、探索新模式等方面的经验。

为进一步提高休闲农业和乡村旅游管理服务水平，与兵团旅游局共同参加国家旅游局和农业部农垦局联合举办的国家现代农业庄园创建工作培训班，确保有序推进国家现代农业庄园建设；组织兵团2人参加农业部5月在重庆举办的全国休闲农业与乡村旅游培训班，增强管理人员规划开发、模式创新、营销策划等能力。

参加兵团全域旅游创建工作现场会暨全域旅游发展专题培训班，国家旅游局3个送教上门专家，讲授了全域旅游规划编制要点、旅游发展观和建设与管理实操三个方面内容，现场参观16团和10团的6个景点，与旅游局共同推动兵团旅游业发展。

（六）提升经营能力

为促进兵团农牧业适度规模经营，推进农牧业供给侧结构性改革，依据农业部《关于举办2017年新疆新型农业经营主体培训班的通知》（农干院函〔2017〕209号），由农业部发展计划司主办，农业部管理干部学院、新疆农业厅、新疆畜牧厅和新疆生产建设兵团共同组织举办的新疆新型农业经营主体培训班。在乌鲁木齐市开班，兵团农业局组织

全兵团 50 人参加了培训，参训学员提高了政策理解能力，转变了经营观念，强化了农民合作规范化建设意识。

【存在问题】

1. 经营时间较短。受农业生产的影响较大，休闲观光农业多存在较强的季节性，主要集中在夏秋两季，时间短，收益不高。

2. 经营特色不明显。项目开发中对兵团红色旅游文化、民俗风情、文体体验活动等开发不足，相关配套服务设施少，项目缺少文化创新和创意。

3. 基础设施滞后。受财力的影响，休闲农业基础设施、游乐设施建设整体上较为滞后，服务设施的档次水平处于粗放式开发的阶段。

4. 缺少融合发展的理念。各级农业部门应主动与交通、土地、文化、体育、水利等部门沟通，促进行业融合发展，共同推进休闲农业发展。

新疆生产建设兵团休闲农业基本情况

	单位	休闲农业经营主体总计	农家乐	休闲观光农园（庄）
经营主体个数	个	716	557	159
从业人数	人	5 823	3 032	2 791
其中：职工就业人数	人	5 532	3 411	2 121
带动农户数	户	5 012	2 391	2 621
接待人次	人次	2 319 042	1 576 186	742 856
营业收入	万元	46 721	25 384	21 337
其中：农副产品销售收入	万元	20 524	7 946	12 578
利润总额	万元	16 686	5 156	11 530
从业人员劳动报酬	元	24 420 021	19 842 032	4 577 989

（新疆生产建设兵团农业农村局）

国外发展概况及动向

国外发展概况及动向

国外发展概况及动向

【巴西】

(一) 概述

在巴西，休闲农业产业是一项没有统一名称与形式、没有官方认定，但提及后却又几乎人尽皆知，实践活动开展极为广泛、大多数城市与乡村居民都参与其中的"模糊产业"，一些巴西学者与部分州的相关旅游部门仅将其视为乡村旅游的一个分支。

巴西最早的休闲农业活动起源于圣卡塔琳娜州（Santa Catarina）的拉格斯市（Lages），在州立政府的支持下，在这里出现了第一批旨在建立系统商业网络的休闲农业与乡村旅游企业，官方的主要目的是通过建设开发，促进农村社区文化的发展和自然遗产的传承。由于这一开拓性的举措，拉格斯市被巴西人普遍视为全国休闲农业与乡村旅游之都。正是由于拉格斯市休闲农业与乡村旅游运动的开展，到 19 世纪 80 年代，人们才逐渐意识到休闲农业对经济的促进作用，但在巴西仍仅有少数企业和个人从事这项新兴产业，甚至国家也只是出于促进生产、减少移民和方便管理农村区域的考虑，仅将其视为一项低影响、高可持续发展潜力的战略予以优先考虑，主要用于保障就业与投资行为。这样的做法与视角，显然是低估了休闲农业对于产业结构调整、基础设施建设、文化教育理念革新、社会发展进步等多方面的推动与创新作用。

巴西休闲农业的发展多以微、小型企业为载体，通过与地区农商行业、历史农场、糖厂、家庭农业以及社区旅游等业态的结合来实现区域休闲农业的多元化。但其发展大多是经验性的，因此在全国各地往往因不同地域特色而呈现出不同的区域性特点，以不同的景观风貌、文化理念、概念定义复杂地呈现在人们面前。在很大程度上，官方的态度也被此所左右，由于较大的地域、做法和理念的差异所带来的不同表现形式，使得政府从官方角度较难将其视为旅游行为的一个明确分支，因为如果不是根据个性化的内容去识别每个地方，仅为了便于管理就给予他们一个去差异化的统一名称或类别，往往会使旅游活动的价值大大降低。但也正是由于这样的管理现状，以及休闲农业活动大多集中在农村地区的客观因素，巴西农业部与巴西旅游局开始意识到，需要有具体的资料或是操作指南性质的文件作为所有行业相关主体的指导，这也是相关部门下一步的重点工作方向。不过遗憾的是，因为 2014—2015 年期间所发生的一些政治格局变动，巴西的政治、经济、社会等多方面都处于一个较长时期的不稳定状态，许多行业部门的统计公报都只覆盖到 2013 年甚至更早，这其中就包括了巴西农业部与巴西旅游局。

(二) 定义

巴西国家地理研究所（IBGE）定义的非城市范围，也就是"乡村"范围中，有多种旅游活动的存在，而不仅仅是乡村旅游。也就是说，发生在农村地区的旅游实践不一定是乡村旅游，而是城市居民的休闲活动或体育休闲活动，这些活动发生在其日常生活环境之外。有部分学者认为，把它们称为"乡村地区的旅游"更为恰当。这就牵涉到了休闲农业与乡村旅游关系的论述，巴西境内的休闲农业活动多指发生在日常生活环境之外的与农业相关的休闲旅游行为，即在乡村地区发生的与农业相关的休闲旅游行为。显然，这样的定义与许多国家对休闲农业的定义是不一致的，更多的是一种"被包含于"关系。

而由巴西旅游局专家讨论通过的乡村旅游定义，则涉及了旅游、领土、经济基础、自然和文化资源以及社会等各方面，具体定义如下："乡村旅游是在乡村环境中发展起来的一套旅游活动，致力于提升农业生产、产品和服务的价值、致力于营造文化与自然相和谐的社区空间"①。该定义将乡村旅游与农业生产以及农业产业的附加值相挂钩，与世界范围内普遍认为的休闲农业概念相一致。我们可以相对客观地认为，每个国家休闲农业定义所涵盖内容的广泛程度与该国休闲农业产业的发展阶段、发展程度直接相关；人们更应关注的不是定义本身，而是休闲农业与乡村旅游给乡村区域带来的巨大商机与发展机遇。

按照巴西旅游对休闲农业与乡村旅游的定义，休闲农业是一种以自身景观、生活方式、乡村文化等特点为核心的旅游运动，遵循这些基本特点和原则，巴西的休闲农业主要包含了如图 1 所示的几个方面：

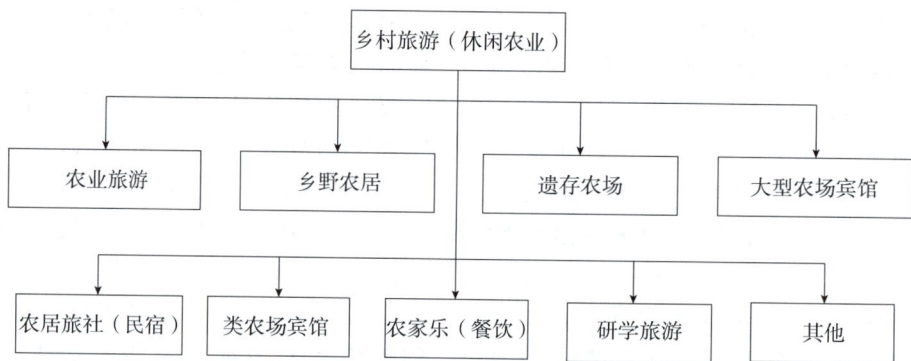

图 1　巴西休闲农业主要分支示意图

其中，农业旅游是指较为单纯的以农业观光、农业体验、农产品购买为主要内容的旅游类型，是一个非常小的概念；乡野农居类似于我国的民宿；遗存农场与历史文化遗产相关，主要是物质文化遗产方面；而大型农场宾馆则是历史上较为知名的贵族、农场主、奴隶主所遗留下来的大体量建筑，通过重建与改造形成了吸引游客的农场宾馆。再细分一个层次，农居旅社类似于小型民宿，住户空出两三间客房，与游客共同生活于一个屋檐下，泛指小型民宿；类农场宾馆和农家乐和我国情况类似，一个是以农场为模型而新构建的宾馆，同时也会开展一些农事活动，而另一个仅注重餐饮服务；研学旅游则与我国近年来新兴起的研学旅行相类似，注重文教科普与培训功能，但这里仅限于与乡村、农业相关的内容。图 1 中所囊括的所有类型都没有脱离开休闲农业的范畴，但与我国的休闲农业实践活动相比，种类较少，内容较为单调，更多体现的还是比较单纯的逃离城市和亲近自然的需求。

这样的概念定义和发展情况与巴西人日常生活中的短途乡村旅游习惯息息相关，当地人称之为过"乡村生活"（Rural Life），在中产阶级中非常常见，人们平时居住在城市中，日常生活也在城市范围内，到周末则会去乡村体验不一样的文化风情和民俗生活。这种"乡村生活"一般有简单的两种，参与其中的主体也扮演着两种不同的角色：其一，中产阶级或更高收入的家庭除了在城市内拥有住所，在乡村区域通常也会拥有着属于自己的农场或房屋，因为平时没有时间务农，户主往往会在当地雇佣他人代为托管，种植农作物、蓄养家畜，至假期时再去亲自劳作

---

① SEBRAE stands for Serviço Brasileiro de Apoio às Micros e Pequenas Empresas. Brazilian Service for Support to Micro and Small Business/Companies，2013.

并享受农事成果，这样通常是业主与被雇佣者的关系；其二，人们即便是在乡村区域没有不动产，但也可以通过类似春游或短途游的形式，在节假日体验农家乐生活，或是去乡村区域体验农事活动，或是在优美的环境中度假，这时通常是游客与经营者的关系。而似乎这样简单的两种"乡村生活"，即"休闲农业"活动方式，已经刻入了大部分巴西人的记忆之中，但他们都没有想过为之取一个固定的名字；再加上政府官方层面没有特别明确的统一引领，其发展缓慢和安于现状也是情理之中。

（三）分布

巴西旅游局给出的官方描述①是，乡村旅游活动已经在巴西的所有地区出现，各地处于不同的发展阶段，有的地区发展相对成熟，有的则处于起步阶段，南部以及东南部地区的旅游活动以休闲农业为主，中西部和东北部次之，北部地区则只有少量集中区域。

巴西休闲农业起源于圣卡塔琳娜州（Santa Catarina）的拉格斯市（Lages），以此为基点扩散而开的南部三州——巴拉那（Paraná）、南里奥格朗德（Rio Grande Do Sul）与圣卡塔琳娜的休闲农业活动进行得如火如荼；东南部四州—— 米纳斯吉拉斯（Minas Gerais）、圣保罗（São Paulo）、里约热内卢（Rio De Janeiro）、圣埃斯皮里图（Espírito Santo）的休闲农业在起步时间与发展规模上都仅次于南部三州，这也得益于其良好的农业基础；巴西东部与西南部仍然以传统旅游业为主，休闲农业的发展空间很小；西部由于亚马孙热带雨林的存在，在安全性、农业开展情况以及基础设施等方面都存在着较大的发展阻碍。

（四）市场结构

1. 消费者概述。泛美农业合作协会（IICA）巴西研究院所提供的巴西休闲农业市场调研报告显示②，近些年来巴西乡村旅游的生产链结构已经不仅仅集中于南部和东南部，而是向中部、西部和东北部扩散，北部则是有待开发的新区域。在针对休闲农业企业主以及运营者的调研中显示，74%的休闲农业运营者表示接待过巴西其他州的游客，接待过其他国家或者来自同一州游客的公司比例皆为67%，接待过与休闲农业点所处同一地区游客的比例仅有48%（图2）。

报告中同时也提及了巴西休闲农业的消费动因分析，探望老人或是老年休闲康养需求占有相当高的比例（42%），其次是科普教育游（32%）、科学技术游（21%）和文化游（16%）。家庭出游已经占据了休闲农业一定的比例，最后是特定的利基市场，如年轻群体（5%）、高消费群体（5%）、外国游客（5%）以及与婚姻相关的旅拍、蜜月等（5%）（图3）。

2. 供应产品种类占比。如图4所示，排除其他类（33%）特色产品，巴西休闲农业所提供的主要产品类型有冒险体验、农家乐（风味餐厅）、民宿、农场宾馆、农业遗产、骑马、农业体验七个类别，其中仅冒险体验所涉及的丛林、水体、洞穴以及运动类项目与农业项目有所区别，其他皆为休闲农业产业所包含的常规项目类型，其中骑马与畜牧养殖业关联较大，未来的休闲农业发展空间较大。由此也体现了巴西乡村旅游与广义休闲农业的高度重合性。

---

① SEBRAE（2013）. Retrato do Turismo Rural no Brasil com Foco nos Pequenos Negocios. Brasilia，DF. Available in https：//bibliotecas. sebrae. com. br/chronus/ ARQUIVOS _ CHRONUS/bds/bds. nsf/9e845a6d413535b 25fd040f6c5ea079e/＄File/5142. pdf. Accessed in 10/05/ 2019.

② IICA Brasil（2013）. Estudo Pleliminar da Cadeia Produtiva：Turismo Rural Brasil. Instituto Interamericano de Cooperacao para a Agricultura-Andreia Roque. Brasilia，DF. Available in http：//www. institutobrasilrural. org. br/pdf/ estudo. pdf. Accessed in 10/05/2019.

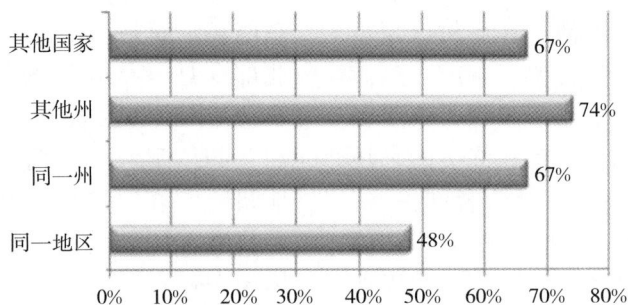

图 2　游客来源组成示意图

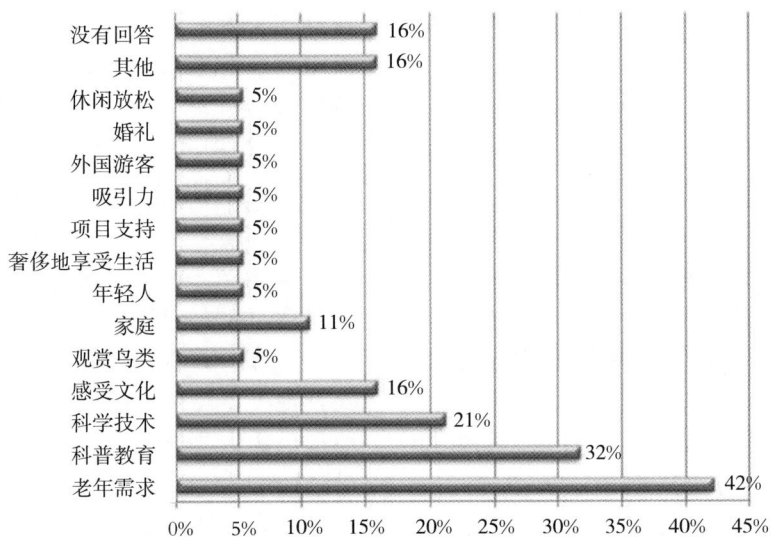

图 3　巴西休闲农业消费动因分布图

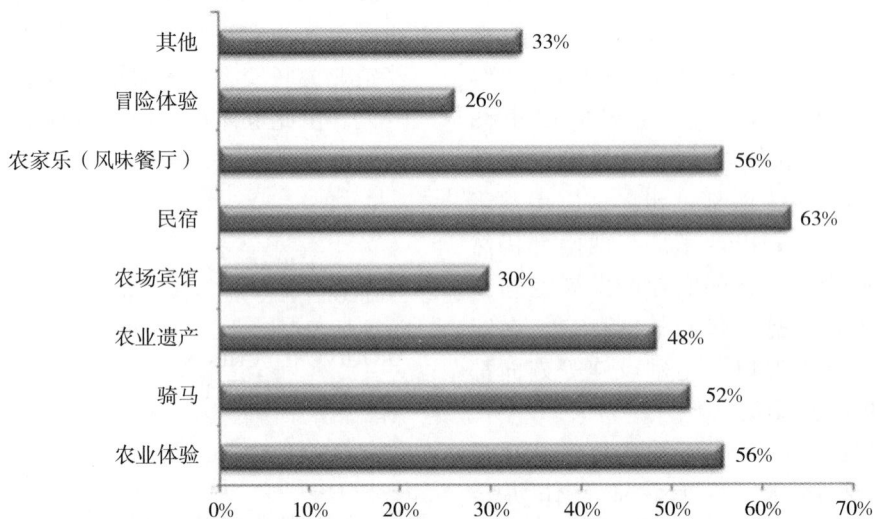

图 4　巴西休闲农业产品种类占比示意图

而在遍布巴西的休闲农业点中，民宿所代表的特色住宿功能（63%）、农家乐（风味餐厅）所代表的特色食品体系（56%）以及休闲农业最具代表性的农业体验（56%）占据了绝对的主导地位，印证了休闲农业以农业为根本，以食、宿的主要旅游功能为基本拓展的特性；农业遗产类项目也较受欢迎（48%），在一定程度上肯定了巴西人民对农业知识和传统文化的青睐；此外骑马也占据了较高的比例（52%），表明了巴西在畜牧养殖方面的优势以及未来向多种动物类农业休闲项目发展的空间。

（五）代表性案例

1. Vinhedos Vally。以葡萄种植、葡萄酒庄为核心而衍生出的山谷型休闲农业区域。位于南里奥格朗德州的高乔山谷（Serra Gaúcha）产区，因为生产葡萄，这里也被称为葡萄园谷（Vale dos Vinhedos）。以当地所产的葡萄为原料而生产的葡萄酒是巴西唯一拥有原产地名称的葡萄酒，该地区因此而被巴西认定为休闲农业的地标性区域。在休闲农业行程开发出来后，游客们可以参观小型乡村农场、原住民家庭和国际知名的葡萄酒厂，此外还有充满本地风情的宾馆、餐厅、酒吧、手工艺作坊以及葡萄酒纪念馆等，自制奶酪、饼干、果酱、果冻等农副产品也令人食指大动。

2. Acolhida da Colonia。移民定居型农业村落，逐渐发展为休闲农业村落。位于圣卡塔琳娜州，临近弗洛里亚诺波利斯市，一个由意大利和德国移民组成的地区，生活在该地的农户们沿袭了欧洲定居者的农业生产、生活方式，经过长期与自然环境的交互形成特色农业生态景观。除了传统农业活动，人们还合作生产有机食品，向游客展示与大自然融为一体的生活方式，通过休闲农业的新业态展示农村生活方式。

3. Circuit Villas and Farms。位于米纳斯吉拉斯州的著名环形农场村，该地区的山脉是与咖啡种植有关的重要农业历史遗产。良好的区位优势，以及烘焙饼干、制作糖果、喂养动物、播种和收割农作物等多样的休闲农业活动吸引了大量客源。

环形农场村区域覆盖了9个小城镇，有许多古老的农场，一些酒店甚至自1797年便开始营业。除了保留当时丰富的家具和餐具外，还为游客提供乡村游和冒险活动，如最为出名的"咖啡之旅"，为咖啡爱好者展示从谷物到饮料的全制作流程。

4. Venda Nova do Imigrante。自发型休闲农业点，由咖啡种植与生产发展至现在的综合性农产品供给地，位于圣埃斯皮里图州。该地区的咖啡种植占据了90%以上的农用地，休闲农业始于1987年，是非常典型的以农业种植为核心产业的休闲旅游目的地，游客可以体验农业日常生活，将其与休闲度假相结合。

值得一提的是，Venda Nova的休闲农业没有任何规划，一些生产者甚至都不知道他们已经习以为常的活动方式有这样的专业术语名称，刚开始外地游客只是进入这个农业区域，出于好奇想要学习咖啡等农副产品的制作方式，但长久以来的互动行为、商业机遇与当地人自发做出的产业结构调整竟然使该地区的休闲农业产业链越来越趋于完善，成为圣埃斯皮里图州第一个形成休闲农业产业完整形态的城镇，甚至被当作巴西休闲农业的经验主义样板脱颖而出。

5. Fruit Route。圣保罗州有至少4条较为成熟的休闲农业体验游线路，水果之旅就是其中最为出名的一条。在旅游线路上排布着以葡萄、草莓、无花果、番石榴、柿子等水果种植为主要业态的美丽农业小镇。为了满足休闲农业的功能需求，除水果种植外，农场主们为游客提供了许多游乐设施与舒适的住宿环境，户主们也经常通过历史装饰以及器物来展示当地的人文风情。许多建筑自身就独成一景，例如著名的 Fazenda Dona Carolina 酒店，配套有可追溯至 1872 年的古老殖民地咖啡农场以及 94 间公寓和套房，除基本餐饮住宿功能外还提供挤牛奶、甘蔗与咖啡种植园互动等体验。

【马来西亚】①

（一）概述

与许多国家农业与旅游部门共同协作，或是旅游部门占据绝对主导地位有所不同，马来西亚休闲农业发展的主要管理机构是马来西亚农业与农基产业部（MOA），马来西亚旅游艺术与文化部（MOTAC）仅在文化宣传与促进活动方面提供协助。

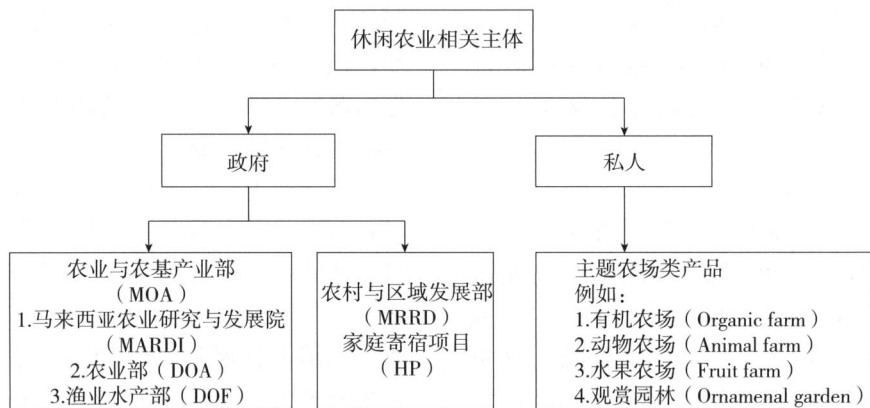

图 5　马来西亚休闲农业组织结构示意图

在马来西亚，休闲农业更多地是以各个独立运营的实体为主，鲜少出现"休闲农业区域"的概念，各种各样的休闲农业景点分别由公共部门和私营单位管理运营。从图 5 中可以看到，马来西亚休闲农业的对口负责部门是与农业相关的农业与农基产业部以及农村与区域发展部。农业与农基产业部下设农业研究与发展院、农业部门以及渔业水产部门；而与农村与区域发展部直接相关的仅有家庭寄宿项目（即我们国内所称的民宿）。从其基本构成、部门职能、分支机构以及典型发展形态来看，马来西亚休闲农业所涉及的"农业"领域不及我国，对农业与旅游业结合所能做出的交叉项目拓展远远不够，其产品体系也还停留在休闲农业发展的初级阶段，即功能相对单一、有明确倾向性的点状项目，并没有形成类似于发达国家的休闲农业主题发展区域。

马来西亚的公共休闲农业景点通常是向公众开放的研究与培训中心，比如位于金马伦高地（Cameron Highlands，也译为卡梅隆高地）的马来西亚农业研究与发展院。院中展示了许多先进的高效农业技术，无土栽培与特色观赏植物是其中的代表，热带水果的种植与栽培也是较为吸引人的展示内容。许多已建立的培训中心也面向大众开放，例如由马六甲州立农业部建立的马六甲热带水果农场，以及由沙巴州农业部管理的丹南农业公园等。在这些地方，小到可可树、咖啡树、当地的兰花种类、盆景，大到观赏花园、养蜂场、博物馆等可谓应有尽有，这些丰富的农业旅游要素成为最吸引人的景观。此外，越来越多城市周边的农业

---

① 本部分内容根据马来西亚农业与农基产业部（MOA）、马来西亚旅游艺术与文化部（MOTAC）官方资料整理。

公园将被开发为主题农场，以满足城市居民的休闲农业需求，布城（Putrajaya）的农业遗产公园和植物园就是很好的样板。这些农业中心向公众开放的目的是普及公众农业知识，并通过开展各种活动使下一代对农作物有基本的认识。公共部门下辖的休闲农业点主要注重的还是宣教、科普以及行业价值引导功能。

私人经营的休闲农业点通常都以农场为单位，有着明确的商业化主题，如有机农场、动物农场、水果农场等。相较于其他国家，马来西亚的休闲农业主题农场有很多都是从传统种植农场、商业农场起步的，在进行休闲农业化改造并对游客开放后，其收入通常都能增长50%以上。在私人经营的休闲农业点中，农场动物是一项能够吸引全年龄段游客的要素，位于柔佛郡（Kluang Johor）的英国农场是最为成功的主题公园式动物农场之一，该农场于2003年成立，最初只是提供山羊肉、羊奶与洗化用品，而自2008年开始向休闲农业转型后，农场每月都能接待5 000～7 000名当地和国际游客。

根据马来西亚农业与农基产业部的信息公开内容，马来西亚休闲农业游的游客数量从2007年的50万人次，到2010年的150万人次（3年内增长了100万人次），进一步增加到2017年的超过600万人次。

（二）民宿研究

马来西亚境内的休闲农业主要依赖于家庭寄宿项目，也就是国内比较火热的民宿。马来西亚的"民宿"计划于1995年《乡村旅游总体规划》（Rural Tourism Master Plan）出台后正式推出，由农业与农基产业部、农村与区域发展部以及旅游艺术与文化部联合实施，其目标是扩大乡村社区在旅游业中的作用与影响，

减少农村向城市的人口迁移。这些部门与机构为民宿经营者提供培训、建议和推广服务。

在马来西亚，民宿通常都由以农业为主要经济来源的农村地区本地人经营和组织，而不是外地进入的经济主体，因此民宿的许多附加活动总是与该地区的文化经济活动、村舍产业以及自然环境有关。这一点也是马来西亚民宿能够被清晰地划入休闲农业范畴的重要原因。

为了吸引游客，每家民宿运营商都为游客提供一些特定的体验项目。盛产粮食的马来西亚"粮仓"地区（Granary areas）的许多民宿提供与传统水稻种植和收获有关的活动；霹雳州巴干达多（Bagan Datoh，Perak）的民宿则提供与椰子生产和加工相关的体验内容；除此之外还有蜡染绘画等传统游戏、风筝制作与放飞、泥潭捕鱼、椰子保龄球等别具特色的民俗活动；游客们可以与当地居民充分互动，学习制作饼干、当地美食、手工艺品，并以更低的价格购买本地产品。

国家层面的"民宿"计划为开展民宿活动的区域以及整个国家的旅游收入做出了巨大的贡献，2012年11月15日，马来西亚获得了由联合国世界旅游组织颁发的尤利西斯奖（Ulysses Award），以表彰马来西亚在推广"民宿"计划方面取得的成就，该奖项的获得标志着马来西亚民宿项目的积极发展，以及吸引当地和外国游客的能力。根据马来西亚旅游艺术与文化部所公布的统计数据显示，民宿项目发展成熟后，2010年和2011年的游客总人数分别为196 472人次和254 981人次，增幅为29.8%。"民宿"计划在日本、韩国和新加坡游客中尤其受欢迎。以下是2015—2017年民宿旅游项目所接待的游客总数。

2015—2017年马来西亚民宿接待游客数

地区/类型	2015 年		2016 年		2017 年	
	国内游客	国外游客	国内游客	国外游客	国内游客	国外游客
玻璃市（Perlis）	3 436	138	4 111		2 456	
吉打（Kedah）	17 539	404	21 683	409	17 616	889

（续）

地区/类型	2015 年		2016 年		2017 年	
	国内游客	国外游客	国内游客	国外游客	国内游客	国外游客
槟榔屿（P. Pinang）	7 300	827	4 773	926	4 635	1 222
霹雳（Perak）	10 724	127	7 791	98	7 568	1 470
雪兰莪（Selangor）	46 844	12 090	58 101	6 893	37 495	7 476
马六甲（Melaka）	24 926	15 025	18 486	12 355	10 755	6 143
森美兰（N. Sembilan）	4 796	3 844	4 308	1 490	5 829	1 270
柔佛（Johor）	30 618	27 208	44 666	22 668	62 046	15 094
吉兰丹（Kelantan）	5 806	185	3 734	238	1 441	231
登嘉楼（Terengganu）	2 521	203	2 796	263	4 598	90
彭亨（Pahang）	116 713	1 805	132 096	1 711	118 151	1 434
沙捞越（Sarawak）	20 582	5 610	21 717	4 648	20 425	3 372
沙巴（Sabah）	23 449	4 143	24 623	5 219	24 182	23 129

数据显示，曾经给马来西亚带来荣誉的民宿项目如今似乎也遇到了发展瓶颈，除了少数地区外，大部分区域的民宿项目在2015—2017 年的 3 年时间内，接待游客数量都呈现出下降的态势，而游客数量的减少与民宿项目的收入锐减是直接相关的。这说明了马来西亚民宿项目的尴尬境地：成为单独的一项旅游分支似乎力有未逮，但又难以实现与其他旅游项目或类型的有效结合；这与马来西亚休闲农业的整体发展水平关系较大，既然马来西亚的民宿项目与农业经济、农村人口直接挂钩，其未来发展应该更多地考虑与成熟的休闲农业业态进行对接。

（三）金马伦高地休闲农业案例研究

金马伦高地是马来西亚著名的高原休闲农业地，同时也是私营休闲农业农场的汇集地。茶园、草莓园、鲜花园、蜂蜜园，不同种类的观光与产业农园以同样的休闲农业主题在此形成了集聚效应，即便只有部分区域向广大游客开放也具备了足够的吸引力，仅2011 年当年就有约 56 700 名游客到此体验休闲农业的无尽乐趣。

金马伦高地是 1885 年英国探测家威廉斯·金马伦（William Cameron）在测图行动中发现并命名的；1925 年乔治·麦斯威尔公爵（George Maxwell）参观这里后，将其发展为避暑胜地，完成了一条通往外界的公路，公路通车后，英国的高官显要都在此建筑别墅，有一些还定居于此；1929 年约翰·艾琪拔·路雪（John Archibald Russell），当时英国的总督之子，在此发展茶叶种植，直到第二次世界大战为止。1957 年金马伦高地转交马来西亚联邦政府管理。

这里不像云顶高原一般有赌场等众多的娱乐设施，但其宜人的气候、良好的生态环境、有代表性的欧式建筑和悠闲的生活方式依然吸引了大批游客。纵观其资源条件，除了原始自然环境以及硬件设施外几乎都与农业相挂钩：特色区域山地绿植所组成的多层次的山地景观系统；以茶叶种植发展出的规模化茶园与茶艺中心；以椰浆饭、鸡肉派、草莓蛋糕、米暹及各式香茶为代表的特色食品体系；种类繁多、颜色艳丽的热带花卉；与种植业相辅相成的动物、昆虫体系，代表为马来西亚国蝶——翠叶红颈凤蝶，以及山龟、枯叶虫、蜥蜴等栖息于此。

资源条件与活动类型的开发利用决定了休闲农业的承载力，人们来到这里可以体验欧洲、马来西亚等复杂综合的文化风情与建筑风格，住进历史建筑中并使用精心设计过的器具，体验当地人的生活方式；还可以参与农事活动获取劳动成果，自摘草莓、去茶园喝早茶、到菜园买菜，或是观赏各式各样的农田以及各种吸引眼球又大又漂亮的花卉；也可以探寻各种千奇百怪的动植物与昆虫；三餐以健康的蔬果为主，各种景观也适合拍照留念。主流的休闲农业活动几乎都被囊括在内，也因此其所在的彭亨州（Pahang）常年成为马来西亚休闲农业开展最为火热的地区。

（四）现存问题、发展趋势与新方向

马来西亚许多地区的休闲农业尚处于初级发展阶段，其存在的问题也集中于基础设施建设和政府引导管控方面：大部分马来西亚休闲农业点的基础设施水平不高且缺乏维护，休闲农业点之间的交通系统不能满足游客的转移需求，这使得少数可达性强、基础条件较好的休闲农业点接待了绝大多数的游客，且不少是回头客，较好的设施条件与农场环境是主要吸引点，偏远但有特色的休闲农业项目需要更好的交通系统来吸引游客到访；政府管理部门除了在政策、法规等方面没有起到很好的统一管控作用外，也没有对休闲农业的发展进行明确的方向性引导，且提供的公共服务与功能性设施太少，使得经营者在自身负担较大的情况下，也得不到发展方向、资源推荐等方面的支持。

【俄罗斯】[①]

（一）概述

虽然在欧洲，休闲农业已经存在并发展了一百多年的时间，意大利、德国、法国、英国等欧洲发达国家的休闲农业已经具备了相当的规模，但在俄罗斯，休闲农业仅处于起步阶段，其场地条件与基本构架才刚刚形成。不过，休闲农业所带来的巨大效益已经初步体现，较小规模的俄罗斯休闲农业已经在2015年占据了俄罗斯游客市场的2%，这是一个拥有大量利基市场、发展潜力可以预见的新细分市场。

俄罗斯休闲农业的关键词是乡村旅游、休闲农业、生态旅游以及绿色旅游。农业与旅游业的结合使得休闲度假有了新的实现方式，这也是人们亲近自然、促进乡村区域生态化、绿色化发展的好机遇。正如其他国家一样，休闲农业刚开始在俄罗斯兴起就展现出了良好的产业生态与未来发展空间。在2015年，以之为主体的乡村旅游、其所牵涉到的生态旅游以及健康旅游都占据了一定的比例，如图6所示。

截至2015年，俄罗斯休闲农业的发展还处于最初的摸索期。在欧洲休闲农业的整体市场基本与乡村旅游其他活动持平，且创造的价值（35%）超越了农产品生产价值（25%），俄罗斯的情况却呈现出了极端的两极分化，休闲农业创造的价值仅在乡村旅游中占比1%，远远不及农产品生产价值（99%）。这其中存在着两种极端可能：其一，俄罗斯休闲农业产业刚起步，规模有限，对农产品的需求不高；其二，俄罗斯休闲农业虽然已占据了相当的市场份额，但基本停留在观光与体验层面，在对农产品的利用、与农业活动的深度结合上还存在着相当大的提升空间；当然，实际情况最有可能是介于这两种极端可能之间。

俄罗斯国家层面显然也意识到了休闲农业的广阔发展前景，也将其发展优先级不断提高，并遵循乡村旅游发展概念规划（The Concept of Rural Tourism Development in Russia）的理念，考虑在2030年前将乡村区域内休闲农业的发展纳入俄罗斯联邦的长期社会经济发展总计划中，其中所提及的一些重要阶段分别是：

_____

① 本部分内容根据俄罗斯农业部（MAR）与俄罗斯国家旅游办公室（RNTO）官方资料整理。

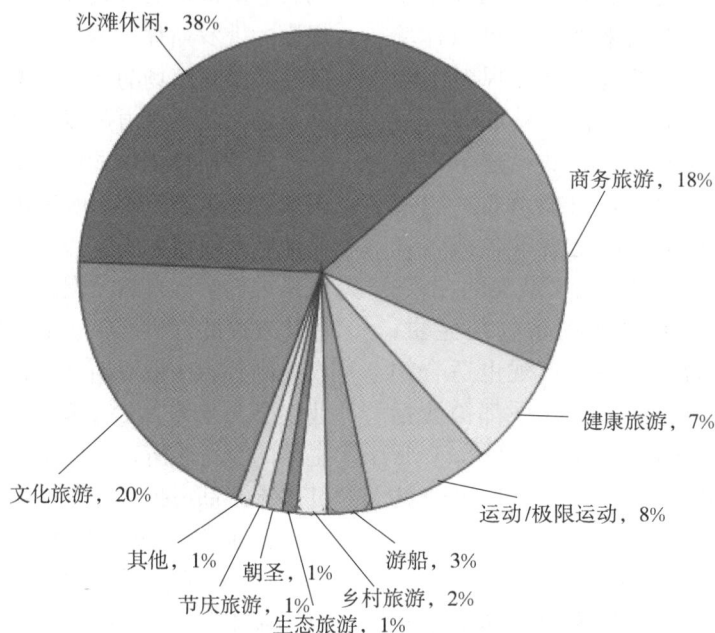

图 6　俄罗斯旅游活动占比示意图

2016—2019 年，休闲农业基地的形成（目前俄罗斯国内约有 4 000 栋投入休闲农业用途的农村宅基地）；2019—2025 年，休闲农业市场有机增长；2025—2030 年，发展成为较为成熟的市场。到 2030 年，在乡村旅游领域提供的产品和服务总产值达到每年 500 亿卢布。

（二）休闲农业资源与种类

俄罗斯的主要休闲农业资源可以归纳为自然环境、运动生活体验、乡村休闲、物质与非物质文化遗产和传统文化五类（图 7）。

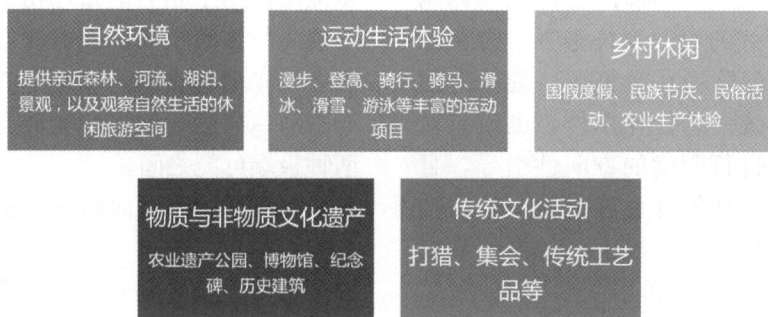

图 7　俄罗斯主要休闲农业资源分类

需要注意的是，与我国东北部气候与人民生活习惯相类似，俄罗斯由于秋冬季节气候恶劣农业种植条件较差，在农闲时节所衍生出的打猎、集会、传统工艺等生活方式与民俗集体活动也应被归入广义的农业活动与休闲农业资源范畴。

依托于这些与农业相关的休闲农业资源，目前俄罗斯休闲农业活动呈现出 7 种常见类型，分别是：私人农场及屋苑的住宿，即民宿；有机农产品的美食之旅；农业生产体验；民族旅游；森林徒步旅行，采蘑菇和浆果，打猎，钓鱼等；骑马；俄罗斯浴和传统医疗康养。

（三）存在问题

俄罗斯休闲农业发展面临的主要问题，一方面是国家缺乏对休闲农业的支持，现有立法框架不完善；另一方面是休闲农业服务质量不符合俄罗斯游客以及国外游客的潜在期望，主要体现在：乡村旅游与休闲农业的物质基础和服务配套不足；缺乏合格人员，现有休闲农业培训和实习方案的质量/覆盖面不足；俄罗斯最具吸引力的地区缺乏休闲农业业态；缺乏发展潜在客户的意识。

【日本】①

（一）概述

日本休闲农业的起步与发展始于19世纪40年代，是日本产业经济腾飞的衍生产物，结合自身国情，其发展经历了城市区域内类似市民农园的"镶嵌式绿岛"农业、大批量的农业高科技园区、休闲农业旅游专项等阶段，近年来从观光农业、体验农业向健康农业、文教农业、细分市场逐步转型，更为关注精准市场的精准需求，并不断完善自身的产业结构和功能组成。

通常人们对日本休闲农业最为期待的是：有宿营地的大米农场，乡野民宿（自给自足），以及在河流或者海上钓鱼、捕鱼，日本休闲农业特别关注"食"与"绿"两个方面，即有机食品与绿色景观，这与其客观条件和社会环境相关。在欧洲，城市里的人们喜欢在农村区域悠闲地度过休闲时光，但在日本，由于城市和农村之间的距离相对较短，且工作生态决定了日本人很难长期休假，所以有很多当天往返和短期停留的旅游行为发生。虽然休闲农业、休闲旅游在日本的发展时间较长，但人们仍然还在寻求符合日本价值观和生活方式的绿色旅游，如对以集体行为为中心的旅游方式的偏好等。因此日本的休闲农业发展更为关注个体与群体的典型性需求。

（二）引导方向与发展趋势

由于日本的土地资源极度稀缺，导致农村土地资源与人力资本两者的经营管理费用，即经营成本长期居高不下，为此，日本农业生产经营活动自开始就存在着明显的先天缺陷，农民弃耕现象比较突出，这是客观资源条件与生存环境使然，只能通过政府以强制手段和经济扶持并重的方式予以引导支持。如日本成立了农林水产省下属的事业单位"都市农山渔村交流活性化机构"，主要负责日本休闲农业经营的日常管理，并为休闲农业提供相关技术培训等系列服务；《市民农园整备促进法》《农山渔村余暇法》等休闲农业专项法律法规的颁布也催生了大量符合规范的休闲农业景点面世。截至2017年年底，日本休闲农业观光设施已超过8 000多个，每年接待旅游者多达1 000万人次。

近年来，日本政府对于休闲农业的规范与引导越来越倾向于地方化、专项化，许多地方政府在旅游推广政策上都注重促进游客和当地居民的旅游交流。日本休闲农业的4个重要分支是观光游、体验游、文化游与健康游。观光游与体验游是世界范围内休闲农业的常见形式；文化游主要是出于日本岛国的资源条件危机意识，类似于我国的传统文化复兴，日本人民开始强调文化上的回归本源，而回归乡村区域是其中的重要内容，对于文化归属感和教化功能的需求促使着休闲农业游的文化专项化，其工作引导重点在于让更多的休闲农业区域接受以学校为主体的教育体验游，支持广泛发展农业志愿者以缓解农村劳动力短缺问题，以及与乡村居民进行深度互动的交互体验游；健康游则融合了生态游、绿色游等流行理念，旨在缓解人口老龄化、城市生活压力等现实问题所

---

① 本部分内容大多根据日本国家旅游局（JNTO）与日本观光厅（JTA）官方资料整理，少量根据参考文献资料总结提炼。

带来的负面影响。

2016—2017 年，日本休闲农业的发展更为注重向乡村区域引入人流、吸引游客的"主题观光"类型，这是常见的将区域资源整合，以固定的突出主题吸引流量、促进地区发展的手段。近两年间，日本全国各地大致有 17 个最富有吸引力的休闲农业主题，分别是"江户大道""日本酒之旅""宗教圣地""明治维新""电影之旅""历史旧居""骑行之旅""朝圣之旅""忍者文化""料亭之旅""工业学习""烹饪之家""原野空间""动画圣地""马拉松旅游""生态风光""地食之旅"，其中"动画圣地"凭借颠覆人们想象的乡村田野空间成为最受游客欢迎的休闲农业主题，"骑行之旅"与"马拉松旅游"也呈现出不断上升的态势，而以民宿形式呈现的"历史旧居"则是通过厚重历史建筑、乡村茅草屋、农业田园风光、传统农产品以及装饰工艺品唤醒人们的乡土记忆。从游客的角度，可以选择其最感兴趣的主题，体验一次最具有吸引力的短途旅行；从地方的角度，根据明确的主题更便于构建出能满足复合型需求的旅游吸引物，也可以让游客们更好地参与到地区互动中来，体验更多区域的不同生活与文化类型，从而透过地区间的交流，更行之有效地进行农业与旅游推广工作。

【英国】

英国近些年的休闲农业发展情况在往期的年鉴篇章中已有详细的介绍，本文主要聚焦英国国家战略及部门策略调整对休闲农业产生的影响、2016—2017 年期间所公布的休闲农业相关数据以及近期发展趋势。

（一）国家战略

英国环境、食品和乡村事务部（DEFRA）所公布的 2017—2018 年报中着重提及了两个与休闲农业的根本——农业较为相关的战略目标[①]，分别为世界领先的食品与农业战略和城乡统筹战略。

1. 世界领先的食品与农业战略。报告提及，英国需要在未来成为世界领先的粮食国家之一，在粮食、农业和渔业体系的各个方面都要以卓越而著称，因为食品和饮料行业所提供的就业与增长机遇对英国的长远未来至关重要。在 2017 年 3 月至 2018 年 3 月的 1 年时间内，农业中与食品相关的产业为英国贡献了 1 120 亿英镑的总增加值（GVA），约占英国 GVA 总额的 6.4%，同时食品行业 GVA 占英国制造业 GVA 的 1/6。这充分说明了农业对于英国产业结构的重要性，对农业的愈发重视势必会使休闲农业的产业基础、产品质量以及产品附加值得到不断提升，并体现在未来的农业旅游市场之中。

2. 城乡统筹战略。城乡统筹战略则针对的是城市区域与乡村区域的融合，城市居民到乡村区域观光旅游、参与农业体验等内容都会受惠于城乡统筹战略。英国城乡统筹战略的基本目标是让生活在乡村区域的每个人都有和生活在城市的人一样的机会。要确保农村经济惠及所有人，为国家繁荣和福祉作出贡献，每年贡献超过 2 000 亿英镑的农村经济对英国非常重要。而发展机会的提升、基础条件的改善所带来的城乡差距减小会进一步促进城乡交流。

（二）部门策略

为响应国家的相关战略与号召，英国不同政府部门在近 10 年内主要发布了 7 项与旅游业相关，并惠及休闲农业与乡村旅游的政策、计划或公告。

1. 经济增长计划（The Plan for Growth），英国商务、创新与技能部（BIS），2011 年 3 月。将旅游业作为英国经济增长的八个核心产业之一，创造催生 200 万个相关企业，雇佣全国 4.4% 的劳动力，贡献 5 200 万英镑

---

① Department for Environment Food & Rural Affairs, Annual Report and Accounts 2017 - 18, 2018.07.12.

的GDP。

2. 政府旅游政策（The Government Tourism Policy），英国文化、媒体与体育部（DCMS），2011年。推出十项举措助力旅游产业，例如：与私营部门共同资助一项耗资1亿英镑的活动，试图在2012年伦敦奥运会之后的几年里吸引更多的游客到英国旅游；通过成立一个由全英国资深行业人士组成的特别工作组，减少对旅游业企业的监管，达到简政放权的效果。

3. 乡村经济增长评估（Rural Economy Growth Review），英国环境、食品与乡村事务部（DEFRA），2011年11月。推出5项实施方案刺激乡村经济增长，分别是：保证乡村事业的持续化、多元化发展，支持乡村旅游，扩大食品和饮品部门，传递绿色增长理念，减少对农场的监管约束。

在此政策中推出乡村旅游整体计划（Rural Tourism Package），计划投资2 500万英镑政府资金，新增游客消费至少11 000万英镑，增加3 000个工作岗位。

4. 英国旅游战略框架（2010—2020）（Strategic Framework for Tourism in England，2010-2020），英格兰旅游局（Visit England），受文化、媒体与体育部资助。设定四个目标，分别是：提升英国的全球旅游市场份额，提供更具竞争力、吸引力的旅游目的地，打造成功的、欣欣向荣的旅游产业，加强游客的旅游体验。

5. 乡村旅游行动计划（2010—2020）（Rural Tourism Action Plan，2010-2020），英格兰旅游局（Visit England）。该计划强调了乡村旅游的重要性，以及其对于解决农村失业问题的潜力；并提出要增加乡村地区企业的收入，盘活乡村社区的经济活力；提升英国乡村地区的自然环境与建成环境。

6. "乡村声明"（Rural Statement），英国环境、食品与农村事务部（DEFRA），2012年。提出以下三个号召：经济增长（Economic Growth），保证乡村事业能够对全国经济增长贡献可持续力量；乡村参与（Rural Engagement），英国环境、食品与乡村事业部保证与乡村当地社区保持密切联系；生活质量（Quality of Life），保证乡村居民能够自由使用公共服务，对生活区域规划与设计有自主权。

中国重要农业文化遗产

河北迁西板栗复合栽培系统

河北兴隆传统山楂栽培系统

山西稷山板枣生产系统

内蒙古伊金霍洛旗农牧生产系统

吉林柳河山葡萄栽培系统

吉林九台五官屯贡米栽培系统

江苏高邮湖泊湿地农业系统

江苏无锡阳山水蜜桃栽培系统

浙江德清淡水珍珠传统养殖与利用系统

安徽铜陵白姜生产系统

安徽黄山太平猴魁茶文化系统

福建福鼎白茶文化系统

江西南丰蜜橘栽培系统

江西广昌传统莲作文化系统

山东章丘大葱栽培系统

河南新安传统樱桃种植系统

湖南新田三味辣椒种植系统

湖南花垣子腊贡米复合种养系统

广西恭城月柿栽培系统

海南海口羊山荔枝种植系统

河北迁西板栗复合栽培系统

迁西板栗复合栽培系统位于河北省迁西县滦河北部山区，优越的立地条件造就了迁西板栗卓越的品质，形成了端正均匀、肉质细腻、甘甜芳香、营养丰富的板栗佳果。迁西板栗曾被宋代诗人晁公溯描述为"风陨栗房开紫玉"，被赞誉为东方"珍珠"和"紫玉"。

历史上，板栗就是迁西人的主要食物来源之一，并可入药，被称为"铁杆庄稼"和"木本粮食"，至今已有 2 000 多年的历史。至明洪武年间，形成了完善的板栗复合栽培系统。到清末时，产品已经从天津口岸对外出口。现在，常胜峪村还生长着 600 年生的古栗树，全县境内百年古树随处可见。

迁西板栗复合栽培系统在空间结构上创造出丰富的生态位，广泛开展间作、林下种植养殖等农业生产方式，充分利用光热水土等自然资源。相比板栗单作模式，复合栽培系统通过提升土壤有机质、微量元素含量和保护系统内丰富的生物多样性，有效改善了当地生态环境。结合传承至今的丰富的知识和技术体系，栽培系统提供了丰富的生态系统服务，是一种典型的可持续农业发展方式。独特的迁西板栗文化体现在日常饮食、祭祀、礼仪等方面，象征吉祥，喻示吉利、立子、立志和胜利。

然而，矿业发展、劳动力流失和日趋激烈的板栗市场竞争，也威胁着迁西板栗复合栽培系统的保护和发展。迁西县政府将紧抓生态文明建设的有利契机，逐步推进美丽乡村建设和休闲农业发展，使迁西板栗复合栽培系统这一具有重要价值的农业文化遗产焕发新的光彩。

河北兴隆传统山楂栽培系统

河北兴隆传统山楂栽培系统位于燕山山脉东部，覆盖兴隆县全境，总面积 3 123 平方千米，种植山楂 21.2 万亩。重点区域位于六道河镇、兴隆镇、北营房镇和雾灵山乡等 4 个乡镇。

兴隆县是"九山半水半分田"的石质山区，其气候与土壤条件不适合种植粮食作物，却适宜山楂生长。兴隆人凭借智慧克服了山区不利于机械化作业等劣势条件，构筑石坝墙梯田进行山楂栽培，距今已有 500 余年。兴隆野生山楂遍布全县，境内由根蘖萌生的百年以上山楂大树有 1 000 余棵，枝繁叶茂，株产山楂上千斤。兴隆县在山楂栽培面积和产量上均居全国首位，曾被国家林业部命名为"中国山楂之乡"。

兴隆独特的传统山楂品种——铁山楂，曾是农民增收致富的摇钱树。其营养价值高，药用功能突出。山楂树耐旱、耐瘠薄，对山区保持水土、涵养水源、调节气候等均有重要意义。兴隆山楂栽培系统形成了一套特有的技术和知识体系：根蘖归圃育苗，"因树修剪，随枝造型"的修剪方式，传统追肥，石坝墙修筑，山楂窖藏，山楂加工等技术和知识对其他地方山楂的选育、栽培起到示范作用。与山楂有关的文化丰富多样，涉及饮食、礼仪、信仰等各个方面。

然而，农业劳动力兼业化、老龄化问题突出，生产率低，劳动强度大等现实问题，制约了山楂产业持续发展。山楂老树因比较效益低，价格受市场波动大，影响了农户对山楂栽培的积极性，品种资源也面临流失的风险。兴隆传统山楂栽培系统正亟待进行保护。

山西稷山板枣生产系统

稷山县历史悠久，是中华民族的发祥地之一，4 000 多年前中国农业始祖五谷之神后稷曾在此教民稼穑，数千年的农耕文明先河在这里开启。据考证，稷山板枣起源于春秋时期，发展于唐朝，兴盛于明清，至今已有 3 000 多年的历史，是中国十大名枣之首，唐代以来为历代皇廷贡品。

稷山板枣生产系统覆盖稷山县全境，主要分布在稷峰镇和化峪镇。千年以上古板枣树17 500株，五百年古板枣树50 000株，古枣树数量为全国之最。稷山板枣皮薄、核小、汁甜、肉厚，营养丰富，素有"枣中王""果中宝""鲜维生素丸"之称，多次揽获国家、省市食博会、农业博览会金奖，先后获得山西十大名枣和中国十大名枣之首等美誉。1984年板枣树确定为稷山的县树，稷山也被命名为中国名特优经济林"红枣之乡"。

稷山人民在干旱的土地上种植板枣树，在林下间作小麦、蔬菜等作物，"板枣树—林下作物"的复合经营模式，构成了独特的水源涵养、水土保持、防风固沙的旱地利用系统。流传至今的板枣树环剥技术，传统的采摘、筛选、风干农具、设施和技艺仍在使用和流传。与板枣相关的文化、精神根植于稷山人民心中，形成了适应干旱地区的传统农业文化。

然而，受到自然环境与社会环境的双重胁迫，山西稷山板枣生产系统的传承与保护面临着严重的威胁。稷山县人民政府高度重视保护工作，按照中国重要农业文化遗产保护工作的要求，积极推进国家板枣森林公园建设，促进板枣一二三产业融合发展。

内蒙古伊金霍洛旗农牧生产系统

内蒙古伊金霍洛旗农牧生产系统地处鄂尔多斯高原东南部的伊金霍洛旗，总面积5 600平方千米，核心保护区位于伊金霍洛镇。

伊金霍洛，汉意为"圣主的院落"，因祭祀成吉思汗而闻名，并按照蒙古族习俗，在周围自然形成禁地。禁地内不准开垦，不准砍伐树木，不准破坏草场，不准盖土房，保护自然，使成吉思汗宫帐周围保持原始草原环境和传统牧业生产。伊金霍洛旗农牧生产系统因提供成吉思汗祭祀所需牲祭、奶祭、酒祭、素食等供品而形成并传承至今，并因此人工选择了

农牧业优良品种用于供奉和生产。蒙古族群众将他们遵循自然规律，敬畏自然、崇尚自然、爱护动植物、爱惜工具，与自然和谐相处的生态观、自然观，与他们最杰出的领袖一同祭祀，代代相传。

目前，伊金霍洛旗草原生态环境面临着开垦、工矿的严重干扰。电力设施、高速公路对伊金霍洛旗农牧生产系统及生态景观造成强烈的视觉冲击。成吉思汗祭祀供品受到了当今社会、经济、文化氛围的影响，与之密切相关的农牧生产系统也遭受到严重的冲击。伊金霍洛旗人民政府按照农业部中国重要农业文化遗产保护工作的要求，制定了内蒙古伊金霍洛旗农牧生产系统保护和发展规划，促进当地居民生活水平全面提高，使内蒙古伊金霍洛旗农牧生产系统继续散发出独特的魅力。

吉林柳河山葡萄栽培系统

吉林柳河山葡萄栽培系统位于吉林省东南部，"七山半水二分田，半分道路和庄园"的柳河县，土地总面积3 348.3平方千米，果园面积1 667公顷。目前，柳河山葡萄种植面积达到3万余亩，带动农户2 300余户，形成了柳河山葡萄种植产业带。

山葡萄满语称为"阿木鲁"，是我国特有的珍稀葡萄品种。1993年，考古工作者在柳河罗通山古城遗址发现了已经炭化的山葡萄颗粒，是迄今为止柳河山葡萄的最早例证。有据可查的历史可以追溯到清末民初。现今以柳河镇、驼腰岭镇、三源浦镇等乡镇为主的山葡萄种植园区，形成了新的农业景观带。柳河山葡萄种植过程中，全面实行合理密植、配方施肥、节水灌溉、保花保果、无公害生产等综合配套栽培技术。柳河山葡萄具有抗寒、高酸、低糖和营养丰富等优良性状，其果实为圆形或椭圆形，果穗完整，色泽纯正，香气浓郁，是极佳的葡萄品种和酿酒原料。柳河山葡萄从种植到加工做酒，具有浓郁的农耕民俗文化气

息，逐渐形成了以喜庆团圆、绿色健康、休闲旅游为主的山葡萄民俗活动。

面对自然与社会变迁，柳河山葡萄产业将始终坚持民族、特色、差异化发展方向，稳步发展种植基地，扎实推进企业建设，传承提升栽植技术，挖掘推广传统文化，必将保护和发展好这一宝贵的农业文化遗产。

吉林九台五官屯贡米栽培系统

吉林九台五官屯贡米栽培系统，源自长春市九台区其塔木镇满族原著居民罗关瓜尔佳氏族传承的种植栽培系统。它坐落在松花江畔，一座拥有六百余年历史的文化古镇中。明永乐六年（1408）设置奇塔穆河卫，主要职责是征集粮食。清康熙四十五年（1706）设立五官屯，作为皇粮贡米产地。现主产地在其塔木镇、莽卡满族乡和胡家乡。

五官屯地处松花江最平坦之岸，土黑而沃野千里，属温带大陆性季风气候，处于“黄金水稻带”之上。五官屯的粳稻是自古传承下来的特有的稻米品系，由古时洼地旱作发展到现在的水田生产，其米“重如沙、亮如玉、汤如乳、溢浓香，被誉为稻米中的极品”。古稻种子现仍大面积种植，自古沿用的使用东北传统酸菜水育苗、防治苗期病害亦在当代进行实践。由贡米栽培而衍生出的渔猎、鹰猎、萨满、稻作、饮食文化，亦传承良好。

历经百年的沧桑，在经济、文化蓬勃发展的时代，五官屯贡米栽培系统已在九台全域推广开来，为贡米栽培系统的保护与发展带来新的机遇。

江苏高邮湖泊湿地农业系统

江苏高邮湖泊湿地农业系统位于江苏省扬州市高邮市境内，是以中国第六大淡水湖高邮湖湿地为生活和生产区域，以鸭、鱼、蟹、稻为核心的农、林、牧、渔等复合型生态农业系统。系统总面积有6万多公顷，由水域、滩涂和陆地构成，其中核心区位于高邮市最北端的界首镇，面积约445公顷。

早在7000年至5000年前，高邮湖泊湿地农业肇始于璀璨的龙虬庄文明，先民们在湖沼地带渔猎采集、饭稻羹鱼。北宋时，湖区特色农产品双黄鸭蛋和高邮湖大闸蟹开始在全国声名远播。明万历年间区域内数量众多的小湖彻底连并成一个大湖，高邮湖泊湿地农业的核心生产区基本形成。

高邮湖泊湿地农业系统的核心技术是鱼鸭蟹稻结合的立体式农作，即在湖区陆地和水陆交错空间内实行稻鸭共作，在水体空间中实行鸭、鱼、蟹混养。区域内生物多样性十分丰富，并在广阔复杂的作业区上孕育了多样而优质的农产品，其中“中国三大名鸭”之一的高邮鸭是国家级畜禽遗传资源保护品种，高邮湖大闸蟹和高邮双黄鸭蛋被评为国家地理标志产品。

高邮人对“母亲湖”的热爱和崇拜长达几千年，被创造和传颂了众多关于湖的传说故事，影响了高邮人的文化与性格。高邮鸭现已是当地最具代表性的文化标识，它全面深入到高邮人的日常生活当中。而渔民又自有一套历史悠久且独具特色的文化习俗。江苏高邮湖泊湿地农业区历经几千年的自然变迁和人工雕琢，形成了完整而立体的农业景观，让人置身其中，流连忘返。

江苏无锡阳山水蜜桃栽培系统

江苏无锡阳山水蜜桃栽培系统位于无锡市惠山区阳山、钱桥、洛社等乡镇，水蜜桃栽培面积3.2万亩。

无锡水蜜桃种植历史悠久，最早可追溯到宋代。明万历年间《无锡县志·土产》已有“沿山隙地，多辟桃园”的记载。阳山水蜜桃有20多个品种，传统代表品种有雨花露、银花露、白凤、阳山蜜露、白花等，鲜桃充分成熟时，香气浓郁，桃肉柔软多汁，皮易剥离，糖度高，酸度低，风味鲜美。

阳山镇境内的安阳山，山峰突兀，断岩峭壁，曾被明太祖赞为"八面威风"。三月间，6 000亩桃花漫山遍野，竞相怒放，争奇斗艳，绚丽多姿，把古老的阳山镇点缀成一个真正的"桃花源"。阳山镇已连续20年举办"中国·无锡阳山（国际）桃花节"，桃花文化已深入当地民俗文化。每年桃花盛开之际，阳山百姓会邀请亲朋好友一起吃蟠桃宴，赏桃花庵。

借由农业文化遗产保护的东风，阳山水蜜桃栽培系统将更好地发挥其生产、生态功能，保护好、利用好这一珍贵的农业文化遗产将成为当代阳山人的一大重要使命。

浙江德清淡水珍珠传统养殖与利用系统

浙江德清淡水珍珠传统养殖与利用系统地处浙江省湖州市德清县。它起源于南宋时期叶金扬发明的附壳珍珠养殖技术。将自然界珍珠的偶然形成转化成有意识的自觉培育，是古人的一大创举。

德清县的地形地貌特征、水网分布，以及水域周边的森林环境、人居环境、陆地条件等为育珠蚌提供了很好的生长环境。蚌与其他物种形成复杂的生态关系，使蚌与水质变化关系等均达到平衡，整个生态系统能量转换和物质交流相对稳定。德清人还合理利用水土资源，形成了种桑、种稻（麦）、畜牧和养鱼相辅相成，桑地、稻田和池塘相连相倚的"粮桑鱼畜"系统和生态农业景观。此外，在长期的劳动和生活中，形成了丰富多彩、种类繁多的农耕文化，流传着众多的传说、民歌、谚语，保存了众多的农业工艺以及乡风民俗。

德清水域面积广阔，水质优良，适合淡水蚌生长繁殖，自古便是珍珠养殖的重要地区，能用于育珠的蚌类有10余种。以附壳珍珠养殖技术为代表的生产技术，在宋朝时德清的钟管和十字港一带推广，不仅解决了人们的生计问题，降低了采珠危险性，而且促进了珍珠贸易及加工业的发展。当代，德清已形成了从河蚌养殖到加工成终端产品的完整的产业链条。

安徽铜陵白姜生产系统

安徽铜陵白姜生产系统所产白皮生姜，因鲜姜呈乳白色至淡黄色而得名。铜陵生产白姜在《史记》中就有记载，到了北宋时期，铜陵白姜的面积、产量已经颇具规模，更凭借其品质上乘、口感极佳的优势，成为当时著名的白姜产区，同时纳入朝廷贡品之列，素有"中华白姜"的美誉。

姜具有药食同源的特殊功效，不仅作为调味蔬菜，还可以作为点心和菜肴食用，是大众认可的健康食品。铜陵白姜也已被列入国家卫生部确定的药食同源首批名单。生姜与农作物的轮作、套种制度，田间施用有机农家肥，生物体循环而产生的绿肥以及防护林带种植的多样树种都丰富了白姜种植体系植被的种类，形成系统内部稳定的动物、植物、微生物生态链。

铜陵姜农在长期的生产实践中根据白姜生长特性，不断总结形成一整套独特完整的铜陵白姜栽培技艺，包括姜阁保种催芽法、低沟高陇种植技术、茅草遮阴棚技术等，不仅提高了白姜的产量，也为白姜的生态化、规模化生产提供了重要途径。铜陵白姜近千年还流传下来众多的加工工艺，其代表性加工工艺为盐渍生姜、酱渍生姜、糖醋生姜以及糖渍姜。与姜有关的饮食、祭祀、文学艺术等文化特质深植于铜陵文化之中，为铜陵白姜生产系统的继续传承与发展提供了强大的内生动力。

安徽黄山太平猴魁茶文化系统

太平猴魁茶文化系统所在的黄山市黄山区地处神奇的北纬30°，坐拥世界名山黄山、怀抱太平湖国家湿地公园，高山森林生态与湖泊生态系统交相呼应，生态环境得天独厚，呈现出森林－高山茶园－森林－村落田园－湖泊湿地的立体农业景观体系。

黄山太平猴魁茶文化系统的最初起源可以追溯到1 000多年前的唐朝。1900年，太平猴魁茶创制成功，随即一举成名，蜚声中外、绵延百年、延续至今。

百年传承的《猴茶真经》，印证了太平猴魁茶的顶级品质。系统内选育出本土优质茶树品种资源柿大茶，积累形成了高山生态茶园林茶共育和绿色栽培管理技术体系。发明出的"三大阶段九道手工采制工艺"被茶业界誉为"最高超、最精湛、最独特的制茶技艺"。形成了独有的茶园生物多样性保护与利用、水土资源合理利用的传统知识体系和相关的乡规民约，完善了以本土茶树优良品种选育、高山生态茶园精细栽培管理、精湛猴魁茶采制工艺为核心的传统农业技术体系，至今对生态农业和循环农业发展以及科学研究具有重要价值。

太平猴魁茶文化系统不仅是一种农业生产方式，更是以人为本、与时俱进、因地制宜、效法自然、天人合一等哲学思想和生态智慧的融合。

福建福鼎白茶文化系统

福建福鼎白茶文化系统位于福建省东北部的福鼎市，境内山海相邻，丘陵起伏。福鼎白茶的栽培与饮用历史悠久。唐代陆羽《茶经》即有记载："永嘉县东三百里有白茶山"。据史料记载，明清时代，福鼎白茶"产银针、白牡丹、白毛猴和莲心等，远销重洋"。

福鼎白茶文化系统在栽培的自然空间上呈现立体群落结构，使白茶生态系统在物质循环与能量流动中达到了一种动态平衡，保持了相对的稳定，实现肥力的自我维持，并为丰富的生物多样性提供生存空间。在栽培上，白茶与番薯、芦柑、桂花树、木槿树等作物套种，提高了白茶的香气，也可为茶树遮阴，同时减少病虫害，使白茶自然健康生长。福鼎白茶传承了传统而古老的制茶方式，是我国古代最早的茶叶制作方式，至今已经有几千年的历史。白茶加工不炒不揉，既不破坏酶的活性，又不促进氧化作用，保持品种特性。

饮茶作为福鼎民众的生活方式，自然融入了福鼎民众的日常生活中，形成了以茶为中心的茶民俗文化。尤其是在当地畲族的生活、劳动、会客、婚嫁、祭祀活动中，都能看到一钵煮好的茶，配合着朗朗上口的《敬茶歌》，凸显了浓郁的民族特色。

江西南丰蜜橘栽培系统

江西南丰蜜橘栽培系统地处盱江中上游，覆盖南丰县全境，栽培面积70万亩。境内气候温和湿润，适宜柑橘生长，其柑橘栽培历史可追溯到2 300年前的战国时期，甚至更早。

到唐代，南丰已形成复杂的柑橘品种群，有红橘、火橘、广橘、乳橘等。其中，乳橘经不断繁育改良，形成新的生态品种群，人们以其味甜如蜜称之蜜橘，被冠以产地名后称为"南丰蜜橘"，距今已有1 300年以上的历史。南丰蜜橘因色泽金黄、皮薄核少、肉嫩无渣、香气馥郁、营养丰富等特点，成为历代朝廷贡品，故又称为"贡橘"。

南丰蜜橘是南丰橘园的主要种植品种，广橘、朱红橘、火橘、本地甜橙、金柑等其他传统品种亦有栽培。通过多品种多品系混种、林下间作套种、橘基鱼塘、猪沼果鱼、橘园养蜂等种养模式，南丰橘园形成了以柑橘类林果作物为主的农业生态系统，获得经济与生态的双收益。以廓背园为代表的老橘区，还开发出橘基鱼塘系统，创造了"橘因塘而丰，鱼因园而肥"的循环农业景观。随着种植范围的逐步扩大，南丰橘园从河岸沙地到丘陵山地均有分布，呈现出森林－山地橘园－农田－平地橘园－村落－洲地橘园－河流的立体景观特征。

在漫长的发展与演化过程中,南丰橘农形成了一套以南丰蜜橘为主的柑橘栽培技术体系。柑橘生产也渗透到橘农生活的方方面面。历经千年,南丰蜜橘不仅为橘农提供了生计保障,更成为他们所崇尚的精神寄托。

江西广昌传统莲作文化系统

广昌传统莲作文化系统所处的广昌县,是江西省第二大河流抚河的发源地,因盛产白莲而被称为"中国白莲之乡"。目前每年种植白莲 10 万亩左右,从南部的驿前镇直到北部的甘竹镇,百里连片。

据考证,广昌白莲种植最早的文字记载是公元 8 世纪,至今已有 1 300 多年。广昌白莲栽培规模宏大,气势壮观;在山间谷地、梯田、冲积平原、盆地中均有种植;莲田或为单独的大片莲田,或与老树竹林、山水村庄相依,或与丹霞怪石、河流湿地结合。

经过长久的历史传承与创新,广昌莲农将白莲从池塘湖泊移到水田,拓展了白莲发展的空间;创造独特的白莲加工工艺,使广昌白莲形成了"香甘烂绵"的独特品质;丰富的轮作套养模式,实现了白莲的可持续生产,生产了丰富多样的农产品。广昌莲作文化传统深厚,与之相关的民俗活动琳琅满目。主要产品有广昌通芯白莲、荷叶茶、藕粉、莲子汁、莲芯茶、莲子面条、藕粉面条、莲子奶粉、莲子饼干、莲子保健品、茶树菇等。

山东章丘大葱栽培系统

山东章丘大葱栽培系统地处山东中部,核心保护区位于章丘区绣惠街道办事处。穿越两千多年的时光隧道,历经章丘人的智慧改造,造就了高、大、脆、白、甜的"世界葱王"。目前,全区大葱种植总面积达到 12 万亩,实现年产值近 20 亿元,成为拉动区域经济发展、带动农民增收致富的支柱产业,章丘大葱的品牌价值达到 140.44 亿元。

特有的地方品种(大梧桐、气煞风)、多年来演变传承下来的独特种植工艺、得天独厚的水土资源和良好的生态环境造就了章丘大葱卓越的品质和口感。清脆香甜的章丘大葱,生吃、凉拌最佳,炒食、调味、配锅亦好,且其性温,常食可开胃消食、杀菌防病。葱白、葱汁、葱须、葱种等有较高的医用价值。

遗产区域内,大葱与其他生物和谐共生,相得益彰,形成了独具特色的农业景观。"状元葱"产地——女郎山,风景秀丽,植被茂密,土壤肥沃,灌溉便利,章丘大葱遍布女郎山。山中,葱仙子庇佑着勤劳的章丘葱农。为了充分挖掘和保护章丘大葱文化,近几年在女郎山上建立了山、田、文化为一体的观光型章丘大葱郊野公园和承载章丘大葱悠久历史的大葱文化博物馆。

章丘大葱以其悠久的栽培历史、深厚的文化底蕴、独特的优良品质而享誉国内外,作为传统特色农业也是人类文化遗产的一部分,保护并发扬光大这一优秀的农业文化遗产意义重大。

河南新安传统樱桃种植系统

河南新安传统樱桃种植系统地处欧亚大陆桥上。北暖温带大陆性季风气候特征,有利于果树储糖挂果,尤其是樱桃等高糖水果。系统所产樱桃以色艳、味浓、肉厚、水分多而闻名。新安樱桃栽培的文字记载始于东汉,古树最长树龄已有 1 400 年。现已认定的千年樱桃古树 30 株,百年以上樱桃古树有 500 余株。新安樱桃早在汉、魏、晋、唐等朝代就被选为宫廷贡品。

樱桃树生长在向阳背风、沟壑纵横的地方。洛阳盆地四周沟壑纵横,清流曲绕,最宜樱桃生长。优越的生长环境造就了新安樱桃个大肉肥、色红润、味甘美的品质特征。同时,遗产地丰富的农业品种资源是农户生计收益的有益补充。樱桃园还给沟壑区提供了不可替代的生态系统服务。

新安传统樱桃种植系统在我国仅存的古樱桃林中不仅种植规模大、十分罕见，而且其文化内涵在国内也是独一无二，具有极高的文化价值、生态价值、示范价值及科研价值。

湖南新田三味辣椒种植系统

辣椒起源于南美洲的玻利维亚和巴拉圭，明朝末年引入中国，最初辣椒只是作为观赏作物和药物，随后进入中国菜谱。湖南新田三味辣椒种植系统位于新田县陶岭镇，因土壤类型以钙质页岩风化物土壤为主，呈弱碱性，质地较黏重，钙、硒、钾等元素含量丰富。加之当地的气候也与辣椒的生长周期非常匹配。经过几百年的栽培使得该品种辣椒具备"香、甜、辣"的三味特性。

三味辣椒已有300余年的种植历史，品种主要是羊角椒和婆瓜椒。近年来，三味辣椒作为当地农户脱贫致富的主导产业来推进，种植面积3 280亩。新田三味辣椒品种优良独特，在陶岭人民世代种植的优良地方品种基础上不断进化提纯形成，属于中辣型，营养丰富。三味辣椒种植的传统技术百年传承，保证了辣椒品牌的独特性和权威性。2015年，"陶岭三味辣椒"成功申报为国家地理标志产品。2016年，荣获"中国名优硒产品"称号。以陶岭三味辣椒为主要原料加工而成的陶岭三味辣椒系列产品，已成特色国字号品牌并多次获得国家金奖。

随着时代发展，三味辣椒不断创新，新田县政府与人民立志保护好这一独具特色的传统农业系统，让农业文化遗产绽放光彩。

湖南花垣子腊贡米复合种养系统

湖南花垣子腊贡米复合种养系统位于湖南省湘西土家族苗族自治州花垣县，地处云贵高原东缘，武陵山脉中段。

在苗疆，纵横交错的山泉溪流构建出脉络清晰的灌溉系统。连片稻田沿子腊河呈带状分布。四面崇山环绕、森林茂密，形成独特的峡谷稻田美景和神秘的苗寨风情。"铺树造田"、"稻鱼鸭鸟蛙"复合种养、育林蓄水等传统农耕与生态技术，实现了水土资源的集约利用，是兼顾经济效益与社会效益的传统农耕智慧的集中体现。区域内生物多样性丰富，苗族文化与农耕文化不断融合，当地逐渐形成精彩纷呈、特色鲜明的苗族农耕民俗文化，并生产出种类丰富、特色鲜明的优质农产品。

湖南花垣子腊贡米复合种养系统是花垣县子腊村的苗族先民们创造性地开垦利用土地、采取复合种养的集体智慧结晶。花垣人民将继续传承和保护好这一珍贵的农业文化遗产。

广西恭城月柿栽培系统

恭城瑶族自治县是著名的"中国月柿之乡"，柿树栽培历史悠久，自然条件得天独厚，经过数百年的自然进化和劳动人民的精心栽培，形成了恭城月柿这一独特的柿树品种。目前，全县恭城月柿种植面积19.58万亩。

恭城月柿已有400多年的栽培、加工历史，现已开发出柿饼、甜柿、脆柿、果脯、柿馅饼、柿叶茶、柿果酒等系列产品。恭城月柿果形美观、色泽鲜艳，脆柿脆甜可口，冻柿清香甜心，柿饼甘柔如饴，还具有多种保健功能。恭城月柿获得了"农产品地理标志产品""全国优质果品""广西著名商标"等系列荣誉。恭城月柿种植集中，连片的万亩恭城月柿形成了一道道独特靓丽的风景，也实现了有效的生态系统服务。

恭城县委、县政府因势利导，依托丰富的人文自然资源，把生态果园风光与民俗文化结合起来，大力发展生态旅游产业，红彤彤的月柿带旺了恭城的旅游服务产业，为这一农业文化遗产的保护与发展提供了有效途径。

海南海口羊山荔枝种植系统

东起海口市龙塘镇，西至石山镇，北临海口市区，南至新坡镇，这方圆一百千米，被俗称为羊山地区。海口羊山火山群是我国唯一处于热带地区的第四纪火山地貌地质遗迹，火山密集、类型多样，熔岩隧道奇特，是极为罕见的火山地貌和熔岩地貌。同时，这里植被丰富，有大片的原生态雨林、湿地和自然水泊，形成独特的羊山小气候。

优越的自然环境孕育了近 2 000 年的荔枝种植历史。至 20 世纪 60 年代，羊山地区有野生荔枝母本群 6 万亩之多，至今仍有 4 万多亩。上百年的古树随处可见，它们生长于缺土、缺水的火山岩中，却能茁壮成长，年年硕果；在饥荒时，为羊山人提供食物；它们生长在火山岩石缝及低洼处，防风固土，涵养水源，在无数次台风的疯狂肆虐之下，屹立不倒，为羊山人守卫家园。

火山岩土壤中含有丰富的微量元素钼，对果实糖分的积累具有重大的作用。同时，火山岩土壤中还富含硒等稀有元素。因此，羊山地区的荔枝不仅果大、核小、味美、色艳，常食还有保健功效。永兴镇古名"雷虎"，自古就有"雷虎荔枝、荔染三台"之美名，是羊山六镇荔枝销售集散地。如今，"永兴荔枝"已经成为中国地理标志产品。

除种植荔枝外，羊山人们充分利用独特的火山石资源，通过林果间作，林农复合等方式，发展黄皮、莲雾、龙眼、阳桃、火龙果、菠萝蜜等多种热带水果和粮食种植，同时发展林下种植与养殖业，形成了极具地方特色的生态农产品。

全国休闲农业与乡村旅游示范县、示范点

山西省芮城县
内蒙古自治区伊金霍洛旗
吉林省汪清县
黑龙江省五常市
江苏省徐州市贾汪区
浙江省衢州市柯城区
安徽省休宁县
福建省寿宁县
江西省南丰县
山东省诸城市
河南省卢氏县
湖北省大冶市
湖南省平江县
广东省珠海市斗门区
重庆市涪陵区
四川省遂宁市船山区
云南省丽江市古城区
陕西省石泉县
甘肃省天水市秦州区
青岛市即墨区
新疆生产建设兵团第一师7团

山西省芮城县

芮城县位于晋陕豫三省交界的黄河"金三角"地带，北依条山，南临黄河，东接中原，西连秦川，是山西省的南大门，"鸡鸣一声听三省"，素有"表里山河"之美誉。

芮城拥有深厚的历史文化资源、优美的自然风光资源及优越的区位优势。全县共有永乐宫、广仁王庙、芮城城隍庙、芮城清凉寺、西侯度遗址、东庄遗址、古魏城遗址、金胜庄遗址、匼河遗址、坡头遗址、寿圣寺、西王村遗址等国家重点文物保护单位12处，其中古建筑4处，分别为永乐宫、城隍庙、广仁王庙和清凉寺。目前，全县所有国保单位都完全得到了保护修缮。还有省重点文物保护单位2处（连三戏台、坑头墓园），市重点文物保护单位1处（景耀月故居）和县重点文物保护单位230处。良好的旅游条件，为全县休闲农业和乡村旅游提供了发展良机和可靠保证。

一、发展现状

目前，全县有各种形式的农家乐及休闲农业旅游场所110多家。主要特点如下：

1. 发展势头好。一是休闲农业与乡村旅游示范点数量多，截至2017年，全县已有各类休闲农庄110家，共有餐桌1 863桌，住宿床位1 230张，从事休闲农业和乡村旅游人数5 692人。二是规模大。全县休闲农业与乡村旅游投资规模在500万元以上的12家，200万元以上的10家。涌现出大禹渡黄河风景区、印象风陵、思睿庄园等一批远近闻名的休闲农业与乡村旅游示范点。三是经济效益好。2016年全县游客突破460万人次，旅游收入32.1亿元，其中休闲农业旅游收入7.9亿元，带动周边农户人均增收2.3万元，休闲农业与乡村旅游成为农民增收新的亮点。

2. 经营模式多。全县休闲农业与乡村旅游不断创新经营方式，不断拓展经营领域，形成了多种经营模式。一是农家乐型。此为休闲旅游的主要形式，游客不仅可以充分领略农村的田园风光，还可以感受农村的乡风民俗，亲自体验农家生活，吃农家饭、喝农家酒、住土窑洞，品茶、下棋、垂钓，满足了人们回归大自然的感受。如柏树沟农庄、山里人家、渔民新村等。二是观光型。芮城有山有河，独特的自然优势，使游客有了一个好去处，登百梯山，看黄河景，充分利用风景资源，为游客提供观光避暑、休闲娱乐的各种便利，如黄河明珠大酒店、金河鱼庄等。三是特色资源型。以特立业、以特兴业，以民俗风情为标志，彰显民族气魄，展示文化发展轨道，如印象风陵等。

3. 发展前景广。中央1号文件指明了三农工作的发展目标和方向，乡村美、农民富的特征体现就是发展乡村旅游与休闲农业，芮城独特的地理位置和良好的人文资源，是发展休闲观光的优势。芮城县委、县政府制定出"十三五"旅游规划，把加快乡村旅游开发，作为美丽乡村建设的重中之重，促进休闲农业与乡村旅游逐步走上规范化、健康化的轨道。

二、主要做法

一是政府高度重视，成立了创建工作领导组，明确了工作目标，部门职责，制定了路线图、时间表，为工作开展提供了坚强的组织保障。二是高标准规划，制定了《芮城县旅游总体规划》《芮城县休闲农业和乡村旅游发展规划》等，为全县休闲农业和乡村旅游发展奠定了良好的基础。三是财政支持，县政府先后投资近亿元，建成通往九峰山、百梯山、王山、大禹渡、西侯度等景区的专用公路，确保通往各重要景区和乡村旅游示范点的交通、通信等基础设施完备。同时县财政每年拿出500万元旅游专项资金用于支持休闲农业和乡村旅游发展。四是部门联动，各乡镇、县直各有关单位密切配合，积极工作，为休闲农业和乡村旅游提供了强大动力。

内蒙古自治区伊金霍洛旗

一、发展现状

近年来，在鄂尔多斯市农牧业局、市旅游局的指导下和旗委、旗政府的正确领导下，形成了 26 个村、12 个点的乡村旅游格局，有全国美丽休闲乡村 2 个，全国休闲农业与乡村旅游示范点 1 家，中国乡村旅游模范户 1 家。自治区级休闲农牧业与乡村旅游示范点 2 个，自治区级新农村新牧区建设示范点 11 个，市级美丽休闲乡村 18 个。大型农牧庄园 8 家，农（牧）家乐 310 户〔其中自治区五星级农（牧）家乐 1 家，自治区四星级农（牧）家乐 4 家，三星级农（牧）家乐 3 家，市级乡村旅游示范村 4 个，市级农（牧）家乐典型示范户 19 家，旗级农（牧）家乐示范户 31 家〕，从事休闲旅游的经营主体已达 320 余个，从业人员 8 452 人，辐射带动 4 万多名农民致富。2016 年，在农（牧）家乐示范户建设中共扶助贫困户 171 户 405 人，发放旅游扶贫资金 243 万元，发放"强农贷"1 230万元用于乡村旅游示范村和农（牧）家乐经营户建设经营。全年乡村旅游接待游客 100.6 万人次，旅游收入实现 29 819 万元。伊金霍洛旗被评为"中国重要农业文化遗产保护地""中国优秀文化旅游县""中国优秀民族特色旅游县""全国文明县""中国十佳绿色城市""中国绿色名旗""国家园林县城""中国最佳生态旅游目的地""全国和自治区美丽宜居村庄""中国特色旅游景观名镇""全国和自治区级美丽宜居小镇""中国文明村镇""中国乡村旅游创客示范基地""内蒙古自治区休闲农牧业与乡村旅游示范旗"。乡村旅游正在成为全旗旅游经济新的增长点，对调整农村牧区

经济结构和农牧民致富发挥着重要的作用，也是全旗旅游发展的重要组成部分。

二、主要做法

在推进乡村旅游工作中，我们主要围绕"535 工作法"来开展。

（一）5 个同步推进

5 个同步推进，即休闲农牧业和乡村旅游与美丽乡村建设同步推进，与旅游规划同步推进，与旅游标识标牌同步推进，与旅游厕所同步推进，与旅游规范管理同步推进，通过 5 个同步推进，不仅保证了各休闲农牧业与乡村旅游点的建设进度，也提升了各休闲农（牧）业与乡村旅游点的起点与规格，同时规范了农（牧）家乐户的建设与管理，避免了下一步在评审定级过程中出现的重复建设与浪费。

（二）坚持 3 区布局原则

考虑全旗休闲农牧业与乡村旅游发展现状及客源的稳定性等因素，全旗休闲农牧业与乡村旅游重点围绕景区、城区以及工矿区布局，比如围绕 5A 级景区成吉思汗陵和 4A 级旅游城市康巴什新区的龙虎渠村、哈沙图村和布拉格嘎查，围绕 4A 级景区蒙古源流的根皮庙村和甘珠日庙村，围绕 4A 级景区苏泊罕草原的苏布尔嘎嘎查和敏盖村，围绕工矿区的花亥图村、查干柴达木村和乌兰木伦村。

（三）围绕 5 个方面重点推进

一是抓规划先行。结合六位一体工作要求，编制了《伊金霍洛旗乡村旅游发展规划》，重点明确了 3 区布局原则。同时，对全旗 26 个村 8 个重点发展片区分别编制了《乡村旅游发展规划》《乡村旅游标识标牌设计》以及《乡村旅游厕所规划》等，做到了一村一风格，一村一特色。

二是抓特色主导。传统吃吃喝喝式的乡村旅游其覆盖范围仅为 20 千米，而如果是景区式的乡村旅游那就会突破这一定律，如陕西袁家村、马嵬驿等，每年吸引全国各地游

客 500 多万人次。所以，乡村旅游重在有特色，有主题，有亮点。我们在打造乡村旅游时，按照"立足当地，突出特色"的思路，坚持一村一品，一村一特色。如龙虎渠村，以幸福田园为主题，以土地认养为切入点，以有机蔬菜水果为主导产业，通过"农户＋农户合作组＋农村合作社＋企业"的多元组织模式，带动农牧民自觉成为农（牧）家乐户；哈沙图村以田园综合体建设为抓手，以鲁美写生基地为基础，开展艺术写生、创作、培训、实习实训等，围绕艺术创造，组织游客参与各种娱乐活动，打造乡村文创艺术主题村。首届鄂尔多斯美丽乡村旅游节暨首届伊金霍洛乡村旅游季活动在哈沙图村举办，还举办了"行走生态乡村"百人徒步游、"骑行原野乡村"百人骑行游、"驾临美丽乡村"百人自驾游、"一口锅百只羊千人宴"美食品鉴、美丽乡村书画展、美丽乡村摄影展、百人垂钓赛等多项丰富多彩的娱乐活动，活动期间累计接待游客 2.4 万人次。除此之外，我旗还形成了"吉祥牧村"苏布尔嘎嘎查，"守护者部落"布拉格嘎查，"草原骑游部落"查干柴达木村等精品乡村旅游。

三是抓政策扶持。2016 年旗人民政府出台了《促进旅游业发展政策措施（试行）》，从品牌创建、旅游营销、智慧旅游、人才培训等 8 个方面进行奖励扶持。其中休闲农牧业与乡村旅游作为重要一部分给予扶持，如：乡村旅游示范村奖励 50 万～150 万元，对于评为旗级、市级、自治区级的先进户给予 2 万～10 万元奖励，同时对于农（牧）家乐房间、厕所等也给予一定奖励。在 2017 年年初召开的全旗旅游工作推进大会上，对全旗 26 个乡村旅游示范村、被新评为符合条件的 38 户农（牧）家乐示范户进行了奖励，资金达 477 万元。同时，也积极争取自治区、市两级对休闲农牧业与乡村旅游的扶持与鼓励。

四是抓营销推广。休闲农牧业与乡村旅游必须通过营销推广才能被外界知晓，才能打开消费通道。在发展休闲农牧业与乡村旅游过程中，我们集中进行了多角度的宣传推广。新媒体广维度宣传，依托全国重点网络媒体，开展密集性网络宣传，先后在人民网、新华网、中国网、中国台湾网、内蒙古新闻网等 30 余家网络媒体发布伊金霍洛旅游信息；在全国 200 余家主流网络论坛发布伊金霍洛旗相关乡村旅游图文信息；编辑近千条图文信息在微信、微博密集推送，在较短时间内大力宣传伊金霍洛的旅游形象。同时，通过与美团网合作，大力推介伊金霍洛的农（牧）家乐户与重大节庆节事。通过组织休闲农牧业与乡村旅游示范村举办珠拉格那达慕、乡村旅游季活动、"驾临鄂尔多斯"大型活动、夏令营等活动，带动大批的游客进入乡村、游玩乡村、爱上乡村。

五是抓规范指导。根据休闲农牧业与乡村旅游发展实际情况，修订印发《伊金霍洛旗农（牧）家乐管理办法》，对农（牧）家乐的经营管理提前给出了指导性意见。同时，通过采取"服务前置"的办法，提前介入，规范指导，编印了《乡村旅游发展资料汇编》手册，内容涵盖"旅游示范村"星级农（牧）家乐户、农（牧）家乐示范户、乡村旅游厕所指导等，发放到每一户有意发展农（牧）家乐的户子，并派工作组到现场指导农（牧）家乐户的创建。截至 2017 年，共组织了 5 期乡村旅游专题考察学习班、7 期业务培训班。

吉林省汪清县

汪清县位于吉林省延边朝鲜族自治州东北部，地处长白山麓，南北纵长 108 千米，东西横距 152 千米，紧靠东北亚经济贸易区。与我国开放城市绥芬河、珲春、图们相邻，面向绥芬河、长岭子、沙坨子、图们、三合、南坪、双目峰等 8 个口岸，距俄罗斯 40 千米，距朝鲜 18 千米。全县面积 9 016 平方千米，是吉林省区域面积第二大县，辖 9 个乡镇 3 个街道，200 个行政村。全县人口 23.1 万人，有汉、朝、满、蒙、回等 11 个民族聚居，其中，汉族占 64%，朝鲜族占 32%，其他少数民族占 4%，属于多民族聚居的县份。汪清的朝鲜族歌舞极具代表性，素有全国"象帽舞之乡"的美誉。此外，汪清县在吉林省也享有"木业之都""鱼米之乡"之称。特殊的地理位置和地形地貌，形成了汪清得天独厚，独具民族特色的文化旅游资源优势。

一、发展现状

近年来，汪清县坚持有序开发、服务三农、突出特色的原则，大力发展休闲农业和乡村旅游，充分发挥资源优势，将绿色、生态、民俗和人文有机结合，并取得良好发展。2016 年，汪清县拥有休闲农业营业主体 272 家，其中休闲农庄和园区 98 家、农家乐 174 家、休闲农业聚集村 38 个，年接待 138.6 万人次，营业收入 7 524 万元，带动农户 1 598 户。汪清县境内沟谷纵横，河流密布，是国家级"生态保护与建设示范区"，现有国家级森林公园和 3A 级景区 3 处（满天星国家森林公园、兰家大峡谷国家森林公园和屏风山景区）；国家湿地公园 1 处（天桥岭国家湿地公园）；全国休闲旅游农业五星级示范企业 1 个（蓬莱生态旅游度假村）；全国美丽乡村创建试点村 1 个（汪清镇春和村）。汪清县以独特的朝鲜族民俗文化底蕴和红色旅游品牌自主开发 10 余条精品旅游线路。

二、主要做法

汪清县休闲农业和乡村旅游始终坚持"政府引导、市场运作，科学规划、合理布局，量力而行、适度开发，体现特色、示范推进"的原则，因地制宜、整体谋划、突出特色，以打造休闲农业和乡村旅游特色项目及精品路线为核心，在保持乡村旅游原始风貌的基础上，开发休闲农业和乡村旅游潜力，围绕汪清重点、热点景区，以点穿线，抓住高速铁路开通、高速公路畅通的有利契机，将生态农业园区、特色村镇、优势产业、民俗文化等串联起来，打造贯穿汪清八镇一乡的休闲农业和乡村旅游精品项目，不断提高档次和品位，提升休闲农业和乡村旅游的吸引力和竞争力。

（一）推广生态休闲游

汪清有"八山一水半草半分田"的美誉，大力发展以满天星国家森林公园、四方山风景区、马兰花基地等为核心的滨湖休闲度假区；以兰家大峡谷国家森林公园为核心的森林生态健康体验区；以天桥岭国家湿地公园、上屯省级湿地自然保护区为核心的原生湿地观赏区；以省级爱国主义教育基地童长荣烈士纪念园为核心的东满抗联红色文化区。使游客可以体验垂钓捕捞、吃农家饭、睡农家炕、走抗联路等一系列休闲娱乐及生态项目，从而带动周边村镇发展休闲农业和乡村旅游。

（二）丰富生态农业观光游

以汪清县城郊生态果蔬农场、绿色采摘园等为依托，将农村独特的田园风光、农事劳作及农村特有的风土人情为内容相结合，搭配不同季节的品种，延长可观赏及采摘期，不断壮大县内各基地规模，按照"抓大扩小"的原则，同类产品集中连片，提高配套服务能力，丰富休闲娱乐活动内容，使游客参与农耕活动、学习农作物种植技术、农产品加工技术等，亲身体验农产品生产过程。既让游客有机会购买乡村旅游产品，又充分体验收获的愉悦，形成具有鲜明特色的果蔬采摘观光休闲带。

（三）打造民俗文化风情游

汪清作为"中国象帽舞之乡"，充分发挥朝鲜族农耕文化、乡土文化和民俗特色文化，开展农耕展示、民间技艺、民俗饮食、民间歌舞等休闲旅游活动，开发节庆营销的模式，打造汪清朝鲜族文化节、兰家森林养生节、马兰花文化节、四方山自驾狂欢节、满天星滑雪节等系列特色节日，吸引多方来客，为休闲农业和乡村旅游注入新的发展活力。

（四）做强乡村精品产业游

汪清县自 1995 年就被誉为"中国黑木耳之乡"，2016 年，"汪清黑木耳"品牌又被农业部核准登记为农产品地理标志，探索将特色产业优势转化为发展休闲农业和乡村旅游的资源，积极创建农产品生产与加工基地，突出"一村一品"特色，以优质、绿色、健康的农产品品牌效应，影响和带动休闲农业和乡村旅游。

（五）扩大特色农家体验游

汪清人民能歌善舞、热情好客，农家乐已成为独具特色的旅行产品，今后将以美丽乡村建设为抓手，将人居环境、产业发展、生态文明等有机结合，打造一批配套设施完善、民俗文化保存完好、风味餐饮极具特色的村屯，将其作为汪清的人文名片，让田园风光与人文景观融合，增加乡村的独特魅力，使汪清各乡镇、村落都能成为游客的驻足点和落脚点。

发展休闲农业和乡村旅游，不仅让汪清众多农村劳动力跳出了"春耕秋收、夏锄冬储"的传统模式，也促进了农村一二三产业融合发展，增加农村创业就业机会，对农民增收致富起到了积极的推动作用。

黑龙江省五常市

五常，张广才岭下的"水稻王国"，驰名中外的"中国优质稻米之乡"。距离哈尔滨 115 千米。巍巍凤凰山，滔滔拉林河，钟灵毓秀，人杰地灵。五常位于黑龙江省最南部，辖区面积 7 512 平方千米，全市辖 12 个镇 12 个乡，260 个行政村和一个省级牛家经济开发区，全市总人口为 104 万人，有满、朝、回、蒙等 13 个少数民族。五常市地处中纬度，其气候类型为寒温带。五常市源于儒教"三纲五常"之"五常"，即仁、义、礼、智、信。清咸丰年间（1851—1861 年）放荒开垦，陆续建立举仁、由义、崇礼、尚智、诚信五个甲社，遂将此地概称"五常堡"，设治时沿袭"五常"之称。

一、发展现状

五常山青、水秀、林茂，区位优势明显、文化底蕴深厚、生态环境优良，被国家旅游局称为旅游资源富集市，具有发展旅游业尤其是发展休闲农业与乡村旅游业良好的资源禀赋和基础条件。

经过几年的倾力建设，美丽乡村五常游建设取得了一定成效，现已发展乡村游经营业户 120 家，市级乡村旅游示范点 65 个，市级乡村旅游星级定点单位 72 家，形成了 6 个生态农副产品有限公司、金福泰农业股份有限公司为代表的 22 余家农副产品公司。全市从事休闲农业与乡村游从业人员 3.6 万人，其中农民就业 2.6 万人，带动农户近 1.2 万户。2015 年，全市共接待国内外游客 290 万人次，实现旅游收入 12 亿元，全市休闲农业与乡村游接待游客 160 万人次，旅游营业收入实现 4.2 亿元，五常市已经成为哈市近郊重要的乡村旅游目的地。

二、主要做法

市委、市政府提出大力发展以乡村观光、乡村休闲、乡村体验、乡村娱乐为主的休闲农业与乡村旅游发展战略，主要围绕满足哈尔滨中心城市及省内地（市）居民的休闲度假需求，着力发展"都市型、生态型、观光型、休闲型、科技示范型"等现代休闲农业和"景市配套服务型、自然山水休闲型、特色农家采摘型、民俗风情体验型、京旗美食品尝型"等乡村旅游产品。

（一）突出规划引领，大手笔勾画休闲农业与乡村旅游发展格局

为充分发挥五常的资源和基础优势，规

划建设了以哈五路和铁通路为轴，以凤凰山、龙凤湖、回龙山、石刀山和京旗文化等"五大景市"为连接的 260 千米黄金旅游环线。聘请国内知名的旅游规划设计院编制了《五常市旅游发展总体规划》《五常九三欢乐谷旅游规划》，编制了《五常市休闲农业与乡村旅游发展规划》，以"稻香人家，河畔渔乡"为主题编制了《五常二河旅游区发展规划》、以"稻海弦歌，生态家园"为主题编制了《五常龙凤湖旅游发展规划》。借鉴大连金州都统府保护开发模式，编制了《拉林都统府保护开发规划》。在规划编制过程中，坚持旅游整体开发、休闲农业、乡村旅游、小城镇建设和新农村建设"五规"同绘，对旅游景市及 260 千米黄金旅游沿线的基础设施、村镇风貌、生态环境、旅游地产、都市农业发展通盘进行考虑。近期，五常市还将对回龙山田园生态旅游区、稻花香生态体验区、拉林满族风情园等休闲农业与乡村旅游示范点编制规划，以确保全市休闲农业与乡村旅游在科学规划的指导下高水平、高标准建设，最大限度地释放休闲农业与乡村旅游业对经济社会发展的拉动作用。

（二）突出政策扶持，充分调动从业者的积极性和主动性

市委、市政府认真贯彻落实中央、省、市关于加强"三农"和旅游工作的方针政策，年初预算逐年递增安排旅游发展金用于扶持旅游业发展，市财政设立专项资金用于蔬菜基地、果蔬采摘、苗木大棚等从事休闲农业经营者的奖励。结合五常市实际，制定了《哈尔滨市五常市关于进一步发展旅游业的实施意见》《哈尔滨市五常市关于促进休闲农业与乡村旅游业发展的实施意见》《哈尔滨市五常市发展休闲农业扶持政策》《五常市乡村旅游定点单位等级评定标准》等政策，对资源丰富、基础条件好、重视程度高的镇（街），积极帮助争取国家、省、市农业和旅游扶持资金，并在扶持资金分配上给予重点倾斜。

两年来，累计为从事休闲农业的经营者发放扶持资金 1 200 万元。根据《五常市乡村旅游定点单位等级评定标准》，对乡村旅游定点单位进行星级评定和星级管理，对新评定的和晋星升级的定点单位，市政府从旅游发展金中投入资金予以奖励，奖励主要以乡村游经营单位需要的物品为主，5 年来，累计发放奖励物品价值 62 万元。同时，各涉及乡镇采取积极措施，通过招商引资吸引社会资本参与投资休闲农业与乡村旅游开发。一系列政策和资金扶持，促进了全市休闲农业与乡村旅游业的快速发展。

（三）突出组织领导，为休闲农业与乡村旅游快速发展提供有力保障

为将旅游产业发展的美好蓝图变为现实，市党代会对未来 5 年全面实施"大旅游"战略作出重大部署，将旅游文化产业作为五常市委"四区联动"战略之一，着重强调加大休闲农业与乡村旅游的开发建设力度。为强化组织领导，市委组建了由市委常务副市长挂帅、一名市委常委负责、16 个相关部门主要领导为成员的五常市旅游领导小组，具体负责"大旅游"战略的推进实施，在决策和实施层面将发展旅游产业上升为市委战略。为进一步提升保障力度，市农业局、旅游局、建设局、260 千米旅游环线涉及的 24 个乡镇也分别成立了领导小组，具体指导组织实施休闲农业与乡村旅游的开发建设。市市场监管局、税务、电力、水务、卫生等相关部门密切配合，在政策允许范围内最大限度地对从业经营者给予扶持。市旅游局、旅游咨询服务中心充分发挥引导作用，动员组建了五常市休闲农业与乡村旅游行业协会，建成了五常旅游信息网，为从业者和市场提供有关休闲农业与乡村旅游方面的信息咨询、创业辅导、宣传推介、教育培训等服务。通过培训，从业人员的经营理念、行业素质、服务水平得到了有力提升，全市休闲农业与乡村旅游工作逐步走上科学化、规范化轨道。

（四）突出行业管理，全力打造五常休闲农业与乡村旅游品牌

为确保休闲农业与乡村旅游业持续健康发展，五常市在成立休闲农业与乡村旅游业行业协会的基础上，进一步完善行业协会自律公约，强化管理，规范从业者的经营行为，不断提升服务质量和服务水平。在五常市被评为黑龙江省农村环境综合整治试点市的基础上，市农业、旅游、卫生、建设、城管、环保、国土、林业、市场监督管理、消防大队等单位和部门联合，每年对260千米旅游沿线的村屯环境和从事休闲农业、乡村旅游的经营场所进行综合整治，整治涵盖全市旅游景点和240个自然屯，对卫生条件不合格、垃圾处理不规范、违法占用耕地和基本农田、污染和破坏生态环境、存在安全隐患的坚决予以严肃处理。在严格管理的同时，有关部门对相关业主、从业人员分期分批开展食品安全、消防安全、环境卫生等专业培训，培训面65%以上，43%的从业人员取得了相应职业资格证书。3年来，五常市休闲农业与乡村旅游行业没有发生安全生产、食品质量安全、环境污染等事故，并被确定为国家首批农产品质量安全县。一系列有力的行业管理措施，极大地提高了经营者的依法经营观念和管理服务水平，树立了五常市休闲农业与乡村旅游良好的行业形象。

（五）突出基础保障，为休闲农业与乡村旅游发展创造良好环境

围绕加快发展休闲农业与乡村旅游，五常市不断完善260千米旅游环线所涉200余家景点配套设施建设，以交通干道、旅游环线、景区道路建设为重点，累计投入近8亿元资金启动实施了一批基础设施建设工程，旅游景点的服务功能进一步完善。目前，全市建设农村公路总里程1 200千米，硬化农村巷路900千米，实现了通乡、通村公路硬化率两个100%。从事休闲农业与乡村旅游业场所的通行道路全部实现硬化，通水、通电率达到100%，移动、联通信号实现全覆盖，停车场、餐饮、娱乐、卫生、路标路牌等设施日趋完善。另外，市旅游、卫生、建设、城管、环保、国土、林业、工商、消防大队等单位和部门联合管理，为休闲农业与乡村旅游发展创造良好环境。

（六）突出产业引领，整体推进全市休闲农业与乡村旅游快速发展

通过几年的投资建设与培育发展，五常市初步形成了特色突出、兼顾广泛的休闲农业与乡村旅游产品，打造了五常大米、龙凤湖鲤鱼、燕窝岛鱼粥、民乐朝鲜狗肉、沙河子冷水鱼等一批各具特色的休闲农业与乡村旅游品牌，五常被命名为"中国优质稻米之乡"、张广才岭下的"水稻王国"等称号。截至2017年，全市已建成现代农业科技示范市3处，蔬菜种植面积发展到14万亩，创建国家级蔬菜标准化示范县，五常大米被认定为国家级地理标志产品。认证无公害、绿色和有机农产品86个，发展休闲农业项目160个，其中，国家级蔬菜标准园1个、哈尔滨市市级蔬菜标准园12个、农产品加工基地16个、观光采摘园24个、特色生产基地28个、民族风情园15个、特色农家饮食16个、特色养殖26个、休闲垂钓19个。直接总投资26 000万元，确定了26个乡村旅游重点村（屯），涉及24个乡镇，休闲农业和乡村旅游覆盖了全市80%以上的乡镇，发展乡村游经营业户220家。按照"一镇一色，一村一品"的差异化发展原则，重点打造了以稻花香生态体验区、欧帝风情度假村、稻田墅、拉林满族风情园、金山树莓基地、吉星岛农家乐等为重点的一批休闲农业与乡村旅游品牌，确立了自然山水休闲型、配套服务型、特色农家采摘型、民俗风情体验型、京旗美食品尝型五大类型产品，初步打造了一批各具特色的休闲农业与乡村旅游示范村屯：以北方山村农家乐园著称的二河乡新庄村，以杀猪菜美食闻名的兴隆乡古城村，以朝鲜族民族第一村闻名的民乐乡红光村，以京旗文化为体验的拉林镇镇北村，以采摘为特色的红旗乡前兰村，以烤羊为主的长山乡七星村，以绿色采摘和绿色餐饮为主的拉林民丰村、五常镇的树莓基地、沙河子双龙村的稻田墅、冲河镇苇沙河子村的漂流等，特别是新涌现出了拉林满族风情园，兴盛乡的莲花湖渔村，民意乡的吉星岛，安家镇的漠泥河度假村等乡村旅游企业，投资均在 2 000 万元以上，使全市乡村旅游整体档次有了极大提升。

（七）突出品牌营销，宽领域宣传推介休闲农业与乡村旅游产品

五常市坚持宣传推介与项目建设同时部署、同步推进，五常休闲农业与乡村旅游的知名度和影响力不断扩大。编辑制作了一册内容丰富翔实、可操作性强的《五常市旅游指南》《五常市休闲农业特色产品推介》；制作了一部画面优美、特色浓郁的旅游宣传风光片；打造了一个版面新颖、功能强大的旅游综合网站及微信公共平台。坚持媒体宣传、展会宣传、主题推介多轮驱动，充分利用报纸、广播、电视、网络等现代传媒手段，与《哈尔滨日报》《新晚报》等媒体建立了长期友好合作关系，《稻乡五常》系列栏目热播。通过开办旅游咨询服务公司，举办摄影大赛、征文比赛，携手哈尔滨电视台、广播电台组织市民来五常进行自驾游、徒步、登山、植树等主题活动，使更多的人自发地来五常品读历史、感受自然。此外，还创新传统广告宣传模式，着力增强五常休闲农业与乡村旅游在机场、车站、宾馆等对外窗口，以及公路沿线、城市重要节点的宣传力度，构建了全方位、立体化的旅游营销宣传网络。同时，充分借鉴发达旅游城市和成熟景市的经验，围绕丰富四季旅游产品构成，增强旅游活动

的趣味性和吸引力，精心策划举办了"稻米文化节"和"插秧节""稻花节""开镰节""露营节"等系列节庆活动，通过节庆活动，让游客零距离感知稻米文化、体验怡情山水、感受田园风情。

江苏省徐州市贾汪区

贾汪区位于徐州市主城区东北部，地处苏、鲁两省结合部。东与邳州市接壤，南部、西北部与铜山区毗连，北与山东省枣庄市相邻。属淮海经济区，总面积 690 平方千米。贾汪区南部为黄泛冲积平原，地势平坦；北部为丘陵山区，有主要山峰 55 座，其中大洞山海拔 361 米，为徐州市境内第一高峰。境内有京杭大运河、不牢河、大寨河、屯头河等主要河流。贾汪区历史悠久、文化底蕴深厚、自然景观丰富，拥有潘安湖湿地公园、督公湖风景区、大洞山风景区、凤鸣海等景区景点及多处大型古墓葬和汉墓群。秀丽的湖光山色、恬静淳朴的田园风情、多姿多彩富有地方特色的民风民俗及文化古迹构成了贾汪区休闲农业与乡村旅游发展的基础。

一、发展成效

近年来，贾汪区充分发挥区位、山水和生态资源优势，紧紧围绕建设"山水生态城、休闲度假区"的目标定位，大力发展休闲观光农业，形成了贾汪区特色的休闲农业品牌。贾汪区先后被评为"全国休闲旅游示范区""中国最美休闲小城"称号，并获中国休闲农业创新奖。宗庄万亩桃花园被评为"中国美丽田园"。马庄村被评为"江苏最具魅力乡村"。薰衣草文化创意园、茱萸养生谷均被评为全国四星级休闲农业与乡村旅游示范点。"贾汪山水田园民俗风情一日游""端午漂流赏美景品美食二日游"被评为省级休闲农业与乡村旅游精品线路。全区已建成和在建的

休闲观光农业园区（点）、农家乐 115 家，其中市级优秀观光示范园、农家乐示范点 12 个，区级二星至四星级农家乐 16 家，休闲农业集聚村 9 个，形成一、二、三日游精品线路 12 条。2016 年全区休闲观光与乡村旅游共接待游客 560.58 万人次，实现综合收入 16.82 亿元。安置农民就业 10 300 人，带动农民人均增收 2 230 元。

首先围绕"山"，重点发展林果业 10 万余亩，形成了宗庄万亩桃园、大洞山万亩石榴园、汴塘万亩杏园，建设了薰衣草文化创意园、茱萸养生谷、岩山生态园、大洞山生态园等一批创意休闲农园，并建设了督公山、大景山滑雪场、滑翔伞基地等休闲体验地。其次围绕"水"，开发建设了潘安湖湿地公园、督公湖风景区、小南湖风景区、凤鸣海风景区、焦庄水库等，开发了督公山、大景山漂流，潘安湖、督公湖沙滩游泳，土盆温泉等亲水休闲项目。再次，依托 20 千米农谷大道设施农业带，兴建了唐耕山庄、织星庄园、紫庄草莓采摘园、耿集"莓好甜园"休闲农业观光园、采摘园。积极拓展休闲观光农业，挖掘提升农耕文化，重点打造了马庄民俗文化村，建设了墨上集文化博览园、卧龙泉淮海民俗馆等。

目前贾汪区已形成春夏赏花（桃花、石榴花）、采摘（草莓、桃杏），夏亲水（漂流、沙滩），秋登高（茱萸登高）、赏花（薰衣草、花海），冬滑雪等特色鲜明的休闲观光项目。

二、主要做法

一是坚持规划先行，强化科学引导。坚持以政府主导、市场需求为导向的发展战略，编制贾汪区休闲观光农业及农家乐发展规划，在现有园区（点）的基础上，进行科学规划，因地制宜发展"特色园区及农家乐"，重点对景区周边的农家乐规划进行了详细编制。

二是加强组织领导，规范经营行为。区委、区政府高度重视休闲观光农业及农家乐发展工作，一把手亲自抓，区四套班子领导分别包挂到村、户，区相关部门包挂支持。同时采取扶优汰劣方式对现有"农家乐"进行挂牌、挂星，以示鼓励。

三是加大扶持力度，完善基础设施。为推动贾汪区休闲农业与乡村旅游的更快发展，区财政每年拿出 500 万元专项引导资金，用于休闲农业和乡村旅游工作的启动、引导和奖励。2016 年全区多渠道投入 1.5 亿元，修建园区、景区道路 85 千米，建设园区、景区公共厕所 46 座等配套设施。

四是加快人才培养，提升从业水平。加强从业人员的职业道德教育和业务素质培训，举办从业人员技能培训班，重点开展了烹饪技术、餐饮住宿服务、接待礼仪以及食品卫生控制等业务培训，组织农家乐从业人员学习风土人情、休闲旅游管理等知识，逐步把休闲农业从业人员培养成具有现代经营理念、掌握服务技能和营销知识的新型农村实用人才。3 年累计培训各类人员 7 500 人次。

浙江省衢州市柯城区

衢州市柯城区位于浙江西部、钱塘江上游，素有"四省通衢"的美誉。全区兼有山地、丘陵、平原三种地貌，平均海拔 67 米。全年气候温和，雨量充沛，日照充足，无霜期长，属亚热带季风气候区。柯城区的水资源十分丰富，境内有浙江省一级水源，市区饮用水源为一级地表水，森林覆盖率达 73.7%，常年空气质量维持在国家一级标准，是国家级历史文化名城、国家级生态示范区、国家园林城市、中国优秀旅游城市、浙江省高标准平原绿化县（区）。

柯城区是农业大区，目前已形成柑橘、蔬菜、水产、竹木、休闲观光五大农业主导产业，是"中国柑橘之乡""全国优势农产品柑橘产业带建设示范县""国家级出口柑橘质量安全示范区""衢州椪柑国家地理标志产品保护区"。

一、发展成效

全区共有旅游特色乡镇 1 个，特色乡村旅游线路 10 条，省级特色旅游村 11 个，全区已建成省市级农家乐特色村（点）35 个，其中省级 10 个，市级 25 个，农家乐 365 家，其中三星级及以上农家乐经营户 176 家。全区休闲农业与乡村旅游点 365 个，全省知名休闲农业与乡村旅游企业 10 家，休闲农业园区与农业产业园区面积达 5.6 万亩，2016 年，柯城区休闲农业与乡村旅游总人数 469.94 万人次，同比增长 28.2%，休闲农业与乡村旅游综合收入 37.11 亿元，同比增长 33.99%，休闲农业与乡村旅游从业人数 30 860 人，其中农民从业人数 28 386 人，全区农民人均从休闲农业与乡村旅游获得收入 2 137 元。

二、主要做法

（一）构建创建合力

成立由区委、区政府主要领导任组长，分管领导任副组长，21 个部门为成员单位的乡村休闲旅游工作领导小组，办公室设在区旅游局，形成了由区委、区政府领导，旅游、农业部门牵头，相关职能部门参与的协调联动工作机制。2017 年成立由区委、区政府主要领导任组长，分管领导任副组长，19 个部门为成员单位的柯城区创建全国休闲农业与乡村旅游示范县工作领导小组，办公室设在区农业局，加强示范县创建的组织保障。

（二）完善专项规划

2015 年编制了《衢州市柯城区休闲农业与乡村旅游发展总体规划（2015—2030）》《柯城区庙源溪和石梁溪旅游策划》，2017 年编制了《柯城区全域旅游概念规划》《衢州市柯城区"妙缘双溪"南片规划（2017—2019）》《衢州市柯城区"一村万树"建设总

体规划（2017—2019）》和《衢州市柯城区"一县一带"美丽乡村示范带发展规划》，规划体系比较完备健全。

（三）加大扶持政策

区委、区政府先后出台《关于促进现代农业园区建设的若干意见（试行）》《关于进一步加快旅游业发展的若干意见》《关于印发柯城区乡村休闲旅游发展三年行动计划（2015—2017）的通知》《关于印发柯城区全域旅游发展三年行动计划（2016—2018）的通知》《关于大力培育民宿经济加快推进全域旅游发展的实施意见》等文件，加强项目、资金、政策的整合，确保每年政府性投资不少于 2 亿元，社会投资不少于 5 亿元，用于乡村休闲旅游品牌创建、市场拓展、形象宣传、人员培训、示范创建、规划设计、通景交通设施建设等。每年安排财政预算扶持民宿经济专项发展资金 1 000 万元，用于全域旅游发展资金不少于 1 000 万元。

通过政策引导，一是加大对"美丽田园"创建、休闲农业示范点建设等的政策扶持力度；二是整合现代农业发展、现代农业园区建设、中国幸福乡村创建、乡村休闲旅游发展、农家乐、服务业项目推进等现有政策资源；三是市财政将每年安排休闲农业与乡村旅游发展专项资金，扶持休闲农业与乡村旅游示范园区建设。

（四）规范行业管理

一是加强休闲农业与乡村旅游行业管理。农办、农业、旅游等部门针对休闲农业与乡村旅游发展，开展技术培训工作，重点开展对休闲农业与乡村旅游发展带头人、经营户和专业技术人员的培训，提高经营管理水平。同时在各旅游企业广泛开展旅游质量等级评定工作，对相关质量等级标准已经挂牌命名的旅游企业实行动态管理。此外，成立了柯城区家庭农场协会、农家乐协会等行业自律组织，建立健全了一系列完善的乡村旅游管理制度，如《农家乐消防安全管理制度》《农

家乐环境卫生制度》《农家乐入住登记制度》《食品卫生制度》《柯城区民宿管理办法》等，不断完善行业规范发展和管理长效机制，为经营主体提供产品供求、人才需求、技术支持、品牌经营、权益维护等服务，引导休闲农业与乡村旅游主体建立健全消防安全、食品安全等制度，推动诚信、安全经营，行业自律不断加强。

二是强化产品品牌质量认证。强化无公害农产品、绿色食品、有机食品等质量认证和农产品品牌打造。截至 2016 年年底，全区拥有无公害农产品 35 个，绿色食品 15 个，有机食品 55 个，12 家主体获得良好农业规范认证。全区农业企业拥有中国驰名商标 1 个、浙江省著名商标 4 个、浙江名牌 3 个、市著名商标 7 个、衢州市名牌 10 个。2017 年衢州椪柑、柴家、不老神被评上浙江省知名农业品牌百强榜。

三是推进农业标准化建设。近年来，柯城区把大力推进农业标准化作为加快传统农业向现代农业转变、加快质量强区建设步伐的一项重要举措来抓，突出重点、强化措施、完善机制、统筹推进，农业标准化建设取得明显成效。农业标准化推广和辐射面积 15.79 万亩，农业标准化生产程度达到 67.76%，农产品质量安全合格率 100%。2015 年成功创建省级农业标准化示范县（区），成为全省第二个农业标准化示范县。

（五）强化品牌培育

加快培育一批休闲农业与乡村旅游精品点、精品休闲农庄、精品农家乐以及名优特色商品品牌、品牌企业等，开展"美丽城镇、美丽田园"建设；组织乡村休闲旅游文化节等系列农事节会，营造"月月有活动，天天有精彩"的创建氛围；2015 年"柯城区亲子山水体验一日游"成功入围 30 条"浙江休闲农业与乡村旅游精品线路"，2017 年柯城区森林运动小镇入选第一批全国"运动休闲特色小镇"，打响了柯城休闲农业与乡村旅游的

品牌。培育和保护一批重要农业文化遗产和农事节庆活动，2016 年 11 月 30 日，以衢州柯城"九华立春祭"等为代表的中国"二十四节气"，被列入联合国教科文组织人类非物质文化遗产代表作名录；以主导产业为主，强化无公害农产品、绿色食品、有机食品等质量认证和农产品品牌打造，全区除拥有百余个认证产品外，还获得"中国柑橘之乡""全国优势农产品柑橘产业带建设示范县""国家级出口柑橘质量安全示范区""衢州椪柑国家地理标志产品保护区"等称号。

（六）营造氛围，扩大影响

通过新闻媒体等多种渠道和形式大力宣传，引导更多的社会力量来关心、支持、推动休闲农业与乡村旅游发展，营造休闲农业与乡村旅游的良好发展环境，引导更多的资金、人才、技术等优质要素投入休闲农业与乡村旅游。加强休闲农业与乡村旅游业的有机结合，善于营销休闲农业与乡村旅游的产品，重视策划包装，打造品牌产品，注重网络平台，推动休闲农业与乡村旅游的持续健康发展。

安徽省休宁县

休宁县位于安徽省最南端，黄山风景名胜区南麓，与浙赣两省交界，辖区面积 2 135 平方千米，下辖 10 镇 11 乡、153 个行政村，总人口 27 万人。是典型的"八山半水半分田，一分道路和庄园"的山区县。这里历史文化厚重，名人辈出，先后走出 19 位文武状元，是中国第一状元县，是徽州文化宝地和主要发祥地，也是蜚声中外徽商的主要发源地。这里旅游资源丰富，是休闲养生胜地，拥有国家 4A 级风景名胜区、国家森林公园、国家地质公园以及中国四大道教名山之一的——齐云山，有被誉为"活动着的《清明上河图》"的万安古镇，有"三江源头"六股尖、三溪大峡谷、大熊猫生态乐园、山越民俗风情园等一批优秀的乡村旅游景区点。

这里生态环境绝佳，物产丰富，是特色农业基地，全县森林覆盖率82%，是驰名中外的"屯绿"主产地，拥有"松萝绿茶""新安源银毫""五城茶干""板桥泉水鱼"等一批特色农产品。独特的生态和资源为休宁发展休闲农业和乡村旅游开辟了广阔的前景，并跻身于中国旅游百强县、中国生态旅游大县、中国旅游十大休闲小城、全国农业标准化示范区、全国出口茶叶质量安全示范区、全国特色产茶县、全国科技进步先进县等国家级先进行列。

一、发展成效

近年来休宁立足本县实际，以推进现代农业发展和建设美丽乡村为目标，以促进农民就业增收和满足城乡居民休闲消费为核心，充分依托丰厚的历史文化、优美的自然风光和一流的生态环境，以农业观光基地、茶旅精品线路、百佳摄影点、休闲农业产业园区、休闲农庄、特色专业村、"星级"农家乐为抓手，大力发展休闲农业与乡村旅游，逐步形成了以万安老街、黄村、古城岩为代表的古镇古村观光游；以新安江源头、阳干、三溪为代表的生态乡村休闲游；以金源猕猴桃、春雨葡萄、盐铺菊花、黄山茶文化产业园为代表的农事体验采摘游；以海阳庄园、林海山庄、除源泉水鱼馆为代表的特色农庄休闲游；以呈村油菜花、木梨高山村落、白际百亩梯田为代表的摄影采风创作游等农业休闲和乡村旅游新业态。

截至2017年，全县共有A级以上景区7个、省级优秀旅游乡镇5个、省级休闲农业和乡村旅游示范点2个，省级乡村旅游示范村12个，特色乡村酒店和星级餐馆6家，全县农家乐经营户发展到410余家，省星级农家乐65家，海阳镇盐铺村被认定为全省休闲农业与乡村旅游示范点，黄村被列为国家历史文化名村，万安镇和万安老街被列为国家历史文化名镇和国家历史文化名街。休宁县被命名为安徽省休闲农业和乡村旅游示范县。

2016年全县旅游接待人数达421.13万人次，实现旅游收入32.9亿元，其中休闲农业和乡村旅游总接待量达267万人次，年营业收入超过21.27亿元，农民人均从休闲农业与乡村旅游直接受益3 182元。休闲农业与乡村旅游直接对地方财政贡献率达20%。休闲农业与乡村旅游直接和间接从业农民已达到4.47万人，占全县农村就业人口的25%以上。这一特色产业已成为全县美丽乡村建设和农民增收的新亮点、新卖点和新的增长点，2016年全县农村经济总收入达到66.05亿元，全县农民人均可支配收入达到12 706元。

二、主要做法

（一）突出规划引领，推动休闲农业与乡村旅游特色化

一是健全工作体系。近年来，为促进休闲农业和乡村旅游发展，先后组建并调整充实了休宁县休闲农业和乡村旅游发展领导组、休宁县乡村旅游协会等组织。坚持"政府引导、农民主体、社会参与、市场运作"的休闲农业与乡村旅游发展思路，充分挖掘整合人文历史、生态环境、地理条件、特色产业等资源，对休闲农业与乡村旅游产品进行细化、分类开发和提升，增强休闲农业与乡村旅游的体验性、观赏性和特色性。

二是坚持科学规划。编制完成了《休宁县"十三五"旅游发展规划》《休宁县休闲农业和乡村旅游发展规划》，结合美丽乡村建设，制定了琅斯、石屋坑、枧潭、徽州大峡谷等重点村镇休闲农业和乡村旅游规划，明确了全县休闲农业和乡村旅游发展的方向和着力点。同时，在休闲农业和乡村旅游规划中，充分发挥"二茶一花一鱼"（茶叶、茶干、菊花、泉水鱼）等特色产业跨界融合的优势，突出以创建休闲农业和乡村旅游示范点、休闲农业精品线路和精致农业示范区为

抓手，着力培育经营特色化、管理规范化、产品品牌化、服务标准化的休闲农业和乡村旅游示范点，形成了休闲农业与美丽乡村建设、特色产业互融共进的规划体系。

三是加大政策扶持。在科学规划的基础上，加大政策扶持和资金投入力度，先后出台了《关于加快休宁县旅游发展的决定》《加快农业产业化发展的意见》《关于进一步加快旅游业发展的实施意见》《进一步发展乡村旅游推进美丽乡村建设的意见》《休宁县农业产业化专项资金奖励扶持办法》等扶持政策，近3年来，累计安排财政资金1 500万元支持标准化产业基地、专业特色村、乡村农家乐、乡村旅游示范点建设，撬动各类社会资金5.6亿元投入休闲农业和乡村旅游发展，推动了休闲农业和乡村旅游可持续发展。

四是推进旅游扶贫。制定出台休宁县《关于乡村旅游扶贫工程的实施意见》，开展了乡村旅游扶贫公益行动，以梓源、白际、田里、里庄等4个省级扶贫村为重点，编制乡村旅游扶贫规划，有效地增强了乡村旅游对精准扶贫、精准脱贫的带动作用。

（二）突出整体联动，推动休闲农业与乡村旅游精品化

一是做大休闲观光农业。契合当前休闲、生态旅游热潮，围绕茶叶、油茶、菊花、特色水果、花卉苗木等特色优势农产品，建成了黄山茶文化产业园、金源猕猴桃、春雨葡萄、盐铺菊花等一批特色产业基地，发展以"吃农家饭、住农家屋、干农家活、旅农家园"为主题的参与型休闲旅游。积极开展"百佳摄影点"建设活动，先后建成了呈村油菜花、木梨高山村落、白际百亩梯田等27个市级"百佳摄影点"。

二是做实旅游特色村镇。坚持乡村旅游和美丽乡村建设融合发展，把美丽乡村示范村建设成休闲农业和乡村旅游示范基地。近年来每年投入500万元，选择一批产业特色明显、基础条件较好的村镇开展休闲农业和

乡村旅游创建活动，通过环境全域治理、改善基础设施、提升整体风貌、挖掘文化内涵，建成齐云山、万安、蓝田、岭南、源芳等一批省优秀旅游乡镇，建成儒村、琅斯、三溪等12个亦农亦游省级乡村旅游示范村。

三是做优乡村农家乐。通过项目打捆、以奖代补方式，积极吸引民间资金投入休闲农业和乡村农家乐发展。全县星级农家乐达到65家，其中省五星级农家乐3家、四星级农家乐18家，三星级农家乐20家，全县乡村农家乐发展到410余家。

四是做活乡村旅游景区。将景区景点发展与乡村旅游产业发展相结合，打造了齐云山、古城岩、大熊猫生态乐园、徽州大峡谷、三溪、白际、石屋坑等一批旅游景区景点，建成了海阳庄园、林海山庄、茗洲假日酒店等一批乡村酒店，成为乡村旅游集聚人气的拳头产品，形成了"景区景点聚人气、乡村酒店来接待"的良性旅游模式。

五是做精旅游精品线路。按照"整合资源、培育品牌、建设精品"的发展思路，以乡村摄影、茶乡体验、民俗休闲为主题，在县域内打造了8条乡村旅游精品线路，其中休宁茶乡之旅、新安源茶旅游线路被评为全国茶旅游精品路线。

六是做强配套基础设施。狠抓山、水、田、林、路综合治理，完善农村基础设施建设和乡村旅游设施配套。全县村、组道路和入户道路硬化率达到96%以上；建成新型户用沼气池7 000余口，沼气宜建户达到99%；开展了绿色质量提升行动，在鹤城、黄村、盐铺、桃林等旅游特色村建成了12个农民文化公园。

七是做美城乡旅游环境。近年来，通过开展生态文明"六大行动"，大力实施"百村千幢"古民居保护利用工程和新安江生态补偿机制建设，一批建筑特色鲜明的古村落基础设施、公共服务焕然一新，古徽州特色凸显，木梨硔、五陵等15个村入选中国传统村落名录；大力实施农村清洁工程、新安江流

域村级保洁项目建设，农村垃圾收集处理长效机制全面建立，全县国家级生态乡镇 4 个、省级生态村 13 个，城乡洁齐美面貌全面展现，为乡村旅游发展创造了优良环境。

（三）突出宣传推介，推动休闲农业与乡村旅游品牌化

一是创新旅游营销方式。先后参加了中国国际旅游博览会及旅游商品展、"黄山国际徽文化旅游节""中国黄山名优农产品（上海）博览会"等国家、省、市大型推介活动，通过现场推介、图片宣展、视频展播、网络宣传等方式，宣传推广休宁休闲农业和乡村旅游。先后举办了"乐游休宁"摄影展、"创新·融合"休宁旅游推介会、养生美食节暨农家乐 PK 大赛、"赏呈村油菜花，品板桥泉水鱼""油菜花节"等乡村旅游活动，有力提升了休宁休闲农业和乡村旅游旅游的品牌形象。

二是做活旅游产品市场。依托丰富的旅游资源，大力推进万安罗盘、岭南砚台、徽州三雕等文化旅游商品的创新开发。按照"农旅结合、农旅互动"的要求，加大"龙湾茶干""松萝茶""新安源银毫""徽州毛豆腐""徽山有机茶油""五城米酒"等系列旅游农产品开发力度，在丰富旅游产品市场的同时，扩大了全县农产品的知名度与美誉度。"新安源有机茶""松萝山"被认定为"中国驰名商标"，8 家企业注册商标被评为省著名商标。"松萝茶""五城茶干""五城米酒""蓝田花猪"等 4 个传统优势产品通过地理标志保护产品认定。

三是丰富乡村旅游内涵。深入挖掘和展现古徽州的非物质文化遗产，对齐云山道场、道乐、道斋、板凳龙、得胜鼓、傩舞、跳钟馗等古徽州民间艺术进行了发扬创新，开展了全国农业重要文化遗产申报，山泉流水养鱼生态系统被列入全国重要农业文化遗产名录。建成了五城茶干博物馆、松萝茶博览园和见明堂民俗博物馆、万安罗经文化博物馆和板桥泉水鱼馆，集中展现了松萝茶、五城茶干、万安罗盘、泉水鱼等特色旅游农特产品的历史起源、精湛技艺，有效地提升休闲农业和乡村旅游的深刻内涵和文化气息。

（四）突出管理服务，推动休闲农业与乡村旅游规范化

一是强化行业管理。积极推进乡村农家乐星级达标创建活动，支持指导经营户加强场所规范化建设，制定出台乡村农家乐管理制度和行业标准，对乡村农家乐、特色旅游村实行标准化管理，建立完善乡村旅游发展新机制，有效治理发展中存在的"散、小、弱、乱、差"等弊端，大力提升休闲农业和乡村旅游服务品质。

二是强化行业培训。近年来，按照《旅游专业村标准》和《农家乐（乡村酒店）服务质量标准》创建标准，结合旅游质量提升年行动和新型农民培训工程，举办乡村旅游主题培训系列活动，从基础设施、服务流程、服务质量、市场营销等方面对镇、村、户三级乡村旅游从业人员开展标准规范培训，提高乡村旅游经营管理和接待服务水平。近 2 年来，全县共开展乡村旅游职业技能培训 100 余场次，培训农民 2 万余人次，农民的生产技能、就业能力和综合素质全面提升，特别是乡村旅游从业人员整体素质得到极大提高。

福建省寿宁县

寿宁地处闽浙交界，于明景泰六年（1455 年）置县，素有"两省门户，五县通衢"之称，现辖 7 镇 7 乡，205 个行政村（社区），面积 1 424 平方千米，人口 28 万人，是省级扶贫开发重点县之一。习总书记在闽工作期间，曾"九到寿宁、三进下党"现场办公、访贫问苦、解决问题、指导发展，留下了"滴水穿石""弱鸟先飞""四下基层"等宝贵精神财富，至今依然十分牵挂。寿宁是红色之乡。曾是闽浙两省临时省委、闽东苏维埃政府所在地，粟裕、叶飞等老一辈革

命家都在这里领导过革命斗争，是福建省重点老区县。涌现出无产阶级革命家范式人、"红色少年"张高谦等知名人士。寿宁是人文之乡。明代著名文学家、戏曲家冯梦龙曾任寿宁知县（崇祯七至十一年，1634－1638年），著有《寿宁待志》一书，该题材电影《冯梦龙传奇》获评第12届中美电影节"金天使奖"。寿宁素有崇文重教之传统，科举时代仅犀溪镇西浦一村就孕育了1位状元、18位进士。三峰寺是全国知名的药师佛道场，北路戏被列为国家级非物质文化遗产。寿宁是廊桥之乡。现存贯木拱廊桥19座，其营造技艺列入世界急需保护的非物质文化遗产，下党鸾峰桥等6座廊桥是国家级重点文物保护单位，被誉为"世界贯木拱廊桥之乡"。全程在寿宁拍摄的电影《爱在廊桥》，荣获第28届中国电影金鸡奖最佳导演奖和全国第12届精神文明建设"五个一工程"奖。寿宁是生态之乡。森林覆盖率71.1%，拥有58.2万亩的富硒和68.8万亩富锌土壤资源，正致力打造"中国硒锌绿谷"。生态旅游资源十分丰富，红色下党、千年古银硐、万亩樱花基地等在全国独具特色，杨梅州国家森林公园、梦龙天池、仙岩十里杜鹃长廊等自然景观少有。寿宁是茶叶之乡。现有茶园面积近15.3万亩，年产量超1.3万吨，产值9亿元，"寿宁高山乌龙茶"荣获国家地理标志证明商标，"寿宁高山茶"获地理标志农产品保护登记，寿宁县先后获评"中国名茶之乡""全国产茶重点县"和"全国生态产茶县"。

一、发展成效

近年来，县委、县政府高度重视旅游业发展，明确旅游业在国民经济与社会发展的战略地位，进一步明确了全县旅游产业发展目标定位、任务要求和政策措施等。成立寿宁县旅游产业化建设领导小组，研究出台了《关于进一步加快旅游产业发展的实施意见》，编制了《寿宁县旅游发展总体规划》；开展

"旅游开发提速年"活动和"四园同创"工程；推进红色下党、西浦景区、古银硐开发、三峰景区、梦龙天池和"全国休闲农业与乡村旅游示范县"等项目建设，成功推出"下党·中国红色旅游新地标"和"廊桥水乡·状元故里"两个旅游产品，药师佛道场、梦龙天池以及"千年秘境·百硐奇观"——银山花田三个旅游新产品即将出炉；乡村游、自驾游发展迅速，打造出一批如大韩、亭溪、下屏峰等省级旅游特色村，凤阳"骑行小镇"初具雏形；通过各级各部门努力，先后有"全国旅游扶贫试点村""中国传统古村落""中国最有魅力休闲乡村""全国生态文化村""地质公园""全国茗村""森林公园""水乡渔村"等20多个国家、省、市级文旅、农旅、茶旅等旅游品牌和荣誉落户寿宁；酒店业、民宿迅速发展，全县旅游床位数达2 000多位；旅行社4家，旅游服务接待能力不断加强；以"硒锌"为主题的农副产品逐步向旅游商品方向发展。同时，通过各级各种媒体进行广泛宣传，积极参加旅游产品推介会；运用各种宣传手段、形式，举办锌葡萄文化节、长寿硒锌文化节、锌脐橙节等节庆活动，营造旅游发展氛围，提高寿宁旅游影响力。2017年，全县建成107个休闲农业示范点，其中休闲农业示范基地61个，农家乐16家，家庭农场6个，已取得相关荣誉的点24个。全县休闲农业和乡村旅游年接待量达103万人次，休闲农业营业收入达3 621万元，带动农户1 000多户，休闲农业从业人数3 535人，其中农民就业3 050人，农民人均从休闲农业和乡村旅游获得收入197.8元。休闲农业旅游已成为寿宁新农村建设的新亮点、新卖点和新的增长点。

二、主要做法

全县秉持"绿水青山就是金山银山"的发展理念，以创建"全国休闲农业与乡村旅游示范县"为抓手，以旅游促扶贫为重点，

加快发展生态旅游，促进经济转型升级和产业结构调整，主要抓了五项工作：

（一）突出一个重点

以传承弘扬习总书记在福建工作期间留下的好思想好传统好作风为主线，确立"1135"发展思路定位（"1"，即打造"中国下党红色旅游新地标"；"1"，即突出作风建设永远在路上主题；"3"，即建成党的作风建设的展示基地、群众路线的教育基地、摆脱贫困的实践基地；"5"，以承接省、市委党校学员入驻培训为突破口，量身定做"五个一"活动内容，即实施重走一段路、重温一段历史、上好一堂党课、举办一个仪式、夜谈一次心得"五个一"工程），着力提升下党省委党性教育基地的层次和内涵，提速推进29个"中国下党红色旅游新地标"系列建设项目，力促"一年打基础、两年树形象、三年大变样"，打造全国全省旅游促扶贫示范乡镇。

（二）提出一个思路

以致力打造"中国下党红色旅游新地标"为龙头，提出了"4+3"全域性旅游总体规划布局思路，即突出一面旗帜（红色下党）、一朵樱花（万亩基地）、一群古银硐（千年历史）、一个主题公园（养生长寿）"四个一"的独特资源，联动融合"三张文化名片"（冯梦龙、古廊桥、北路戏），开展全域性旅游规划编制工作，重点抓好红色下党、梦龙天池度假中心、三峰公园、银山花田等旅游景区建设和项目前期工作，推动旅游与干部培训、文化体育、休闲度假、养生养老等产业相互融合，作响"清新福建、难忘下党"品牌，打造"八闽夏都"。

（三）建设一个中心

在城区、南阳及清源梦龙天池，规划建设寿宁旅游集散服务中心和次中心，方便游客集散和线路安排。目前，在东区阳光水岸一层租赁300平方米店面修建寿宁旅游集散服务中心，与寿宁县远宁汽车运输公司协作，开通下党、西浦、南山等3条旅游线路，使

寿宁旅游集散服务中心"候客厅"开出来，旅游班车动起来，促进全县旅游发展。

（四）争创一批牌子。

"中国硒锌绿谷"获得授牌，"下乡的味道""寿宁高山茶"等硒锌文化品牌成功推出，"全国休闲农业与乡村旅游示范县"创建工作扎实推进，亭溪、下屏峰被评为省级乡村旅游特色村，川久农业获评四星级乡村旅游经营单位。杨梅州国家森林公园通过专家组现场考评，古银硐国家矿山公园、杨梅州国家地质公园完成材料申报等工作，西浦景区成功创建国家AAA级旅游景区。

（五）整合一支队伍

成立寿宁县休闲农业和乡村旅游建设领导小组，由县政府主要领导担任组长。建立半月一督查、一月一通报、一月一推进的工作机制，每月召开工作推进会，及时通报督查情况，现场协调解决具体问题，协同推进休闲农业和乡村旅游开发建设。坚持走"政府主导、市场引导、企业主体"的发展模式，做大做强梦龙旅游投资开发有限公司等旅游投融资平台，突出红色下党、梦龙天池、银山花田等重点项目建设，积极对接中国农业发展银行福建省分行、国家开发银行福建省分行，争取10亿元贷款授信额度，助推全县休闲农业和乡村旅游产业提速发展。

江西省南丰县

南丰县位于江西省东南部，地处闽赣两省八县要冲，东接闽三角，南通珠三角，北枕长三角，西连广大内陆地区，东西横跨60千米，南北纵驰55千米，辖区面积1920平方千米，辖7镇5乡1场和1个省级工业园区。全县总人口32万人，其中农业人口23.9868万人。南丰交通区位优越，处于闽三角企业外扩发展首波500千米辐射范围，向莆铁路和福银、鹰瑞高速贯穿全境，"三横三纵"交通网络加快成型，成为"向莆经济带"上由赣入闽最前

沿，是联结中部腹地与福建海港的重要交通节点，也是赣闽经济开放合作创新发展的前沿阵地，更是赣东南区域旅游中心，处于庐山、三清山、龙虎山、武夷山、井冈山、瑞金、金湖等华东黄金旅游区域腹地，是向莆经济带上一颗绿色崛起的明珠。

一、发展成效

南丰县在全省范围内有一定知名度的休闲农业与乡村旅游点 110 多家，其中年经营收入 500 万元以上的景点 16 个。这些休闲农业点依托当地特色种植业、养殖业和农产品加工业开发设计休闲农业与乡村旅游产品，主要分布在琴城、市山、白舍、莱溪、洽湾、三溪、付坊等乡镇。休闲农业与乡村旅游点分布在全县 80% 以上的乡镇区域，形成了以南建线为主轴的生态景观带、以昌厦线为主轴的休闲观光带和南丰县橘文化旅游集聚区等上规模的休闲农业与乡村旅游产业带或集聚区。主要休闲农业与乡村旅游点有丰富的资源优势和人文内涵，形成了吸引力较强的体验项目和配套服务功能。2016 年，南丰接待游客 349.56 万人次，旅游综合收入 27.69 亿元，其中休闲农业与乡村旅游 210 万人次，综合收入达到 16.2 亿元。农民受益面达 60%～65%，从业人员中农民就业比例占到 70% 以上，从业人员 50% 以上取得相应的职业资格证书，100% 接受相关专业知识培训。

南丰县为"国家重点生态功能区"、首批"国家农村产业融合发展试点示范县"、全国"三产融合"示范县。县内自然文化资源优势明显，属亚热带湿润气候，生态环境优美，森林覆盖率达 75.5%，适宜发展休闲农业与乡村旅游。拥有国家森林公园——军峰山、国家湿地公园——傩湖、"绿色氧吧"——潭湖生态养生岛、国家非物质文化遗产——南丰跳傩和南丰蜜橘、温泉度假区——橘都沁温泉等景区。休闲农业与乡村旅游精品景点

遍布，古城正大蛋鸡现代农业示范园、太和龟鳖良种培育现代农业示范园（太和镇荣膺"中国龟鳖良种第一镇"称号）、观必山乐园、罗俚石蜜橘生态园、南湾农庄、前湖庄园以及正在建设中的蜜橘工业，以及傩文化、陶瓷文化等 5 个特色小镇、梅林秀美乡村、温泉及国礼园精品民宿村，是全县休闲农业与乡村旅游的缩影，更是全市乃至全省的模板。

二、主要做法

（一）强化创新理念，做浓休闲农业与乡村旅游发展氛围

南丰县农业基础坚实，生态环境极其优越，小气候十分丰富，小区域相对独立，具有农业耕作多宜性和经营多样性特点，十分适宜发展休闲农业与乡村旅游。在深入调研、科学论证的基础上，确立以发展"橘园游"为基调，特色小镇、秀美乡村建设为主旋律，探索发展现代农业与乡村旅游的捷径。整合人力、财力等资源，像抓工业化、城镇化一样抓休闲农业与乡村旅游，制定发展规划，明确发展目标，强化工作机制，健全实地巡查、集中调度、明督暗查、约谈后进、领导挂点、定期通报等一系列制度，在全县形成浓厚的休闲农业与乡村旅游发展氛围。

（二）强化生态理念，做优休闲农业与乡村旅游发展环境

绿色生态是南丰最大的特色、最大的优势、最大的品牌。为此，全县牢固树立"绿水青山"就是"金山银山"的理念，不断优化生态环境。一是减少破坏，构建生态保护屏障。建成军峰山国家级自然保护区，面积 3 952 公顷；建成仙人湖国家级湿地公园，规划建设面积 890 公顷；建成潭湖省级湿地公园，规划建设面积 1 629 公顷，其中湿地面积 475 公顷，全县森林覆盖率达 75.5%。二是减少消耗，大幅减轻环境压力。减少实际采伐量，呈现逐年下降趋势；

全面封山育林，禁伐阔叶林；禁捕禁猎野生动物，维护生物多样性；强化森林防火，确保生态安全。三是减少污染，改善自然环境。淘汰了年产 6 000 万袋的袋装香菇产业，每年少消耗木材 3.2 万余立方米；将石材企业由 30 家压缩为 8 家，将高消耗木竹加工企业由 25 家规范为 6 家；关闭高污染企业，优化休闲农业与乡村旅游的发展环境。

（三）强化保护措施，夯实休闲农业与乡村旅游发展基础

严格遵照休闲农业发展纲要进行开发，体现前瞻性、高科技，杜绝低水平开发、重复建设，力争 20 年不落后。同时，坚持开发与保护并重的原则，确保所有休闲农业和乡村旅游景区（点）都成为花园、植物园，防止破坏生态环境，防止浪费旅游资源。按照在开发中保护、在利用中保护的原则，大力实施降污减排、涵养水源等生态农业工程，植树种草，提高全县绿色覆盖率。把好入口关，杜绝无序发展，凡是对环境造成污染的项目坚决不上，为休闲农业和生态旅游可持续发展奠定坚实基础。

山东省诸城市

诸城地处山东半岛东南部，是"世界风筝都"潍坊下辖的一个县级市。总面积2 183平方千米，辖 16 处镇街园区、235 个社区，常住人口 110.2 万人。因为"三皇五帝"之一的舜帝出生在这里，而被称为"舜帝故里"；因为出土了世界最大规模的恐龙化石群，被国土资源部命名为"中国龙城"。

诸城北依潍坊，东临青岛，南靠日照，西接临沂，居青潍日三个城市几何中心，济南至青岛、潍坊至日照的大十字交通枢纽上，地处山东蓝色经济区和半岛高端产业聚集区的核心区，是山东半岛城市群规划的重要节点城市，区位优越，交通便捷。

诸城先后创造了商品经济大合唱、贸工农一体化、农业产业化、中小企业产权制度改革、农村社区化发展、统筹城乡一体化发展等一系列闻名全国的"诸城经验"。是国务院确定的全国沿海对外开放城市、综合配套改革试点市，是中国优秀旅游城市、国家园林城市、省级文明城市。2016 年县域经济基本竞争力列全国百强县（市）第 26 位。近年来，诸城市依托良好的生态和区位优势，利用农业和自然资源，加快培植壮大休闲观光农业主体，涌现了一大批休闲农业与乡村旅游新景点。休闲农业与乡村旅游的发展，起到了小村庄连接大世界、小经营开拓大市场、小投入获取大回报的效果，促进了全市农村一二三产相融合、经济与文化相融合、发展与和谐相融合。

一、发展成效

市委、市政府高度重视休闲农业与乡村旅游发展，依托丰富的旅游资源，以发展乡村为主题，以生态为基础，着力于城乡一体化发展，重点打造了雁南飞生态旅游综合体、白垩纪恐龙地质公园、常山乡村旅游综合体等六大乡村旅游综合体，推动了乡村旅游蓬勃发展。其中，雁南飞生态旅游综合体，主要建设了雁南飞茶城、休闲文化中心、海鲜一条街、酒店等，打造集观光、度假、茶叶交易、赏花品果、采摘游乐、体验农村生活于一体的乡村旅游产业体系；白垩纪恐龙地质公园，依托地质遗迹和自然地貌，主要建设了地质遗迹观光区、科研科普体验区、恐龙文化产业区、恐龙主题游乐区、涓水生态游憩区、乡村旅游休闲区和综合配套服务区七大功能区，建设了集科研科普、休闲观光、休闲度假、文化娱乐于一体的旅游目的地；常山乡村旅游综合体，主要建设了宗教文化游览区、名人文化展示区、旅游休闲服务区、生态保护抚育区、绿色采摘体验区等，逐步形成了集休闲、游乐、运动、餐饮、购物于

一体的高端旅游景区；芦河栗园国际旅游度假区，按照突出生态、保护为主、整体规划、分步实施的原则，以旅游综合开发为手段，将板栗产业品牌与旅游文化相结合，建设五星级酒店、温泉洗浴中心、游乐场所及潍河滨水公园等，打造了集参观、饮食、游玩、购物、休闲为一体的高品质、多功能的综合旅游园区；竹山生态谷，主要恢复重建了神仙台、消食神茶、黑松林、天书石、饽饽石等多处人文古迹，配套建设酒店、疗养会馆、网球场等休闲娱乐设施，打造了集休闲、观光、健身、度假、游乐和民俗于一体的高端乡村旅游示范区；大山乡村旅游综合体，依托原始森林资源和"樱桃沟""苹果岭"等，发展观光、休闲、采摘，此外，桃林大山地区土壤、气候和水源非常适合种植茶树，以生产优质北方绿茶而闻名，这一旅游综合体的打造，可以吸引游客走进大山茶园，亲自采摘、炒制、品尝醇香的绿茶，回归大自然，体验田园之乐。

诸城市六大乡村旅游综合体的建成，进一步提升了全市乡村旅游竞争力，基本构筑起了种类丰富、特色鲜明、功能完善、服务规范的乡村旅游发展新格局，诸城将成为全省较有名气的乡村旅游目的地。目前，诸城市已建成休闲农业与乡村旅游点 150 多个，其中规模以上的有 50 个。成立旅游农家乐 100 多家，吸纳农民就业 5 万多人，当地农村劳动力占职工的 70%，上岗人员培训率达 100%，产业区农户人均增收 500 元以上。全年共接待国内外游客 578.8 万人次，增长 10%。全市旅游总收入 62.25 亿元，增长 12.6%，全市休闲农业和乡村旅游接待游客 302 万人次，其中我国香港、澳门特区和台湾地区游客 3.2 万人，国外 1 万人。

二、主要做法

（一）科学编制规划，合理安排产业布局
市委、市政府将休闲农业与乡村旅游纳入市经济发展的特色产业之一，制定了《休闲农业与乡村旅游发展规划》。《诸城市人民政府办公室关于加快发展休闲农业和乡村旅游的意见》提出了城乡旅游一体化的发展思路，要把全市作为一个大的景区来规划，统筹城乡旅游基础设施建设、统筹城乡旅游要素合理配置、统筹城乡旅游市场协调发展，逐步形成城乡旅游一体化发展格局。

休闲农业方面，围绕发展有机、绿色、无公害农业的发展思路，通过沼渣沼液和秸秆综合利用，大力实施品牌农业战略，通过进一步加强优质农产品基地建设，在区域内以高新农业技术为先导，形成生态循环农业的发展模式。以花卉、山林、山村、田园、果园、水系、瓜菜等优美的自然生态、多样的乡土物产等特色乡村旅游资源为依托，以旅游市场需求为导向，以创造生态、营造景观为理念，以重点突破、以点带面为方式，以培育乡村旅游产业为重点，以农为基、农旅结合，深度挖掘、创意展示，系统传播当地特色乡土文化，不断丰富乡村旅游产品体系，精心培育乡村旅游新业态，科学实施乡村旅游标准管理，积极塑造乡村旅游品牌，全面构筑农村产业新格局，实现旅游助农、兴农、富农的目标，建设成集美丽乡村、智慧乡村、科技乡村、艺术乡村于一体的具有影响力的休闲农业与乡村旅游发展示范市和休闲农业与乡村旅游目的地。按照"一村一品"的发展思路，培育多种休闲农业与乡村旅游特色业态，打造休闲农业与乡村旅游特色村。

（二）加大政策扶持，积极争取专项资金
整合农业、林业、水利、旅游、物价、发改、交通、财政、国土等部门的项目资金进行重点扶持，同时设立诸城市休闲农业与乡村旅游发展支持基金，市财政预算每年安排 600 万元，通过以奖代补形式扶持休闲农业园区与乡村旅游服务组织、经营主体，改造水利、电力、道路等基础设施，发展生态循环农业；扶持休闲农业和乡村旅游服务组织争创市级以上休闲农业和乡村旅游示范点、休闲农业示范园区、美丽休闲乡村、美丽田园等，对争创的市级、省级、国家级休闲农业与乡村旅游荣誉称号的企业、服务组织及经营主体分别给予10万元、20万元、30万元的奖励；对经营特色明显、带动能力强、运作规范的休闲农业与乡村旅游企业，优先给予信贷支持；对符合条件的农业休闲旅游项目优先办理用地供地手续，适当安排用地指标；鼓励通过农村土地流转开展乡村旅游规模经营；支持休闲农业与乡村旅游企业依法采取招标、拍卖、公开协商等方式取得"四荒"地的土地经营权，发展休闲农业与乡村旅游；对休闲农业与乡村旅游景区内的公厕、简易棚、竹木长廊等非永久性建筑设施，未占用基本农田的，可参照设施农用地予以办理；对发展休闲观光农业的贫困村、贫困户，各级各部门要在政策、资金上给予大力扶持。

目前发展休闲农业和乡村旅游争取上级项目资金600多万元，地方财政投资和配套资金额3 000万元。

（三）建立健全管理制度和行业标准

明确休闲农业与乡村旅游产业主管部门和管理职能，实行市旅游局、市农业局、市农经局、市招商局、市水利局、市环保局、市林业局、市国土资源局及其他多部门联动管理机制。制定完善了《诸城市休闲农业与乡村旅游发展规划》《诸城市关于加快旅游业发展的意见》《诸城市关于鼓励发展休闲农庄的意见》及《现代农业示范园区建园标准》等管理制度和行业标准，加速推进休闲农业与乡村旅游从初级观光向高级休闲、同质开发向差异化发展、从单体经营向集群布局、从粗放经营到示范先行的转变。建立农产品质量安全监管体系和农业化学投入品审核备案制度和稽查制度，杜绝环境污染、破坏生态平衡、擅自占用耕地和基本农田行为，确

保休闲农业与乡村旅游产业区的生产安全和食品安全。积极推广乡村旅游合作社的发展，先后成立了多家乡村旅游专业合作社，形成了较为完备的产业化经营模式。

（四）完善基础设施，统一经营管理

进一步完善休闲农业与乡村旅游基础设施建设，在路网毛细血管化、配套游客服务设施、做好"改厨改厕"工程、做好从业人员培训等方面重点强化。

转变经营管理和发展模式，鼓励支持以农民家庭为主体，通过自主经营、联户经营等多种形式发展乡村旅游；鼓励各地组建乡村旅游专业合作社；鼓励各类企业、社会团体和工商户等，采取各种方式，创新乡村旅游管理模式。

（五）逐步完善公共服务体系

建成休闲农业与乡村旅游交通系统、环卫服务系统、安全与救援服务系统等公共服务体系。打通和提升现有各镇街园区之间及各乡村旅游项目之间的连接通道，形成四通八达、相互连接的乡村旅游交通网络。解决废弃物与污水处理系统和旅游生态厕所的问题；制定《旅游安全工作应急预案》，在规模较大的休闲农业与乡村旅游景区（点）和农家接待处建成完善的旅游救援系统。

（六）将休闲农业和乡村旅游与社会主义新农村建设紧密结合

休闲农业与乡村旅游的发展使传统的农业产业结构发生了变化，由单一的种植结构向综合农业转变，延长了产业链，带动了餐饮服务业和其他特色产业的发展，形成了良性循环，促进了农村剩余劳动力的就地转移。下一步，将加快休闲农业、乡村旅游与新农村建设的结合，以农民增收为核心，充分利用乡村旅游产业关联性、带动性强的特点，引导他们做长产业链，最大限度地发挥休闲农业、乡村旅游对关联产业的带动作用，使休闲农业、乡村旅游成为农民致富的好载体、结构调整的好形式，成为诸城市社会主义新

农村建设的新创举。

河南省卢氏县

卢氏县山川秀美，风光旖旎，景观众多，旅游资源得天独厚，既有"骏马秋风蓟北"的粗犷，又有"杏花春雨江南"的灵秀，有旅游资源8个主类、22个亚类和59个基本型，分别占全国8个主类、31个亚类和155个基本型的100%、71%和38%，旅游单体327个，被誉为"中原绿宝石""河南后花园"。

卢氏县历史悠久，文化灿烂，始建于西汉元鼎四年（公元前113年），2 100多年来县名未改，城址未移，是全国为数不多的"双千年古县"。卢氏县是卢姓发源地，也是河洛文化的重要发祥地，有新石器时代、商代等一大批文化遗迹、遗址，已查明古文化遗址63处，其中生物化石点22处。

卢氏县是革命老区。1934年，红二十五军由河南罗山县出发，经大别山一路向北，由栾川县进入卢氏县，辗转突围至官坡镇兰草村，后挥师陕北，为迎接党中央和中央红军胜利到达陕北做出重要贡献。抗日战争时期，日军发动"河南会战"，河南省政府西撤入卢，驻扎于南部重镇朱阳关，后在北部重镇官道口发动"石大山抗战"，阻止日军南下。解放战争时期，李先念部队及陈谢大军转战卢氏县，建立豫鄂陕革命根据地。红军歌曲"三大纪律八项注意"在卢氏县补充完善，目前县内各处红军战斗遗迹、军部旧址、抗战遗迹保存完好，成为河南省重要的红色教育基地。

一、发展成效

（一）创建指标突出

根据国家创建标准，全县坚持"服务城区、带动乡村、内引外联"的总体思路，规划乡村旅游产品体系和重点建设项目，加快休闲农业和乡村旅游建设步伐。按照设施完善、功能完备、环境宜人的标准建设107个休闲农业和乡村旅游点，其中16个精品点在省内具有一定知名度，在县城周边15千米范围，合理布局一批休闲农业和乡村旅游点，满足城区群众休闲需求。按照"绿、洁、畅、美"的标准，重点完善提升、强力打造10条休闲农业和乡村旅游精品线路，将各个农游点串联起来，形成规模效应，辐射带动沿线经济社会发展。

2016年年末，全县农村经济总收入36.68亿元，乡村旅游总收入3.39亿元，全县旅游从业人员5万余人，其中农民从业达到3.5万人，占70%，实现人均增收3 500元。乡村旅游扶贫带动作用明显，为脱贫攻坚做出了突出贡献。全县涌现出双龙湾镇西虎岭村、横涧乡碾盘村、官道口镇新坪村等80个休闲农业聚集村。

（二）特色产业迅猛发展

卢氏县地域辽阔，拥有青山绿水好空气的自然好生态，为发展特色农业旅游奠定了良好的基础。县委、县政府以脱贫攻坚统揽全县工作大局，立足资源优势，着力发展特色生态农业，形成以"果、牧、烟、菌、药"五大特色产业为主的产业格局。

农业龙头企业总数达到44家（其中：省级4家、市级14家）；农民专业合作社总数达到221家（其中：国家级3家、省级1家、市级30家）；家庭农场总数达到13家（其中：省级1家、市级4家），全县入社社员达到1.18万户2.4万人。累计完成"三品一标"等认证44个，其中无公害产品认证33个，有机产品认证5个，国家地理标志保护产品6个（卢氏黑木耳、卢氏连翘、卢氏鸡、卢氏核桃、卢氏蜂蜜、雏牧香畜产品）。国家生态原产地产品保护认证3个。商标持有量达328件（其中省级著名商标7个），注册地理标志证明商标2件。

先后荣获"国家级出口香菇质量安全示

范区""中国核桃之乡""全国优质烟叶生产大县""全国食用菌生产先进县"。

（三）休闲农游示范点日趋完善

全县休闲农业和乡村旅游点发展迅速，已建成农业观光园、民俗村、自然景点、人文景点、科普教育基地等各类农游点107个。农游示范点特色鲜明，遍布城乡，10条精品线路贯穿连接，成为省内外游客玩赏休憩的重要目的地。

农业观光园方面主要以精品示范基地建设为抓手，推进农游深度融合，将食用菌标准化生产基地、加工产业园、设施农业生产基地建成农业科普教育基地，将中药材集中连片基地建成旅游观光园，将特色蔬菜林果基地建成果蔬采摘园。共建成果蔬采摘园40个、科普教育基地5个、连翘观光长廊2个。民俗村主要依托厚重的历史、民俗文化、传统美食、豫西建筑风格，分布于各大景点和旅游线路沿线，通过对原有村庄进行环境整治和古村落保护开发，在房前屋后、道路两旁美化绿化，实现"三季有花、四季常绿"，成为休闲途中的重要驿站。自然景点方面主要是规划建设基础设施，方便通达，尽量保持原有自然风貌，打造"自由山水、清清卢氏"的卢氏旅游名片。人文景点方面主要是挖掘丰厚的历史内涵，让游客在轻松游览中受到教育启迪。

通过几年努力，初步形成三大乡村旅游观光带。北部丘陵（崤山）乡村旅游观光带，涵盖农游点19处，主要依托生态资源优势和农业产业基础，重点突出现代农业特色；中部（洛河）河谷乡村旅游观光带，涵盖农游点46处，一是以洛河两岸双龙湾景区、淤泥河美丽乡村、樱桃沟红石谷景区、凤凰山猕猴桃观光园为中心，重点突出休闲采摘、科普教育特色，着力发展都市生态农业；二是依托城隍庙、清真寺等历史文化底蕴深厚的景点，重点突出"千年古县"文化底蕴。南部高山（熊耳山、伏牛山）乡村旅游观光带，涵盖农游点42处，主要以熊耳山、玉皇山、大鲵湾为中心，重点突出户外运动、自然山水、休闲度假、红色教育，打造红色教育基地。

（四）传统文化发扬光大

通过深度挖掘、积极保护乡村传统历史文化资源，一大批传统村落、文物保护单位、非物质文化遗产得到很好的保护和传承，为乡村旅游注入丰富的历史人文内涵。

杜关镇民湾村、官道口镇瓮关村、朱阳关镇杜店村等3个村入选首批河南省传统村落名录；现有文物保护单位43处，其中全国重点文物保护单位1处，省级文物保护单位11处，市级文物保护单位31处；向国家、省、市申报非物质文化遗产项目8项。其中，卢氏剪纸被列入第一批国家级非物质文化遗产扩展项目名录，卢氏木版年画、卢氏锣鼓书、卢氏劳号被列入省级非物质文化遗产保护名录，汤河裸浴、卢氏光明麻片、卢氏面塑、卢氏十三花被列入市级非物质文化遗产保护名录，列入县级非物质文化遗产保护名录196项；剪纸艺人廉正义、郭东成、杨喜顺，木板年画艺人张德琰45人被批准为河南省非物质文化遗产项目代表性传承人，27人被批准为市级非物质文化遗产项目代表性传承人。

（五）美丽乡村宜居宜业

加快美丽乡村建设为乡村旅游发展创造必要条件。先后完成、修订村镇规划192个。其中县域村镇体系规划，官道口镇等乡（镇）总体规划16个，耿家村等中心村规划61个，东明镇东明村等新农村村庄规划76个，官道口新坪村等试点村村庄规划4个，官坡镇兰草村、文峪乡庙沟村、杜关镇荆彰村等美丽乡村规划32个，对五里川镇、官道口镇总体规划进行了修订。

建成省级美丽乡村示范村4个，市级示范村40个，美丽乡村示范村累计达到52个，环境卫生整治达标村达182个，改善农村人居环境建设美丽乡村工作处于全省先进行列。大力开展生态乡镇、生态村创建，争创国家级生态乡镇 1 个、省级生态乡镇 10 个、省级生态村 46 个、市级生态村 44 个。

（六）旅游节庆异彩纷呈

积极举办各类节庆活动，提升卢氏乡村旅游知名度，成功举办 10 届全国双胞胎漂流大赛、中国中西部（双龙湾）亲水狂欢节、豫西大峡谷连翘花节、淤泥河桑葚采摘节暨桑蚕文化节、豫西大峡谷萤火虫音乐节、黄河旅游节卢氏分场、豫西梅花节、第三届全国"百佳深呼吸小城"旅游文化节、手机摄影大赛、"靖华杯"全国征文大赛等活动，吸引了《中国旅游报》、《河南日报》、三门峡电视台等多家新闻媒体记者来卢氏县进行了专题采访报道。卢氏县已成为五一小长假、十一黄金周、暑期、春节等节假日周边晋、豫、陕、鄂等省游客理想的休闲旅游目的地，一大批品牌项目十分火热，如豫西大峡谷漂流在暑期已是一票难求。

组织各景区参加了中国（三门峡）国际黄河旅游节暨投资贸易洽谈会、西安丝绸之路国际旅游博览会、黄河金三角旅游推介会、中国北方十省市旅游交易会、海峡两岸旅游博览会、北京国际旅游博览会和晋陕豫黄河金三角旅游区域联合推荐活动等大型推介会，宣传和推介极大地提升了卢氏县休闲农业和乡村旅游的知名度和影响力。

二、主要做法

（一）健全工作体系

为加快推进全县休闲农业和乡村旅游工作，县委、县政府专门成立了县"三城联创"（创建全国文明县城、国家卫生县城、全国休闲农业和乡村旅游示范县）指挥部，由县委书记、县长挂帅，26 名县级领导任副指挥长，22 个相关职能部门一把手及各乡镇党委书记为成员，下设办公室，由副县长兼任办公室主任，相关职能部门领导任副主任，抽调精干人员组成 6 个科室，制定《创建全国休闲农业和乡村旅游示范县实施方案》《加快休闲农业和乡村旅游发展的实施意见》等各项文件，逐一明确职责任务、工作重点、时间节点，层层抓好落实。

（二）加大扶持力度

一是制定扶持政策。从土地、税收等方面予以支持。同时采取"以奖代补"，助力农游发展。通过对农游合作社、星级农家乐、A 级景区、旅行社等农业旅游经营主体予以奖励，激发干事创业的积极性。

二是整合资金，加大投入。加大农业、旅游、扶贫、林业、交通、水利、环保、美丽乡村、京豫对口协作等项目资金整合力度，着力加快基础设施建设，打造全域旅游。

三是大力招商引资。抓住脱贫攻坚机遇，加大休闲农业和乡村旅游重点项目的建设和招商力度，仅 2016 年就先后引进河南鹏鑫实业集团有限公司投资 5.7 亿元建设的大鲵湾生态旅游区、河南民魂旅游文化开发有限公司投资 5 亿元建设的官坡红色旅游项目、南阳客商投资 5 000 万元建设的凤凰山猕猴桃观光园项目、大唐风力投资 500 万元建设的碾子湾高山渔场项目等一批农游项目落户卢氏县。

四是加快农业企业转型发展。加大对农业龙头企业和新型农业经营主体的引导，结合乡村旅游，创造新的经济增长点，积极引导新型经营主体向乡村旅游这一朝阳产业转型。如信念集团投资 5 000 万元发展温室蔬菜种植，金海集团投资 5 亿元发展食用菌。

五是加大土地流转，发展适度规模经营。实行土地流转信息收集发布制度，定期更新发布土地流转供求信息。统一制定土地流转合同样本，并指导供求双方签订土地流转书面合同，引导全县新型经营主体发展多种经营。

六是开展旅游行业培训。利用雨露计划、

新型职业农民培训等培训旅游从业人员，提升接待服务水平。对旅游专干、旅游重点村农家乐经营户、所在村村干部、第一书记、有意愿经营农家乐的农户及贫困群众进行服务礼仪、烹饪技能、消防安全知识等培训；邀请省消防协会教官对全县 A 级景区、星级酒店、旅行社进行旅游从业人员消防安全等普及培训。同时多次组织外出考察学习，开阔眼界。

七是加大农游宣传，营造良好氛围。每年投入 1 000 万元，利用广告、网络、报刊、节会活动等方式进行全方位包装宣传，塑造"自由山水、清清卢氏"的旅游形象。

（三）科学编制规划

为指导全县休闲农业和乡村旅游发展，进一步明确发展思路、发展目标、功能定位、布局结构、保障措施和技术依托，先后投入 1 000 余万元，支持各景区及乡村旅游重点村编制规划 20 余个，已完成国家级生态县建设规划、全县旅游发展总体规划、旅游中心城区功能完善修建性详细规划、全县休闲农业和乡村旅游发展规划、大鲵湾生态旅游区旅游发展总体规划、朱阳关文化旅游区总体规划、东虎岭乡村旅游规划、中国生态艺术谷旅游规划、三门峡豫西百草园总体规划。初步形成以全县旅游业总体规划为引领、各景区规划及各乡（镇）村旅游规划为支撑的旅游规划体系。

（四）规范行业管理

为加强休闲农业和乡村旅游规范管理，推动星级创建，促进良性发展，全县制定了休闲农业和乡村旅游点食品安全、消防安全、入住登记、环境卫生、质量承诺等管理制度，按照《河南省乡村旅游经营单位星级划分和评定》等办法，指挥部、各创建责任单位定期进行督导检查。县政府将休闲农业和乡村旅游纳入责任目标考核，表彰先进，鞭策后进，形成创先争优的良好氛围，确保全行业无食品安全事故、无占用耕地和基本农田行

为，无污染破坏环境事件，无破坏农业生产发展休闲农业和乡村旅游现象。

（五）完善基础设施

2014 年以来，交通、水利、电力、环卫、电商、通信等农游配套基础设施极大改善。投资 6.78 亿元，建设县乡公路 132.58 千米，通村公路 305 千米，改造桥梁 1 931 延米（40 座）。209 国道纵贯南北，344 国道横贯东西，三淅、郑卢高速建成通车，蒙华铁路预计 2019 年建成。投资 1 585 万元，解决 28 个农游点的安全饮水、灌溉用水。整合美丽乡村建设资金 2.12 亿元投放到休闲农业和乡村旅游点建设，实施了"绿化工程""亮化工程"，打造"三线一廊"。投资 430 万元建设旅游厕所 29 个。抓住南水北调水源区建设的契机，投资 4 620 万元改善农村人居环境，建成公共厕所 218 座、无害化垃圾处理场 2 个、乡镇简易垃圾填埋场 79 个、农村污水处理设施 11 个、固定式垃圾池 1 069 个、购置移动式铁皮垃圾箱 1 203 个、大容量垃圾桶 1 903 个、垃圾专用运输车 66 台。投资 3 000 万元建成大众电商创业园，完成 5 个乡镇服务站、180 个村级服务站建设，电商已覆盖 75％以上的行政村，全县共有电商应用企业和合作社 62 家，个体网店 1 074 个，电商实体企业 35 个，实现了"网货下乡和农产品进城"的双向流通，电子商务年交易额 5.3 亿元。投资 3.89 亿元完善通信设施，新建基站 1 046 个，新建宽带端口 152 443 个，手机信号已覆盖 330 个行政村，352 个行政村实现光纤宽带接入，农村和城市的连接更加紧密。

湖北省大冶市

大冶市位于长江中游南岸，湖北省东南部，是全国闻名的青铜文化故里、矿藏荟萃之乡和保健酒基地。全市国土面积 1 566.3 平方千米，常耕面积 53 万亩、山场 79 万亩、水面 24 万亩，辖 10 个乡镇、1 个国有农场、

3个城区街道办事处，总人口95万人。

大冶市处在武汉、黄石、九江城市群之间，地理位置优越，对外交通便利。京九铁路、武九城际铁路、106国道、314和315省道从境内穿过；大广高速、黄咸高速在境内交会，与沪蓉、京珠、杭瑞等高速公路联通。"黄金水道"长江，浩浩荡荡流经市之东北隅。境内多高山、丘陵、河流、湖泊。光照充足，雨量充沛，山清水秀，物华天宝。

新的时期，大冶锐意进取，经济、社会建设取得了长足进步。大冶市深入推进城市转型，加快城乡统筹发展，先后被评为中国最具投资潜力百强县（市）、全国县域经济科学发展十大范例城市、湖北省园林城市，湖北省文明城市、湖北城乡一体化统筹发展标兵城市、湖北省文明城市、湖北省县域经济发展先进市，在全国县域经济基本竞争力评价中，实现"五年五进位"，现排名第83位。

一、发展成效

大冶市充分利用独特的自然资源、人文历史优势，发展特色农业，拓宽农业的功能，把农业与观光采风、民俗风情、农耕文化、乡村旅游、健康养生等相融合，休闲农业与乡村旅游已经成为大冶市经济新的增长点之一。

（一）发展速度快

大冶市依托区位、资源和产业优势，高标准规划、大手笔投入、强力度推进，促进农业功能不断拓展，大冶市休闲农业从无到有、从小到大、从弱到强，正步入加速发展的快车道，发展形势喜人，农业经济效益、生态效益和社会效益明显提高。截至2017年年底，全市有休闲农业经营主体284个，星级农家乐23家，休闲农庄49个，农业观光采摘园212个。其中省级休闲农业示范点5个，国家级休闲农业示范点1个。2016年全年接待游客460万人次，实现休闲农业与乡村旅游年总收入24亿元，安置农民就业1.5

万人，从业人员中农民就业率达到64%，带动农民人均增收2 509元。

（二）建设标准高

大冶市自然山水资源丰富，历史文化底蕴深厚，交通区位优势明显。随着新农村建设的不断深入，"乡村游""农家乐"的蓬勃发展和农业招商引资的"添彩加力"，休闲农业保持着强劲的发展势头，69个高标准、高规格休闲农业示范点建设正在有序推进和不断完善。一批标准高、基础好、设施全、功能齐、接待能力较强的休闲农业示范点的影响力逐步扩大，经济效益明显提升，品牌效应突显，龙凤山生态园度假村、秀水湾生态园、保安镇沼山村、万亩香料种植基地——楚天香谷、鑫东生态农业观光园示范基地等先后被评为省级休闲农业示范点，其中龙凤山生态园度假村被评为国家级休闲农业示范点。同时，将各休闲农业点"穿点成线"，规划开发了以农产品采摘游、赏花休闲游、亲水垂钓游、农耕体验游等为主题的休闲农业精品旅游线路10余条。

（三）投资规模大

大冶市的区位优势和山水丰富的资源优势，培育了刘仁八龙凤集团、茗山楚天香谷、金牛金华山庄、金湖生态园、大箕铺鑫东公司等一批本土农业企业发展休闲农业。同时创新招商方式方法，积极引进重大战略投资者，先后成功引进北京德丰利达、江苏枫彩、北京乐祥等一批实力雄厚的知名企业落户大冶市，一批投资亿元以上、建设规模千亩以上的项目正有序建设和推进，且投资力度及规模正逐年加大，大冶市休闲农业建设的规模化、标准化、产业化的发展趋势日益明显。全市已开工休闲农业投资总额达亿元以上项目12个，投资总额达61.2亿元，土地流转规模均在1 000亩以上；签约项目15个，总投资额达30多亿元，计划流转土地面积3万亩。

（四）融合模式多

大冶市按照"政府引导、农民主体、社

会参与、市场运作"的工作思路，创建形成了多种特色鲜明的休闲农业发展模式，其中以鑫东公司为代表的"农商旅结合"集现代农业科技示范园、农业观光采摘园为一体的高科技农业展示模式，以龙凤山公司为代表的"农文旅结合"集农耕文化和红色文化于一体的特色文化旅游农业模式，以瑞晟公司为代表的"农工旅结合"集农产品加工和农业观光于一体的三产融合模式，以保安镇沼山村、秀水湾为代表的"农旅结合"集乡村秀丽自然风光观赏和农事体验为载体的田园水乡体验模式最为突出。

（五）范围覆盖广

大冶市休闲农业覆盖范围广、涵盖产业多。现已基本形成了覆盖金湖街办、陈贵镇、灵乡镇、金牛镇和茗山乡，集高效花卉、香料种植、休闲观光等功能于一体的现代种植业、多功能生态产业发展示范片区；覆盖殷祖镇、刘仁八镇，集休闲、度假、娱乐和特色文化体验等功能于一体的果蔬园艺展览、农耕文化体验示范片区；覆盖还地桥镇、东风农场、保安镇，集特色农业种植、水产养殖和休闲垂钓、餐饮娱乐等多功能于一体的休闲山庄、度假村为主的综合型休闲农业、乡村旅游示范片区。

二、主要做法

（一）坚持规划引领，掀开休闲农业与乡村旅游发展"新篇章"

一是注重"多规合一"。坚持"全域规划"原则，聘请专家教授科学编制《大冶市休闲农业与乡村旅游发展规划》，并加强与"十三五"国民经济和社会发展规划、城市总体规划、土地利用规划、乡镇总体规划的衔接。强化规划的实施与监督，维护规划的权威性和严肃性，坚决不引进不符合规划的产业。

二是注重目标定位。大冶市委五届八次全会作出了以生态富民为目标，全面加快"生态文化旅游、健康养生养老"产业发展的决议，努力把大冶打造成武汉城市圈的"生态旅游新区、养生养老新城"。构筑"一轴四区十线"的发展格局（"一轴"指的是由省道314和省道315构成的东西走向的轴线。"四区"指的是高科技农业展示区、高标准农业示范区、红色旅游度假区、田园水乡休闲区。"十线"指的是美丽乡村游线、休闲农业游线、有机农业游线、民俗民风游线、生态养生游线、青铜文化游线、高科技农业游线、高标准农业游线、湖泊自然风光游线、山川自然风光游线），努力实现城乡统筹发展，区域协调发展。

三是注重因地制宜。突出镇村现代农业产业优势、区域特点和资源禀赋，努力构建各具特色的休闲农业与乡村旅游产业发展格局。全市已形成以鑫东生态农业示范园、环保安湖枫叶情生态园、保安镇沼山村狗血桃基地、金山店镇向阳村香李示范园为龙头的休闲农业示范园和以刘仁八镇栀子黄、陈贵镇红豆杉、茗山乡玫瑰花为代表的观光农业体系。规划设计了农产品采摘游、生态健身游、亲水休闲游、花卉观赏游、民俗体验游、青铜文化游、农耕文化游、红色文化游等10余条休闲农业与乡村旅游精品线路，将分散的休闲农业示范点和乡村旅游景点"串点成线"，引领全市休闲农业与乡村旅游快速健康发展。

（二）坚持项目带动，培育休闲农业与乡村旅游发展"增长极"

一是引"外资"，夯实项目支撑。立足休闲农业与乡村旅游产业基础，创新招商方式方法，积极引进重大战略投资者，重点引进休闲度假、健康养生、主题游乐、医养结合等新兴业态项目，先后成功引进一批实力雄厚的知名企业落户大冶市。鄂旅投投资120亿元布局铜绿山，武汉当代投资100亿元瞄准保安湖生态新区，北京德丰利达投资30亿元建设小雷山旅游景区，江苏枫彩投资20亿元建设保安湖四季彩色生态观光园，北京乐祥财富投资10亿元建设梅红康养度假区。

二是抓"内资"，撬动民间资本。按照"谁投资、谁受益"的原则，鼓励和支持各类民间资本以投资、控股、参股、并购、重组、项目合作等多种方式，开发旅游资源、建设旅游基础设施和经营旅游景区。先后培育了金牛金华山庄、金湖劲牌生态园、刘仁八龙凤山庄、茗山楚天香谷、大箕铺鑫东公司等一批本土休闲农业企业。

三是强配套，提升服务水平。建设一批规模大、设施齐、功能全的四星级以上饭店、特色主题酒店、旅游度假村、乡村休闲农庄，全面提高大冶市的旅游接待能力和档次。近年来，大冶市投入休闲农业与乡村旅游领域资金达 30 余亿元。2016 年，大冶市新增 4 个国家 3A 级景区，被评为全省旅游发展先进县（市）。

（三）坚持品牌建设，释放休闲农业与乡村旅游发展"强效应"

一是做大园博品牌。大冶市首开乡村园博会之先河，成功举办了中国·首届乡村园艺博览会，会期一个月，总投资 3.8 亿元，规划面积 45 平方千米，涉及茗山等 4 个乡镇 25 万人，参观人数逾百万人次，实现旅游总收入 3.5 亿元。近年来，围绕"月月有花、季季有果，一月一主题、一镇一品牌"的要求，大冶市已成功连续举办三届中国乡村园博会，每年还举办了樱花节、桃花节、油菜花节、采桃节、荷花节、玫瑰花节、香李节、垂钓节、年货节等农事节会活动 10 余次，"乡村园博"已成为大冶的特色品牌。

二是擦亮产品品牌。以市场化、品牌化、特色化为标准，积极开发特色旅游产品。玫瑰香油系列产品和保安狗血桃、马叫荞麦粑、殷祖印子粑、金柯辣椒等地方传统特色农产品广受消费者青睐，金牛千张、谈桥豆豉等产品已获湖北名牌产品称号。

三是做强示范品牌。上冯村入选全国美丽宜居示范村庄，灵乡镇、陈贵镇、刘仁八镇分别被评为湖北省森林乡镇，小雷山村、坳头村、谈桥村等 39 个村被评为省级休闲农业与乡村旅游示范村，沼山村、彭晚村被评为全省新农村建设示范村。

（四）坚持全面营销，充分利用网络媒体开拓市场

加大大冶市休闲农业与乡村旅游宣传推介力度，积极对接美丽乡村、湖北味道等"快乐乡村游"系列活动。与村游网开展全方位合作，通过整合大冶市旅游景区、星级酒店、星级农家乐、特色旅游商品等休闲农业与乡村旅游产业资源，打造可宣传、可展示、可推广、可销售的大冶旅游公众号。及时掌握游客对大冶市旅游产品的评价，及时分析乡村旅游市场动向，引导全市乡村旅游科学有序发展。发挥传统媒体优势，与《东楚晚报》开展长期合作同盟，开辟"东楚乡约"专栏，定期展示大冶市乡村旅游特色、推介乡村旅游线路、宣传乡村旅游节庆活动，让大冶市乡村旅游在黄石及周边地区形成乡村旅游必选大冶的效应。

湖南省平江县

平江县地处湘、鄂、赣三省交界，长江中游城市群"绿心"和长株潭城市群"绿肺"核心区域，属国家扶贫开发工作重点县，著名革命老区县。总面积 4 125 平方千米，辖 24 个乡镇和一个园艺示范中心，耕地面积 85 万亩，山林面积 432.3 万亩，森林覆盖率 63.2%。总人口 112 万人，其中农业人口 69 万人。尚有贫困村 137 个，贫困人口 81 050 人。平江县地理位置优越，京广沿线、平汝高速、平益高速、蒙华铁路穿境而过，交通便利。现有各类旅游资源 490 处，其中自然旅游资源 195 处、人文旅游资源 295 处，资源总量之大、种类之全、品级之高、独特性之强，在全国县级行政区中较为少见。拥有联合国绿色产业示范区、全国生态建设示范区、福寿山—汨罗江国家级风景名胜区、石

牛寨国家地质公园、幕阜山国家森林公园、北罗霄国家森林公园、黄金河国家湿地公园等多张"国字号"生态名片，荣获全国首批国家全域旅游示范区创建单位、全国第二批国家旅游业改革创新先行区及全省旅游产业发展十佳县称号，发展休闲农业和乡村旅游具有得天独厚的优势。

一、发展成效

（一）加快了农民脱贫致富的步伐，增强了县域经济实力

2016 年，休闲农业观光 3 250 多万人次，实现旅游综合收入 89 亿元，占全县 GDP 的 22%，直接创税达 5 000 万元；带动相关产业发展，间接创税达 2.3 亿元，提供就业岗位 2 000 余个，全县参与旅游经营服务人数达 3 万余人，群众增收 24 亿元，人均增收 2 180 元，帮助 2.7 万余贫困人口脱贫。经过几年的努力，取得了较好的成效。

（二）改善了农村的基础设施、生态环境和卫生环境

休闲农业和乡村旅游需要对道路，水利，通信进行升级改造，对土地进行必要的整理。需要栽植树木和花卉进行美化，安装路灯进行亮化，需要对生产生活垃圾进行及时、有效的处理。实施了 S308 龙门至安定段和城区道路油化改造工程，高标准新建了龙门至石牛寨、幕阜林场至老龙沟景区、杜甫墓祠景区旅游公路，安定横冲、自在平江公路"白改黑"，国富村、普安村等 10 个旅游扶贫村硬化道路公路 60 多千米，修缮冠军大屋、黄泥湾大屋、坪上书屋等古民居 20 余栋。这些对于当地农村经济的发展起到了积极的作用。

（三）推动了产业融合

通过引导全社会参与，带动相关产业融合发展。实行"公司＋合作社＋精准扶贫户"等模式引导全社会创业，发展特色产业庄园 8 家、创客 e 族 12 家、乡村旅游创业合作社 51 家、青年乡村旅游创新基地 34 个、农家

乐和农家宾馆 800 多家、旅游商品生产企业和作坊 2 000 多家。围绕"吃住行游购娱"等要素延伸产业链条，支持发展特色产业、带动全县相关产业创税达 3 亿元。被评为"中国面筋食品之乡"和"全国食品工业强县"；"平江酱干"获评中国地理标志证明商标，"山润山茶油"等 5 个品牌获评中国驰名商标；与阿里巴巴集团成功签订湖南首个全国第二个农村淘宝和智慧县城战略合作协议。

（四）加快了项目建设

自在平江完成投资 1.5 亿元，建成了山舍组团、双溪书院、叽子坪等项目之后，长寿镇砂岩水库签订了 5 亿元的投资开发框架协议，十里长坡签订了 37 亿元的幸福小镇项目框架协议。正在洽谈的意向项目有秀美毛田农业公园、杜甫文化园、福寿山风情水镇、上塔市镇九彩石溪等 20 多个项目。

二、主要做法

（一）规划先行，党政促动

把科学规划作为休闲农业和乡村发展的先导，在"十三五"规划和政府报告中，将休闲农业和乡村旅游业发展作为脱贫攻坚和县域经济发展的重点和主攻方向，同时将休闲农业和乡村旅游纳入全县旅游整体规划，有序发展，确定了打造"三区三带"休闲农业和乡村旅游走廊的基本方向，着力打造汨罗江沿岸生态景观区、现代农业观光区、特色生态农业体验区和连云山、福寿山、幕阜山生态观光农业产业带。形成八大特色休闲旅游景区：天岳幕阜山高山休闲旅游度假旅游区、大石牛寨山林文化体验旅游区、长寿镇红色教育、采矿体验旅游区、连云山山水运动探险旅游区、安定镇文化回归之旅旅游区、城关镇"百里汨江"生态景观旅游区、十里长坡健康幸福产业旅游区发展思路，编制了《平江县 2017—2025 休闲农业和乡村旅游发展规划》《平江县全域旅游发展规划》《平江县乡村旅游产业扶贫规划》。规划了运

动休闲、红色体验、农耕体验、生态观光、文化情怀、特色新业态等精品旅游线路，初步形成了吃、住、行、游、购、娱乐等要素齐全的休闲农业和乡村旅游产业体系，确保了全域开发建设的科学性、合理性。

制定出台了《关于促进旅游产业转型升级的决定》《平江县旅游产业发展五年（2016—2020）行动计划》《平江县创建全国休闲农业和乡村旅游示范县实施方案》《平江县加快现代庄园经济发展的实施方案》《平江县景区管理办法》《平江县2017年旅游产业发展工作考核办法》等7个文件；在发改、农业、交通、水务、林业、国土、环保、工信、住建、文化等10个部门和24个乡镇设立专门的乡村旅游发展办公室。

（二）实施景村联动，打造绿色生态农业产业带

建立了"政府主导、企业支持、群众获益"的利益联结机制，政府鼓励和支持群众依托景区发展特色种植、特色养殖、餐饮住宿、特色旅游商品，景区企业负责优先吸纳贫困户劳动力就业，收购贫困户农副产品、贫困户用宅基地、林地、土地入股，取得经营分红收入。全县已发展27个特色产业园，其中省级以上现代农业特色产业园3个，面积5万余亩。1 000多家农民专业合作社，创建国家级示范社9个、省级示范社16个、市级示范社8个，重点打造大石牛寨花海、连云茶谷、高山茶庄、欢乐果世界、玉兰湾有机农业观光园、秀美茅田农业公园、虹桥世外菊园、天岳幕阜山樱花世界等知名休闲农业点（园），以及杜甫墓祠、自在平江、坪上书院、纯溪小镇、秀美白寺村、茅田村等一批知名民俗和文化休闲点。有连云福星等7个农产品商标认定为全省著名商标，玉峰食品、旺辉食品、山润油茶、金寿制药、九狮寨茶叶等荣获中国驰名商标，玉峰、程荣、九狮寨、友人家等16个农产品评定为湖南省名牌产品。发展有机农产品企业3个、绿色食品企业5个、无公害农产品1个。形成10多个乡镇近150个村的休闲农业产业带和聚集区。石牛寨景区周边6千米范围内现有床位3 000余张，农家乐、土菜馆400余家，年收入100万元以上的乡村旅馆、农家乐、民宿点在100家以上，当地农民增收1.5亿余元，人均增收6 000元。

（三）推进民宿发展，全力打造美丽乡村

争取各级政府重视，整合资金20多亿元，实施S308龙门油化改造工程，新建龙石公路和老龙沟、杜甫墓祠景区公路。投入5 000余万元，新建乡村旅游厕所14座，完善福寿山、连云山、自在平江、横冲村等景区游步道、停车场、污水处理等公共服务设施。结合新农村建设和美丽乡村建设，县域内的休闲农业（园）点做到通路、通水、通电、通信网络畅通、有路标、指示牌、有停车场、住宿、餐饮、娱乐、卫生等基础设施，都要求达到相应的建设规模和公共安全卫生标准。建设农村生产和生活垃圾、污水处理设施，实现无害化处理和综合利用。推进规范新农村建设，加大生态环境和古建筑、古民居、古村落等特色资源保护力度，把每一个村落作为一个景区，每一户居民作为一个景观来打造。成立了乡村民宿运营管理公司，出台了《鼓励乡村居宿发展管理办法》，投入资金1 000万元，重点扶持打造了安定镇横冲村、长寿镇国富村、石牛寨镇普安村等10个特色鲜明、初具规模、知名度较高的特色旅游民宿村试点。

（四）抓住深厚的红色和蓝色文化底蕴

平江县是全国著名的革命老区和四大将军县之一，曾发生"秋收起义""三月扑城""平江起义""平江惨案"等重大革命历史事件，"韶山—宁乡—平江"被确定为全国首批30条红色旅游1号线路，平江起义旧址及纪念馆被列为全国首批100个红色旅游经典景区之一，以及新四军平江通讯处旧址、湖南省苏维埃政府旧址等一批红色旅游文化点。

平江县同时也是湘楚文化的重要源头之一，自东汉建县至今有 1 800 多年历史，流经平江 193 千米的汨罗江是一条世界文化名江，承载着"诗祖"屈原和"诗圣"杜甫两位世界文化名人的忠魂与文韵，被誉为"蓝黑水的上游"，九龙舞被列为国家非物质文化保护遗产。平江是全省文物大县，馆藏国家一级文物 4 件、二级文物 10 件，有国家重点文物保护单位 2 处、省重点文物保护单位 11 处。近年来，依托景区辐射、树立典型、培育品牌，强有力地推动了休闲农业和乡村旅游业的发展。达到以点促线带面的效果。

（五）加大投入，支持休闲农业和乡村旅游实体的发展

自 2015 年以来，出台了《关于加快休闲农业和乡村旅游发展的意见》《平江县乡村旅游产业扶贫规划》等规范性政策文件，鼓励支持农村专业合作经济组织，工商业主和农业产业化龙头企业等资本，采取独资、参股、合作等形式开发建设休闲农业项目。全县休闲农业和乡村旅游项目开发累计投入 20 亿元，其中社会资本在 15 亿元以上。

（六）加强市场推广

2016 年成功主办了首届"2016 湖南夏季乡村旅游节"和"环行洞庭""神奇大湘北"等系列营销活动。有全国 30 多家主流媒体和 20 家电视台以及 20 多家旅行社参加和宣传报道。吸引了 5 万多名游客的参与。实现了平江县休闲农业和乡村旅游品牌的大营销、大影响、大传播。

广东省珠海市斗门区

珠海市斗门区地处珠江三角洲，东临中山市，北倚江门，南与澳门水域相连，是中国对外贸易的门户之一。珠江出口的八大门，其中有磨刀、坭湾、虎跳、鸡啼、崖门五道注斗门，形成了斗门这片海湾河口，广袤肥沃的平原绿洲。由于自然和人文历史的积淀，斗门区旅游资源融山、水、海、岛、泉、寺、文、史、迹于一体，风景迷人，水网密布，山川秀美，物产丰富，是典型的岭南水乡，有大片的生态保护区域和风景名胜、文化古迹等宝贵的旅游资源，是不可多得的旅游胜地。

一、发展成效

近年来，得力于自然和人文景观优势，在区委、区政府的高度重视下，在全区人民的团结努力下，斗门区的休闲农业与乡村旅游产业快速发展。2016 年，斗门区旅游业总收入 10.6 亿元，农业总收入 71.28 亿元，休闲农业收入较往年也有明显提升。全年共接待游客 633 万人次，其中接待留宿游客 136.2 万人次，同比分别增长 11.9%、10.6%。

斗门区农业旅游正处在观光农业旅游转变为休闲农业旅游，并向创意农业旅游发展的阶段。自 2016 年初斗门区旅游发展总体规划发布起，斗门区农业旅游的游客快速增多，农业旅游已经成为周边地区游客中短线旅游的选择，农业旅游景点数量不断增多，质量提升明显，类型逐渐丰富，基础设施的建设已趋于完善，地面道路基本实现硬化，观光农业已基本升级发展为休闲农业，部分景点已实现创意农业，斗门区农业旅游品牌开始通过广告、大型旅游文化活动等形式创建起来，知名度大幅提升。

截至 2017 年年末，全区年接待游客将突破 1 000 万人次，自驾游客 500 万人次，旅游总收入达到 30 亿元，相比 2013 年翻两番，其中乡村旅游年接待游客总量达到 500 万人次，乡村旅游业收入达到 10 亿元。

二、主要做法

（一）以政策支持推进规划发展，以项目建设为重点

斗门区高度重视休闲农业与乡村旅游建设，成立了专门的领导小组。在建设中，通

过政策支持和招商加速推进项目的建设与景点的升级改善。一是智慧旅游平台建设。进一步以"大数据＋旅游"为核心，搭建管理服务支撑、短信营销宣传、微信公众号客户扩展维系及大数据分析展示等4个平台，逐步形成一个比较成熟的智慧旅游发展模式，为全面推进智慧城市发展奠定基础。二是游客服务中心建设。推动完成斗门旧街游客服务中心建设，夯实旅游发展基础，完善旅游服务体系。三是导视系统示范段建设。选取合适路段，建设旅游空间导视系统示范区域，打造全域旅游景观路，为游客和市民提供更贴心、更完善的城市服务。四是旅游项目平台建设。召开旅游专题招商会，推动文旅集团全面运作，使其真正成为推动旅游产业发展的"加速器"。继续开展旅游产业发展专项资金申报，鼓励社会力量参与旅游产品提质建设，形成全社会参与旅游发展的良好局面。

（二）旅游产业集中导入，打造"斗门模式"的产业链

把发展民宿作为改变乡村面貌的最重要推手，推动斗门旅游经济发展的新引擎。聚集资本、运营、农户、村集体、设计者、客源等多方力量，按照"资本＋合作平台＋农户"模式，建立闲置农宅合作管理平台，以租赁、入股、众筹、合作经营等方式，盘活农村闲置房屋，打造休闲旅游、养老度假、娱乐营地等产业链条，实现农民收入增加、村集体经济壮大、社会资本获利、政府社会效益提升的多赢局面。建立统一经营管理、统一分配客源、统一结算的民宿标准化管理体制，健全民宿行业自律自治机制，促进民宿经济健康发展。以民宿发展平台为试点先行，逐步推广至旅游手信、农副产品等领域，让村民积极主动参与平台搭建及产业发展，以合理制度机制充分保证农民收益最大化，实现旅游产业发展带动村民自治和社区营造的有益尝试。实现村民组织化、资源资本化、产业体系化、项目运营化的新旅游发展路径，

实现土地资源集约利用、村民集中居住、城市功能集中配套、城乡特色集中融合、城乡文明融合发展、资本集中下乡、产业集中发展的良好发展局面。走出一条乡村旅游发展的"斗门模式"。

（三）加大品牌宣传，深化品牌建设

一是以统一的标识和传播形象，传递一致的品牌信息，迅速树立斗门旅游品牌形象。二是阶段活动再深化。2017年，斗门区举办2017斗门乡村旅游年活动，办好莲江音乐节、乡村旅游节、水稻收割节等集休闲、养生、体验于一体的品牌活动，利用"花""乐""食""稻"为主题的季节性活动，强化"身体放松、精神升华、身心享受"的自在斗门品牌形象。三是创新活动增价值。创新开展"旅游活动＋"，适时推出与公益、创客、产业、新农村建设等跨界融合的旅游活动，丰富活动内涵，提升自在斗门品牌价值。

（四）以宣传营销为抓手，扩大市场影响力

按照"面向全中国、重抓珠三角"的市场开发思路，实施"区域联合"的营销模式，推进与珠三角周边城市在旅游形象整合、产品线路开发、客源市场推广等方面的合作，不断扩大区域品牌影响力，实现区域板块共赢。精心策划和制作一批形象鲜明、定位精准的旅游宣传品，加强与电视、广播、传媒广告等主流媒介合作，在码头、车站、主要交通干道、城市广场等人流密集处投放旅游形象宣传广告，增强宣传的针对性和有效性。大力开展"线上＋线下"宣传推广活动，以线下媒介为主，线上媒介为辅，做好与主流媒体、网络媒体的多重合作。强化网络营销，以智慧旅游平台为依托，促进"斗门旅游"App等信息平台与服务商家及游客的对接，对旅游宣传及营销进行精准分析和定点投放，逐步形成宽平台的旅游网络推广营销系统。

（五）以文化内涵为基底，创设长效平台

文化是旅游的灵魂，也是发展旅游的内

在驱动力，要赋予斗门旅游深厚的文化内涵，才能永葆生机。一要注入宋文化元素。挖掘斗门古镇的宋文化底蕴，邀请中国知名作家、学者开展"畅说斗门宋文化"专题活动，策划开展宋文化专题旅游线路。二要注入美食文化元素。以斗门美食为突破口，绘制美食地图，策划美食系列故事及活动，从美食背后的制作工艺和文化传承入手，制作美食系列推广短片，借由美食窗口提升斗门旅游品牌认知度和影响力。三要注入传统文化元素。发挥斗门非遗文化特色优势，开展传统民风民俗及传统技艺的展示，让传统文化与旅游有机结合，充分展现独特的斗门旅游魅力。

（六）以文旅集团组建为契机，大力促进文旅集团服务区域旅游发展，发挥产业规模化建设带动作用

根据区文旅集团组建和运营情况，加快产业体系的构建和项目的自主开发。针对资源、市场、资本、项目、运营等一系列产业链，形成并加快推动文旅集团项目开发和资源资金资本转化，搭建斗门旅游产业发展平台，利用文旅集团运营的自主性和灵活性，最大限度地撬动社会资本和资源集聚，加快斗门自有资源开发。合理通过金投、城建、文旅集团的交叉复合发展作用，做强旅游产业，夯实产业基础，挖掘市场潜力，形成以国资部门监督监管、旅游部门行业管理、市场机制调节优化的文旅集团发展模式，助推区域产业经济的繁荣发展。

（七）以科学管理为保障，推动斗门旅游管理机制建立

配齐硬件设施，建立旅游监管电子影像系统，实现行业管理和应急反应的智能化、迅捷化、科学化。建立乡村旅游规范化管理标准，开展标准化体系建设，引导企业自觉自主提升品牌创建和服务意识。建立健全隐患排查治理长效机制，有序开展安全生产督查，营造舒适安全的旅游环境。积极、妥善处理各类旅游投诉，推进平安旅游创建工作。开展文明旅游主题活动，加强宣传引导，推进文明旅游进酒店、进景区、进企业，切实增强广大群众和游客的文明旅游意识。加强指导培训，提升行业管理水平和从业队伍素质，助力斗门旅游形象营造。引导协会充分发挥行业自律、产业服务和利益协调职能，促进旅游行业健康有序发展。

重庆市涪陵区

涪陵——古巴国故都，坐北纬 30°之物华天宝，集长江、乌江之钟灵毓秀，因乌江古称"涪水"、全国最大的巴国王陵群于此而得名，是一座神奇而拥有两千多年历史的文化名城。辖区面积 2 942 平方千米，人口116.4 万人，有世界榨菜之乡、中国绿色生态青菜头之乡、中国绿色生态龙眼之乡、国家级页岩气示范区、千里乌江第一城的美称。近年来，涪陵区强力推动休闲农业和乡村旅游发展，铸造了"神奇巴国故都·魅力休闲涪陵"的旅游形象，正在成为长江上游重要旅游目的地和全国知名旅游胜地。

一、发展成效

一是旅游产业经济强。2016 年，全区休闲农业和乡村旅游共接待游客 1 033 万人次、总收入 62.4 亿元，游客量、收入近三年平均增速为 26.3%、37.3%，增速远高于全区其他产业。二是景区景点数量多。累计建成休闲农业和乡村旅游聚集村 108 个、示范点114 个、精品线路 24 条、精品景区 20 个，全区休闲农业和乡村旅游景点、景区实现了区域性、季节性、内容性的全覆盖。三是旅游品牌名气大。涪陵区已成功创建国家 4A级景区 4 个，创建休闲农业和乡村旅游全国示范点 2 个、市级示范乡镇 1 个、市级示范点 3 个。相继培育出"大木花谷、坪上花溪、巴山夜雨、古今花海、万松里民宿村、祥和

兴生态农庄、卉杰桃花源"等重庆乃至全国有名的休闲农业和乡村旅游品牌。四是拉动农民增收快。截至 2016 年年底，涪陵区休闲农业和乡村旅游农民从业人员达 16.9 万人，带动全区农民人均纯收入近 4 000 元、约占总收入的 32.5%。尤其是依托贫困村高山生态自然资源优势，在全市率先探索实践乡村旅游精准扶贫模式，先后打造乡村旅游扶贫示范村 20 个，涪陵区被评为重庆市乡村旅游扶贫示范区。五是示范带动效果好。相继探索了土地入股型、景区辐射型、产业依托型、历史文化型、创意体验型、休闲养生型、园区带动型等七大休闲农业和乡村旅游带动农民增收致富的机制模式。特别是涪陵区南沱镇竹泰专业合作社以农村土地经营权折价入股发展农业产业化经营，实行"保底分红＋产品收入＋效益分红＋旅游副产收入＋务工收入"的五级综合收入机制，被纳入农业部在全国 7 个区（市、县）开展的"农村土地经营权入股发展农业产业化经营"试点之一，成为全区农村一二三产业融合发展的典范。

二、主要做法

一是科学编制发展规划。涪陵区紧紧围绕"巴渝原乡——涪陵休闲乡村游，看山望水忆乡愁"发展理念，科学编制了全区休闲农业和乡村旅游发展总体规划，营造游子回乡、都市寻乡、易地思乡的巴渝原乡情怀。二是不断健全工作体系。成立有区级层面的休闲农业和乡村旅游议事协调机构和行业协会，加强行业规范管理，加入全市旅游联盟，涪陵区在 2016 年被推选为重庆渝东北区域旅游协作组织轮值主席单位。三是建立完善扶持政策。区政府先后出台了扶持政策近 10 个，在要素保障、资金投入、激励机制、人才队伍建设等方面支持鼓励全区休闲农业和乡村旅游发展。四是大力夯实基础设施。全区基本建成了区外来客高速行、区内游客畅快达、景点之间路互通的交通基础设施网络，

各景区和景点水、电、通信网络实现全覆盖，住宿、餐饮、娱乐、卫生、路标、停车场等基础设施规范达标。2016 年，全区完成旅游项目投资 90.2 亿元、比上年增长 38.3%。

四川省遂宁市船山区

船山区位于四川盆地中部，涪江中游。西连成都，南接重庆，东邻南充，北靠绵阳，钟灵毓秀，活力四射。自东晋置县 1 700 多年来，船山历为郡、府、州、县、专署治所，素有"东川巨邑""小成都"之称，是遂宁市政治、经济、文化中心。区建制始置于 2004 年，辖 7 镇 4 乡 14 个街道办事处，辖区面积 618 平方千米，总人口 70 万人。

船山区是中国白芷之乡、国家级出口肉用猪质量安全示范区、全国农产品加工创业基地、全国标准化绿色生猪生产基地、全省农业产业化龙头企业集群发展试点区、全省发展现代畜牧业重点县、遂宁市统筹城乡综合配套改革唯一试点区。

一、发展成效

（一）产业基础不断夯实

在休闲农业和乡村旅游产业发展中，船山区始终把现代农业基地建设放在第一位，坚定不移地发展"优质粮油、绿色果蔬、生态养殖、花卉林木、乡村旅游"等五大主导产业，以现代农业基地建设为休闲农业和乡村旅游产业提供丰富产品。全区已建成绿色蔬菜基地 14 万亩，特色水果基地 8.5 万亩，高效经济林基地 5 万亩，标准化养殖小区 45 个。积极加强配套基础设施建设。

通过整合项目资金、市区财政配套、社会资金投入共计 32 亿元，强化了农业产业基础设施建设，完善了各休闲农业和乡村旅游景区（点）游客中心、步游道、游憩设施，旅游厕所和停车场建设；开通了龙凤古镇旅游区、圣莲岛荷博园旅游公交专线；增设了

主干公路、景区道路的引导标识系统，规范设置了交通指示牌、景区导向牌、全景图、导览圈、指示牌、提示牌、警示牌等各类标识牌；完善了旅游区（点）的供电、供水、通信、环保、医疗卫生等设施，实现休闲农业和乡村旅游景区全覆盖。

（二）服务体系不断完善

大力加强从业人员素质培训，全区多次组织各景区、星级饭店、农家乐、乡村酒店、旅行社等从业人员，从经营管理、服务技能、讲解技能、旅游知识、标准化建设等方面进行了培训，培训率达 100%；区农业和旅游主管部门会同各乡镇，对进入休闲农业和乡村旅游业的农村劳动力开展了订单式和储备式培训，培训人数达到 1.85 万余人次，培训率达 80% 以上，培训合格率达 90%。创新"互联网＋"模式，积极发展农村电商，与阿里巴巴、苏宁易购、天虎云商等电商平台合作，依托四川顺意通物流有限公司，在全区建成 77 个电商服务站，建立了强大的产品推介平台。

（三）产业增速持续加快

全区以城市近郊、风景区周边、快速通道沿线等为依托，大力发展综合性休闲农业园区、农业主题公园、休闲农庄、特色村落等休闲农业新型业态，努力打造多功能都市现代农业产业新模式。2016 年底，船山区农村经济总收入为 35.56 亿元，其中休闲农业和乡村旅游业收入已达 7.27 亿元，已成为船山区农业经济发展的主导产业。

区内旅游收入保持持续增长：2014 年以来，船山区旅游收入增速在 18.5% 左右，接待国内游客年均增速在 22.3%。2014 年全区休闲农业和乡村旅游收入 5.2 亿元，游客接待量突破 165 万人次；2015 年全区休闲农业和乡村旅游收入实现 6.13 亿元，旅游接待人数达到 205.5 万人次；2016 年全区休闲农业和乡村旅游收入实现 7.27 亿元，旅游接待人数达到 252 万人次。

（四）产业资源丰富多样

一是旅游线路和景点不断增多。围绕服务于都市，以永河生态田园观光、唐桂农家生活体验、龙老复康体休闲养生 3 条精品旅游大环线为依托，以平台建设为契机，依托本地山水资源禀赋和现代农业基地，坚持农村经济发展与休闲、旅游、文化互动融合的发展理念，打造了休闲农业和乡村旅游精品线路 17 条，拥有以十里荷画、荷博园、龙凤古镇等为代表的休闲农业和乡村旅游点景点 120 个。

二是旅游产品不断丰富。依托船山区现有豆腐皮、英雄牌卤肉、屈麻花、南门土豆片、呙凉粉、观音素麻花、卓筒鸡、豆瓣鲫鱼、宫保鸡丁、芥菜春卷、豆腐干等丰富的乡村美食资源，打造具有浓郁乡土味道的美食体验产品体系，形成"舌尖上的船山"美食品牌；大力推进"三品一标"认证，培育无公害、绿色、有机及地理标志认证 42 个，其中中国驰名商标 2 个，国家地理标志产品 3 个，四川省著名商标 11 个，全区获得四川省首批无公害农产品基地整体认定；实施品牌战略，以农产品区域品牌"遂宁鲜"为统揽，成功打造"保生香""惠丰牌""川珂"牌等乡土品牌和知名商标 35 个，品牌农产品已成为全区休闲农业和乡村旅游的畅销品；大力鼓励种养龙头企业发展食品精深加工，发展以"高金"食品、"美宁"食品、"银发"白芷、"菌绿"海鲜菇、"可士可"NFC 橙汁等加工农产品 16 个；科技助农特色鲜明，积极与西南大学、中国科学院柑橘研究所、四川农业大学、四川省农业科学院等 10 家科研院校建立合作关系，建成"可士可"柑橘良繁中心、"四川菌绿"食用菌研发中心、"百绿盛"牛樟研发中心 3 个，提高精深加工水平和多层次转化增值能力，着力精品高端路线打造休闲农业和乡村旅游优势品牌。

三是各类经营主体不断涌现。船山区形成了都市农业休闲、乡村观光与休闲、乡村度假、健康养老等较为完整的旅游产品体系，以专业合作社、家庭农场、龙头企业等为代表的各类经营主体也快速发展。全区现有以"高金""美宁"为代表的国家级龙头企业3家，以四川可士可、南大食品为代表的省级龙头企业13家，拥有各类农民专业合作社、家庭农场、农业企业388家，种养大户1 918户，社会化服务组织28个。拥有农家乐362个，休闲农庄与园区86个，建成全国青少年农业科普示范基地1个，农业主题公园3个，"四川省乡村旅游示范镇"2个，"四川省乡村旅游示范村"4个。

（五）产村融合不断推进

按照"产区变景区、田园变公园"的思路，坚持产村相融布局新村。近年来船山区在新村建设方面已累计投入资金18.5亿元，建成幸福美丽新村72个；建成东山村、漆家桥村等新村综合体4个；完成新村聚居点建设32个；新建、改建农村廉租房260套；创建省级"四好村"2个，市级"四好村"21个，区级"四好村"23个。

二、主要做法

（一）因地制宜、科学规划

船山区高度重视有关休闲农业与乡村旅游产业发展规划的编制工作，聘请四川师范大学旅游学院编制了《船山区乡村旅游总体规划（2010—2025）》；2015年聘请广西博途旅游发展有限公司编制了《四川省遂宁市十里荷画旅游景区项目规划》；2017年聘请四川相美创意农业策划设计工程有限公司编制了《船山区休闲农业与乡村旅游发展总体规划（2017—2021）》。这些规划的编制和实施，对促进船山区休闲农业和乡村旅游提档升级和健康持续发展，发挥了十分重要的引领作用。

（二）加强领导、强化保障

为顺利创建全国休闲农业和乡村旅游示范区，船山区成立了休闲农业和乡村旅游工作领导小组，由区长任组长，分管农业常委和副区长任副组长，领导小组下设办公室在区农业局。领导小组负责全区休闲农业和乡村旅游规划的编制，研究制定相关规划和政策文件，解决全区休闲农业和乡村旅游发展中的重大问题，统筹全国休闲农业和乡村旅游示范区创建工作。领导小组办公室具体承担领导小组的日常牵头工作，负责研究提出全区示范创建工作相关规划和政策文件，打造休闲农业和乡村旅游的特色产业，抓好示范创建工作工程项目建设，提升休闲农业和乡村旅游服务质量和搞好示范创建工作基础设施建设，牵头组织督促各相关部门做好示范创建工作相关政策措施的贯彻落实。

创建工作形成了"一把手亲自抓，分管责任人具体抓，业务人员主动抓"的区乡村三级联动、统筹协调推进的工作格局。多次召开区政府常务会议、联席会议、现场办公会议，专题研究解决创建休闲农业和乡村旅游示范区工作中的困难和问题。同时，对创建工作辅以领导干部"一把手"承诺、重点难点目标考核奖惩、效能督办、追踪问责等激励手段，坚持月查季评制度，保障了创建工作落到实处。

（三）创新机制、助农增收

结合脱贫攻坚，船山区采取"3＋10＋32"模式（即以永河农业园、唐桂农业园＋龙老复农业园3个大园区＋10个乡镇特色小农业园区＋32个贫困村），创新利益联结机制，千方百计让贫困群众搭上农业产业致富奔小康这班"快车"，建立起"三个一批"的共享体系。一是保障分红共享一批：大力推行财政支农资金股权量化，将财政支持新型农业经营主体发展休闲农业与乡村旅游产业和基础设施资金，40％股权量化到贫困户和村集体，年均保底分红5％～15％，既壮大了村集体经济，又解决了无劳动能力贫困户持续增收问题。二是利益联结共享一批：在休闲农业与乡村旅游基地建设过程中，积极推广高金双保寄养模式、可士可二八分成模式、齐全四六分成零风险模式、倒包返租、劳务承包等利益联结模式，推进农业企业健康发展，促进农户稳定增收。三是帮扶就业共享一批：利用职教资源和全覆盖的农民夜校，加强休闲农业和乡村旅游职业技能定制化培训，采取转移就业、园区吸纳、创业带动、商会介绍、公益性岗位帮扶等方式，帮助农村剩余劳动力实现就业。

（四）绿色发展、生态高效

为保障休闲农业和乡村旅游产品绿色生态，在生产过程中，全面推行"一控两减三基本"，按照"坡上果""坝上菜""圈中猪"的发展思路，大力推广"猪—沼—菜（果）"等立体种养模式，发展生态循环农业，农业废弃物资源化利用率达 85%，种养循环覆盖面积达 11.16 万亩。严格执行绿色蔬菜生产操作技术规程，建立健全基地农产品生产管理制度、生产记录档案和产品质量安全可追溯制度，农产品质量监管到位率达 100%，农产品出园抽检率达 95%，农产品合格率达 99.8%。普遍推行无土栽培、草炭育苗、大棚地膜设施栽培、大棚蔬菜间套作、嫁接栽培、节水灌溉等先进技术，产业基地"五良"推广面已经达到了 98%、标准化生产率达到 90%、优质率达到 92%。

（五）政策支持、形成合力

高效整合涉农资金。紧紧抓住船山作为四川首批涉农资金打捆试点县有利契机，整合新村建设、农业综合开发、现代农业产业基地建设、高标准农田建设、农村能源工程、小农水等各类涉农项目资金，用于休闲农业和乡村旅游示范区域农业基础设施、道路、新村建设。2014—2015 年，全区整合省级财政涉农项目 131 个、资金 4.96 亿元，新建巩固现代农业产业基地 8.8 万亩。2016 年，整合涉农资金 2.26 亿元，重点支持农业基础设施建设、特色农业产业发展；积极构建服务体系。大力推进扩权强镇改革试点，清理休

闲农业和乡村旅游产业项目的行政许可审批项目、规范审批程序、压缩裁量权空间。构建"公益性＋经营性"的农技服务体系，引导农业专家、专业合作组织等参与农业产前、产中和产后服务，弥补公益性推广力量的不足。积极支持中国农业银行、中国邮政储蓄银行等国有银行网点由乡镇向村社延伸，加快组建村镇银行、农村资金互助社等新型农村金融服务机构，解决农民贷款难题。

（六）加强指导、规范管理

一是科学指导，船山区农业和旅游部门深入实际调查研究，制定了符合实际的发展乡村旅游的指导意见，明确了乡村旅游的市场定位、开发规模和发展方向。二是规范市场秩序，规范制定了《船山区休闲农业和乡村旅游点经营管理办法》《船山区旅游管理暂行规定》《船山区乡村旅游服务质量标准》《船山区旅游安全管理规定》《船山区旅游安全应急预案》《船山区旅游购物管理暂行办法》《船山区旅游从业人员管理暂行办法》等制度。三是加强安全检查，每年将安全生产目标任务迅速下达到全区旅游企业，并同各旅游企业负责人签订了安全生产目标责任书，坚持定期、不定期开展检查，对存在问题进行限期整改，确保各项工作安全有序进行。

（七）多元推介、强化宣传

一是围绕"月月有活动，季季有节会"，推出一系列以休闲观光、采摘体验、乡村民俗、趣味比赛等为特色的乡村旅游体验项目：两届仁里桃花节、四届唐家骑游节、三届老池红提节等系列乡村旅游活动的举办，将船山休闲农业和乡村旅游推上了新高峰；二是坚持文旅融合发展，将"艺术船山"系列活动、原创歌曲征集大赛、美术书法摄影展、书画大赛等一系列文化活动互相融合、同台推出，为休闲农业和乡村旅游增加底蕴；三是搭建平台，积极参加中国西部国际博览会、四川农业博览会等各类展销节会，展示船山优质农产品，提升船山形象。

云南省丽江市古城区

一、发展成效

近年来，古城区按照全国、省、市旅游产业发展要求，以建设国际精品旅游城市为总目标，依托深厚文化底蕴、良好生态环境及丽江古城、玉龙雪山等5A级景区的优势，围绕"中国历史文化名城、中国优秀旅游城市、世界自然遗产地、中国特色魅力城市"等旅游品牌，借助在全区推动全域旅游发展工作契机，把推进农村一二三产业融合发展作为主动适应经济发展新常态和加快转变农业发展方式的重大战略举措，大力发展休闲农业和乡村旅游，积极打造农家乐与农业游、生态游等乡村旅游相结合的新型发展模式，积极实施"旅游+"战略和"旅游引领工程"，结合全区推动全域旅游发展工作中提出的"品味农业情调、享受田园生活、体验农耕文化、观赏休闲美景"主题，大力发展休闲农业与乡村旅游，实现农业增效、农民增收、农村增绿，全力开创休闲农业和乡村旅游发展新局面。

全区拥有乡村旅游景区（点）118个（其中国家5A级1个、4A级3个、3A级1个，国家级传统古村落16个）；星级酒店共计234家（其中五星级酒店3家、四星级酒店15家，三星级酒店48家、二星级酒店90家、一星级酒店78家），星级特色民居客栈共计122家（其中特色五星20家、特色四星21家、特色三星54家、特色二星27家），未经评定的宾馆、酒店、客栈、招待所2000余家；绿色饭店49家（五叶级1家、四叶级12家、三叶级31家、二叶级5家）；7家旅游汽车公司（旅游车588辆）；可接待团队的餐厅29个；已建成农业园及农家乐281家，初具规模的采摘休闲农业园12家。2016年全区休闲农业与乡村旅游营业收入417.6亿元，比上年同期增长25.93%，其中休闲农

业园区年接待游客142.8万人次，年营业收入49980万元。带动农户数达1860户，农民从业人员5620人。休闲农业和乡村旅游的经济带动力及品牌影响力也大大提高，真正让"绿水青山"变成古城区的"金山银山"，释放古城经济增长新动能。

二、主要做法

（一）坚持政府引导

一是科学制定发展规划。完成新团片区控制性详细规划，191个村庄规划和金安、大东、金江小集镇规划编制，以及金山撤乡设街道和金安、七河撤乡建镇工作；先后出台《丽江市古城区统筹城乡发展规划（2014—2017年）》《2015年古城区美丽乡村建设实施方案》《古城区旅游产业发展"十三五"规划》《古城区漾弓江流域旅游发展概念性规划》等；完成《丽江市古城区旅游东环线进行控制性详细规划》《丽江西线游路概念性规划》规划编制，提出丽江乡村是纳西原生态农耕文化的最佳展示地，是民俗丽江、文化丽江、生态丽江、休闲丽江、体验丽江的延伸和拓展；立足农业生产特点、历史文化底蕴和自然生态环境等基础条件，组织编制《古城区休闲农业和乡村旅游中长期发展规划》，明确把休闲农业和乡村旅游作为一项战略性新兴产业来打造。并将七河镇共和村委会西关村、金山街道办事处东元社区德为村等12个村列入《云南省旅游产业"十三五"发展规划旅游特色村推荐》名单。另外，古城区大研街道文林村、束河街道红山村等20个村已列入丽江市旅游特色村名录；大研古镇、束河古镇等6个街道、乡（镇）列入《丽江市旅游特色小镇名录》。

二是推进产业转型升级。按照"一心两片六重点"的旅游空间布局，提升东部片区和南部片区旅游景区自然人文景观品质，打造茶马古道、西线田园风光、东环线温泉峡谷、蛇山公园、漾弓江、空港综合旅游六大重点旅游区

域，加快束河省级旅游度假区和旅游小镇建设，创建七河、大东、金安、金江等一批旅游名镇，实施好束河忠信村等特色旅游名村、五彩丽江生态农庄等一批农业庄园。

三是完善政策体系。从突破束缚休闲农业与乡村旅游发展的政策瓶颈入手，先后出台了《关于加快建设幸福农庄的决定》《古城区创建国家全域旅游示范区工作实施方案》等一系列文件，形成了支持和促进休闲农业与乡村旅游发展的政策体系；积极争取国家、省、市各级项目政策资金，不断提升古城区乡村旅游的竞争力，将束河街道办事处的忠信村、普济村、茨满村和开南街道办事处的木家桥村先后列入云南省第一批至第四批旅游特色村建设名单；建设完成漾西社区、束河街道办九子海村民族特色旅游村项目。

四是建立服务机制。成立由区政府牵头、相关职能部门参与的协调联动工作机制，分片指导休闲农业与乡村旅游开发建设；成立区农村土地流转管理服务中心，鼓励农民通过土地流转参与休闲农业与乡村旅游开发。全区共培育省级农业产业化重点龙头企业 7 家、市级重点农业龙头企业 11 家、农民专业合作社 157 家、种植大户 59 户、家庭农场 65 家。在农业产业发展过程中实现耕地流转 6 221 亩，带动农户 6 542 户，集中劳动力 109 20 人。

五是抓好城乡统筹。按照《丽江市古城区统筹城乡发展规划（2014—2017 年）》，积极打造 1 小时城乡经济圈，构建中心城区与周边乡镇相互映衬、相得益彰的城乡一体化格局。

（二）坚持多元发展

一是促进发展类型多元。坚持因地制宜、错位发展，将丽江古城等旅游景点开发与农业发展紧密结合，促进了古城旅游与现代农业互动发展；着力打造九色玫瑰小镇、普济农庄、雪山花海、恒玉花卉中心、观音峡等一批乡村旅游景点开发建设，促进了观光旅游与生态农业并举发展；支持西山油路沿线

的农民群众创办集娱乐、餐饮、观光于一体的"农家乐"集群，促进了特色产业与农民增收同步发展。

二是促进投资主体多元。积极引导农户、农村集体经济组织、工商业主和农业产业化龙头企业，采取独资、参股、合作等形式开发建设休闲农业与乡村旅游项目。近 5 年，全区休闲农业与乡村旅游开发累计投入资金 30 多亿元，其中社会投资达 20 亿元以上。

三是促进产品结构多元。古城区已初步形成了以丽明生态园、普济农庄为代表的规模休闲农庄集群，以束河古镇为核心的休闲度假村集群，以黑龙潭、观音峡、丽江古城、蛇山公园为代表的文化旅游景观集群。

四是推进电商服务体系化。全面推进电子商务进农村试点工作，2016 年投资 480 万元建成区级电子商务公共服务中心和 11 个乡级电子商务公共服务站点。新建物流园区 31 万平方米。2016 年 9 月丽江市古城区电子商务公共服务中心暨丽江·古城馆在古城白龙广场附近开馆。至今，全区 11 个乡（镇）、街道一级农村物流配送服务站已全面完成建设，物流配送体系已基本实现城乡全覆盖。已有 60 多家生产型企业开设了门户网站，一部分企业在淘宝、京东、1 号店等知名电商平台上开设了销售窗口；200 多家农民专业合作社、种植养殖大户、农民经纪人、个体商户等在第三方电商平台开设了网店；一些餐饮、住宿、商贸等服务业利用网购平台和手机二维码等方式进行网络营销，这些企业和个体商户把传统交易模式和网络交易模式灵活应用，取得了很好的经济效益和社会效益。截至 2016 年年底，古城区 3 家企业、6 家网店的线上交易额突破 500 万元。

（三）坚持品质提升

一是实施新农村建设。围绕打造升级版农村，加快美丽宜居乡村和幸福农庄建设，全区共实施 76 个新农村试点村建设。完成村道硬化 462 千米、庭院硬化 4 209 户，庭院

硬化率达 95％。投资 1 800 万元完成金江邑马珍小集镇基础设施建设。金足水库开工建设，完成中济、肯固洛等 6 座小型水库除险加固，完成漾西长埂河、大东四清沟等 8 条灌渠改造提升和 7 200 件"五小"水利工程建设，解决了 2.5 万人饮水安全问题。实施土地整理 8 万亩，被评为"云南省农田水利建设先进集体"。投资 9 876 万元完成玉河路、高新路、普勤路等 11 条 165 千米乡村公路建设，乡村公路里程达 1 345 千米。

二是美化农村环境。把丽江当作一个大公园、大花园、大观园来绿化、美化、建设、管理，积极推进乡村环境卫生整洁行动和农村环境连片综合整治，初步建立农村垃圾收集处置体系；广泛开展"广植树、多栽花、不露黄"行动，保护原生态植被，努力建设生态优美的宜居宜业宜人新城区。

三是提升品牌形象。近年来，古城区先后承办了"元宵节棒棒会""中秋国庆菊花展""纳西三多节""金山东元白族文化节""大研古城邻里文化节""大东热美文化艺术节""东巴文化旅游节"等活动，有力提升了古城休闲农业与乡村旅游的品牌形象。

四是推动特色农产品认证。组织开展无公害农产品、绿色食品、有机农产品认证审核管理工作。截至 2016 年年底，共完成无公害水果产地认证证书转换 4 家 3.12 万亩，无公害蔬菜产地认证证书转换 2 家 7 万亩，无公害粮经产地认证证书转换 2 家 8.96 万亩，无公害渔业产地认证证书转换 2 家 1.6 万亩，无公害畜禽产地认证证书转换 31 家 5.86 万头，无公害产品认证换证 3 家 45 个品种，组织申报材料无公害产品认证 1 家 4 个品种，进一步提升了农产品的质量和效益。

五是树立示范典型。2012 年，丽江利明生态农产品开发有限公司和丽江漾弓江旅游开发公司 2 家企业被认定为云南省休闲农业与乡村旅游示范企业；在国家旅游局开展的乡村旅游"百千万品牌"申报评选活动中，9

人获得"中国乡村旅游致富带头人"称号，1 户被评为"中国乡村旅游模范户"，束河街道办事处龙泉社区庆云村获得"中国乡村旅游模范村"的荣誉表彰；在创建国家级"金牌农家乐"工作中，10 户农家乐榜上有名。

（四）坚持规范管理

一是规范行业管理。区旅游发展委员会在 2009 年制定了《丽江市古城区特色民居客栈等级划分与评定标准》，经过市区努力，经云南省质量技术监督局备案后，2017 年 3 月成为省级地方标准，云南省质量技术监督局发布实施《云南省特色民居客栈等级划分与评定地方标准》（DB53/T 413—2017）。引导乡村旅游规范化发展。切实组织、指导农家乐经营户（点）、旅游餐馆、接待点、采摘园、参观园等的服务规范，进一步规范行业管理，带动乡村旅游提质升级。通过以上措施的实施，全区休闲农业和乡村旅游业 3 年来无安全生产和食品质量安全事故发生，无擅自占用耕地和基本农田修建休闲旅游基础设施行为，无以破坏农业生产为代价发展休闲农业和乡村旅游的现象，没有发生污染环境和破坏生态资源的事件，全县生态环境进一步改善，休闲农业和乡村旅游环境更加和谐。

二是健全工作体系。区委、区政府切实加强领导，明确目标，强化责任，建立了由区旅游局、农业局为行业主管职能部门，工商、质监、药监、安监、文化、税务等相关部门为协助管理部门的工作机制。组建了区旅游联合执法服务队，对乡村旅游景区（点）进行联合执法检查，快速处理旅游投诉。结合全县旅游统计、培训工作的开展，建立健全了行业管理、统计、教育培训等各项制度，及时掌握行业发展动态。同时，积极指导建立行业协会，积极发挥行业自律行为，对乡村旅游景区（点）、旅游餐馆、农家乐、旅游购物店等从业人员进行职业技能培训，以达到加强业务技能、转变经营理念、拓展经营思路、提升服务水平的目的。具体工作开展过程中，充分发挥当地乡镇党委、政府的职能作用，形成发展合力，把支持乡村旅游摆上重要位置，强化大局意识，为乡村旅游发展创造良好的环境，确保各项工作顺利推进。

三是强化行业培训。从 2006 年起，累计举办特色农业实用技术"订单"式培训 161 期，培训农民 2.6 万人次，有效提升了休闲农业与乡村旅游从业人员的整体素质。

四是强化行业自律。成立休闲农业与乡村旅游行业协会，为企业提供产品供求、人才需求、技术支持、品牌经营、权益维护等服务，并推动诚信企业、安全企业和良心企业建设。

（五）坚持企业带动

古城区将旅游产业发展与城乡统筹相结合，依托束河茶马古镇、丽江雪山花海、七河九色玫瑰小镇等景区建设项目，不断开拓乡村旅游产品新领域，推进现代旅游农业庄园建设，带动周边乡村旅游发展。一方面，逐步实现智慧旅游。古城区旅游发展委员会与中国移动、中国联通、中国电信 3 家公司共同推进古城区智慧旅游，构建智慧旅游公共服务体系、智慧旅游营销体系和智慧旅游管理体系。目前已在丽江古城、束河古镇等 2 家景区安装了全新的智慧旅游体验点，已在丽江机场、火车站、散客门店、景区、酒店等游客集中地方安装了触摸屏云端查询终端，打造了景区专属 App，标志着古城区主要景区已进入了智慧旅游时代，丽江古城景区、玉龙雪山景区、七河九色玫瑰小镇已逐步打造成为典型智慧景区。另一方面，做大做强特色农业产业。充分引导新型农业经营主体在推进农村一二三产业融合发展中发挥主力军作用，形成了"坝区发展冷凉无公害蔬菜产业、花卉、休闲观光农业、生猪养殖产业；山区半山区发展核桃、水果、中药材及畜禽养殖产业；河谷区发展水产养殖、水果、冬早蔬菜和烤烟产业"的农业产业布局。

（六）坚持基础建设

一是完善旅游交通基础设施。加快丽香铁路、丽香高速、华丽高速以及永宾、永宁等地方高速公路建设步伐，促进区域旅游合作。二是加快区域内部和景区内部交通设施建设。改善出行环境，加快城市公共交通、旅游交通设施和运载工具的提升改造，逐步推进旅游观光公交体系建设。三是加快丽江机场 4E 级改造提升工程建设。四是加快游客服务中心和咨询中心建设，逐步完善全市游客服务中心和旅游集散中心网络体系。五是继续加大引进国际知名连锁酒店落户丽江。六是加强城乡旅游服务设施建设，加强 A 级景区、县区城镇、旅游小镇、美丽乡村等连片城乡旅游地基础设施建设，如停车场、供水供电、游客信息服务以及垃圾污水处理、安防消防等。

陕西省石泉县

石泉县位于陕南安康西部，总面积 1 516.4 平方千米，辖 11 个镇、161 个行政村（社区），总人口 18.2 万，其中农业人口 15.2 万人。总耕地面积 28 万亩。2016 年农民人均纯收入 8 749 元。

石泉属秦巴连片扶贫开发区和国家重点生态功能区，也是南水北调中线重要的水源涵养区，境内良好的生态环境和优美的自然风景素以"秦巴水乡、石泉十美"而著称。石泉农耕文明绵延数千年，特色产业多元，民俗风情独具魅力，发展休闲农业具有得天独厚的先决条件。近年来县委、县政府以建设"三宜石泉"为目标，依托现有农业特色产业，坚持大产业、大循环、大生态的要求，构建全域休闲农业和乡村旅游良性发展格局，推动全县一二三产相融合，大力推进休闲农业与乡村旅游取得了显著成效。

石泉独特的资源禀赋、优越的区位条件、便捷的交通网络、良好的生态环境和坚实的产业基础，为发展休闲农业和乡村旅游产业奠定了坚实基础。截至 2017 年，全县共培育休闲农业和乡村旅游点 105 个，其中重点休闲农业和乡村旅游村 45 个，休闲观光现代农业园区 30 个，休闲农庄 30 个，打造了 10 条休闲农业与乡村旅游精品线路。全县休闲农业与乡村旅游从业人数 9 000 人，其中农民从业比例达 90% 以上。全县休闲农业与乡村旅游年总收入达 3.98 亿元，年平均增速 40%。

一、发展成效

（一）休闲农业和乡村旅游成为农民增收的重要途径

石泉县 2016 年接待旅游人数达到 380 万人次，实现收入 18.75 亿元，其中休闲农业和乡村旅游接待人数 110 万人次，实现收入 3.9 亿元，全县休闲农业和乡村旅游实现农民人均纯收入 3 318 元，占农民人均纯收入 8 749 元的 38%。休闲农业和乡村旅游产业已成为农业增效、农民增收、农村繁荣的重要途径。

（二）休闲农业和乡村旅游带动现代农业快速发展

培育省级农业龙头企业 1 个、市级农业龙头企业 7 个；发展专业合作社 98 个，其中明星村养猪专业合作社被认定为全国百强合作社；发展家庭农场 100 个，其中 7 个家庭农场被推荐为省级示范家庭农场；培育职业农民 1 200 人。发展现代农业园区 51 个。

（三）休闲农业和乡村旅游已成为县域经济发展的主导产业

休闲农业和乡村旅游点总数达到 105 个，其中建设重点休闲农业和乡村旅游村 45 个、休闲观光现代农业园区 30 个、休闲农庄 30 个，精品线路 10 条；年接待游客 110 万人次，发展农家乐 160 余户，从业人员中农民就业比例达到 90%，近三年游客接待数增速达 41%，营业收入年均增速达 30%。

（四）休闲农业和乡村旅游带动贫困人口增收

通过发展休闲和乡村旅游，吸纳贫困户土地入股、就业和参与发展，建立企业与贫困户增收脱贫紧密的利益联结机制，使 800 户贫困户 2 600 名贫困人口脱贫。

二、主要做法

（一）坚持农旅强县，科学编制规划

一是提升战略定位。立足产业发展基础，将"农旅兴县"上升为"农旅强县"战略，作为富民强县的综合性支柱产业来抓，着力打造西部地区最具魅力的旅游观光、休闲度假胜地。

二是突出规划引领。以"山水田园、生态休闲"为规划定位，按照把农业园区建设成旅游景点的目标，把休闲农业纳入全县经济和社会发展"十三五"规划，突出自然生态，彰显文化特色，邀请陕西休闲农业规划设计开发有限公司编制了《石泉县休闲农业和乡村旅游发展总体规划》。用规划科学引领产业布局发展，各镇依据总体规划，坚持"因地制宜、突出特色、统筹协调、持续发展"的原则，将休闲农业纳入镇域经济发展建设，充分发掘农耕文化特色，做到特色鲜明、相对集中、规模经营。

（二）创新发展模式，高效率提升主导产业

一是坚持政府主导。县委、县政府积极推动休闲农业和乡村旅游发展，成立了休闲农业和乡村旅游建设工作领导小组，配备专门人员，落实相关资金，助推县城休闲农业和乡村旅游发展。

二是激活企业主力。出台了一系列促进休闲农业乡村旅游开发的优惠政策，持续加大产业发展推介力度，成功引进陕西嘉晟、博硒、六台山、都得利等 10 余个投资主体开展农旅结合产业开发。

三是提升主导产业。结合全县实际情况

积极组织实施农业供给侧改革，进一步调整优化全县农业产业布局，突出发展苗木花卉、富硒杂粮、无公害蔬菜、丝绸制品、无公害豆制品、肉制品等产业，积极引导群众围绕休闲农业和乡村旅游创业兴业，发展农耕文化体验、农家乐、农家宾馆，开发富硒食品、土特山货等农家产品。

四是实施部门联动。进一步加强政府统筹，分年度明确休闲农业产业发展任务，并落实到各部门，限时督办，定期通报，严格考核，形成推动休闲农业与乡村旅游发展的强大合力。

（三）实施六大工程，高质量推动提档升级

一是基础设施提升工程。积极推进县域农业和旅游基础设施建设，完成了石云路、后合路、喜熨路3条乡村旅游主干线改造提升，提升各休闲农业与乡村旅游点的通达性与便捷性。各重点休闲农业园区已完成水、电、路、通信等各项基础设施配套，已初步具备游、购、吃、住、娱等功能。

二是美丽乡村建设提升工程。紧紧围绕"科学规划布局美、村容村貌整洁美、生态环境建设美"的总体要求，打造"生态宜居、生产高效、生活美好、人文和谐"的发展模式，实现镇容村貌整洁、生态环境良好、规划建设合理、设施配套完善、乡村民俗文明五大目标。全县规划建设20个美丽乡村，为创建全国休闲农业与乡村旅游示范县创造优美农村环境。

三是文化内涵提升工程。乡土民俗文化是休闲农业持续发展的灵魂，利用农时节令逐步加大云雾山之春，汉江之夏，水乡之秋，燕翔之冬，端午赛龙舟，开蚕门，汉调二黄，插秧节，疱汤会等一系列民俗文化发掘整理力度，按照传承与创新相结合的理念，加快乡土民俗文化的推广、保护、延续工作，为休闲农业发展增色添彩。

四是宣传营销提升工程。以全县休闲农业与乡村旅游为主要素材制作了休闲农业与乡村旅游专题宣传片、休闲农业宣传图册。在节假日和重要农事节庆点有组织，有计划地开展休闲农业和乡村旅游精品景点、精品路线宣传推介，扩大产业影响力。

五是农业品牌提升工程。制定《"三品一标"认证奖励机制》。对通过"无公害"认证的农产品，对每个产品一次性奖励1万元，通过"绿色食品"认证的奖励3万元，通过"有机农产品"认证的奖励5万元，通过"地理标志"农产品认证的奖励10万元。全县已通过无公害农产品基地整县环评，已完成无公害农产品认证15个，原产地保护登记产品1个，无公害农产品标志推广加贴30万枚，注册各类农产品商标32个，其中著名商标4个（省级1个、市级3个）。

六是服务管理提升工程。发展农家乐160余户，休闲农庄30个，在行政服务体系方面，制定石泉县旅游行业规范与服务评定标准，对农家乐、休闲农庄实行星级划分与评定，从从业资格、环境条件、安全条件、卫生条件、服务设施、服务质量等方面制定管理制度和行业标准，全面落实，严格监管和检查，确保不发生安全生产和食品质量安全事故。严格执行土地保护利用总体规划和环境保护方面的法律、法规，杜绝擅自占用耕地和基本农田行为，以及污染和破坏生态环境事件。

甘肃省天水市秦州区

秦州区位于天水市的中心城区，是天水市委、市政府所在地，也是天水市政治、文化和经济中心，全区辖7个街道办事处40个社区居委会和16个镇420个村，总人口71.26万人，其中农业人口46.06万人，占总人口的64.6%。秦州区内旅游资源富集，有伏羲文化、先秦文化、三国文化等众多历史传承优秀文化资源，人文始祖伏羲庙位于主城区，道教圣地玉泉观和佛教圣地南郭寺分别雄踞城区南北，西关古民居是全国为数不多的民俗民居文化集聚区，有南北宅子、名人雅士故居，古建筑、古民居星罗棋布，古树参差其中，是一座保存完整、为数不多的历史文化古城；西南秦岭镇地处黄河流域和长江流域的分水岭，秦岭镇分水阁因"一檐滴水，两下江河"而驰名天下，秦岭镇古为秦始皇祖先牧马场所在地，出土了国家级文物秦公簋，这里的乡民依然保存着先祖牧马时娱乐的鞭杆舞，鞭杆舞已经成功申报为非物质文化遗产，多次参加国内外演出活动；牡丹镇王家铺村一带为三国古战场木门道，西北部景东梁和杨家寺镇大草原，西南娘娘坝镇植被茂盛，河流纵横，发展的南果北种和休闲度假风情园成为市民夏日理想旅游地，古法酿造的纯粮美酒竹林风、明光仙酒享誉秦州。秦州区气候宜人，四季分明、一年瓜果飘香，秦州区大樱桃名扬中外。

一、发展成效

近年来，区委、区政府把发展旅游作为全区发展区域经济的主攻方向，"打旅游牌，走旅游兴区路"已成为全区上下的共识，乡村旅游作为全区旅游的一部分，区委、区政府高度重视，在资金、政策等方面给予了大力支持，为乡村旅游指明了方向，助添了动力。

乡村旅游呈现出勃勃生机，逐渐发展了秀金山休闲观光生态农业示范园、平南镇孙集村休闲观光及民俗文化示范园等特色休闲农业示范区。一是推出了以"住农家院、吃农家饭、睡农家炕"为主要内容的农家生活体验游；以走进田间地头、田园采摘为主要内容的乡村田园游；以感受现代农业为内容的现代农业观光游。二是深入挖掘地方历史文化，大力弘扬伏羲文化、三国文化、先秦文化和地方民俗文化，加大优秀传统文化的保护和传承力度，举办鞭杆舞、社火、秧歌等民俗文化乡镇交流互演及进城演出等活动，

促进了乡村文化和现代文明的深度结合。三是结合民俗文化、特色产品、节庆活动等推动旅游产业发展，举办了"秦州区罗玉大樱桃采摘节""秦岭镇石家河连翘赏花节""青鹃山滑雪节帐篷节"等乡村文化旅游活动。四是把乡村旅游产品的宣传促销纳入全区重点推介的旅游活动之中，向省内外推介，指导乡村旅游资源整合和产品促销，通过天水在线、新华网等互联网、电视报纸等新闻媒体及时发布旅游动态信息，扩大了知名度，拓展了客源市场。通过全方位的宣传，有效扩大了秦州区历史人文和乡村风情知名度。

在发展乡村旅游的同时，挖掘旅游资源，延伸乡村旅游链条，把自然景观和历史文化及人文景观有机地结合起来，坚定不移实施"商贸兴区、工业强区、农业稳区、旅游富区、生态美区、依法治区"六大战略，全力打造"陇东南经济社会发展的带头区、核心区"，把休闲农业作为富裕农民、发展农业、建设农村的一项战略产业来抓，初步形成了以乡村民俗、人文资源、自然生态、林果园等为主题的多类型休闲农业，取得了显著成效。2016年，秦州区接待休闲农业和乡村旅游游客309.5万人次，实现休闲农业和乡村旅游总收入15 475.2万元，近3年平均增速26.8%，农民受益面30%以上。发展休闲农庄与园区达56家，农家乐61家。休闲农业与乡村旅游从业人数达8 700人，其中农民从业人数有6 300人，取得了较好的社会效益和经济效益。

二、主要做法

依托重点景区沿线，发展休闲农业和乡村旅游。突出羲皇故里、秦州古韵、陇上江南三大品牌；挖掘伏羲文化、先秦文化、三国文化、本土民俗文化，着力打造"一村一品""三个田园综合体和特色小镇示范点""七镇八体"、美丽乡村和现代农业，构建一

批产业特色鲜明、功能齐全完善的田园综合体和特色小镇，让乡村旅游成为把秦州建设为"陇东南经济社会发展的带头区、核心区"的新引擎。"三个示范三个点"分别为娘娘坝镇丝路风情小镇、秦岭镇连翘花海田园综合体验区、平南镇孙集村休闲农业度假区；"七镇"分别为玉泉镇罗玉生态小镇、藉口镇新型城镇化特色小镇、汪川镇柏沟小镇、关子镇特色小镇、中梁镇空港小镇、太京镇平峪小镇和齐寿镇九源小镇等7个特色小镇；"八体"分别为皂郊镇西坡梁田园综合体、秀金山现代农业田园综合体、玉泉镇李官湾村田园综合体、杨家寺镇芦水新村田园综合体、牡丹镇牡丹新村田园综合体、华岐镇生态旅游田园综合体、大门镇关峡田园综合体和天水镇古集梁综合开发田园综合体等8个田园综合体。一是利用特色果园发展观光游；二是建设新型小康农宅开展休闲游；三是发展特色农业观光带开展生态游；四是依托独有的自然资源开展美丽田园乡村游。

青岛市即墨区

即墨区地处黄海之滨，山东半岛西南部，东临黄海，南依崂山，近靠青岛，与日本、韩国隔海相望，陆地面积1 780平方千米，海域面积2 517平方千米，辖7个镇、8个街道、共121.45万人口；拥有1个省级经济开发区、1个省级高新技术产业开发区、1个省级旅游度假区。2016年，全区常住人口121.45万人。即墨区是国家环保模范城、中国优秀旅游城市、全国科技进步先进市、国家知识产权示范市、中国民间文化艺术之乡、全国书香城市、省级文明城市、全省金融创新试点市、全省乡村文明示范市。

一、发展成效

即墨区建成近万亩光伏生态农业示范基地，既是"高附加值"的现代农业产业园区，又是"高精尖"的科技园区，还是"高成功率"的创业园区。以光伏生态农业、玫瑰小镇为代表的设施农业，培植壮大了即墨农业"新六产"。建成普东光伏食用菌、七级生菜、移风芦笋、刘家庄西兰花、灵山玫瑰、金口芹菜、白庙芋头、鳌山茶叶"八大产业基地"。加快推进大沽河沿岸2万亩现代农业示范区建设，打造"一区多园"建设格局。截至2016年年底，即墨已累计建成现代农业园区140余个，其中建设规模在1 000亩以上的大型园区超过20个。构建和完善了"西部精品菜、中部粮油牧、东部果茶渔、面上加工和旅游"的现代农业新框架。

即墨区加大对休闲农业的投入力度，安排专项资金扶持休闲观光农业项目发展特色产业、改善基础设施和公共服务设施等，以华盛太阳能农庄、玫瑰小镇、龙泉街道众多果蔬采摘园为主，确立三处休闲农业聚集区；形成了一批农业休闲旅游示范点、农业工业旅游示范点和精品采摘园，具体为：国家3A级景区休闲农业园区4个，包括青岛蔬菜科技示范园、即墨老酒博物馆、妙府即墨黄酒工业旅游区、钱谷山有机农庄；山东省农业旅游示范点11个，包括宝湖山庄、华裕庄园、玫瑰小镇、金凤凰庄园、金鼎农业生态观光园、滨海玫瑰庄园、花溪谷生态旅游示范区、华盛太阳能农庄、吉秀生态园、即发绿色果蔬采摘园、薇薇小镇；山东省工业旅游示范点4个，包括即墨老酒博物馆、妙府即墨黄酒工业旅游区、亨达德孝文化园、青岛民俗文化产业园；山东省精品采摘园8个，包括蓝月庄园有机蓝莓采摘园、海峡两岸蔬菜观光园、康泊庄园、杏花山庄、鳌崖合作社生态园、即墨小蜗牛农场、贸润蔬菜瓜果采摘园、王演庄富硒草莓采摘园。截至2016年年底，培养青岛市级农业产业化龙头企业31家，省级以上农业产业化龙头企业4家，农业专业合作社总数达到1 475家，示范家庭农场76家，采摘休闲园区143家，休闲农业和乡村旅游重点项目 22 家。

二、主要做法

（一）坚持高标准、高起点

即墨多年来一直坚持高标准，被评为中国最具投资价值旅游城市、中国最美特色旅游小城。邀请国内外知名咨询和规划单位为即墨提供专业化和高质量的服务和指导，为即墨休闲农业和乡村旅游的高质量、高起点发展奠定基础。

（二）提倡多规融合提高效率

即墨以全域为单位，编制了全区休闲农业和乡村旅游发展规划，把全域旅游规划、现代农业产业规划、美丽乡村建设、城市规划等有机衔接起来，加强规划间的沟通衔接，统筹谋划产业布局，提高了规划的整体性、前瞻性和兼容性。

（三）注重组团差异化发展

即墨坚持特色提升，加快构筑特色产业，培育互联网农业、都市体验农业等新型业态，推动现代农业走高端、品牌、融合发展之路。按照休闲农业和乡村旅游的整体规划，按照"一心两带三区"的空间结构和"一园四体五镇"的业态格局展开整体布局，既充分考虑和挖掘区域的核心资源要素，定位差异化的主题，同时又组团式联动发展。

（四）提倡市场化运作

即墨坚持市场化运作，通过政府牵头合作共建，动员种养企业转型，鼓励工商资本投资，推动休闲观光农业加快发展。先后吸引社会资本建成大地欢歌采摘园、青岛金秋红蜜桃专业合作社、瑞草园等一批休闲农业景点，社会化运作初见成效。

（五）侧重文化导入，坚持精品园区和品牌引领

即墨在发展休闲农业和乡村旅游的同时，以"文化即墨"为引领，注重保留城市记忆，加强文化街区建设，充分融入古城文化、海防文化、山海文化等元素，让广大市民"记得住乡愁"。同时，坚持精品引领，每年创建一批市级以上休闲农业品牌，形成了一批省级市级农业旅游示范点、精品采摘园等，随着玫瑰小镇、光伏农业等模式逐步推开，"即供"区域品牌也已经打响并成功创建国家级出口食品质量安全示范区

（六）鼓励休闲农业新业态发展

即墨鼓励休闲农业新业态，推动创建国家农业主题公园、特色小镇、田园综合体等新业态，2017 年，确立在全市构建"8＋1＋1"特色小镇发展模式，"8"就是打造温泉小镇、航空小镇、玫瑰小镇、汽车小镇、太阳能小镇、童装小镇、跨境电商小镇、农机小镇 8 个特色小镇，此外，加 1 个国家森林公园和国家农业公园，1 个蓝村小城市，筛选全市的精品示范点，打造多个田园综合体。

（七）保障机制创新

为了鼓励即墨休闲农业和乡村旅游的发展，即墨专门出台了一系列的政策、指导意见和专项扶持措施，积极推动全市农业产业发展转型，同时，邀请国内外的行业专家举办休闲农业和乡村旅游专场培训班，通过课堂教学、游学、实地案例教学等方式提高政府管理人员和从业经营主体的理念，全面保障休闲农业和乡村旅游逐步展开，快速提升。

新疆生产建设兵团第一师7团

一、基本情况

第一师 7 团建于 1956 年，位于天山南麓，塔克拉玛干沙漠北缘，阿克苏河、多浪河冲积平原下游三角洲交汇处地带，东与 8 团、16 团接壤，西为阿瓦提县，北邻多浪河水库。地名玛滩镇，分属第一师塔北灌溉区上部，与阿克苏、阿拉尔、阿瓦提县形成的旅游金三角。总规划面积 229.78 平方千米，土地面积 18.1 万亩，其中林果面积 4.67 万亩、设施大棚 1 100 亩 245 座，下辖 25 个基

层单位，总人口约 1.3 万人。

二、主要做法及发展成效

（一）挖掘优势资源，突出特色景观

1. 依托设施农业发展，打造乡村旅游品牌。一是利用连队功能区转型，发展现代设施农业——大棚蔬菜基地建设，"十三五"期间规划面积 20 000 亩，计划建成设施大棚 5 000 座，种植各类蔬菜、瓜果、水果及特色花卉，发展大规模、低成本、差异化设施大棚，打造绿色、有机、生态农产品，力争农产品贮藏保鲜率达到 50% 以上，农业信息平台覆盖率达到 50%，打造成南疆新"菜都"。实现体验采摘、观光娱乐消费。二是通过集约化打造万亩精品果园，进一步将果品产业化、品牌化，做有机果品，让游客愉悦采摘，放心食用。投资 2 000 万元，合理布局了六连、十五连万亩果园乡间道路，形成网格化，让游客自由穿梭在林间，充分享受大自然美妙风景。三是依托万亩精品果园加快休闲农庄及农家乐特色化、规模化建设，全团共建有农业观光采摘园 8 个，休闲农庄 6 个，11 家农家乐，其中 1 家休闲农庄被批准为兵团级休闲农庄示范点。目前全团休闲旅游农业总接待量达 110 万人次，年营业收入超过 1 300 万元。

2. 依托天然水系景观，打造中华龙舟赛段品牌。7 团以如意湖为核心打造环城景观水系，水系环城 3 千米，水系两边绿树成荫，水中鱼儿嬉戏。如意湖是由原来的古河道演变而来，湖底无数泉眼，常年有活水从湖底喷出，形成长约 2 400 米、宽 60～70 米、湖水面面积约 95 124 平方米的天然湖，因整个形状鸟瞰犹如一把"如意"，故得名"如意湖"。

2014 年投资 558.31 万元，在中央水面兴建了长 130 米，宽 21 米，喷高 60 米的大型音乐喷泉及水幕电影设备。2015 年打造了兵团第一个 400 平方米的水上舞台，2017 年又先后建成了滑索项目等。

利用"如意湖"天然地域优势，成功举办了 3 届阿拉尔龙舟旅游文化节和新疆第二届中华龙舟大赛阿拉尔赛段旅游文化节。利用音乐喷泉和各类文艺演出，以及游船、快艇、画舫、休闲垂钓等娱乐项目吸引阿拉尔、阿克苏、阿瓦提等周边乡镇各族群众 5 万余人次到 7 团旅游观光，3 年来共吸引各地游客 50 余万人次游玩。

3. 依托地标性建筑，打造三五九旅精神文化品牌。一是"戍边丰碑"鼎，2014 年由中国美术学院设计制作建成，反映第一师 7 团特色的军垦文化，丰碑鼎雕塑气势恢宏、造型变异，高 30 米，巨鼎三面均有一座金色狮头雕像，基础高 5.9 米，旁边逶迤着 16 个 3 米高的青铜小鼎，其中喻示着"鼎盛一师"、三五九旅屯垦戍边精神、艰苦奋斗的鲜红旗帜在一师 16 个团场的守护下永远屹立不倒。二是"文化馆、体育馆和培训中心"为一体的三馆活动中心于 2015 年 1 月建成，鸟瞰为"七"字形建筑，面积达 6 688.73 平方米。内设 3D 数字影院，可满足 400 名观众同时观影，影片与全国同步上映，该项目填补了兵团团场没有数字影院的空白，成为南疆团场第一家 3D 数字影院。三是文化大礼堂，7 团投资 600 万元建成，充分展现 7 团的文化历史，特别是老军垦，尤其是上海知青传承三五九旅精神的成长足迹。四是中华龙舟大赛，一年一度的端午节水上龙舟大赛，传承着中华文化，以赛传情、以赛会友，有效提升了游客对 7 团如意湖"丝绸之路文化"内涵的理解，为打造"丝绸之路文化与民族风情旅游目的地"奠定了扎实的基础。

（二）完善管理体系，优化服务理念

1. 完善体制机制。本着加快休闲农业和乡村旅游发展，促进新农村建设的原则，研究制定相关政策，形成相关机制，为乡村旅游发展营造良好的氛围，创造良好的条件。成立了 7 团旅游工作指导委员会，形成委员会成员单位定期议事制度，及时研究解决旅

游开发项目、发展中遇到的问题，如办证、土地审批、信贷等问题；明确管理职能部门职责，健全管理制度，加强服务平台建设，为休闲农业和乡村旅游发展提供组织保证。

2. 完善交通区位。依托"阿阿大桥"和580国道，打造"1小时经济圈"。实现7团到16团20分钟车程，到8团20分钟车程，到阿拉尔市40分钟车程，到阿克苏市60分钟车程。过境省道拓宽改造全面完成，全县道路状况显著改善，连连通工程建设扎实推进，为7团休闲农业和乡村旅游发展奠定了良好基础。

3. 完善功能要素。抓住兵团党委提出的加强南疆师团发展的重大战略，以提升城镇整体实力为核心，建成比较完备的居民住宅、交通道路、通信服务、邮政服务、文化体育、水电暖设施、园林绿化、环境卫生、燃气入户、污水处理、垃圾处理、防灾减灾等现代化基础设施体系。一是按中央、兵师深化改革的要求，细化社区职责，强化社区服务功能，实现社区服务保障全覆盖、居民医疗服务全覆盖、特殊群体服务全覆盖和信息化建设全覆盖。二是进一步完善物业和园林绿化市场化运作管理，利用政府"购买"服务模式，强化公司服务意识、转变服务理念、提升服务水平。三是规范城镇交通秩序，集中整治城镇占道经营、乱停乱放、违章搭建等违规行为。打造7团特色城管品牌，不断提升城镇综合承载能力，为游客提供优质生活环境。四是保障游客安全措施，2017年加强了应急分队民兵储备，完善了城管大队执法手续，派出所警力昼夜巡逻，给游客一个安全的旅游环境。

4. 完善精品路线。依托"三角"优势，推出阿克苏—阿瓦提—祥龙湖—7团设施农业产业园示范基地—拓展训练基地—如意湖—水上音乐喷泉—文化广场—体育馆—文化大礼堂—3D影院—养老院—胡杨林—万亩天然芦苇荡—阿拉尔旅游精品路线。

中国美丽休闲乡村

特色民居村（41 个）

北京市平谷区黄草洼村
河北省邯郸市永年区东街村
河北省秦皇岛市北戴河区北戴河村
河北省滦平县小城子村
吉林省吉林市丰满区孟家村
吉林省东辽县朝阳村
黑龙江省同江市八岔赫哲族村
上海市嘉定区毛桥村
上海市金山区水库村
上海市青浦区蔡浜村
江苏省宜兴市张阳村
江苏省苏州市吴中区旺山村
江苏省连云港市赣榆区谢湖村
浙江省长兴县顾渚村
浙江省嘉善县汾南村
安徽省潜山县官庄村
福建省南靖县书洋镇
江西省井冈山市神山村
江西省广昌县姚西村
江西省萍乡市安源区红旗分场
山东省滨州市经济技术开发区狮子刘村
山东省淄博市淄川区朱水湾村
河南省西平县芦庙村
湖北省南漳县峡口村
湖北省神农架林区红花朵村
湖北省来凤县石桥村
湖南省龙山县捞车河村
广西壮族自治区容县龙镇村
四川省武胜县观音桥村
四川省平昌县龙尾村
贵州省贞丰县纳孔村
云南省腾冲市银杏村
西藏自治区江孜县玉堆村
西藏自治区林芝市巴宜区唐地村
陕西省商洛市商州区江山村
甘肃省嘉峪关市河口村
青海省西宁市城北区晋家湾村
新疆维吾尔自治区新源县肖尔布拉克新村

大连市庄河市马道口村
青岛市崂山区晓望社区
青岛市黄岛区大泥沟头村

特色民俗村（35 个）

北京市延庆区南湾村
北京市大兴区魏庄村
北京市顺义区河北村
山西省灵丘县上北泉村
内蒙古自治区托克托县郝家窑村
内蒙古自治区克什克腾旗小红山子嘎查
辽宁省东港市大鹿岛村
吉林省通化县老岭村
江苏省南京市江宁区孟墓社区
浙江省开化县龙门村
安徽省绩溪县尚村
福建省漳浦县大埔村
山东省莱州市初家村
山东省长岛县北城村
湖南省洞口县宝瑶村
广东省翁源县南塘村
海南省儋州市铁匠村
海南省陵水县坡村
重庆市梁平区聚宝村
四川省平武县桅杆村
四川省阿坝县神座村
贵州省荔波县水甫村
云南省建水县西庄镇
西藏自治区隆子县斗玉村
陕西省宜君县淌泥河村
陕西省佳县赤牛坬村
甘肃省平凉市崆峒区西沟村
青海省湟中县卡阳村
宁夏回族自治区吴忠市利通区牛家坊村
宁夏回族自治区隆德县新和村
宁夏回族自治区中卫市沙坡头区鸣沙村
新疆维吾尔自治区焉耆回族自治县下岔河村
新疆维吾尔自治区新和县加依村
新疆维吾尔自治区温宿县帕克勒克村
新疆生产建设兵团第四师 77 团阔克托别镇

现代新村（48个）

天津市武清区韩指挥营村
天津市宁河区齐心庄村
河北省枣强县八里庄村
河北省隆化县西道村
山西省长治县东掌村
山西省阳泉市郊区桃林沟村
内蒙古自治区乌审旗神水台村
内蒙古自治区伊金霍洛旗乌兰木伦村
辽宁省鞍山市千山风景名胜区上石桥村
辽宁省盘山县新村村
吉林省德惠市十三家子村
黑龙江省漠河县北极村
黑龙江省农垦宝泉岭管理局绥滨农场
黑龙江省甘南县兴十四村
上海市崇明区丰乐村
江苏省太仓市电站村
安徽省金寨县响洪甸村
安徽省凤阳县小岗村
福建省惠安县下坑村
福建省福清市牛宅村
江西省新余市渝水区下保村
江西省南昌市新建区石咀村
河南省武陟县西滑封村
河南省信阳市浉河区甘冲村
河南省济源市韩彦村
湖北省荆州市高新技术开发区黄湖移民新村
湖北省枝江市关庙山村
湖南省浏阳市东门村
湖南省桃江县朱家村
广东省蕉岭县九岭村
广西壮族自治区南丹县巴平村
重庆市石柱县万胜坝村
重庆市永川区八角寺村
重庆市北碚区北泉村
四川省彭州市宝山村
四川省雅安市名山区红草村
贵州省福泉市双谷村
云南省楚雄市紫溪彝村

陕西省凤县马场村
陕西省南郑县瓦石溪村
甘肃省康县花桥村
甘肃省天水市秦州区孙集村
青海省海东市乐都区王佛寺村
宁夏回族自治区隆德县清凉村
大连市瓦房店市渤海村
新疆生产建设兵团第四师可克达拉市可克
　达拉镇
新疆生产建设兵团第十师188团1连

历史古村（26个）

北京市怀柔区红螺镇村
天津市蓟州区西井峪村
山西省临县李家山村
山西省晋中市榆次区后沟村
辽宁省绥中县新堡子村
江苏省江阴市红豆村
浙江省松阳县西坑村
安徽省黟县柯村
福建省政和县念山村
江西省婺源县延村
山东省郓城县后彭庄村
河南省商水县邓城镇邓东村
河南省漯河市郾城区裴城村
湖南省祁阳县八尺村
广东省中山市南区曹边村
广西壮族自治区武宣县下莲塘村
广西壮族自治区灵山县苏村
海南省琼海市大园古村
海南省澄迈县罗驿村
贵州省天柱县地良村
云南省剑川县寺登村
陕西省礼泉县烽火村
宁波市海曙区李家坑村
宁波市余姚市芝林村
厦门市海沧区青礁村
厦门市翔安区金柄村

特色民居村（41 个）

北京市平谷区黄草洼村

黄草洼村位于北京市平谷区金海湖镇，紧邻美丽的金海湖畔。该村充分利用山、水、林、鱼资源优势，全力打造生态水景观，大力发展民俗旅游业。2016 年，黄草洼村已有民俗接待户 30 户，其中四星级民俗接待户 3 户、三星级民俗接待户 2 户，营业收入超过 700 万元。

黄草洼村乡村旅游基础设施建设比较完善，现有污水处理站、阳光浴室、娱乐活动室、休闲广场、登山步道等配套设施。游客不仅可以体验乘船畅游金海碧波，还可以尽情享受垂钓、蹦极、高尔夫球等休闲娱乐活动的乐趣。

黄草洼村村民利用天然活水养殖虹鳟鱼，逐渐形成了具有黄草洼地方特色的饮食文化——全鱼宴，其中侉炖鱼、烤虹鳟鱼、炖三文鱼头、野生水菠菜等农家特色菜远近闻名。以民间传统手工艺品——风筝为载体，成立了金海翼翔手工艺专业合作社，成功举办了三届风筝节。现如今村庄环境整洁优美，景色宜人，一派北方难得一见的江南水乡风情。

河北省邯郸市永年区东街村

东街村位于河北省邯郸市永年区广府镇，自然风景独特、文化积淀深厚，拥有"古城、古桥、古民居、古寺庙、古府院"五大文化奇观，为杨式、武式太极拳的发源地。四周为河北三大洼淀之一的永年洼，水质优良、芦苇茂盛、鱼虾共生、碧水风荷、雁戏鸟鸣，被誉为"北国小江南"。

东街村投入 1 100 余万元完善基础设施，大力发展旅游项目，打造特色美丽乡村。同时，投资 2 000 余万元实施六大旅游项目，大力发展特色乡村游。一是百花园，占地 200 亩，有郁金香、薰衣草、荷花、风信子等中外名贵花草。二是孔雀园，占地 200 亩，养殖孔雀 700 多只、红发锦鸡等珍禽 50 多只。三是国家级垂钓中心，占地 500 亩，建成高标准鱼塘 12 个。四是清晖书院，占地 300 亩，建有莲亭和书院。五是冰雕馆，新扩建冰雕馆 500 多平方米，增设雪橇、冰上自行车等游乐体验项目。六是太极养生岛，在城北环水观光走廊新建占地 60 亩岛屿，与 300 亩稻田连成一片，形成环村生态景观带。

东街村注重依托文化活动，连续举办了六届广府春节庙会，有非物质文化遗产表演和游乐、小吃等各类摊位 1 000 多个，吸引游客 50 余万人次，成为春节期间广府旅游一大品牌。经过几年的努力，已把东街村打造成了"自然之美、和谐之趣、浪漫之情"的河北省最美休闲乡村。

河北省秦皇岛市北戴河区北戴河村

北戴河村隶属于北戴河区戴河镇，位于 205 国道、京山铁路北侧，美丽的戴河穿村而过。北戴河村先后获评全国文明村、"一村一品"优秀村镇、"中国特色村""中国农业公园"等多项荣誉称号，中央电视台《新闻联播》、《人民日报》头版头条曾对该村美丽乡村建设进行了专题报道。

北戴河村大力开发休闲农业项目，丰富游客体验活动。该村已建立北戴河文化创意创业产业园，2016 年十一黄金周，园区共接待游客 150 000 人次，游客反响强烈。开发了一批休闲农业体验项目，包括手工银饰体验定做、手工陶器体验定做、围巾扎染等。

北戴河村特色民宿充满艺术气息，村内已有大约 20 家特色民宿，每家民宿都是各位院主重金打造，民宿内都有餐厅、烧烤区、酒吧、KTV 室、画室等，且充满艺术气息，绝对会让游客流连忘返。该村还打造了一批特色产品，包括集发观光园蔬菜、香油、柴鸡蛋、特色鸭蛋等系列产品。北戴河村周边有众多景点，包括北戴河老虎山公园、北戴河鸽子窝公园、北戴河奥林匹克公园、南戴河乐岛海上乐园等。

河北省滦平县小城子村

小城子村位于河北省承德市滦平县，国道112线贯通村庄，距京承高速滦平出口19千米，在首都北京2小时交通圈之内，南至北京，北至内蒙古，公路交通十分便捷。小城子村村容精致，文化底蕴深厚，沿街商户外立面和景观节点的统一风格打造得美轮美奂，风格古朴大方且富有文化特色。小城子村是2016年省级美丽乡村建设重点村，是"小兴洲大观园"美丽乡村片区核心建设区，也是承德地区保存最早的古城遗址之一。

小城子村大力发展乡村休闲旅游产业，通过民居改造、环卫治理、配套设施改善等措施，村庄整体形象显著提升。小城子村以"皇家驿站、千年汉城"为主题，深度挖掘御路、汉城、边塞文化，以皇家驿站广场、主题街巷、文化长廊、民俗活态博物馆为重点，打造"全市规模较大村庄美丽乡村建设的样板示范"和"京东北区域的文化旅游景区景点"。

通过大力发展休闲农业，小城子村年接待游客总人数达5.5万人次，年经营总收入2 300万元以上。培育了小城子农宅合作社、兴春和旅游公司等一批旅游市场主体，以餐饮、民宿为主的农家院14个，旅游业真正成为经济新的增长点。

吉林省吉林市丰满区孟家村

孟家村地处吉林省吉林市丰满区，南接国家4A级风景名胜区松花湖，西傍美丽的松花江，北邻吉林市高新技术产业开发区，东依朱雀山、五家山。辖区内有2个国家级森林公园——朱雀山森林公园和五家山森林公园。孟家村大力发展以农家乐为主的休闲农业和乡村旅游，年接待游客100万人次。

孟家村各类规模企业和休闲观光等特色农业产业竞相呈现，圣鑫葡萄酒庄、亚东王府、恒阳生态园等规模度假村和餐饮企业已经发展到14家，村民自主经营的农家小院类餐饮企业达到76家；煎饼、豆包、豆制品、青干菜、山野菜等农副产品加工企业10家；特色种植养殖业企业15家；景观地产企业8家；休闲滑雪、度假森林公园2个。

徜徉在如今的孟家村，路宽了，树绿了，花美了，房子整齐了，村民乐了。这里已形成春天踏青、吃山野菜、小笨鸡、开江鱼；夏天游泳、划船、垂钓、品松花湖"三花一岛"名鱼、烤全羊、野外露天烧烤；秋天登山看红叶、捡蘑菇、吃林蛙；冬天滑雪、赏雾凇、吃年猪的多元化休闲旅游产业格局。

吉林省东辽县朝阳村

朝阳村位于吉林省东辽县安石镇北部，金州鸳鹭湖旅游度假风景区下游，是少数民族村，面积6.4平方千米。朝阳村大力发展美丽乡村建设，构建美丽和谐富饶的生态旅游村庄。2015年以来，先后投资1 000余万元，建起了占地面积1万多平方米的民族特色村寨文化馆、村史馆及民族特色文化餐饮体验区，2017年被列为全国民族特色村寨挂牌村。

特色村寨位于朝阳村的核心基地，该基地建有高档水果园、村屯巷街采摘园、水田养殖基地垂钓区（稻田捞龙虾、螃蟹、草鱼，稻田采捡野鸭蛋和飞禽蛋等）。此项目开展以来，带动全镇万亩水田综合种养产业快速发展，带动众多农户实现了脱贫致富。

黑龙江省同江市八岔赫哲族村

八岔村是全国人口较少少数民族之一赫哲族的原居地和聚居地，利用丰富的自然资源和独特的民族风情，发展种植、养殖、旅游、餐饮和鱼皮手工艺术加工、民族文化等产业，形成以旅游服务业和水产养殖业为主，农、林、牧、副、渔全面发展的新型边陲风情赫哲小镇。八岔村年吸引游客在 20 万人次以上，创收在 1 600 万元左右。

八岔村建有踏察生态八岔岛，湿地游江和滩地渔猎体验游项目。乘船游江参观湿地风光，沿途观赏黑龙江中俄界江以及两岸湿地。还可游览赫哲老部落遗址、八岔岛事件发生地点、三道江子岛保护站，到二道江滩地与渔民一起体验界江捕鱼生活，并在网滩野炊享受自己的捕鱼成果，同渔民一起捕鱼，捡江石、寻玛瑙，住地窨子。傍晚映着晚霞燃篝火、烧烤，与赫哲族同胞载歌载舞。

围绕着习总书记的视察路线，参观民俗馆、传习所、总书记视察纪念室、总理视察纪念室，观看八岔村村民赫哲族原生态演出，参观新区，探访尤桂兰老人家，在天赐湖、腰屯泡、十里泡垂钓捕鱼游玩（冬天冬捕），住新区家庭旅馆，参与赫哲族传统体育项目活动。

上海市嘉定区毛桥村

毛桥村地处上海市北部，与江苏太仓交界，上海市农业景观路霜竹公路横贯全村。作为"华亭人家＋毛桥村"国家 3A 级旅游景区的一部分，毛桥村年接待游客约 30 万人次。

毛桥村有很深的乡土文化，竹篱、石桥、壁画，这些浸透着嘉定农场乡土文化的事物能令人深深感受到农村的气息。百年老屋、知青小屋这些记录着毛桥历程的建筑也坐落于此，让村民与游人都能感受到农村发展的岁月与变迁。上海首家"农家书屋"在此诞生，并被联合国教育、科学及文化组织确定为"农村社区学习中心试验单位"。

毛桥村建设有集观光、餐饮、休闲于一体的各式农家乐、让游人休闲放松的健身步道以及使游客体验收获瓜果的观光采摘步道等设施。传统种植的蜜梨、水蜜桃等特色水果，深受广大游客的喜爱。农家乐的各色传统地方美食、毛桥画院等，更是让游客流连忘返。在观赏中了解毛桥的风土人情，在了解中体验农村的生活方式，在体验中观赏环境的优美秀丽。

上海市金山区水库村

水库村位于漕泾镇北偏西 1.8 千米，水陆交通便捷，区域内水网密布，水域面积约占全村的 30%，全村共有 19 条主要河流。2015 年被评为上海市美丽乡村示范村。

水库村通过村庄改造、农村危旧房改造、道路改造、河道治理、污水处理、植树造林等，形成了独特的江南水乡风貌，花园式居住环境。浦南地区仅存的一座七孔桥——济渡桥就坐落在水库村境内，该桥已有 130 余年历史，为村貌增添了几许古韵。水库村充分利用丰富的水资源，大力发展淡水养殖业，水域养殖面积达 800 亩，建成水蛭养殖基地、金鱼特色养殖基地、种鸽养殖场和瓜果、蔬菜种植基地等生态种养业基地。

垂钓、太极柔力球、广场舞、滚灯、划龙舟、农民画等是水库村的传统文化特色。形成了"瓜的世界，鱼的海洋"的漕泾特色农业生态景观，也是广大垂钓爱好者理想的休闲和竞技垂钓场所。农家乐也是水库村的亮点之一，特色农家菜吸引了众多游客。

上海市青浦区蔡浜村

蔡浜村坐落在淀山湖北侧的最东首，三面环水，素有"水中蓬莱岛"的美誉，村域特色明显，村内基础设施较好、自然生态环境优美。1 200 米长的环村生态大道和水清岸绿、白墙黛瓦的自然村落，具有典型的江南水乡韵味。道路宽阔，绿树成荫，河水清澈，瓜果飘香，地理位置得天独厚。

蔡浜村作为商榻阿婆茶的发源地，该村组织文艺爱好者创作编排了阿婆茶表演唱、舞蹈、诗歌、朗诵和茶艺展示等节目。流传了 700 多年历史的商榻阿婆茶，2009 年已被列入上海市非物质文化遗产保护项目。通过美丽乡村建设，蔡浜村已逐步形成道路宽阔、绿树成荫、粉墙黛瓦、水清岸绿、环境优美的江南水乡。

蔡浜村利用淀山湖的自然环境优势，主打生态宜居、生态观光旅游这张牌，积极发展生态经济、突出产业特色，把种植的青浦红柚经济林、大棚特色蔬果都作为观光农业的一部分。创办农家乐、农家宾馆，吸引游客来村体验慢生活，品味农家菜、淀山湖水产，进行休闲垂钓、农田体验种菜等一系列活动，使游客真正享受到美丽乡村建设的成果。

江苏省宜兴市张阳村

张阳村位于江苏省宜兴市湖㳇镇镇西2千米，宜兴十景之首"玉女山庄"，道教福地"张公洞"均坐落于此，全市首条旅游观光道张灵慕线贯穿全村，交通便利。

张阳村整合区域优势，建成了以休闲农业产业为核心的乡村旅游特色村。依托以花卉苗木为主导产业的张阳花卉苗木种植专业合作社这一载体，打造建设盆景一条街。推进生态旅游与民俗旅游、休闲旅游深度融合，建成休闲农业园5个，休闲农庄5个，农家乐民居民宿等服务企业60多家，日餐饮接待能力达6 500人次，各类住宿床位达800人次，年接待游客量近80万人次，突显了现代休闲农业一道亮丽的风景线。

为了更好推广宣传张阳村美丽乡村休闲农业发展，设计了张阳全景导览图，并建立了宜兴农家乐乡村休闲旅游门户网站及醉美张阳微信公共平台，正式上线"醉美张阳"花卉苗木在线商城。结合湖㳇镇在华东地区备有影响力的传统节庆"新茶开采节""生态杨梅音乐节"，2016年成功举办了"宜兴市湖㳇镇第一届张阳盆景节"；建设了集休闲采摘养生于一体的生态村旅游项目——张阳慢生活绿道，总长3.3千米，并配备相应的

服务交通工具。

江苏省苏州市吴中区旺山村

旺山村隶属于苏州市吴中区越溪街道，位于苏州市西南，紧邻苏州绕城高速及吴中大道，总面积7平方千米，其中山林面积5 380亩，被誉为"江苏最美乡村"。

旺山村发展乡村旅游，着力打造特色景区。现有八大景点，包括九龙潭景点、宝华寺景点、阿达岭景点、南山景点、环秀晓筑景点、钱家坞景点、耕岛景点、七子山景点。旺山景区是国家5A级旅游景区，年接待游客超过110万人次。

钱家坞景区是一个田园风光秀美的农家乐主题景区，乡土民俗风情浓郁，自然生态特色明显，建有餐饮住宿近30余家，吸引大量城市游客来吃农家饭、住农家屋、体验山里人的农耕生活。耕岛景区，内有乡村烧烤、小河垂钓、捞鱼摸虾、农耕体验、工作犬驯养及茶楼品茶等活动内容，该景区贴近人们回归自然、回归童年的心态，受到都市人的喜爱。景区还有千亩茶园及银杏种植园等农业科普教育基地供游客游览参观，还有田园气息浓郁的吃住农家乐，可供塘边垂钓、乡村烧烤、田野耕作、瓜果采摘等农事活动。

江苏省连云港市赣榆区谢湖村

谢湖村地处苏鲁两省交界，位于江苏省连云港市赣榆区厉庄镇西北丘陵山区，占地面积400公顷。谢湖村自然资源丰富，生态环境优良，区位优越、交通便捷。"谢湖"牌大樱桃是省名牌农产品、著名商标、绿色食品、地理标志产品。

谢湖大樱桃产业已经形成以育苗、种植、采摘、加工、销售于一体的一二三产融合发展的全产业链模式。通过连续发展，樱桃种植户达到了480户，带动周边发展樱桃种植10 000余亩，通过"互联网＋"模式将"谢湖"牌大樱桃等果品俏销国内外。依托大樱

桃特色产业，谢湖村已连续举办了两届乡村旅游节，九届樱桃节等系列活动，吸引了来自全国各地的游客，每年接待游客达40余万人次，成为名副其实的中国大樱桃之乡和乡村旅游目的地。

谢湖村连续成功举办九届的大樱桃采摘旅游文化节，游客可以观赏品尝、采摘体验、精心选购名优新特鲜食樱桃。为了创建中国美丽休闲乡村，完善休闲农业和乡村旅游配套设施，建设有亲水平台、大型水车、游旅步道、凉亭小桥、乡村演艺广场等。果品生产线已经投入运营，生产的"樱悦"牌樱桃果汁深受消费者青睐。

浙江省长兴县顾渚村

顾渚村位于浙江省长兴县水口乡，属天目山余脉，三面环山，东望太湖，北接江苏省宜兴市，区域面积18.8平方千米。历来以唐代贡品——紫笋茶、金沙泉而闻名。顾渚村是以神秀山水为依托，以禅茶文化为底蕴，以质朴民风为特色，融茶、禅、农、诗、刻、山、水、情为一味，集文化、品茗、休闲、养生为一体的江南茶文化旅游胜地。

依托深厚的禅茶古韵，充分发挥其资源优势，顾渚村大力发展乡村旅游业，已有各类农家客栈480余家，床位数18 000多张，餐位数20 000多个，是典型的农家休闲旅游产业集聚区和全域旅游典范。顾渚享有"上海村"美誉，在长三角地区具有较高的影响力、知名度和美誉度。

农家乐经营户开发垂钓、登山、采摘等体验农家生活、休闲健身的游乐项目和开发特色休闲旅游品等，现有专业运输车队4个，休闲观光园7个，CS基地1个。每年举办民宿文化节、清明陆羽祭茶大典、国际禅茶大会、农家菜肴比赛、葡萄节、杨梅节等节庆活动。

浙江省嘉善县汾南村

汾南村地处嘉善县陶庄镇西南部，往北距离善江公路约1千米。汾南村为打造美丽休闲乡村，建立排舞、莲湘等民间文艺队伍，依托文化礼堂举办各类文艺表演，每两年举办一次"汾南杯"篮球赛；以整村打造美丽乡村为抓手，大力推进五水共治、三改一拆，实施河道疏浚、护岸修筑、河道美化工程，实现全村绿化全覆盖。

汾南村利用处于沪苏浙黄金旅游线的优势区位，形成以特色农业、水系湿地为依托的乡村休闲旅游功能区，围绕夏墓荡、门前荡、东潘荡等旅游资源开发乡村旅游项目，使其成为上海都市区边缘重要的休闲度假旅游目的地。大力发展以野绿港垂钓中心为主的乡村农家游、果园采摘游、油菜观光园等生态旅游经济，带动全村经济的发展。

安徽省潜山县官庄村

官庄村位于安徽省潜山县西北边陲、省级金紫山森林公园腹地，与舒城县接壤。境内旅游资源丰富，人文底蕴深厚。有德馨庄、余氏宗祠、凤溪桥、官庄老街等古老建筑，清朝乾隆皇帝御赐的"五世同堂""七叶衍祥"等匾额弥足珍贵；有千年银杏树、三生石、凤溪河、凤凰山、独山尖等自然风光。环境优美，人文荟萃，是发展乡村旅游、康体休闲、书画写生、特色农业等理想之地。

官庄村建有桃花园，每年4月至10月有花有果，桃园成为集旅游、观光、休闲、健身、婚纱摄影为一体的生态体验采摘园。凤溪河因凤凰山而得名，水资源丰富，开发有养殖、休闲垂钓项目。

官庄村利用山区特有的山珍美味、家养畜禽、高山绿色有机无公害蔬菜等，开发具有官庄特色的农家菜，兴办特色农家乐，使游客进农家菜园、做农家饭、住农家屋、体验农耕生活。组建德馨庄家传菜馆等标准化农家乐5家，发展乡村民宿、候鸟式养生养老休闲项目，以原生态休闲服务方式吸引八方来客。组建豆制品合作社，注册"德馨庄牌"商标，发挥自然生态优势，着力做大茶产业。

福建省南靖县书洋镇

书洋镇位于福建省南部，是世界文化遗产——福建土楼的所在地，是福建省南靖、平和、永定三县交汇处的旅游重镇，气候温和，雨量充沛，属典型亚热带气候。境内交通便捷，道路四通八达，与厦门、泉州、漳州和龙岩等重要客源城市的交通联系紧密。

书洋镇的土楼群、古村落等文化资源与山地、溪流、森林等自然环境相互交融，相得益彰，体现了原乡情怀的生态特质和"天人合一"的和谐状态。生态环境好，目前拥有4个中国景观村落——田螺坑村、塔下村、曲江村、石桥村，以及国家珍贵树种红豆杉的五更寮原始森林。土楼景区先后被评为国家级森林公园、国际王牌景区、国际王牌旅游目的地等。南靖土楼水乡水利风景区入选第十四批国家水利风景区，被评为"中国最具价值文化（遗产）旅游目的地景区"。

书洋镇拥有集农家乐56家，民宿、饭馆200多家，餐位4 000多个，独立水果采摘园10个的综合型产业集体，并有不同类型接待床位1 200张，每年到书洋镇参观游玩的游客量也在逐年增加，带动全镇大力发展乡村休闲旅游业和包装业，并有力促进了百香果、笋干、铁皮石斛、金线莲等土特产品的销售。

江西省井冈山市神山村

神山村位于井冈山市茅坪乡东北面，黄洋界脚下，距离乡政府所在地18千米，村庄四周高山环拱，状若城垣，故名"城山"，后因客家话谐音为"神山"。

神山村着力开发神山谷、双龙潭、水帘洞等景点，将神山与八角楼、象山庵、黄洋界、红军被服厂、红军练兵场等景区景点串联起来，形成旅游精品线路，融入井冈山全域旅游。种植茶叶200亩，黄桃260亩，雷竹30亩。通过家庭作坊的形式，将毛竹加工为竹制工艺品、竹筒酒、竹编工具，延长毛竹的产业链。

神山村大力发展地方特色农家乐以及打糍粑、磨豆浆、制竹筷等传统民俗工艺。神山村年接待游客超过9.8万人次，已有农家乐12家，从事餐饮住宿、民俗体验、土特产品销售等的农户达16家。

江西省广昌县姚西村

姚西村坐落于驿前镇南部，206国道和鹰瑞高速公路旁，为宁都、广昌、石城三县交界处，系抚河发源地，为省4A级旅游景区，也是江西省生态村、文明村，被誉为中国最美的田园风光——中国莲花第一村。

姚西村是白莲花重要产地之一。有"莲花美景第一村"美名。旅游业成为当地的主打产业，其引进了专业运作公司，打造特色民宿100套以上，在远山如黛的夏日清晨，自然景观五彩缤纷，悬崖陡壁，古木参天，盱水清泉，川流不息，龙潭瀑布，险象环生。山下姚西竹林，景色优美，特别是盛夏时节，万亩白莲，万花齐开，"接天莲叶无穷碧，映日荷花别样红"，更是一派田园风光。

姚西村依托当地千年种莲的传统，把莲文化和休闲旅游有机结合起来，大力发展旅游产业。通过开展莲花节及民俗活动、莲产品美食节，布置莲廉文化馆，传承并发扬驿前莲廉文化。

江西省萍乡市安源区红旗分场

红旗分场地处五陂镇中心地带，距离萍乡市区8千米，319国道贯穿南北，S231省道贯穿而过，交通便利。分场占地面积约2.5平方千米，主要出租种植花卉苗木，是以农、林为主的综合性单位。境内植被丰富，气候温和，环境优美。

山东省滨州市经济技术开发区狮子刘村

狮子刘村位于滨州经济技术开发区南部，地处黄河、南海与秦皇河水系交汇处。独特的地理位置造就了其原生态的自然环境和人文环境。村庄周围拥有大面积的原生态湿地、林地、农田，村庄村舍规划整齐，属于典型的鲁北民居建筑风格，保留着最原始的乡土气息；民风淳朴，邻里友善。

狮子刘村打造了 3D 打印体验园、英国 Playdale 儿童游乐园及百花园、百果园等景点，点缀小木屋、古石桥等多类型景观，并流转土地 600 余亩建设水上游乐园和以采摘、体验、垂钓、休闲运动为主题的体验园区，实现自然与人文景观的有机融合，营造出独具特色的北国江南乡村风光。

狮子刘村盘活闲置院落 30 余处，吸引艺术家工作室、特色餐饮客栈、民俗展示、北京大学三宽家长教育研究院、北京大地风景国际旅游公司等先后入驻，规模效益和集聚效应逐步显现。

山东省淄博市淄川区朱水湾村

朱水湾村位于淄川区寨里镇南部，距离淄川城区 13 千米，交通便利。朱水湾村自明朝建村以来，一直保留着完整的古村面貌，石头房子，石板路，真正让游玩的人们记得住乡愁。

朱水湾村，四季分明，春天鸟语花香，夏季凉爽舒适，秋天特产丰富，使人流连忘返。全村借助有利的自然风光和气候环境，全力打造一个集生态观光、休闲养老、餐饮住宿为一体的养老基地。

精心打造的木屋房车会让游客耳目一新，时尚的游泳池、KTV 舞台、酒吧、台球室、网球场、CS 游戏区、蔬菜水果采摘体验区，会给游客带来更多的方便。游客也可以自带帐篷，来个露营篝火晚会，唱着歌，聊着天，

体验真正的大自然。

河南省西平县芦庙村

芦庙村位于河南省西平县西部的芦庙乡境内，是西平县第一个共产党员于秀民的故乡，被许多革命老兵称为"红色村"。

芦庙村大力发展创意农业、田园风情游、红色教育游、休闲农业旅游、民俗文化游、农事体验游等旅游产业。结合特色种植和劳动力等资源优势，建立九品农产品加工基地，以加工菊花、牡丹花茶为主。2015 年被河南省旅游局评为"省级特色旅游村"，现正在以新中式建筑和苏徽派式建筑风格打造特色文化村落。2015 年已建成 1 600 平方米的生态休闲餐厅，现在已投入运营。

湖北省南漳县峡口村

巡检镇峡口村位于远安、保康、南漳三县交界之地，坐落于湖北省襄阳市南漳县西南 98 千米处，村域面积 28 平方千米。该村风光旖旎，物产丰富，素有小江南之称。这里四周青山环绕，中部形成一大盆地。沮水河从中穿过，山上山下四季常青，得天独厚的地理环境造就了优美的自然风光，被农业部确定为美丽乡村创建试点单位。

峡口村气候温润，一年四季鲜花盛开，把峡口村装扮得格外靓丽，富有诗意。峡口村土地肥沃，气候宜人，盛产有机蜜橘、烟叶、桑蚕、香菇等，享有"襄阳柑橘之乡"的美誉。每到秋天，万亩柑橘果树挂满了丰收的果实。该村依托柑橘产业和优美的自然风光，大力发展乡村旅游，开办了 25 个农家乐，新建了 12 个宾馆旅社，多方为游客提供优质服务。

峡口村新组建了 15 个农家乐，制作了峡口形象宣传片 2 部，新建了观景平台 4 处，建成了旅游购物中心 7 处，评选推介了旅游特色菜品 8 个。为提升旅游休闲接待水平，该村开办了旅游接待培训班 8 期，推广特色

农家餐饮，提供标准化服务。

湖北省神农架林区红花朵村

红花朵村位于湖北省神农架林区松柏镇西部，西邻房县，南接红坪镇，距离松柏镇政府所在地34千米。红花朵村具有深厚的生态文化积淀，乡村文化遗产在这里得到了保护，形成独具民族特色的生态文化传统，并具有创新发展、与时俱进的生命力。

村民以发展旅游农庄为经济产业，特色农家乐沿途遍布，辖区内有巴桃园自驾游景点，距滑雪场、燕天景区8千米约25分钟车程。独特的气候条件和自然景观，形成了天然氧吧，吸引了南来北往的游客，尤其是在炎热的夏季让人感受到空调般的凉爽。红花朵村是人间的天堂，是现代城市人们的向往。

红花朵村立足于交通、位置、技术优势，以"美在生态、富在产业、根在文化"为主线，一是依托市场主体，发展特色基地。蜂蜜、板栗、清水鸭蛋、药材等10多个农产品已实现网络销售，通过电商平台让"山货"进城，每户年均增收3万元以上。二是依托区位优势，发展旅游经济。发展农家乐16家。

湖北省来凤县石桥村

群山环抱的石桥村地处湖北省来凤县城西北面，隶属三胡乡，与革勒镇交界，距集镇5.5千米，离县城19.5千米。石桥村不仅环境优美，也是经济发展、乡风文明、群众和谐的新农村示范村。

石桥村以生态茶园为面，以十娘子桥、乾隆桥、石磨碾米和石头榨油、古盐道、古戏楼、桃花岛等为点，以通组水泥路为线，围绕山光水色、奇风异俗和"农家乐"开展生态旅游，吸引了省内外大量游客，成为著名的乡村旅游目的地。2017年，石桥村旅游区年接待游客5万人次左右，旅游综合收入突破800万元。

石桥村依据"科技兴农，旅游强村，绿茶富农"的发展思路，积极探索休闲农业与乡村旅游相结合的新路子，乡村旅游逐步成为村级经济发展的新兴产业、支柱产业，休闲农业成为最美乡村的特色。

湖南省龙山县捞车河村

捞车河村位于湖南省龙山县中南部的苗儿滩镇境内，地处洗车河与靛房河的交汇区。北距龙山县城75千米，南距中国历史文化名镇里耶镇32千米，互通吉恩高速。捞车河村素有中国土家第一村、武陵土家第一寨的美誉。古朴厚重的土家原生态文化，俊美的山形水系，古木参天的生态环境历来受到专家、学者的青睐，被专家誉为"原生态族民间文化遗产博物馆""土家原生态民居博物馆"。

捞车河村坚持以乡村休闲观光旅游为突破口，打造武陵山区重点休闲农业乡村旅游示范园，全村发展了刘三姐、向码头、葛大妹等农家乐12家，改造建设50户标准农家庭院，年接待县内外游客10万余人次，从事腊肉加工、豆制品加工、大米加工20余户，土家织锦生产企业3家，中国非物质文化遗产传承人1人。

通过线上线下，多渠道、多途径、多角度、多形式宣传推广，带动腊肉、土鸡、土鸡蛋、土家织锦等特产的销售，完成年乡村休闲旅游收入超过500万元。发展专业合作社2个，家庭农场2个，特色村寨休闲旅游已成为农民增收的重要渠道。

广西壮族自治区容县龙镇村

龙镇村位于广西壮族自治区容县自良镇，北山属大容山脉向北延伸部分，绵延6~7千米，峰峦起伏，悬崖峭壁，丹霞地貌，这里的林地保护得非常好。龙镇村建设有集登山健身、休闲娱乐、文化艺术、科普教育等多位一体的村级生态文化公园。

2016年，建设了占地1.33公顷的广西第一个村级湿地公园——龙镇湿地公园。规划建设亲水栈道、凉亭、拱桥、观景平台、泄洪坝等设施，水里种上花莲、籽莲、睡莲、亚马孙王莲、水杉、桃花等50多种水生植物及亲水树种，养殖锦鲤、黑天鹅、白天鹅、鸳鸯等30多种鱼类和观赏禽类。花莲、睡莲、籽莲等争相竞放，打造一个集自然、生态、野趣、人文、休闲、观光为一体的公益性生态公园。一年四季，空气清新，冬暖夏凉，气候宜人，堪称养生宝地。

通过与贵港市覃塘区锦鹏农业合作社合作建设200亩"田上种莲、莲下养鸭、泥里养鱼"的现代立体农业综合开发试点基地，种植优质高产的莲子并在基地周边建设观光长廊、观光塔楼、荷园广场，通过项目带动龙镇村开展乡村生态农业观光游。

四川省武胜县观音桥村

观音桥村隶属四川省武胜县三溪镇，位于全县休闲农业与乡村旅游示范点——白坪飞龙乡村旅游产业园内。近年来，观音桥村的特色蔬菜、草莓、蓝莓、甜橙、柠檬、葡萄等产业快速发展，农业观光采摘、农事体验、民俗风情体验等乡村旅游蓬勃兴起。2016年，观音桥村荣获四川十大幸福美丽新村称号，并入选第四批中国传统村落名录。

观音桥村充分利用辖区内现有长滩寺河流集聚成池之自然条件，打造垂钓中心。规划建设观景凉亭和多处露天茶座，便于游客休憩；围绕湖面以及河流走向，自然分布垂钓点位和休憩场所。着力建设农事体验采摘园。建设了30亩草莓采摘园、40亩蓝莓采摘园、100亩精品蔬菜采摘园、200亩甜橙采摘园、200亩柠檬采摘园。既让市民体验了采摘的乐趣，也增加了农民的收入。

观音桥村设立了民国民俗馆，旧时的"袁大头"、风箱、剪刀、渔船、织布机、私章等老物件被陈列其中，仿佛回到了民国时期；植入了油坊、豆腐坊、酒坊、刀坊等，增强了游客的民俗互动参与感；开起了茶馆，

坐在宽板凳上的人们，在这里谈着天南地北；办起了农家乐，游客可以在此品尝原汁原味的农家饭菜。

四川省平昌县龙尾村

龙尾村位于四川省平昌县，国家4A级景区三十二梁的腹心地带，距县城22千米，距离国道5012巴达高速青凤互通口仅9千米。山间云雾缭绕，空气自然清新，田间阡陌纵横，院户鸡犬相闻，庭院鱼荷相伴，漫步小桥流水，极目碧荷连天，使人心旷神怡，如临世外桃源，田园风光无限。

龙尾村历史底蕴厚重，人文古迹较多，至今保存着完好的明清时代川东北古村群落。村内现存11个农家大院、124户民居，尤以蔡家大院和刘家大院为代表，历经400余年沧桑，堪称巴蜀古村落民居的经典。

近年来，龙尾村大力发展休闲观光农业，积极培育农业主题公园，深度挖掘巴山农耕文化。已建成"十里樱花长廊""百亩四季花海""千亩有机茶园""秦巴茶博馆及茶文化展示区""巴人农耕文化馆""云顶茶道""顶头梁""乡贤堂"等精品旅游景点20余处，成为声名远播的宜居、宜业、宜游、宜养的休闲旅游及康养度假胜地。2016年全村共接待游客23万人次，实现旅游收入2 600万元。

贵州省贞丰县纳孔村

纳孔村位于贵州省黔西南布依族苗族自治州贞丰县者相镇西面，省级风景名胜区——三岔河湖畔，距县城19.5千米，交通便利。纳孔村先后获得了全国"民族进步团结示范村"、全省"巾帼示范村"等荣誉称号。2014年纳孔村被国家民族事务委员会评为"中国少数民族特色村寨"，随着知名度和影响力的不断提升，纳孔村乡村旅游市场不断增大。

旅游带动了特色产业发展，纳孔村共有

农家乐接待户15户，民族商品店4户。纳孔布依古寨已有布依农家乐20余家，旅游商品店铺多达10余家，开发出的旅游商品主要有布依族服装、刺绣、土特产系列等。纳孔花海和麻柳潭坝子田，由于地域宽广，田块紧密相衔，傍坡顺势而上，梯次层出不穷，往往成为游客流连拍照、写生纪念的好地方。

近年来，随着旅游业的兴起，纳孔布依古寨的后发优势开始显现，为经济社会发展和产业结构调整升级带来了新的契机。大量旅游者慕名而来，逐步推动了纳孔乡村旅游业的发展。

云南省腾冲市银杏村

银杏村位于云南省腾冲市北部，固东镇江东社区。距腾冲市区35千米，背靠延绵不断的江东山，面临龙川江，与国家火山地质公园、柱状节理相邻。周边景点有和顺古镇、腾冲火山热海景区、云峰山、和睦茶花村、高黎贡山、界头油菜花海、腾冲湿地、腾冲温泉等。

银杏村已有几百年历史，是一个独具特色的古村落。村内分布着4 000亩集中连片的古银杏树而被誉为古银杏村。步入村庄，仿佛进入了一个金色的童话世界、人间天堂，自然、古朴、宁静，让您在情不自禁抒情畅想。

走进银杏村，可住进当地农家小屋，品尝到当地的银杏鸡、银杏粉肠、银杏果炖鸡、银杏花蒸蛋、银杏茶、顺江烧肉米线、烤香猪、农家菜、"海陆空"、野菜、药膳等特色农家饭，并体验参与当地纸伞、皮影、冲粑粑、刺绣等民俗行动。可带走银杏果、油茶油、菜籽油、蜂蜜、刺绣等特色农产品。有农家乐户数139户，居民旅馆床位1 106个。

西藏自治区江孜县玉堆村

重孜乡玉堆村是乡政府驻地，离江孜县城20千米，位于204省道沿线。玉堆村有重孜寺，每年会定期举办各种各样的传统佛事活动，吸引当地农牧民前来朝拜，至今保存着后藏时期的多种文物。

玉堆村建有齐吾岗唐卡艺术中心，里面有大量的绘画、雕塑珍藏品，琳琅满目，参观的游客对藏式唐卡这种传统文化了解更加深入，也为他们带来了视觉盛宴。玉堆村修建了一个集休闲娱乐为一体的广场，成为人们节日庆典、公共聚会、艺术活动的场所。

玉堆村着重打造具有本地民族特色的农家乐，向游客提供当地可口的特色菜品、民族手工业饰品及具有西藏风俗的生活方式，以及当地的糌粑、酥油、奶渣、藏鸡蛋等土特产，让来自五湖四海的游客们体会雪域高原的神秘。

西藏自治区林芝市巴宜区唐地村

巴宜区八一镇唐地村位于西藏自治区林芝市318国道沿线，紧邻115驻军医院，距八一镇城郊3千米。唐地小康示范村周边群山环绕，东边为尼洋河流域，北边为措木及日蓝冰湖景区。依托优越的资源优势，唐地村大力发展乡村旅游，投资300万元修建了农家乐项目，2017年又投资302万元发展果树种植项目，果树长势良好，已开始接待游客，让游客感受田园风光、体验采摘等。全村力争把村庄建设成为风光旖旎、文明和谐的社会主义小康示范村。

陕西省商洛市商州区江山村

江山村位于陕西省商洛市区以北22千米、西商高速腰市出口处，距西安市区1小时车程，307省道穿境而过，交通便捷。文化氛围浓厚，祠堂众多，家族文化绵延不绝；猴神文化、喜剧爱好、社火、秧歌等文化活动丰富多彩；商州名小吃豆荚、烩菜等都起源于此地，所以这里是文化之乡的文化名村。这里生态环境良好，素有"天然氧吧"和

"天然动植物种质基因库"之美誉。

江山村打造了油菜、菊花、万寿菊、薰衣草、马鞭草等十里田园花海，实现了春、夏、秋三季花卉飘香，人潮涌动，江山花海的美名也随之远扬。沿路绘制的十里文化长廊，弘扬了社会主义新风尚，成为村庄一道亮丽的风景线；结合猴神文化，打造了猴神水帘洞，正在打造花果山及重新修缮猴神庙；囊括了102种知名小吃、八大农家作坊、文化休闲、名优特产四个板块的民俗文化一条街。

江山村周边有秦土地现代农业园区、森弗天然制品有限公司、大溪谷生态颐养园、京夫故里等景点，文化元素相得益彰。江山美丽乡村是江山景区的门户区，江山景区不仅有优美的原生态环境，而且处处充满人文气息，有亿年的海石芽、千年的葛藤林、百年的白桦林、红岩寨、白龙洞、母子潭等八大景，潭、洞、溪、瀑随处可见，风光旖旎。

甘肃省嘉峪关市河口村

河口村位于甘肃省嘉峪关市文殊镇西端，与嘉峪关南市区毗邻，与嘉峪关市大型文化旅游项目——观礼古镇、方特欢乐世界紧邻，地处动车南客站中心区，交通便利，产业优势明显。全村已建成星级农家乐、农家旅馆39家，建成了嘉峪关市香巴拉亚龙湾城市欢乐园、丰源农业科技示范园等大型示范项目，已经形成了集群化、规模化发展格局。

河口村紧密结合村情实际，依托交通便利的区位优势大力发展乡村旅游产业。目前，全村已建成星级农家旅馆、农家乐园39家，2016年农民人均纯收入达到17 021元，乡村旅游的发展托起了农民致富梦。2017年，河口村将全村农家乐、农家旅馆进行全面整合，划分为4个片区，即整合为嘉文公路以南农家乐园、嘉文公路以北农家乐园、新文公路以西亚龙湾、香巴拉餐饮游乐园以及三组农家旅馆一条街、305线农家乐园，通过对片区景观资源进行改造升级，着力将河口村建设成为嘉峪关"市民的休闲乐园"及"城市的后花园"。

青海省西宁市城北区晋家湾村

大堡子镇晋家湾村是青海省西宁市城北区新农村建设的示范村之一，位于109国道北面，丹拉高速公路南侧，交通便利。现村内有自驾游营地一处，小微型宾馆38户，农家院13家，钓鱼塘1处、老年幸福院1处、敬老院1处。

晋家湾村通过土地流转将村民土地全部整合，并成立谐发农业观光农民专业合作社，共建造110栋冬暖式温室，形成以蔬菜、菌种蘑菇种植及花卉盆景、休闲观光销售为一体的服务体系，每年开展草莓节、三八妇女节、老年重阳节、钓鱼大赛、自驾营旅游、采摘等一条龙服务等活动，带动了周边旅游事业的发展。

晋家湾村在农家乐服务方面，主要以本地土菜、老八盘、烧烤、土乡情为一体项目服务于八方来客。建成了晋家湾村特色村庄，新建成文化旅游休闲庄园3个，新建农家客栈30家，农家乐26家，休闲观光采摘园2个。

新疆维吾尔自治区新源县肖尔布拉克新村

新源县肖尔布拉克镇肖尔布拉克新村地处新源县城以西偏南28千米处，北距218国道14.5千米，南距316省道2.5千米，距库尔德宁景区40千米，东邻塔勒德镇、农四师72团，西邻公安农场、哈拉布拉、种羊场，北沿巩乃斯河岸。肖尔布拉克新村现由汉族、苗族、壮族、土家族等7个民族组成，是一个农业大村。

肖尔布拉克新村种植业以油葵、玉米、

水稻、高粱为主；养殖业主要以养殖生猪为主，旅游业主要以"酒文化＋红色文化＋湿地游览"，打造成为集餐饮、购物、休闲、旅游等多功能为一体的旅游新镇。肖尔布拉克新村紧邻闻名全疆的伊力特酒业、肖尔布拉克酒业、3A 级西域酒文化博物馆。

依托西域古建筑风格建造的酒文化一条街，充分展示西域酒文化的酿造工艺，荟萃民俗文化、音乐文化、建筑文化、旅游文化等文化元素，满足游客对食、宿、行、游、娱、购、文化、观光、休闲、度假、培训、教学等多方面的旅游综合需求。街道两侧共建有 99 家商铺，农家乐及餐厅 9 家，宾馆及家庭旅馆 4 家。此外还整合了项目区内的酒文化博物馆、红军团博物馆及那拉提国家湿地公园的旅游资源。

大连市庄河市马道口村

马道口村位于大连市仙人洞镇北部，距庄河市区 52 千米，距仙人洞镇 17 千米，距岫岩县 36 千米，是一个基础设施完善、历史底蕴深厚、物产富足、旅游资源丰富的秀美乡村。

马道口村因唐朝大将薛仁贵征东路过此地而得名，国家 4A 级景区冰峪沟的北门设在村境内；著名的辽南第二高峰、海拔 1 029 米的老黑山，马道口村拥有 1/3 的面积；濒临灭绝的侏罗纪植物、珍贵的天女木兰花、辽南雪莲、野山参等名贵植物在老黑山上随处可见。

以乡村旅游和休闲农业为切入点，马道口村抓住冰峪沟、天门山、优圣美地漂流等旅游产业带来的机遇，成立了专门的果蔬专业合作社。中央电视台财经频道《生财有道》栏目组进驻马道口村的乡村旅游示范区，连续 3 年在央视播放，马道口村由名不见经传的偏远山村一跃成为全国闻名的秀美村庄。

青岛市崂山区晓望社区

晓望社区地处青岛市崂山东麓，仰口风景区北侧，面积约 12.2 平方千米。山清水秀、景色宜人、交通便利、物产丰富。为打造青山绿水生态文明新农村，晓望社区充分利用资源优势和区位优势，大力发展高效农业与生态旅游观光产业，先后被授予"全国农业旅游示范点""中国乡村旅游模范村""全国休闲农业与乡村旅游示范点"等称号。

晓望社区成立了青岛市崂山区晓望茶叶合作社、青岛晓望生态旅游有限公司，先后建设了游客服务中心、旅游观光线路 3 条、观光木栈道、铁索桥等，恢复重建了塘子观庙、郭琇书院，每年举办崂山茶节，最佳休闲时间4～10月，年均接待中外游客 20 万人次以上。

晓望社区大力发展具有山区生态旅游特色的山谷生态旅游观光、休闲、登山健身、崂山茶节、茶乡风情游、农家宴、茶乡人家等特色项目，形成了较为完善的民俗生态旅游体系。先后投资建设了中国茶文化博物馆、崂山茶博物馆、塘子观（二龙山）风景区和千亩茶园等项目，将生态旅游区发展成为一个集旅游、度假、观光、休闲、健身、娱乐、购物于一体的综合性旅游区域。

青岛市黄岛区大泥沟头村

大泥沟头村位于青岛市张家楼镇以北2.5 千米处，地处丘陵地带。大泥沟头村临近开城路、204 国道和滨海大道，交通条件便利。这里山清水秀、景色宜人、村富民丰、画家集聚，被誉为"中国江北第一画家村"。

大泥沟头村原生状态保持良好，松泉山森林茂密，百年以上的树木 100 余棵，形成了独特的村容景致。村庄西面是整齐划一的多层花园洋房，别致的欧式建筑风格镶嵌进恬静宜人的田园风光。漂亮的文化旅游客栈、优美的居住环境、完善的配套设施吸引了国画院、油画院、书法家们的入驻，大泥沟头村成为当地游客文化和特色农业旅游、生态观光旅游的首选之地。

大泥沟头村以休闲农业为重点，突出文化特色，依托村庄山清水秀、景色宜人的自然资源优势，形成了文化开路、旅游搭桥、促进三产的休闲乡村格局。村庄聚集了绿泽画院、泽丰生态园、康大文化产业园、高新农业科技示范园、松泉旅游度假村、达民文化庄园、山川、大地、贵峰画廊等十几家企业。

特色民俗村（35 个）

北京市延庆区南湾村

南湾村位于北京市延庆区四海镇，距延庆中心城区 41 千米，距四海镇政府 4 千米，延琉路穿村而过，是"四季花海"大地景观核心区。南湾村成立了专业合作社，主要发展花卉种植和民俗旅游产业。全村现有民俗户 15 家，星级民俗户 11 家，其中五星级民俗户 1 家，三星级民俗户 3 家，乡村酒店 1 家。

南湾村大力开发休闲农业项目，丰富游客体验活动。利用村里 90% 的耕地种植花卉，种植面积已达 1 080 亩，每年 7、8 月的赏花季，广大游客慕名来南湾赏花，其中以万寿菊最为凸显，同时辅以玫瑰、百合等。

南湾村打造了特色饮食——粗粮"河捞面"，游客在品尝"河捞面"的同时，还可以亲自体验制作。2016 年，结合南湾村花海景观，利用南湾村村民的房屋、院墙，采用虚实结合的办法，制作了 128 幅 3D 画，将风靡全世界的 3D 画与民俗旅游相结合，给游客一种空间错觉，让游客在视觉上有强烈的冲击。

北京市大兴区魏庄村

魏庄村位于北京市大兴区魏善庄镇，总占地约 4 000 余亩，其中 1 400 亩土地用于月季种植，形成成片的月季景观。2016 年，魏庄村休闲农业营业收入 1 500 万元，年接待游客人数 2.3 万人次，带动农民人均年增加收入 0.2 万元。

近年来，魏庄村休闲农业和乡村旅游发展势头良好。目前，魏庄村共有农业及文化园区 6 个，吸引大量游客前往，其中桃花园农业产业园以"绿色、生态，野趣"为主题，田野文化园主要以介绍传统田野文化为主，坦博兴善苑以徽州古建筑为主要特色。这些园区既可以推动农业产业升级，促进当地经济发展，同时促进周边地区农民就业，部分村民还开起了民俗旅游，极大促进了村民增收。

魏庄村积极打造月季产业基地，将成为以月季产业为引领，集花卉观赏、花卉养生、科普教育、休闲娱乐、产品销售、特色休憩等多功能为一体的月季主题休闲地和世界级的月季科研中心。为打造特色旅游村，成为月季产业基地的一部分，2017 年组织实施村庄整体环境提升行动，村内基础设施水平得到很大改善。村内绿树成荫、花草相映，环境十分整洁，是名副其实的生态自然村。

北京市顺义区河北村

河北村位于北京市顺义区南彩镇，距离北京城区约 40 千米，距离顺义城区约 6.8 千米。河北村南濒潮白河，东依箭杆河，两河交汇的地理优势形成了河北村优美的自然景观和独特的地理环境。

河北村大力发展民俗旅游产业，2016 年营业收入达到 1 200 万元，全村已有 5 家民俗户，这些民俗户以美味的农家菜，淳朴的农家情，为广大游客带去乡下人的热情，成为河北村的一块金字招牌。建立了河北村民俗体验园，占地 1 000 亩，总投资 3 000 万元，园区内设有历史回顾馆、农耕农事体验园、传统农产品加工基地、青少年拓展健身基地、动物养殖体验基地。

河北村为发展果树种植提供了得天独厚的条件，双河果园生产的果品，鲜美可口，质量上乘，使得双河果园已经成为人们采摘旅游的优先选择，同时被评为"北京市乡村旅游特色业态采摘篱园"。

山西省灵丘县上北泉村

上北泉村位于山西省大同市灵丘县南山区。利用良好的生态环境，大力发展旅游业，依山就势建成造型各异的凉亭、村牌楼、影壁、汉白玉栏杆、通山台阶等景观。目前，北泉景区已成为灵丘县"红、古、绿"三色旅游网中的靓丽名片。

上北泉村利用丰沛的水资源，建成水产养殖场、唐河漂流、荷花池和水上公园，景色独特，美不胜收。良好的生态环境催生了生态旅游的兴起，"回归田园，融入生态"成为北泉村的旅游主题与品牌，年接待游客10万人次。游客休闲体验项目有垂钓、漂流、攀岩、采摘、赏荷、篝火晚会，每年农历六月十九北泉景区都举办"荷花节"暨乡村文化旅游节，每周六晚还有实景演出《山水北泉》等。

上北泉村建有高档避暑山庄——北泉山庄和农家客栈20家，共拥有床位150余张，接待能力150人，围绕游客吃、住、行、游、购、娱六个方面，初步形成一条龙服务体系，年接待游客5.7万人次。景区内林海茫茫，唐河潺潺，花果飘香，素有"塞上小江南"之美誉。北泉村属于黑鹳自然保护区，数十种珍禽异兽栖息此地，更增加了原生态氛围。

内蒙古自治区托克托县郝家窑村

郝家窑村位于内蒙古自治区呼和浩特市托克托县，东依山梁，南临神泉生态旅游景区，西邻黄河，北与东营子村毗邻。沿黄公路从郝家窑行政村穿过，交通便利，依山傍水，生态环境优美，国家4A级景区——神泉生态旅游景区位于该村，具有丰富的旅游资源。

郝家窑村以沟梁湿地等自然景观资源为依托，立足独特的葡萄种植、渔业养殖优势，大力发展集葡萄采摘、农家乐接待、农业观光、休闲娱乐为一体的旅游产业。全村葡萄种植面积达1 500亩，年均葡萄产量达3 000多吨。同时，以葡萄产业为基础，依托黄河和神泉旅游，大力发展餐饮服务业和乡村旅游，全村农家乐餐饮店发展到76家，年创收1 000多万元。

郝家窑村进一步扩大招商引资力度，在梁上引进黄河梦幻水世界、观光生态园建设项目以及绿博园建设项目，并建设了2 000亩温棚采摘示范区、1 000亩苗木繁育示范区和100亩经济果木基地，改造了1 400平方米黄河观景台，新建占地6 000平方米的民俗博物馆，建设了一座容纳150吨的现代化葡萄气调鲜储库。

内蒙古自治区克什克腾旗 小红山子嘎查

小红山子嘎查地处内蒙古自治区赤峰市克什克腾旗西南端，距旗政府所在地110千米，草原面积12万亩。该嘎查因其独特的地理环境和生态环境，现已形成了以草原、湖泊、湿地、森林、沙地等自然景观为依托，以特色养殖、旅游牵乘、餐饮服务、影视协拍等为一体的休闲旅游产业模式。

小红山子嘎查以旅游业为主，有200余户从事旅游服务业，现有滑草场、射箭场、漂流、特色养殖场等各项娱乐项目。小红山子嘎查地处于乌兰布统景区中心地带，周围景色宜人，气候适中，是休闲度假的最佳选择。已建成具有农家特色的农家乐家庭宾馆70余家，其中有一定规模的农家乐家庭休闲宾馆10家，年接待游客人数16万人次。

小红山子嘎查新建占地近万平方米的跑

马场一处，建设现代化马厩 200 余个，大小停车场 9 000 平方米，环岛地标性建筑和游客休闲广场各一处，配套特色旅游商厅及服务用房 400 平方米，射箭场一处。

辽宁省东港市大鹿岛村

大鹿岛村位于辽宁省东港市孤山镇，四面环海，面积 6.6 平方千米。全村主要产业包括水产品养殖加工业、旅游服务业、海上捕捞业等。大鹿岛村的旅游产业，紧紧依托资源，合理有效整合，实现资源、产品、市场的最佳对接。

大鹿岛村加大乡村旅游基础设施建设，构筑整体景观风貌，使村庄建设在花园之中。构建月亮湾海滨浴场长廊和村主街道绿化、美化景观轴。建成了金龟园、音乐喷泉广场、水乐园、菱形花园；建设邓世昌墓园林带、毛文龙碑亭园林区。

大鹿岛村开展了丰富多彩的与景区文化相融合的旅游活动项目，吃渔家饭、住渔家屋、观渔家景，做一天渔民、当一次渔家的新郎；浅海拾贝、大海冲浪、晨观日出、傍晚垂钓、夜伴听涛。举办海鲜节，展示独特的海岛海鲜饮食文化；举办妈祖香缘、渔家祭海等活动，将友好、和平、关爱的精神发扬光大。建有海之韵沙滩啤酒音乐广场，让游客在畅饮啤酒中体验高雅、浪漫的海岛文化。

吉林省通化县老岭村

老岭村位于台上镇所在地，全村面积 96.9 平方千米。石湖国家森林公园和石湖国家级自然保护区位于境内，全市最高峰——东老秃顶子坐落于此。2016 年，全村累计接待游客达 2.2 万人次。

老岭村结合生态文明建设，积极探索"红色＋绿色"旅游新模式。"红色"旅游模式，结合杨靖宇老岭隧道战斗遗址和王凤阁密营地等红色故事，探寻开发出红色抗联路线 3 条。"绿色"旅游模式，积极探索野外露营、有氧徒步、徒步登山等活动，同时开发有氧徒步线路、徒步登山线路、坐山观景线路，建有白车轴露营基地，分为露营区、就餐区。露营地积极探索开发冬季项目和民宿旅游，开发民宿 20 户，同时也带动了老岭村红豆杉盆景、黑木耳、元蘑、蜂蜜等特色农产品的销售。

在村屯美化全覆盖的基础上，向村屯外公路延伸，逐年提高村屯和公路绿化标准，打造高标准的林荫路、花海路。酒香不怕巷子深，越来越多的游客慕名而来，一睹这大山深处的明珠风采。

江苏省南京市江宁区孟墓社区

孟墓社区位于江苏省南京市江宁区汤山街道西南，地处青龙山余脉，距南京市区 30 多千米，东接宁杭、沪宁高速，西靠 104 国道，S337 省道穿村而过，交通十分便利。

孟墓社区七坊依山傍水，地理条件优越，文化底蕴深厚，是江南名刹——藏龙寺及青龙桥历史典故的发源地。七坊成功打造了豆腐坊、酱坊、油坊、粉丝坊、炒米坊、酒坊、茶坊和糕坊 8 个传统手工作坊，应时应节举办油菜花节、向日葵文化节及做年糕、磨豆腐等各类民俗文化体验活动。七坊是集传统工艺展示、农耕器具展览、休闲旅游、农家菜品尝、生态湿地垂钓、农副产品销售为一体的农家乐旅游胜地，先后获评江苏省四星级乡村旅游示范点、江苏省农家乐聚集村示范村、南京市美丽乡村建设示范村、南京市水美乡村等称号。

孟墓社区休闲农业旅游发展迅速，2016 年社区接待游客量 40 万人次以上。2016 年，建设占地面积 100 余亩的连片特色农业景观项目"四季花海挂果香"，开辟一片七彩采摘花田景观园，可进行果蔬采摘、农事体验等。位于七坊西南面的东郊牧歌东方伊甸园项目于 2016 年正式对外营业，这里是华东地区最大的婚庆产业园，可以开展婚纱摄影、户外草坪婚礼、水上婚礼、婚庆宴席、会议等活动。

浙江省开化县龙门村

龙门村位于浙江省衢州市钱塘江源头的北支流，是开化县的最北端，东连千岛湖，南依齐溪镇，西临江西婺源，北接安徽黄山，距离开化县城 47 千米，205 国道、黄衢南高速公路穿村而过，自古以来就是浙西通往徽州的交通要道，是明清时期古驿道上的一个重要人文汇集地。

因峡谷狭长似龙，且有山石如门，故称龙门。龙门村气候四季分明、温和宜人，盛产茶叶、清水鱼、毛竹、绿色有机蔬菜及家禽等。龙门村历史文化深厚，有 500 多年的历史，有土楼文化、太极村图、徽派民居、民俗文化等乡村风情文化，有天然龙池、山门瀑布、外山土坯房、红色宗祠、红军洞、古桥、古道、古渠、古堰坝、古寺庙、下马石、老龙戏水等自然人文景观，拥有"舌尖上的中国"首宴青蛳等美食，是休闲度假、观光旅游的天堂。

龙门村现存 25 幢古民居均为徽式建筑，39 幢传统的土楼民居，均属闽北建设风格，保留完整，极具保护、利用价值，是康体养生的好去处。特色产品众多，包括手工草鞋、野葛粉、毛竹筒等。龙门村开办"龙门客栈"特色农家乐 53 户，床位 638 余张，日接待能力 3 000 多人次，年营收 1 350 万元。

安徽省绩溪县尚村

尚村位于安徽省宣城市绩溪县家朋乡西南隅 5 千米，绩荆公路穿境而过。拥有绝美的山水景观、深厚的徽州文化、丰富的休闲农业，尚村先后荣获了"中国传统古村落""中国美丽田园"等称号。2016 年，尚村景区被评为国家 3A 级景区，接待游客 54 万人次。

千年古村尚村是典型的徽文化古村落，是古徽州有名的"砚瓦村"，是古徽州人居与山水完美结合的典范。村里路巷交错，四通八达；古民居顺着山势高低错落而筑，素有皖南"十姓九祠"之称。古村落始建于北宋时期，有基本完好的明清古建 60 余幢。尚村民俗文化资源丰厚，尚村是徽菜、徽商和徽剧的重要发祥地之一，其中民宴"九碗六"成为经典徽菜。原生态的徽剧徽调和极具乡土气息的板凳龙、晒秋等徽风民俗更是经久不衰。

尚村种植 300 余亩荷花、葵花，营造梯田花海美丽景观。农户经营的山核桃、莲蓬、油茶树、野生绿笋、油菜等种植基地成为农事体验、农产品采摘的旅游场所。旅游配套住宿、餐饮服务近年来发展迅速，恒泰客栈等 36 家农家乐相继建成投入运营。

福建省漳浦县大埔村

福建省漳州市漳浦县绥安镇大埔村位于漳浦县城东部，西通省道牛旧线，距县城 7 千米，距高速出口 2 千米。大埔村充分利用本村山清水秀、有果蔬、有古民居等优势，营造"看得见山，望得见水，记得住乡愁"的乡村自然意境，将其打造成宜居宜业宜游的美丽乡村旅游目的地。2016 年，接待游客 21 万多人次，单国庆 7 天假期就接待游客 15 800 多人次。

大埔村大力发展现代农业和休闲农业。建立蔬菜基地，配套新品种展示区、科技实验区、休闲观光体验区等，种植蔬菜、百香果等和发展农家乐、民宿，打造成吃、玩为一体的休闲农业景点。建设灯光球场，实施木屋亮化、完善村旅游游客服务中心、村旅游区彩屏 LED 工程、村旅游区停车场等。建有三国特色的农家餐厅，成为一道亮丽的风景。建设有荔海休闲公园，配置篮球场、相关运动器材及观景亭等。

突出"留住乡村记忆"，依托光绪年间的古民居，向古民居农民租用修缮 24 间房。大力发展民宿、乡村原生态美食、乡村土特产伴手礼等特色产品。栽种了 20 多种可供游客采摘的果蔬品种，以农产品采摘为核心，大力举办民俗旅游园、亲子采摘、拓展训练等特色活动。大埔村推出的 4 条旅游线路中均包含农业采摘项目。

山东省莱州市初家村

初家村地处山东省东北部，烟台市西部，莱州市东南部，东临招远市，东南与莱西市接壤，南连平度市，西南与昌邑市相望。景区处于莱州市半小时交通圈，招远、栖霞等县级城市 1.0 小时交通圈，东营、青岛、潍坊等地级市 1.5～2.0 小时交通圈，济南、临沂等城市 3.0～4.0 小时交通圈。

初家村现有旅游开发企业 1 家，全村已形成以乡村生态旅游和种植业为主导的农村产业结构，种植业以花生、大姜和玉米种植为主。小村四面环山，一条清溪从村东的山岭中流来，蜿蜒穿过布满林荫的村落。

初家村现有荷花池景区、传统古村落景区、专家活动室景区、观音菩萨山景区、梭沟公益林景区，还有正在打造的初家铺子超市、临溪小院饭店、古戏台、九间房、望海亭、观月楼、大牌坊等新建景区。

山东省长岛县北城村

北城村位于长岛县北长山岛南部东端，为乡政府驻地。北城村三面环海，周边有半月湾、九丈崖、望福礁等著名旅游景点。村庄毗邻省道 263 线，与县城一桥之隔。

北城村全面实施以绿化、美化、硬化、亮化、净化、文化为重点内容的"美丽渔村"建设工作，改善村庄环境，为发展旅游服务业奠定了良好基础。2015 年以来，该村加大资金和人力、物力投入，强化对重点部位的治理，村容村貌得到明显改善。北城村共有"渔家乐"经营业户 86 户，床位 1 800 余张，2016 年"渔家乐"实现收入 1 200 万元。

北城渔业专业合作社自成立运转至今，先后被授予"烟台市渔民十佳专业合作社""山东省渔业专业合作社省级示范社""国家农民合作社示范社"等荣誉称号。

湖南省洞口县宝瑶村

洞口县罗溪瑶族乡宝瑶村，地处雪峰山腹地，坐落于罗溪国家森林公园境内，村域总面积约 9.63 平方千米。村里环境优美，空气清新，山清水秀，熬茶文化源远流长，湘黔古道穿境而过，2013 年被评为湖南省历史文化名村。

宝瑶古寨四周万山叠嶂，延绵起伏，气势磅礴，景象万千。寨前高低不平的田野，交织如网，成群的小鸟山雀在田野上空飞翔，给田野带来生机。古寨左右和后山，苍翠欲滴，景色优雅，风韵迷人。云雾较多，一年约 1/3 的日子有雾，夏季十分凉爽。宝瑶至仙人桥之间保存着一段长约 5 千米的享有"南方丝绸之路"美称的南方第一古商道——湘黔古道。瑶家常用熬茶招待贵客，熬茶曾是湘黔古道过往客商最钟爱的野生茶品，至今已有上千年历史。

宝瑶村引导发展乡村旅游，对接都市人群生态休闲需求，开展了垂钓、竹筏、骑马、摸鱼、棋牌、摄影等休闲娱乐活动，引导村民打造农家客栈，并带动腊肉、冬笋、蔬菜等农产品消费，目前已有 15 家农家客栈、民宿正式营业，年经营收入 800 万元，年接待游客 10 万人次。通过推进村级接待中心建设，提供旅游综合服务，改善人居环境，打造特色村寨。

广东省翁源县南塘村

南塘村位于广东省韶关市翁源县江尾镇，以种植水稻、花生等经济作物为主。村内有闻名的景点湖心坝客家群楼、仁川社学、南塘新村文化室、南塘千亩油菜花海、葡萄采摘观光园等。南塘村是集历史古村、特色民居村、特色民俗村和现代新村于一体的美丽休闲乡村。

南塘村始建于明朝正统年间，是一座占地约 30 万平方米的大村落，至今有 550 多年历史。湖心坝客家楼群的建筑极富客家地区特色，保存较为完好。每年有许多游客前来探询、体验客家民居的神秘和风采，也吸引了不少摄影爱好者前来采风，书画家前来寻觅创作灵感。

南塘村湖心坝客家围景区有位于村落服务中心附近的具有客家特色的"仁川社学"客栈区，客房有 50 间，为游客提供休息和住宿，十分方便。村民开办的以"农家菜"为主的农家饭庄等特色餐饮区，为游客提供风味十足、物美价廉的餐饮服务，既可为当地村民增加收入又可以吸引大量游客。2016 年接待游客约 11 万人次，带动了当地的特色生态种养、农家乐等产业发展。现村内有农家乐 3 家，农民专业合作社 4 家，家庭农场 2 家。

海南省儋州市铁匠村

木棠镇铁匠村位于儋州市北部，距儋州市区 43 千米，距木棠镇墟不足 1 千米。铁匠村建村已有 600 多年历史，原名北岸李村，早在明清时期，由于土地贫瘠，十年九旱，铁匠村人被迫背井离乡外出谋生，习得打铁技艺，归来世代相传，逐步发展成"户户有高炉、人人会打铁"，"铁匠村"的村名由此而来。从开始加工牛角等工艺品逐步变成现在家家户户加工花梨木为主，同时开发贝壳、海柳等工艺品，产品畅销全国各大城市。

依托东坡书院、中和古镇、千年古盐田、峨蔓火山海岸等丰富的旅游资源，从而把铁匠村打造成一个集旅游、休闲和购物等功能于一身的风情休闲村。目前，全村 21 个海南黄花梨工艺品商铺已投入营业。2016 年仅铁匠村内的总销售额达 3 000 万元以上，并且这一数据有望逐年提高。全年到铁匠村旅游的游客达 3 万人次。铁匠村为了丰富村民的精神文化，建起了村史馆、村宣传文化室，还建起了村民娱乐健身广场，给村民提供了休闲锻炼的好地方。

海南省陵水县坡村

坡村位于海南省陵水黎族自治县文罗镇西北部，是典型的黎族村落。坡村地势西北高，东南低，属丘陵地区。道路四通八达，水沟纵横、田野碧绿，村中椰树婆娑，处处呈现出一派生机盎然的景象。

坡村历史悠久、人杰地灵、环境优美，具有非常浓厚的红色革命文化和发展休闲观光农业的优势资源。坡村整体规划打造为传承革命老区精神的党员教育基地、红色旅游度假基地、艺术写生基地、休闲农业基地，集观光、休闲、教育为一体的美丽休闲乡村和全域旅游目的地。打造宜居村庄、环境美化亮化等基础设施建设，建成了黎乐堂、黄振士公园、湿地公园、时光邮局、公社食堂等旅游景点。现在坡村红色旅游景点已名声在外，吸引了不少省内外游客。

结合坡村红色旅游，坡村积极发展休闲农业产业、农旅融合扩大旅游项目，主要发展圣女果、芒果、荔枝等观光采摘果园。还通过土地流转，让外地人到当地发展芒果、荔枝等观光采摘果园。

重庆市梁平区聚宝村

聚宝村位于重庆市梁平区城东部，距离镇政府 6 千米，距离城区 48 千米，距渝万高速 8 千米，联聚公路贯穿全境，交通便利。聚宝村以李子种植业为主要经济来源，村内有鲁家湾李子园、枇杷梁李子园和谭家院子李子园 3 个。油菜基地被重庆地理杂志收录为全市 25 个赏花点之一。

2015 年、2016 年、2017 年连年在聚宝村李子文化广场举办李花节，在春暖花开和夏季果熟之际，吸引了来自重庆、万州、梁平等地的很多游客，年吸引游客 5 万余人次，打造了楼子榜、枇杷梁子、大坟坝等一大批乡村旅游热点，发展农家乐 12 家，农户接待点 131 户，提供床位 450 余张。

借着举办节庆活动的东风，打造浓郁乡土气息的农家游，游客可以通过认养百年李树、观赏池塘荷花、自助稻田捕鱼、体验果农生活。通过逐步打造的"曲水赏花节"等休闲旅游品牌，为果农增收创造了条件，促进乡村旅游和农业观光产业快速发展，为农民增收创造条件。

四川省平武县桅杆村

桅杆村地处四川西北部，属平武县平通镇。桅杆村交通便利，距离绵阳市区和平武县城均约 80 千米，距离省会成都仅 200 千米左右，九黄旅游东线穿境而过，是九寨沟、黄龙寺旅游景区的门户通道，即将建设的九绵高速路将在该村开设出入口。

桅杆村根据梅林不同地理位置和特点，分别打造了印象梅林、古梅园、走马羌寨、地震纪念广场等景点，分别向游客展示了村居原生态、梅林生机和凝重历史三大主题。通过近几年的开发、开放，桅杆村被评为"绵阳十大赏花地"。建设民俗旅游接待点 43 家，日接待能力 2.7 万人次。

突出"食药同源，平武原生"餐饮理念，餐桌上的椿芽、蕨菜、折耳根、鹿儿韭、刺笼苞、平武大红公鸡、平武土黑猪肉等体现了羌族特色，接待户根据游客需求，开展跳锅庄活动，表演羌绣技艺，展示上刀山绝技，传播弘扬羌族文化。桅杆村举办了"清漪江庖汤食汇节""绿茶文化节""美食品鉴会"等大型民俗活动，吸引了大批中外游客。

四川省阿坝县神座村

神座村位于四川省阿坝县查理乡，坐落于阿依拉山下，距离县城 65 千米。深藏在海拔 3 100 米的森林和草山之间，静静的热去曲河从她脚下蜿蜒流淌。曾是 2006 年寻找中国世外桃源第一名，只有极少数驴友曾经揭开过它的面纱，至今仍旧保留着多样的原生态风光和传统的民居和习俗。

神座景区风光秀丽，旅游资源组合性强、综合品位高。有古朴秀美的神座藏寨土房建筑群，有安多藏族特色桥梁"伸臂桥"，有峡谷、原始森林、高山牧场等组成的高原山地景观，川金丝猴、豹、白唇鹿、藏羚羊等与原住民和谐相处，是野生动物与人和谐相处的原生态自然区。这里有著名的藏传佛教格鲁派寺庙——查理寺、扎嘎寺，还有"阿坝三绝"之称的"神座姑娘、然木多酸菜、蒙古糌粑"。

神座村依托优势旅游资源和特色文化，突出藏寨民居旅游，切实推进阿坝县乡村旅游发展。开展了民居住宿餐饮接待设施建设整治、卫生间建设和寨内道路建设工程，具备每日约 200 人的接待能力。开展了寨内公路、人行道建设整治，以及景区旅游马道、河道整治。2015 年旅游接待户有 23 户、藏餐 2 家、中餐厅 2 家、酒吧 1 家、购物店 1 家；2016 年神座景区共接待游客 38 962 人次。

贵州省荔波县水甫村

水甫村位于贵州省黔南布依族苗族自治州荔波县玉屏街道，距县城 10 千米，主要居住有水、布依、瑶、汉等民族。水甫村具有独特的自然生态、厚重的历史文化、浓郁的民族风情，有兰鼎山国家森林公园、古老神奇的水族石棺墓群等。

水甫大寨是中华水族自然分布区的核心区，属当地最久远的水族世居部落。村寨山环水绕、风景秀丽、物产丰富、人杰地灵，主要诞生了中国共产党创始人之一邓恩铭烈士。水甫大寨牛角寨"水乡·颐舍"乡愁民宿是荔波首个集红色文化、乡愁农耕、休闲养生于一体的民宿项目，坐落在有"悟道玄武山，养生空灵谷"之称的玄武山旁，距离玄武山主峰 5 千米，点缀在玄武山景区和水春河景区之间。

水葩古寨度假庄园毗邻山清水秀的兰鼎山森林公园，生态保存完好，更拥有令人心旷神怡的 200 亩七彩花海和连片的映月荷塘。村寨依山傍水，鸟语花香，享有生态美、居民美、文艺美、饮食美、诚信美"五美"之誉。目前，水甫村发展规模 86 户，主办了水葩卯节活动，组建水葩古寨歌舞表演队，打造水葩古寨旅游表演一场戏。

云南省建水县西庄镇

云南省建水县西庄镇位于云南省东南部、红河哈尼族彝族自治州北部，建水县西部，毗邻建水古城，距县城仅 10 千米，位于泸江河上游，镇内交通便捷，国道 323 线、蒙宝铁路、鸡石高速公路穿境而过。镇内旅游资源丰富，名胜古迹、人文景观众多，田园风光优美，是建水县国家历史文化名城和国家重点风景名胜区的重要组成部分，素有建水县城"后花园"和"天然氧吧"的美誉。

西庄镇拥有双龙桥、团山民居群、黄龙寺风景区、乡会桥起义旧址、黄龙园休闲度假区、谢家湾温泉等景区景点。西庄镇是建水古城西部一块名胜古迹荟萃、历史文化资源富庶的宝地。镇内田园风光优美、庙宇古桥众多，古民居古建筑首屈一指，十七孔桥长虹卧波，泸江烟柳景观迷人。从境内穿流而过的泸江河，把西庄坝子一分为二，"黛瓦青砖白墙，小桥流水人家"意境，给风光秀丽、古韵悠悠的西庄镇增添了无限风情。

西庄镇以巩固发展第一产业为基础，大力发展以民俗文化、自然风光、乡村特色旅游为依托的第三产业，建成一个集休闲、观光、游览、娱乐为一体的综合休闲旅游小镇。

西藏自治区隆子县斗玉村

斗玉村属西藏自治区山南市隆子县斗玉珞巴民族乡，是我国人口较少民族——珞巴族群众聚集地。

斗玉村着力改善交通、水利、通信等基础设施。同时，积极建立西藏自治区生态乡，全乡的水源、草地得到了有效保护。2016 年斗玉乡被评为自治区级生态乡镇。珞巴刀闻名区内，是地区级文物保护手工艺品，其源头可追溯到吐蕃时代，属纯手工打造，"珞巴刀舞"也被列为县级非物质文化遗产。珞巴服饰作为国家级非物质文化遗产，深受国内外消费者的青睐。

斗玉村将通过大力推进绿色休闲旅游健康发展、现代特色产业再上新台阶，实现城镇化建设稳步推进、人居环境优美和谐、文化生活丰富多彩、精神快乐健康长寿的目标，全面打造一个风光秀丽、居住环境景色宜人的一流最美乡村。

陕西省宜君县淌泥河村

淌泥河村位于陕西省宜君县城南 14 千米，距哭泉镇政府 1.5 千米，距铜川老市区 20 千米，210 国道穿境而过。淌泥河村地理位置优越，毗邻北魏摩崖造像、流传千古的孟姜女哭倒长城"哭泉"等景点，同时地处"中国美丽旱作梯田"核心区。山坡梯田层层叠叠，环境优美，气候宜人。

淌泥河村现有观光、摄影、环形步道 3.8 千米，自行车专道 3 千米，摄影、采光平台 5 处，游客停车港湾 3 个。可接待 300 人以上旅游团的松韵山庄 1 处，全村现有农家乐 15 家，都是地地道道的农家饭菜、农家土炕，村中正在建设的周恩来赴延安留宿纪念馆、游客接待中心等公共服务设施即将投入使用。在 2015 中国西北旅游营销大会上，哭泉旱作梯田景区被评选为最受摄影家喜欢的旅游区，被特别推荐为 2015 神奇大西北最值得去的 100 个地方之一，是中国摄影家协会的创作基地。

按照整体规划，淌泥河村利用地处"中

国美丽旱作梯田"核心区天热优势，依托本村山大林茂，最高气温仅 29℃，且昼夜温差都在 15℃以上的自然条件发展避暑经济，同时增加景区娱乐设施和空中观赏梯田美景的滑索设施，并且开发农田采摘、垂钓、烧烤等项目，力争将淌泥河村建成全省闻名的避暑纳凉圣地。

陕西省佳县赤牛坬村

赤牛坬村位于陕西省榆林市佳县坑镇，积极发展民俗文化乡村旅游业，走出一条独具特色的乡村旅游发展之路。先后荣获中国乡村旅游模范村、国家 3A 级旅游景区等多项荣誉。

赤牛坬村新建全国首家村级民俗博物馆及整村博物馆，高标准打造打桔槔、绞轳辘、端大碗、拧炒面等独具特色的农村体验、参观、演出、游览、游乐等五大传统项目，新建多功能厅、民俗文化大院、裕民楼大戏台、健身中心、五谷画制作基地、水上乐园、小西湖大舞台等文化娱乐设施，形成吃、住、游、购、娱、验为一体的民俗文化村。吃特色农家乐、林家乐，忆苦思甜；住民俗文化大院，细细品味农耕田园的诗意生活；看原生态实景演出，体验陕北传统习俗、风土人情，感悟乡愁记忆。漫步十里红枣大观园，让您真切感受红枣文化的熏陶和亲近自然的乐趣。

赤牛坬村成立了佳县农耕文化研究会、赤牛坬民俗文化艺术团，将传统活泼的传统大秧歌、扭彩碗、转九曲、搬水船、踢场子等几近失传的文艺曲目进行常态化演出。开发了羊拉车、狗拉车等奇特项目及抬花轿、骑骆驼等娱乐活动。截至 2016 年年底，年营业收入达到了 1 200 万元，年接待游客 16 万人次，成为农民发家致富的根本之路。

甘肃省平凉市崆峒区西沟村

西沟村位于甘肃省平凉市崆峒区崆峒镇，南邻崆峒山 5A 级景区、崆峒水库，是去往崆峒山的必经之路，地理、区位、交通、资源等方面优势较为突出。近年来，通过对西沟村进行基础设施建设、公共设施建设、村容村貌整治及富民产业开发等综合整治，努力把西沟村建设成为"村貌悦目协调美、村容整洁环境美、村强民富生活美、村风文明身心美、村富民安和谐美"的"与田园共融、与山水互动"的美丽乡村。

西沟村大力发展乡村旅游业，建成了半山村落农家乐集中区，进一步延伸了旅游产业链条，目前 8 户特色农家乐全部建成并投入运营，水、电、路等基础设施建设全部配套完成，主打农家特色品牌，在经营设施改造、环境优化美化、娱乐功能配套等方面完善升级，延伸独具特色的"吃农家饭、住农家屋、干农家活、享农家乐"的旅游产业链。

西沟村大力发展特色产业种植，利用大量闲荒土地建成 1 000 亩核桃基地一处，并配套产业化发展，建成集观光、采摘、休闲、烧烤、旅游为一体的生态观光园一处。

青海省湟中县卡阳村

卡阳村位于湟中县拦隆口镇所在地西北部，距省会西宁 40 千米、距鲁沙尔镇 52 千米，距拦隆口镇政府 7.2 千米，由京藏高速、109 国道、103 国道及大湟平公路可方便到达。卡阳村有汉、藏、蒙、土 4 个民族，属于少数民族村。万亩林海松涛、千亩梯田油菜花和百亩山花烂漫，风景如画的乡趣卡阳高山生态休闲牧场旅游度假景区已成为都市人向往的最佳养生休闲度假好去处。

卡阳村建有青海乡趣卡阳户外旅游度假景区，按不同功能定位建有千亩花海种植区、户外运动徒步健身区、军事营地、高山滑雪场、乡村动物园、原始森林探险区、乡村商务娱乐区、林海木屋别墅度假养生区、古民宿居住与餐饮区、乡村农副产品商贸交易区、大型停车场及农家乐服务区等 10 余个区域，年接待游客 50 万人次。

以乡村旅游为主题，"旅游、文化、体育、休闲农业"等产业互动，融合发展，积极打造以卡阳为中心的新业态，以突出"旅游＋文化＋体育＋农业"综合整体形象、生态形象（纯净自然、森林草甸），通过花田小镇、文化休闲、河湟文化展示等项目的实施，以一流服务发展乡村旅游业，成为大美青海旅游线路上的一个崭新的旅游目的地。

宁夏回族自治区吴忠市
利通区牛家坊村

牛家坊村位于宁夏回族自治区吴忠市利通区，是一个典型的人多地少、商贸活跃的回族聚居村。形成了以餐饮服务、特色养殖、牛羊屠宰贩运、畜禽加工、蔬菜种植、果蔬采摘、苗木繁育、劳务输出、家政服务、生态观光农业为主的特色产业。

牛家坊村立足"一村一品牌、一村一特色"的发展新思路，建成大型果蔬采摘园、千亩苗木基地、3 家规模农家乐及自治区首家村级民俗文化博物馆，每年为村集体增加经济收入达 70 万元，每年吸引社会各界人士参观旅游达 10 万人次。近年来，牛家坊村被吴忠市评为市级文明村，2015 年荣获全国乡村旅游模范村称号。

牛家坊村利用重大节日开展各类文化体育活动。每年举办两届村民趣味运动会，开展多次文化"三下乡"、文化节目巡演等活动，既丰富了群众的业余文化生活，又提高了村民的精神文明建设水平。

宁夏回族自治区隆德县新和村

气候宜人、风景秀丽、人文底蕴深厚、交通便利的隆德县陈靳乡新和村，距县城 8.5 千米。度假村建设之初，借隆德县委、县政府实施"文化旅游兴县""美丽乡村建设""整村推进"的浩荡东风，成立了隆德美隆文化演艺发展有限公司和隆德县非物质文

化遗产马社火传习基地。

新和村把观光旅游、休闲度假、采摘垂钓、生态餐饮融入现代乡村文化旅游行业，建成了以种植业、养殖业和旅游休闲为主导的三大支柱产业，形成了特色鲜明的"六区一中心"服务基地，让游客真切感受本地的自然风光、农耕文化、民俗魅力、特色饮食文化。

新和村组织开展大型篝火晚会，积极推介基地旅游产品，休闲生态度假村全年接待游客 3.6 万人次。依托新和村马社火非物质文化遗产传习基地和美隆文化演艺发展有限公司，开发马社火展演、骑马观光、农事体验、农家乐等旅游项目。

宁夏回族自治区中卫市
沙坡头区鸣沙村

鸣沙村是中卫市 2012 年着力打造的回族特色浓郁的生态移民示范村，距中卫市区 16 千米，距 5A 景区沙坡头 1.5 千米，距腾格里金沙海景区 8 千米，距中国最美沙漠花园腾格里金沙岛景区 10 千米，距中国醉美沙漠草原通湖草原 25 千米；是国家民族事务委员会首批命名的"中国少数民族特色村寨"。

鸣沙移民新村依托旅游区位优势，引进宁夏穆乡韵味旅游管理有限公司，积极推进乡村旅游产业发展。目前，经营项目有文化餐饮接待中心 3 套，住宿接待中心 6 套，民宿 16 套。建有休闲农业小作坊、都市菜园、休闲客栈、手工作坊。鸣沙村大力发展休闲农业，利用现有的枣园、苹果园、枸杞园、葡萄园进行季节性采摘，并在林下养殖散养鸡、肉兔等。

以鸣沙村农户为单位，以回族特色油香、馓子、麻花和凉皮、豆腐脑、豆浆等小吃为主，打造 40 家农家小作坊。打造都市菜园，提供种植技术，有专人托管的菜园让城市里没有种过地、没有农家体验的居民感受种菜

的乐趣。建设休闲客栈，打造了拥有 84 套住房的少数民族风情苑休闲客栈。

新疆维吾尔自治区焉耆回族自治县下岔河村

下岔河村位于新疆维吾尔自治区焉耆回族自治县永宁镇政府南侧，种植业生产以小麦、玉米、工业番茄、小茴香、色素辣椒等经济作物为主。下岔河村与焉耆县三中、兵团二师八一中学、河南油田勘探公司等驻镇单位相邻，省道 Z600 专线在该村北侧穿村而过，地理位置优势明显，交通便捷。

下岔河村少数民族特色村寨的基础设施、绿化、亮化工程各具特色，风景优美的休闲广场已投入使用。按照"家家有特色，户户有精品"的要求，打造回民文化产业一条街，建成 10 家民居为试点的回民特色饮食农家乐。下岔河村积极打造回乡文化旅游园，是集传统手工艺综合加工、文化演绎展示、社区文化、工艺展示、电子商务服务平台、农艺花卉博览园、民宿旅游为一体的旅游景点。

下岔河村回民民居特色浓郁，保存了许多回民特色村寨原貌，村内布局小巧精致，环境古朴幽静，民族文化底蕴深厚，是焉耆回族自治县回民村寨的典型浓缩。

新疆维吾尔自治区新和县加依村

依其艾日克镇加依村位于新和县县城以北，距县城 3 千米。加依村制作乐器历史悠久，迄今为止已有 300 年的历史，是新疆最富有地方民族特色的民间乐器制作地之一，由于其手工乐器制作艺术历史悠久，制作技术精湛，入选第四批国家级非物质文化遗产名录。

加依村民族手工乐器制作技艺，包括精细选料、配料、木工制作、打磨、油漆、装配、定音等制作工序，年生产都塔尔、弹拨尔、卡龙琴、塞太尔、热瓦甫、热介克、冬

不拉、达普（手鼓）等民族手工乐器，所造乐器不仅可作为伴奏的乐器弹奏音乐，还可作为一件精美的工艺品。

加依村大力发展乡村旅游，以花圃园（玫瑰、月季园）为基地，以环绕旅游购物、采摘为主线，开办流动小吃、流动购物车、加依马车服务队等，主打加依地产的小玫瑰花茶、玫瑰酱、沙枣蜂蜜等绿色天然、无公害食品等，促进群众增收。主营凉粉、烤肉、凉面、冰激凌、水果等各类特色小吃美食。

新疆维吾尔自治区温宿县帕克勒克村

帕克勒克村位于新疆维吾尔自治区温宿县柯柯牙管理区天山南麓托木尔峰脚下，地域辽阔，农牧民居住较分散，是一个典型的牧业村，境内有被誉为"天堂草原"的帕克勒克草原，最佳休闲时间为 5～9 月。

帕克勒克村平原区林果业资源品种优良，主要资源有"中国核桃之乡"、中国核桃产业示范基地、木粮油场林场核桃展厅、森林林鸡生态、森林人家休闲农庄。

帕克勒克村山地自然风光优美，旅游景点包括塔克拉克村天山平台子景点、天然草原风光景点、草原蒙古包接待中心、天山松树林景点、天山马游乐场。近 5 年来，每年夏季（7～9 月）吸引各地游客 7 万～9 万人次，冬季因各景点缺乏游玩基础设施，游玩人数较少，特别是 2015 年和 2016 年前来游玩的人数直线上升，旺季（周末）每天车辆均保持在 600 辆左右，约 2 500 人次。

新疆生产建设兵团第四师77 团阔克托别镇

阔克托别镇地处新疆生产建设兵团第四师 77 团，始建于 1956 年，位于伊犁昭苏盆地中部，北部与哈萨克斯坦为界，国境线长46 千米。

阿依娜湖位于 77 团赛茵山和阔克托别山之间，距离团部 15 千米，是目前昭苏草原上最大的人工与自然共同雕琢、浑然天成的高山草原湖泊。阿依娜湖，哈萨克语意为明镜的湖泊，由于它四周环山，湖水清澈如练，故此得名。远远望去犹如一颗璀璨的珍珠，静静地倚卧在碧绿的群山之间。由于这里地势高，气候凉爽，水草丰美，可垂钓、登山、野炊，是理想的避暑消夏、休闲娱乐的胜地。无论春夏秋冬，美丽的阿依娜湖将会以她独特的魅力，浸润您的心灵，使您恍若处在世外桃源，静静地感受"大美、梦幻、灵修"的绝妙意境。

阔克托别镇团场草场分布于哈桑河出山口河东阶段、阔克托别山、赛茵山南坡、康苏沟一带、特克斯河沼泽以及团一连西侧小山坡一带。春季百草生长，夏季野花缤纷，风景无限。这时，油菜花染黄田野，野山花扮靓草原，绿油油的麦田演绎丰收的乐章，与之相关的景点还有波光粼粼的阿依娜湖。蓝天、白云、雪山、草地、毡房和肥壮的牛羊构成一幅动人的画卷。

现代新村（48 个）

天津市武清区韩指挥营村

韩指挥营村位于天津市武清区大王古庄镇南侧，该镇位于京、津、冀交界处，北与北京市通州区接壤，西与河北省廊坊开发区相连，京津塘高速公路贯穿全境，交通便利。2016 年，韩指挥营村启动了占地 1 535 亩的京滨玫瑰庄园项目，形成了一座以农业为基础、休闲为目的、服务为手段、农业和旅游业相结合的生态庄园。

京滨玫瑰庄园涵盖了现代农业科普展示、观光旅游、农耕文化、亲子互动、DIY 等一系列民众喜爱的项目，园内万支来自全球 25 个国家的上百种玫瑰花，每种花卉的都有标牌解释，在欣赏花卉的同时，增长了许多知识。玫瑰庄园北侧一列经典怀旧火车掩映在繁花深处，车厢每一节都有不同的主题，有儿童娱乐、咖啡厅、餐厅等。京滨玫瑰庄园启动运营，面对络绎不绝的游客，村内饭店、住宿等新建扩建 40 余家，日接待游客 800 人次。

天津市宁河区齐心庄村

齐心庄村位于天津市宁河区潘庄镇，北距北京市中心区 100 千米，西距天津市区 30 千米，滨保高速和武宁公路穿村而过。村庄民风淳厚，社会和谐，环境整洁。该村建有天津齐心现代农业示范园区，是以食用菌生产、销售为龙头，带动蔬菜、水果生产、加工、冷藏、物流为一体的产业，是全国农业示范园区。

齐心现代农业示范园区不断完善产业化经营，加大了文化、观光、娱乐、住宿和产品深加工项目建设，将农业生产与文化生活、休闲娱乐有机结合，建设成高标准的农业观光园。园区吸引广大游客前往，游客能够感受到农事的乐趣，可以尽情采摘、垂钓、品秋蟹、赏荷花；游乐园内攀岩、蹦极、游船快艇、跑马场等让您的孩子欢乐无极限，珍禽观赏为您提供 20 余种珍禽动物，百瓜园内各种无公害品种的西瓜、甜瓜、南瓜、砍瓜等供您采摘；文化园内除观赏、购买新奇独特的黑陶泥塑外，可以 DIY 并现场教授游客捏泥人，让游客体验亲手制作泥人的乐趣。

河北省枣强县八里庄村

八里庄村位于河北省衡水市枣强县枣强镇，距城区 1 千米，西临枣景公路，南临县道 905 公路。2016 年，八里庄村被评为河北美丽休闲乡村。

八里庄村依托贵和现代农业园区，将土地流转给园区用于油用玫瑰的种植和深加工，经过几年的发展，园区玫瑰种植已达 3 000

余亩，不仅建立了玫瑰深加工车间，还举办了玫瑰文化节，大力发展旅游产业。

八里庄村通过玫瑰文化节的举办和旅游项目的开发，不仅改善了八里庄村的周边环境，而且提高了村庄的知名度，为村民带来了更多的就业机会。以农业为基础，以高新农业技术带动农业发展，构建新型的八里庄休闲农业产业，形成乡村旅游度假经济，打造一系列特色庄园及度假乡村。

河北省隆化县西道村

西道村位于河北省承德市隆化县七家镇南部，距镇政府 3 千米，距承赤高速公路入口 4 千米。西道村是承德市唯一一个全年生产有机草莓的基地和草莓产业化示范村。西道村重视乡村旅游发展，经过 3 年努力，现已成为美丽乡村建设及乡村旅游示范村。

将美丽乡村建设与休闲观光农业相结合，西道村打造的京北有机草莓的特色产业示范基地，365 天草莓基地已在河北省出入境检疫局注册成为河北省唯一一家鲜草莓出口基地。西道村投资 2 000 万元打造草莓公社，现已成为集吃、住、娱于一体的综合景区，在京北黄金旅游线上成为新的亮点。该村划分农业观光采摘、休闲度假旅游、草莓特色民居、乡村特色大舞台等多个功能区，是极具乡村特色的现代新村。西道村通过新民居建设、发展草莓产业，已初步形成了以草莓产业为龙头，果品采摘为特色的现代新村发展新格局。同时，借助七家镇温泉森林绿色生态旅游被纳入承德五大精品旅游板块和热河皇家温泉旅游新区建设的有利契机，将发展乡村旅游产业作为主要产业来抓。

山西省长治县东掌村

东掌村地处太行山西麓，上党盆地南缘，长治县东南方向，隶属南宋乡管辖。南距高平市 20 千米，东距天下都城隍旅游区 5 千米，北距县城 20 千米、长治市区 38 千米，

地理位置优越。该村历史悠久，源远流长，蕴含丰富的人文内涵；四周群山环抱，山势逶迤起落，重荫叠翠；山顶松柏茂盛，氤氲葳蕤；山腰灌木丛生，郁郁葱葱；村中花木扶疏，红瘦绿肥。以"四寺八景九院"为代表的旅游资源、农耕体验与民俗文化，日益成为乡村旅游休闲度假的好去处。

为打造避暑小镇、度假山庄做了充分的铺垫与准备。同时，在旧民居开办一批手工作坊——豆腐坊、油坊、粉坊、石磨面粉加工坊及蚕姑乡绣工艺坊等。拥有依托小松山修建的松山公园，利用自然条件开发的东庆生态园以及 200 亩"干果经济林观光采摘园"等。2016 年，东掌村再次获得"中国百佳避暑小镇"的荣誉称号，打造太行深处的休闲度假山庄。

山西省阳泉市郊区桃林沟村

桃林沟村地处黄土高原东部、太行山脉西麓，位于阳泉市洪魏公路里段，距市区 2.7 千米，面积 1.86 平方千米。桃林沟村着力打造新农村特色旅游文化，将全村建设成集休闲、娱乐、度假为一体的农业生态旅游村。2016 年，桃林沟村乡村旅游接待游客达 20 余万人次，营业收入 2 000 万元。

桃林沟村积极打造"国家 4A 级旅游景区"，每年举办滑雪节、桃花节、啤酒节、采摘节等，进一步发展乡村旅游经济。目前，种植桃园 650 亩、葡萄园 150 亩，以及苹果、枣、油菜等，倾力打造"花果山"。依托桃文化，每年 4 月举办的桃花艺术节，吸引了广大游客纷纷前来赏花踏青；9 月举办鲜果采摘节，让游客体验农家乐趣。

桃林沟村建有桃花源里主题公园，占地面积为 30 000 平方米，内设烟雨桃花源、自然生态岛、历史人文岛、田园风情岛、健康休闲岛 5 个功能分区，是游客旅游休闲的美好选择；围绕主题公园，景区配套设施完备，拥有餐饮、会议、游乐、休闲等功能；水上

人家、钓鱼池、荷花池、跑马场、游乐场、滑雪场等游乐场所，让游客尽情享受游戏的乐趣；开设农家杂粮坊，销售以擀面、压饼为主的土特产品，让游客品尝家乡特色口味。客房、餐厅卫生干净整洁，达到四星级宾馆标准，通信网络等设施完善顺畅，让游客舒心入住。

内蒙古自治区乌审旗神水台村

神水台村位于内蒙古自治区鄂尔多斯市乌审旗嘎鲁图镇，是原巴音柴达木乡政府所在地，地处蒙陕交界中心位置，区位优势明显，交通便利。神水台村不仅是乌审旗环境最美的乡村，也是经济发展、乡风文明、群众和谐的新农村示范村。

神水台村生态环境优美，旅游资源丰富，素有"沙漠中的小江南"之美称。美丽的海流图河在村中迂回蜿蜒，小河两岸林草茂盛，牛羊遍野；团结水库、贠家湾水库如明镜镶嵌；神泉圣水四季常涌；百年老榆树浓荫盖地，夏秋绿色田园，瓜果飘香，鱼米之乡。

神水台村积极培育现代农牧业体系，大力发展有机水稻种植和有机水产养殖、苗木花卉基地，红萝卜、菜瓜和小杂粮的种植带动特色采摘园的建设，土猪、土鸡的特色养殖走入快车道，水地种草以草养畜，利用草牧场优势，草原红牛和肉羊的养殖呈规模化发展。每年农历七月初九至七月十二，神水台村都会在海流图庙举办一年一度的查玛舞会。农历五月二十五是神水庙会举办庙会活动的日子，吸引了众多农牧民、外地游客前来观赏。

内蒙古自治区伊金霍洛旗乌兰木伦村

乌兰木伦村位于内蒙古自治区鄂尔多斯市伊金霍洛旗乌兰木伦镇，总面积80平方千米，交通便利，与陕西省隔河相望，紧邻阿大线一级公路，距离鄂尔多斯飞机场20千米，火车站25千米。

乌兰木伦村结合全域旅游的发展理念，根据得天独厚的优越位置、优美的环境、丰富的资源特点，打造一批独具特色的休闲农业项目，如葡萄采摘园、水域烧烤区、认养小菜园、绿色山体公园、农家乐、牧家庄园等，带动了周边地区的休闲旅游。现在的乌兰木伦村，拥有风景秀丽的山体公园，潺潺流水的景观瀑布，整洁美观的别墅群，设备齐全的幼儿园……这里的一切都为来访者所艳羡。

乌兰木伦村对新村进行了绿化和硬化规划，目前，新村内共种植樟子松等花草树木70多种。新村成立了物业办公室，配备了绿化、水、电、暖、保洁专职人员，制定了管理制度；新村内放置了垃圾桶，配备了垃圾车、吸粪车、高空作业专用车辆；污水统一排放处理。

辽宁省鞍山市千山风景名胜区
上石桥村

上石桥村位于辽宁省鞍山市千山风景区东南部，被千山风景区环抱，依鞍下线和自然河流呈东西向带状分布，盛产鞍山特产南果梨和上石桥大黄杏以及各种葡萄等，春季梨花争艳，秋季果香飘谷，环境十分优美，有"村在果园中，果园在村里"的美誉。

上石桥村一年内时令水果缤纷呈现，每年的采摘节从5月开始，一直持续到10月，不同的时令，不同的果蔬带给人们不同的感受，产南果梨、大黄杏等各种杂果3 000吨以上，葡萄1 000吨。每年吸引采摘游客20万人次。上石桥村仍然保留有特色鲜明的民间、民俗文化，有200多年历史的"东胜魁"小火勺、"万人胜"面点小吃，还有传统的家酿葡萄酒、南果梨酒、传统豆腐等，每年都吸引很多游客来此感受乡村的文化韵味。

上石桥村依托5A级千山风景名胜区，每年吸引观光采摘游客达30余万人次，先后打造杏福花田、杏福谷、杏福采摘园、响心谷及涌泉庄园等多家多功能休闲娱乐综合体。

游客可吃农家饭菜、住古朴民宿、游美丽乡村、购生态果蔬，上石桥村现已成为集吃、住、行、游、购、娱于一体的特色旅游村。

辽宁省盘山县新村村

新村村位于辽宁省盘锦市盘山县太平街道最北部，面积 8.2 平方千米，主要有水稻种植、河蟹养殖和棚菜种植三大产业。新村村以民俗、民宿旅游产业为中心，建设有万亩稻蟹混养方田、千米葡萄采摘长廊、百栋碱地柿子大棚，东有薰衣草庄园，西有绕阳河风光，民俗民宿餐饮一条街贯穿其中，新村羊汤，香飘油城。

新村村采摘季从每年 3 月持续到 8 月，以采摘圣女果为主，以采摘葡萄、西瓜、金蜜佳和各种绿色蔬菜为辅。新村村采摘季以体验田园风光、农家生活为中心，建成集民俗文化、特色种植养殖等于一体的开放式、高标准生态观光、采摘园。

新村村新城名墅是建设在田野里的四星级酒店。游客可以在这里观赏手工艺品制作、品茶、喝咖啡、休息；可以品尝各种美食，吃羊肉、喝羊汤、炖河鱼、品散养小公鸡等；可以在躺椅上沐浴阳光，晚间可以搞篝火晚会。真正让游客感受到民宿的生态气息，不仅能品尝到特色美食，而且能让身心得到彻底放松。

吉林省德惠市十三家子村

十三家子村位于吉林省德惠市布海镇，地处惠发经济开发区和布海镇政府所在地之间，德九公路与 102 国道贯穿全境，地理区位优势明显。2016 年，十三家子村年接待游客 10 万人次。

十三家子村大力发展民俗旅游产业，开发一批休闲观光农业项目。花卉种植园区，分区分块种植，不同开花季节的花卉分类种植，从春到秋都有花观赏，区块间建设游步道、座椅、凉亭等供游客游览、休憩。温室大棚 2 栋，此种日光温室优势为采光合理，能充分利用太阳能，培植果蔬，施用自产有机肥。

十三家子村特色餐饮，主要经营东北大锅炖菜、杀猪菜等当地原汁原味的特色菜肴，所用的原材料均为基地自产。休闲垂钓园，设标准钓鱼台，满足钓鱼爱好者垂钓的需要。建有滑雪场和生态停车场，满足驱车前往游客的泊车需求，依托温室大棚种植有机果蔬，兴办采摘节。

黑龙江省漠河县北极村

北极村位于黑龙江省大兴安岭地区漠河县，是我国大陆最北端的临江小村，位于黑龙江上游南岸，与俄罗斯阿穆尔州的伊格娜恩依诺村隔黑龙江相望，素有"北极村""不夜城"之称。北极村是全国观赏北极光和极昼胜景的最佳之处，有北陲哨兵、神州北极、古水井等景点。

北极村将紧紧依靠神州北极品牌，依托生态、界江、冰雪、养生养老等优势，大力发展休闲旅游。北极村古风纯朴，静谧清新，乡土气息浓郁，植被和生态环境保存完好，烟波浩渺的黑龙江从村边流过，江里盛产哲罗、细鳞、重唇、鳇鱼等珍贵冷水鱼。北极村旅游业蓬勃发展，发展到家庭宾馆 150 户、饭店 36 家、山产品店 10 家，30 户发展旅游包车服务，马拉爬犁 47 套，游艇 20 艘。举办了有极昼现象的"夏至节"、体验冰雪文化的"冬至节"，形成具有北极村特色的节日。

北极村先后荣获"全国文明乡镇""全国首批特色景观旅游景点""最具魅力旅游景点景区""50 个最值得外国人去的地方"等殊荣，是全省 5 条精品冬季旅游线路之一。2015 年被评为国家 5A 级景区。

黑龙江省农垦宝泉岭管理局绥滨农场

绥滨农场，现隶属于农垦宝泉岭管理局，是农垦系统唯一的全国农村综合改革试验区。农场位于鹤岗市境内，北靠黑龙江与俄罗斯隔水相望，南临松花江与富锦市一水之隔，为两江交汇三角地带。距省城哈尔滨500多千米，距佳木斯200多千米，距富锦市60多千米，境内绥佳公路穿过。

绥滨农场因其优美的自然风光、质朴的民俗风情、愉悦的农趣活动、特色的田园小镇建筑，成为鹤岗、佳木斯等周边城市市民休闲旅游的首选之地。2016年，景区接待游客突破50万人次。建有"一龙、一江、一岛、一园、一渠、一带、一山、一湖、一馆"九大景观，其中"龙江第一渠"是北大荒文化地理标识，"龙之府植物园"是鹤岗地区建立最早、规模最大的温室植物园，也是国家青少年科普教育示范基地。

在民俗文化方面，农场重点深入挖掘打造"龙门福地"文化，更是借助文化旅游发展契机，多次协办国家级体育赛事、文艺演出。同时，连续多年成功举办了富有地域特色的民俗文化旅游节，如"提水节""开耕节""社区文化节"等，已发展成为鹤岗、佳木斯地区最热门的旅游文化节庆。

黑龙江省甘南县兴十四村

兴十四村位于黑龙江省齐齐哈尔市甘南县城东南17千米处，面积4.2万亩。兴十四村在着力建设天蓝、地绿、水清、宜居、乐业、富饶的"美丽休闲乡村"的过程中，先后获得首批国家级农业旅游示范点、全国首批特色小镇、全国文明村镇、全国十大特色村、全国美德在农家活动示范村、国家级生态村、全国生态文化村、全国休闲农业与乡村旅游示范点等荣誉。

兴十四村建有兴十四镇五保供养中心、商业服务一条街、休闲娱乐广场、富华宾馆等基础设施。投资新建了污水治理项目及生态厕所。建成年产5 000万株苗圃1处，累计造林1.5万亩，全村森林覆盖率达40%。建设了拥有500多套大型农机的专业合作社，投资建设了现代农业示范园区。依托村史展览馆、村民别墅群、现代农业示范园区等30余处旅游观光景区，2016年接待游客和学员共16万多人次。

上海市崇明区丰乐村

丰乐村位于横沙岛的中南部，区域面积约2平方千米。近年来，在横沙乡党委、政府的领导下，丰乐村两委始终坚持"打造最美休闲乡村"的工作理念，带动全体村民打造"天蓝、地绿、水净、安居、乐业、增收"的美丽休闲乡村，先后被授予国家级"全国文明村镇""全国生态文化村"、上海市"五好党支部""上海市文明村""上海市美丽乡村示范村"等荣誉称号。

丰乐村进行了高标准规划、硬化、美化、亮化、绿化，使全村形成了纵横交错、立体式的绿化环境。现在的丰乐村道路整洁，河道清澈，沟桥通畅，水生植物繁茂。通过完善环境配套工程，新建健身跑道350米，自行车赛道1 000米，乡村花园1 000平方米；建成了全国第一家农村生活垃圾分类处理站。全村已有2户村民建立了农家乐，主要是以地方家常小菜等特色为经营业务，农家乐年接待游客人数达到7 000人次，村民的收入得到了有效提高。

江苏省太仓市电站村

电站村坐落于江苏省太仓市区北端，金仓湖西延区。电站村以丰沃合作联社为经营主体，下设田展农场合作社、产销合作社、劳务合作社、销售公司、物业公司和旅游公司。

田野生态，林果飘香，高效种养；河网整洁，精致独特，环境幽雅；社区服务，民生优先，生活无忧。处处洋溢着独特的江南乡村风韵。电站村休闲农业以亲子采摘、农耕体验、休闲观光、夏令营活动为特色。

安徽省金寨县响洪甸村

响洪甸村位于金寨、六安、霍山三县交

界处，距六安 50 分钟车程，到合肥仅 130 千米，是合肥、六安的"花园"。主产茶叶、毛竹、油桐，是中国十大名茶"六安瓜片"的原产地、核心区。该村具有悠久的茶培育、茶采摘和手工制茶的历史。

响洪甸村旅游资源十分丰富，现有 4A 级景区响洪甸水库风景区和 3A 级景区大别山国家地质公园红石谷风景区。响洪甸作为百里茶谷的"谷心"，建成六安茶谷大门、观景平台、亲水步道、临水栈道、茶谷小院等配套设施，基本形成了集茶叶"采摘、炒制、加工"于一体的观光体验园区。

安徽省凤阳县小岗村

小岗村位于滁州市凤阳县东部 25 千米处，距宁洛高速（G36）凤阳出口 15 千米，是中国农村改革发源地，全国十大名村之一。小岗村作为全国农村改革的发源地，在建设美丽乡村的过程中充分利用自身的资源优势，着力打造以红色旅游为主导的旅游产业，同时依托红色旅游资源发展休闲农业和乡村旅游产业。

小岗村建成小岗村游客中心和游客接待中心，配备了导游车，新扩建大包干纪念馆、村文化广场、沈浩纪念馆，配套完善旅游购物商店、旅游厕所等旅游设施；打造了当年农家、农家乐餐饮，其中农家乐体验为游客提供踩水车、推磨等参与性项目；建设有长江村葡萄采摘园，金小岗大樱桃、蓝莓、树莓采摘园与高科技休闲农业学习观光园区。

小岗村建有 2 000 亩的风景园林，开展高科技林木花卉繁育，集组培育苗，蓝莓、大樱桃、树莓采摘，花卉园艺观赏于一体，打造小岗村绿色生态美丽之村。组织举办了 10 届小岗村葡萄旅游文化节及国际树莓大会、蓝莓采摘节。

福建省惠安县下坑村

下坑村位于"中国魅力乡土民俗名镇"

崇武西南沿海，背靠青山，南临台湾海峡，西接泉州湾。距泉州湾大桥高速入口 15 千米，离国家 4A 级风景区崇武古城景区仅 3 千米。村里、村外交通便利、出入方便。

下坑村是个滨海渔村，生态环境优美，滨海风光迷人，青山湾如卧龙般蜿蜒十里，沙金浪细，是典型标准的极品沙滩，被誉为南方北戴河、福建澎湖湾、"八闽第一金滩"。青山湾是个休闲的天堂，快乐的海湾。每年吸引 150 万人次游客到青山湾滨海休闲度假。

结合当地的农耕文化，因地制宜，设计出 10 类 60 多种游客喜闻乐见的休闲体验项目，有现代的沙滩摩托、海上摩托艇、冲浪和海上帆船竞技，传统的沙滩排球、沙滩风筝、游泳、沙雕、烧烤、荡秋千，农事体验类的拾贝、挖沙虫、垂钓、捕鱼、采摘等，以及游乐城、水上乐园、棋牌、球类等。下坑美食也是远近闻名，主要以渔港刚上岸的海鲜为主材，以鲜、活取胜，有 100 多种，光是特色小吃就有十几种。其中，被评为"中华名小吃"的"鱼卷"是游客必尝的渔家饭保留菜谱，必购的馈赠好礼。

福建省福清市牛宅村

牛宅村地处福建省福清市海口镇，群山环抱，郁郁葱葱；田野草地，满目苍翠；大道两旁，树木参天；农家山庄，奇花异草；房前屋后，柳暗花明。村在青山绿水间，令人赞叹不已。

牛宅村发挥生态优势，发展乡村旅游。充分发挥本村的生态优势，开办水果采摘、儿童游乐园、泼水广场、溪流漫步等乡村旅游项目，尤其是依托原始生态公益林优势，开发了"森林人家"休闲观光旅游，还投资新建原始森林漂流项目和森林飞越项目。目前，已建成了集停车场、公厕、旅游景点、竹产业展示展销馆等吃、住、行、游、娱、购一体的国家 3A 级景区。2016 年接待游客

38万人次，同比增长100%，旅游收入达2 000多万元。

江西省新余市渝水区下保村

新余市渝水区良山镇下保村位于新余南部，是一个美丽的江南小山村，村前荣和江清澈见底，环村皆山，满目苍翠，蓝瓦白墙的村落透着江南山乡的灵秀。这里山清水秀，空气清新，风景宜人，有"天然氧吧"和"小婺源"之誉。

下保村把生态优势转化为经济优势，大力发展生态文化旅游产业，把农村变景区、田园变公园、产业变景观、采摘变体验、农产品变旅游商品、农户变农家乐，努力拓展产业功能，走出了一条发展"一村一品"、建设生态新村的强村富民之路。全村共流转耕地1 200余亩，山地2 000余亩，发展苗木花卉1 000余亩，培育形成了以苗木花卉、休闲旅游为支柱的特色产业。

江西省南昌市新建区石咀村

石咀村距南昌市城区20千米，距昌北机场5千米，地处溪霞水库下游，紧靠溪霞水库，距溪霞镇政府2千米。环境优美，绿树成荫，村民民风淳朴。乔溪旅游公路贯穿全村，溪霞风景区多处景点坐落于该村，如国家级五星级休闲农业示范点——怪石岭生态公园，以及溪霞水库、佛禅寺、铁拐李悬石等，是南昌市近郊旅游休闲理想胜地。

依托优良的旅游资源，石咀村成立了花草苗木示范种植基地、葡萄种植基地，建设了休闲长廊、农家乐，进一步推进了全村经济发展。

石咀村建立村级活动场所、休闲广场、农民文化活动中心，为村民开展健康向上、丰富多彩的文体等活动提供了良好的场所。完善了配套的设施，居住环境得到了改善，良好的水和空气质量，吸引了四面八方的客商到此度假休闲，观光旅游。

河南省武陟县西滑封村

西滑封村位于河南省焦作市南部、武陟西部，北依沁水，南临黄河，毗邻新洛公路，距省会郑州90千米、云台山景区30千米、黄河第一观"嘉应观"20千米、太极故里陈家沟5千米。西滑封村生态环境优美，村容景致独特，是城乡一体化建设的典范，乡村文化内涵丰富，基础设施功能完备，实施社区化管理，传统文化与现代文明交相辉映。

西滑封村投资数千万元建设龙头企业加工体验式生产展览馆、农产品质量安全追溯参观平台、引沁人工湖、时代先锋先进事迹展览馆、垂钓园、休闲娱乐服务中心（迎宾馆）等旅游设施，努力实现一二三产业融合发展，优化发展环境，吸引风味小吃、健身等50余家三产服务业入驻，使小城镇功能日臻完善，以农副产品加工为主的休闲特色小镇正在形成。

河南省信阳市浉河区甘冲村

甘冲村隶属于信阳市浉河区柳林乡，位于信阳知名景区南湾水库和鸡公山风景区之间，紧邻107国道，距离信阳市火车站18千米，距离信阳高铁站26千米，乘坐信阳至鸡公山的巴士30分钟即可到达。

甘冲村靠山临水，植被茂密，雨量充沛，四季分明。目前村镇两级通过严控关键区域，划定保护界址，持续加大田园风光保护力度。装饰休闲观光步道，大量种植桑果树、桃树、梨树等。在水库及道路两侧高低错落穿插栽种银杏树、桂花树及桑叶树。

甘冲已建成蚕桑观赏采摘基地300亩，生态果园种植基地500亩，河道型水库渔业养殖基地300亩。现已形成桑果观光、果树采摘、生态养殖、休闲垂钓等主题区。

河南省济源市韩彦村

韩彦村位于"全国环境优美镇"下冶镇

东部山区，北依王屋山世界地质公园，南临举世闻名的黄河小浪底水利枢纽工程，西接黄河三峡国家 4A 级景区，与洛阳九朝古都隔河相望。四面环山，生态资源丰富，自然风光秀丽，村落古朴典雅，民风淳朴善良，麦香与果香的互补更加引发人们的向往之情。

韩彦村借助"果香下冶"鲜果采摘节、"下冶艾·爱世界"乡村旅游文化节等节会，宣传打造韩彦小杂果、土鸡蛋、土蜂蜜、土馍、炉馍、野玫瑰花茶、薄皮核桃、桑葚、天坛山冬凌茶等具有地方特色的系列农产品，2016 年接待游客达 5 万人次，旅游综合收入突破 550 万元。

韩彦村已形成春赏花、夏避暑、秋摘果、冬观雪的一个宜居宜游宜娱宜乐的美丽乡村，成为济源市乡村旅游的一张靓丽名片。发挥区位优势、资源优势、人文优势和农产品优势，积极发展与乡村休闲游有关的采摘园、观光农业等。先后两次举办了"果香下冶"鲜果采摘节，依托千亩林果园和艾草、风车等旅游资源，发展农旅结合的休闲经济，打造"摄影基地""赏花基地""相亲基地"等。

湖北省荆州市高新技术开发区黄湖移民新村

黄湖移民新村是南水北调中线工程外迁移民安置点之一，位于大别山南麓，长江中游北岸，西与大武汉毗邻，南与古城黄州接壤，距团风县城 5 千米。黄湖移民新村传承着浓郁的移民文化和淳朴的乡村民风，分功能建设种养生态共生区、园林园艺观光区、农业休闲采摘区、生态水稻种植区、农产品加工转化区、湿地养生休闲区、移民风情小镇和环园区自行车赛道，打造集高效农业示范、农业休闲观光、农业科普教育、农业采摘体验、湿地健康养生和农业文化传承于一体的美丽乡村。

黄湖移民新村沃野田畴洋溢着欢声和笑语，污水处理站、垃圾填埋场、文化娱乐室、全民健身场所等公共设施建设齐全。发展"水稻—甲鱼""水稻—小龙虾"生态种养共生区 3 000 亩，种植名贵苗木花卉 500 亩、特色水果采摘园 800 亩，建设绿色长廊 3 000 米、青草湖湿地养生别墅 20 栋、自行车赛道 20 千米，春夏的花果满园，秋冬的美景怡人，吸引着八方游客流连忘返。

举办了团香钓鱼大赛、团香乡土搋糍粑大赛、团香田园童话"六一"采摘游等活动，还选送特色产品参加中国·黄冈首届东坡赤壁文化旅游节、第十二届中国武汉农业博览会并荣获金奖，出产紫云英生态米、蓝莓、葡萄、黄桃等特色农产品，年接待武汉、黄冈、鄂州游客 30 万人次。

湖北省枝江市关庙山村

枝江市问安镇关庙山村地处长江中游北岸，南临长江，北通当阳，距枝江市城区 13 千米，境内交通极为便利，汉宜高铁、沪蓉高速、318 国道横贯东西，枝当二级公路贯穿南北。关庙山村地势以平原为主，土地肥沃，环境优美，是国家级重点文物保护区——"关庙山遗址"所在地。

关庙山村是国家级重点文物保护区"关庙山新石器时代村落遗址"所在地，遗址出土的稻壳距今已有 6 000 多年，出土的新石器陶片达 30 万件。依托深厚的历史文化和万亩油菜花海，关庙山已探索出一套以发展乡村游、休闲、观光、餐饮于一体的美丽田园旅游新模式。

关庙山村每年举办中国问安关庙山乡土文化节、中国问安关庙山象棋邀请赛，依托关庙山的田园乡村景色吸引了无数海内外游客，年接待旅客达 20 万人次。游客在花海中徜徉，赏花踏青，品味非物质文化楠管艺人的精彩表演，全国象棋高手来到这里展示棋技，搭建友谊平台，感受丰富多彩的民营文化活动，品尝绿色环保的特色农家饭菜。

湖南省浏阳市东门村

东门村位于湖南省浏阳市沙市镇，捞刀河上游及岳汝高速穿村而过。以沙市镇打造"湖湘第一休闲体育小镇"的战略定位为依据，建设嵩山生态休闲农庄、嵩山森林体育公园、东门千亩赏花游园等项目，现已纳入浏阳市10条乡村旅游精品路线，品赏东门花海、体验农耕文化走廊、享受森林体育运动乐趣，实现全村共同致富的新农村建设目标。

东门村在"一村一品"与特色农业品牌打造、美丽乡村与产业融合发展等方面取得了重大突破，已建好6 000多平方米的综合服务楼两栋，可以提供优质的住宿、餐饮及配套服务；建设的景点和配套设施包括农耕文化馆、叠水瀑布、酒窖、公共厕所、停车场、工匠坊、祖师庙、四合院、城市农夫、古嵩山泉、紫薇长廊、乡村木楼大食堂、环园游道等。

完善配套嵩山森林体验基地建设，包括东门千亩赏花游园区、桃花岛露营基地、嵩山自行车骑行景观带、农耕和文化体验区、古嵩山酒窖、休闲体育运动区等数十个文化体验景区。

湖南省桃江县朱家村

朱家村位于湖南省益阳市桃江县大栗港镇，面积11.8平方千米，资江支流朱溪河穿村而过，万亩竹林夹村而立。朱家村距离桃江县城24千米，交通方便。地理位置优越，群山环抱，生态环境良好，清溪翠竹，风景怡人。近年来，朱家村依托自身资源优势，因地制宜，把农耕文化与全域旅游相结合，打造成了远近闻名的农业休闲村庄。

朱家村引进特色项目，丰富产业链条，建设产业体验园。投资2 000多万元建成朱家村"九龙洞山水乐园"，游客可体验惊险刺激的漂流、冲浪、滑水等项目。通过种植桃树、梨树、四季桂花、食用玫瑰等经济作物，养殖豪猪、山鸡、孔雀、竹狸、山羊等珍稀畜禽，创建"朱家村文化风情园""朱家村特产综合购物中心"和"九龙洞山水乐园"，提供农家腊肉、绿壳鸡蛋、蜂蜜、茶叶等农家产品销售，为游客提供吃、玩、购、乐等立体体验。朱家村"八斗寨"绿壳鸡蛋、生态土鸡等农家产品畅销市场。

广东省蕉岭县九岭村

九岭村位于广东省蕉岭县三圳镇南部，距三圳镇中心约3千米，种植的主要经济作物有香蕉、淮山、蔬菜、莲藕。拥有国家生态村、广东省先进基层党组织等称号。九岭村是蕉岭县第一个党组织诞生地，是蕉岭县首批"长寿村"，同时又是省级美丽乡村建设示范村。

九岭村美丽乡村建设取得了显著成绩，先后建造有"长寿公园""江夏公园""延龄公园""盛顺长廊""湿地公园""中心公园""吉塘公园""八轮车公园""十里荷塘"等一系列休闲小公园广场。同时引进了"客家农夫、莲子基地"等公司在村落户，共集约流转土地千余亩。"农业生态"旅游景区初具规模。

广西壮族自治区南丹县巴平村

巴平村位于广西壮族自治区南丹县芒场镇，地处黔桂大通道二级路旁，距离南丹县城25千米，高速路、铁路贯穿其中，交通十分便捷。整个村庄四周山体环绕，景色秀丽，先后开发了农家乐、农家餐饮、农家风情、农耕体验、农业观光等旅游活动项目。

巴平村规划有万亩梯田风光、万亩油菜花海、巴平农业科技示范园区、农耕体验、农业观光等五大旅游点。规模宏大，气势磅礴的万亩巴平梯田，作为"中国乡村梦""中国乡村美""醉美南丹"及巴平米商标等大型彩色稻田艺术画创作的艺术原型，名声远播。村内还有乾隆年间遗留下的土司管理墓碑、明代徐霞客游记中载过的古井等。通过壮族演武节、蚂拐节、白裤瑶年街节和小年节、油菜花节、农耕文化节以及农村山歌对唱等，吸引四方游客纷至沓来。

精致优美的巴平村，小桥流水，亭台小榭，霞客古井，白墙碧瓦，农家小园，乡味浓郁。根据季节变换，大力开展花卉观赏园建设，修建了休闲步道、瓜果长廊，种植荷花、格桑花、翠菊等花卉植物，每到花开娇艳时，巴平人用最纯朴的礼遇迎接四方游客赏花观景，感悟农耕文化的魅力，体会农家土味的情思。2016 年国庆节期间，巴平村下街屯的百亩花卉园吸引了区内外的大批游客，每天客流量均保持在 6 000 人次左右。

重庆市石柱县万胜坝村

万胜坝村位于重庆市石柱县黄水镇东南部，区位优势明显，旅游资源丰富，莼菜、黄连是该村的特色支柱产业。组建农民专业合作社 3 家，发展乡村旅游示范户 150 家。让游客放心地"吃、住、游、娱"，尽赏田园风光，体验农事耕作，品味土家文化。

万胜坝村是黄水国家森林公园最优美的景点之一，其中尤以高大挺拔、华盖如云、被誉为人类"活化石"的亚洲一号水杉母树，以及碧波荡漾、清如明镜的太阳湖、深山古寨吊脚楼最为著名。

万胜坝村紧密结合自身实际，深入挖掘本地的人文、地域、生态等特色优势资源，做足做好生态农业、特色农业、乡村旅游业文章。围绕莼菜、山珍等主导产业和优势产业，大力发展高效生态农业。大力发展紫菀、杜仲、金银花、核桃等特色产业 1 000 余亩，种植翠红李、梨子等特色水果示范片 100 余亩，发展农民专业合作社 3 家，以产业促进农民增收致富。

重庆市永川区八角寺村

八角寺村位于重庆市永川区南大街街道，因著名的昌州八大景之一的八角攒青——八角寺位于该村而得名。八角寺村紧邻国家级生态农业旅游示范点之一的黄瓜山景区，美丽的永苏河贯穿八角寺村全境。

八角寺村以农业为主，一直坚持发展现代农业、乡村旅游业，其生态风貌保持较好。八角寺村建有十里荷香生态农业园区，园区以现代农业和乡村旅游发展为主，现有莲藕和各种蔬菜种植面积 3 000 多亩，藕鳅藕鱼养殖面积 500 亩，观赏荷莲种植面积 1 000 余亩，此外还有 3 000 米瓜果长廊、体验开心农场 200 亩、垂钓鱼池 500 亩、花园式果园 250 亩，同时园区内还有水上娱乐、特色农家乐等乡村旅游服务设施。十里荷香园区还拥有"永川莲藕""临江儿菜"等农产品地理标志、国家地理标志认证，还获得了"莲藕"等 4 个绿色食品认证。

重庆市北碚区北泉村

北泉村位于重庆市，位于国家 4A 级风景区缙云山山麓，形成了"青山拥玉带，碧水绕秀城，闲来其中乐，树下享清荫"的宜居环境。

北泉村结合自身的地理优势和产业实际，大力发展休闲农业产业和乡村旅游。建有脆红李 400 余亩，通过成立重庆翠澄脆红李种植股份合作社，还将打造杨梅园、橘园、梨园 3 个园区。发掘和打造缙云甜茶、北泉手工面、"芦荟套餐"等特色产品，成为远近闻名的特产。其中，缙云甜茶在由国际慢食协会主办的第 11 届"大地母亲·品味沙龙"活动中，被授予"2016 中国美味方舟入选认证证书"。

北泉村利用其优越的生态环境，以及黛湖、绍龙观等人文景点，"板凳龙"等文化产品，突出旅游产业特色。打造了葵莲文化大院及生态农业园，推动"淘了"等一批乡村酒店升级，成为重庆市民登山踏青、呼吸新鲜空气的首选之地。现全村有星级度假村 2 家，星级乡村酒店 1 家，森林人家 2 家，星级农家乐 5 家。

四川省彭州市宝山村

宝山村位于四川省彭州市龙门山镇，处于成德绵经济区中心、成渝经济区发展轴的西北区域合作中心以及成都半小时经济圈核心区彭州段，距成都 76 千米。宝山村处于龙门山脉西北褶皱断裂带，依傍湔江河白水河流域，毗邻白水河国家自然保护区、白水河国家森林公园、龙门山国家地质公园，具有得天独厚的自然资源。

宝山村全力发展全域旅游，建成了宝山温泉度假区、宝山乡村旅游区、太阳湾风景区三大区域，2014 年成功创建为国家 4A 级旅游景区，2015 年成功创建为四川省旅游度假区、四川省生态旅游示范区。

宝山村现已发展乡村酒店 360 余家，床位达 18 000 余张，形成了一定的接待能力，吸引了不同的消费群体前来休闲度假。在宝山乡村旅游区种植了 200 余亩龙门宝山红茶、1 000 余亩蔷薇花，开发了生态休闲农业体验园项目。宝山村每年举行三大节庆活动——宝山旅游文化节、太阳湾蔷薇花风车节、冰雪温泉嘉年华。

四川省雅安市名山区红草村

红草村位于四川省雅安市名山区正北方向，距城区 10 千米，交通便捷，名旺路、建新路穿境而过。该村依托良好的自然生态资源，以"花香茶海、骑游万古"为主题，把农业观光、骑游健身、生态康养作为产业发展新方向，建成极富川西民居特色又满足"吃、住、行、游、购、娱"等旅游元素的乡村旅游综合体——红草坪万亩生态观光茶园，也成为全国唯一一个以茶为主题的国家公园——蒙顶山国家茶叶公园的核心景区。

红草村以川西民居为统一建筑风格，利用村域良好的植被、丰富的茶叶资源、依山傍水的自然条件，通过实施"茶＋贵"项目，茶园内套种紫薇、紫荆、玉兰、海棠、红叶李等应季花木 4 000 余亩，使茶园呈现"茶中有花、花在茶中、梯次开放、四季辉映"的花香茶海，凸显"骑游茶乡、花香茶海"特色。

红草村建立了骑游绿道、设置了 100 个床位的游客接待中心、颇具骑游元素的新村入口广场、占地 60 余亩的湿地公园等。红草村现有餐饮 12 家（开发了茶宴、羊肉汤等多种特色餐饮），自行车出租 11 家，茶楼 9 家，酒吧 1 家，网吧 1 家，KTV 1 家，初步形成了集休闲、购物、娱乐、住宿为一体的乡村旅游业态雏形。

贵州省福泉市双谷村

双谷村位于贵州省福泉市金山街道办事处，距市区 6 千米、瓮马高速 6 千米、福泉火车站 5 千米、贵新高速 7 千米、贵阳龙洞堡机场 98 千米，210 国道穿境而过。山清水秀、天蓝水绿、空气清新，是理想的现代田园风格的休闲、观光、度假、游憩场所。

双谷村主要特色产品为"金谷福梨"，因汁多、味美而赋有"中国金谷福梨之乡"美称。双谷村已实现春可赏花，夏吃杨梅，秋摘葡萄、金梨及西瓜，冬品美酒。双谷村又是全国山地自行车贵州福泉赛区。举办有"金谷春雪"梨花节，"金谷福梨"专家鉴评会、推介会等活动，扩大社会影响，产品远销广东、重庆等。2016 年游客达 30 万人次，旅游收入达 6 000 万元以上。

如今双谷村已建成春可赏花、夏可纳凉、秋可摘果、冬可踏雪，吃农家饭、住农家院、干农家活、摘农家果、享农家乐的集水果生产、供应、销售以及旅游观光和休闲与娱乐为一体的农业生态观光园和旅游胜地。

云南省楚雄市紫溪彝村

紫溪彝村位于云南省楚雄彝族自治州楚

雄市，拥有风景秀丽的国家级森林公园，省级名胜风景区紫溪山北入口，距楚雄市区12千米。浓郁的民族风情、浓厚的彝族文化、淳朴的村风民风，使紫溪彝村先后获得了省级"民族团结示范村"、省级"巾帼示范村"、州级"文明村""卫生村"等殊荣。

紫溪彝村以原生态的方式传承、传播彝族文化精华，给游客提供完整的彝族文化体验和功能完善的休闲游憩场所。举办彝族祭祖活动，吸引游客前来体验和感悟彝族历史文化的博大精深。有祭火塔、太阳女神圆雕、中心大火盆、彝族十月太阳历和十兽图腾柱、浮雕景墙等文化设施，在此游客可以体验到火把节的酣畅热情、狂欢奔放；而斗牛场、磨担秋等彝族风俗活动场所，则可让你体验到不一样的民族风情。

紫溪彝村组建大三弦队、月琴队、对歌等15支彝族歌舞表演队，吸引了大批游客前来观光体验。每年举办"六月六祈福节""火把节""中秋节""彝族长街宴"等各种文化节庆活动，让彝族文化在紫溪彝族世代相传、熠熠生辉。

陕西省凤县马场村

马场村位于凤县县城东南边，距县城17千米，距316国道5千米。该村地处大山深处，森林覆盖率达90%。自然风光秀丽，春有奇花遍野，夏有浓阴清幽，秋有红叶如火，冬有松柏傲霜，素有"世外桃源"之称。

马场村四周群山环绕，峰峦高耸，其中5个山峰尤其雄伟壮观，形象地称之为"五马归槽"。马场村基础设施齐全、旅游产业兴旺、村容整洁优美、文化底蕴深厚、生态景观独特。马场村依托优美的自然环境，独特的地理优势，重点发展休闲农家、休闲观光等乡村旅游项目，已发展休闲农家23家，农家宾馆22家，修建蒙古包3个，小木屋6座，赛马场1处，并配备了相应的旅游设施，

走上美丽休闲农业发展之路。

2016年，全村休闲乡村游接待游客达到1.2万人次，综合收入360余万元，休闲农业从业人员年均收入1.2万元以上，休闲农业与乡村旅游已成为该村农民增收致富的主导产业。

陕西省南郑县瓦石溪村

瓦石溪村位于陕西省南郑县黎坪镇黎坪景区大门口，距县城69千米，距黎坪集镇1.5千米，村域内有西流河和汉黎公路穿村而过。农业生产主要以玉米、油菜、杂豆等作物种植和牛羊、生猪、土鸡等畜禽养殖为主，农特产有核桃、木耳、土蜂蜜、花椒、银杏等。

瓦石溪村因地处黎坪国家森林公园门户区，外围基础设施和公共服务条件优势明显，自然环境得天独厚，旅游产业潜力较大，已引导建起农家乐85户，而且具有一定的游客接待能力。目前，以开发农家乐经营和服务、民俗小吃"八大碗"和民俗文化等多样化旅游服务业为主，以及继续开展相关农特产品开发加工和美丽乡村建设等。

瓦石溪村建成了樱桃、梨、杏等小杂果采摘休闲体验区和高山蔬菜游客参与式种植体验区。实施了美化、亮化、硬化、绿化工程，建凉亭2座，建休闲观光步道1500米，村间道路绿化90余处，建小型景点4个，吸引了不少游客。建成10户具有地方特色的农家乐，建成了特色养殖休闲垂钓园1个。开展生态绿化建设工程，因地制宜植树栽果，种草育花，搞好庭院绿化，努力打造"村在林中，人在画中"的居住环境。

甘肃省康县花桥村

花桥村位于甘肃省陇南市康县长坝镇，风景优美，交通便利，最佳休闲时间为每年4~7月。花桥村先后荣获中国茶马古道文化艺术之乡、中国乡村旅游模范村、甘肃省乡

村旅游培训基地、全省农民回乡创新创业基地示范区等称号，现已创建成国家 4A 级旅游景区，成为康县全域旅游的门户和名片。

花桥村高标准建成了游客接待、休闲养生、民俗体验、亲水游乐、养身休闲等 13 个核心区域。通过招商引资，由陇南龙江公司投资 2 300 万元修建了游客接待中心和乡村宾馆，建设了自驾游房车露营地，县上采取土地入股、整合项目资源等方式筹措资金 2 800 万元，硬化了村内道路，改造了房屋风貌和庭院，配套建设了文化广场、中医养生堂、村史馆、电子商务室及油坊、酒坊、磨坊、豆腐坊、村内广电网络、Wi-Fi 等服务设施以及污水管网、仿生态河堤和供水工程，结合"十村百户千床"乡村旅游示范工程，发展 13 户农家乐，建成 10 家农家客栈，拥有 64 间客房 102 张床位。

甘肃省天水市秦州区孙集村

孙集村坐落于美丽的陇上江南——甘肃省天水市秦州区平南镇，是国家级美丽乡村示范村，该区域自然环境优美，地域开阔，紧邻陇南市各县，是南部城市通往关中经济区的咽喉要道。距离天水市区 35 千米，甘肃省会兰州 320 千米，东距宝鸡 225 千米，西安 408 千米，南距陇南 240 千米，紧邻省道306 东侧，交通便利。

对孙集村进行了包括基础建设、经济发展、农业产业化、环境保护、乡村旅游开发等综合全方位的发展规划。建成以休闲农业产业、特色旅游、体育健身、养老养生等为核心的乡村旅游型特色村。如今的孙集村村容整洁、村貌靓丽、群众和谐，先后获得省级美丽乡村示范村、国家级美丽乡村示范村等荣誉称号。

青海省海东市乐都区王佛寺村

王佛寺村坐落于青海省海东市乐都区，自然环境优美，交通便利。王佛寺村位于寿乐镇政府所在地北面，距区中心 8 千米，土官沟河穿村而过，紧邻知名的全真派武当山道观。村内民风淳朴，邻里和谐，河流清澈，山川秀丽，村名由王佛寺而得来。

王佛寺村内有寺院 1 座，始建于元代晚期，历史悠久。寺院内有"三大古佛""四大金刚""八大菩萨"，是全区重点文物保护单位。祭祀时节，寿乐镇附近农户都有到王佛寺上香祭祀的习俗。依托富强蔬菜专业合作社、养殖合作社，创建以采摘、观光、休闲、度假、餐饮接待为一体的休闲农业示范点，推动大量城镇居民下乡休闲度假。

宁夏回族自治区隆德县清凉村

隆德县陈靳乡清凉村位于隆德县城南 7 千米处，东临六盘山原始森林林区，境内的清凉水库、将台水库为隆德县城乡饮水水源保护地。境内有始建于北魏的"隆德八景"之一清凉寺。清凉村于 2016 年被评为三星级旅游区，是集餐饮、旅游、观光、休闲为一体的自然景观乡村，享有"清凉之都—避暑胜地"美称。

清凉村建设发展休闲庄园，利用六盘山天然山泉水资源优势，建设生态鱼塘 4 个，养殖鲤鱼、草鱼等，发展循环生态农业，供游客观光，休闲垂钓，当年可实现盈利。开办具有六盘山特色的农家餐饮，发展设施农业，种植无公害蔬菜，开展亲子采摘，开办田间学校，不断传承农耕文明。建设农家院，让城市居民在工作之余休闲放松，缓解压力，舒缓身心。

利用清凉山下天然野生牡丹资源，通过集中整合，开辟野生牡丹观光园。利用荒山坡开辟特色种植，种植薰衣草、油菜花等，打造人文景观，在绿色的海洋里利用颜色差异，吸引游客观光旅游，真正打造天然避暑胜地——清凉世界，把清凉村建设成为国家级美丽休闲乡村，打造隆德县新的文化旅游名片。

大连市瓦房店市渤海村

渤海村位于大连市瓦房店市西北部的渤海岸边，总面积 25 平方千米，海岸线长 15 千米，是辽宁省最大的渔业村。渤海村交通便捷，南距大连市 100 千米，东距瓦房店市 40 千米，环渤海湾的滨海公路穿越全境。这里冬无严寒，夏无酷暑，四季分明，风景宜人。

渤海村现已成为集餐饮、客房、别墅、温泉会馆、会议、宴会、垂钓、跑马为一体的旅游度假区。占地 25 万平方米的休闲农庄，设有温泉度假酒店、滑雪场、跑马场、蒙古包、游泳池、健康中心等，是休闲度假观光的最佳场所。

渤海村夏有海滨、休闲农庄，冬有温泉、滑雪场，既承接了山水的自然之美，又赋予了亭台楼阁的曼妙风姿，更有将军石深厚的文化底蕴，将自然的淳朴与现代的时尚完美结合在一起。

新疆生产建设兵团第四师
可克达拉市可克达拉镇

可克达拉镇（64 团）始建于 1954 年，位于伊犁河下游北岸，天山支脉科古琴山南麓，霍城县境内，东接 312 国道交通要塞清水河镇，西距国门霍尔果斯口岸 19 千米，与哈萨克斯坦接壤，北临中世纪著名的中亚乐园——阿力麻里苹果城，南部与塔克尔莫库尔沙漠相接，是可克达拉草原文化的发源地。

可克达拉草原位于可克达拉镇西北，每到夏季绿波荡漾，苍翠满目，成为人们娱乐休闲的好去处，并且组建有演出队表演民族歌舞和"叼羊""姑娘追"等民俗风情。依托镇内湿地、水库原生态旅游基地，水库及周围独特的自然风光和良好的水产养殖条件，已逐渐开发建设成为一个集农业灌溉、水产养殖、旅游休闲为一体的综合性园区。

可克达拉镇开展了果园旅游业，建成野苹果、野杏、核校、樱桃、李子等特色果园 2 万～3 万亩，让游客在大自然中了解各类果品的品性和特色，并可以亲手采摘没有污染的、味道纯正的水果。开发沙漠旅游项目，充分利用塔克尔穆库尔沙漠和巴基泰沙漠，形成酒店、餐饮、冰雪娱乐项目以及汽车摩托车越野和采摘园等，年接待游客 8 万人次。

新疆生产建设兵团第十师 188 团 1 连

第十师 188 团 1 连位于新疆北屯市内，具有独特的区位优势。土地等级相对较高，亩产位居全团第一，具有建设观光棚的优势。

第十师 188 团 1 连紧靠北屯市南湖旅游景区，环境优美，交通方便，距城区只有 2 千米，地理位置优越。道路通畅，路标、说明牌、路灯、停车场健全。

近年来，188 团 1 连大力发展休闲农业，建有生态采摘园，包括展示区 80 亩和 21 个暖棚，其中，种植草莓 2 棚，蟠桃 2 棚，桑葚 2 棚，基质 1 棚，樱桃 2 棚，辉煌油桃 1 棚。23 个冷棚目前种植葡萄 9 棚，软枣猕猴桃 2 棚。陆地蔬菜 20 亩，桃园地 8 亩。景观游览区、采摘区和农家餐饮区，各分区之间布局呈环形，道路布置座椅、园灯、小型喷泉、游廊等园林景观设施。游客进入采摘园，可从展示区到景观区游览再到采摘区采摘果蔬，到农家餐饮区里尽情享受美食。

历史古村（26 个）

北京市怀柔区红螺镇村

红螺镇村位于北京市怀柔新城西北部浅山区，总占地约 4 平方千米。红螺镇村交通便利，公交车 867 路从东直门发车，在村口设站，终点站为红螺寺。红螺湖距离雁栖湖仅有 3 千米，红螺寺旅游度假区与雁栖湖旅游度假区可以实现互补、互动、互利。

红螺镇村南临红螺湖，自然景观优美。

红螺湖面积 41 公顷，红螺山在红螺镇村北部，是村庄的靠山。红螺镇村临近古刹红螺寺，进香古道留有遗迹。红螺寺乃是明正统年间"护国资福禅寺"的俗称，是国家 4A 级旅游区。深厚的历史积淀和文化浸润，奇妙的地理环境和气候条件，成就了红螺山、红螺寺为一方完美殊胜、绝尘脱俗的"净土佛国"。

红螺镇村具有得天独厚的地理位置与源远流长的人文资源，在实现村民与市民有机融合方面特色突出。举办"徒步识本草"活动，是北京修实公益基金会以红螺镇村为基地，进行的普及中医中药知识的公益活动，大量市民参与"徒步识百草"活动，间接使村民旅游收入增加，颇受各方好评。

天津市蓟州区西井峪村

西井峪村隶属天津市蓟州区渔阳镇，清代成村，因四面环山似在井中，冠以方位而得名。西井峪村处于中上元古界地质公园保护范围内，2010 年被列入第五批中国历史文化名村，成为天津市唯一的"国字号"历史文化名村。2012 年，西井峪村被列入首批中国传统村落，成为天津市唯一获此殊荣的自然村。

西井峪村自然环境优美，四周群山环抱，村内绿树敝舍，景色宜人，空气清新。西井峪村具有鲜明的历史文化特色，整个村落坐落于石山之上，拥有 8 亿年地质石岩。走进西井峪村，到处都是历经数亿年形成的、别具特色的页岩、白云岩等石头垒砌的房屋、墙壁和石路，房舍依山而建，街巷就势而成，走在其中仿佛穿行在石头的森林，有人称西井峪村为石头村。

西井峪村现保留的由石头垒砌的房屋约占村庄现有建筑的 2/3，且多为清末民初的老房屋，原貌保存完好，布局相对集中，村庄整体环境依然保持村落形成时的风貌，是天津市域内知名度较高、规模较大、传统风

貌保存较完整的历史村落，具有重要的历史、文化和艺术价值。

山西省临县李家山村

李家山村位于山西省临县碛口古镇，坐落于广袤的黄土高原，是中国历史文化名村。该村北临湫水河、西傍黄河，主村坐落于碛口镇南山黄土山坡上，古称"凤凰山"。休闲农业与乡村旅游是该村的支柱产业。

李家山山体建设以明清时期窑洞为主，依约 70°的山坡而建，从山底一直到山顶、叠置 11 层、一气呵成，形成了"立体村落"。建设风格极具特色，砖雕木雕做工精细，外表装修十分讲究，建设形式多种多样，桥、庙、房、厅、堂、厦、窑、照壁应有尽有，创造了具有独特风格的"立体交融式"的乡土建筑。

鸽子崖的黄河水蚀浮雕与碑文刻记，见证了九曲黄河第一镇、物阜民熙小都会——碛口晋商的辉煌繁荣。麒麟山庄巧妙地融碛口、李家山村神奇美丽壮观的自然景观和古村落等非物质文化遗产于一体，是典型的田园综合体，集农事体验、红色文化、休闲娱乐、观光养老、美容保健、餐饮服务等特色文化于一体；满山遍野的改山造田绿化工程，负氧离子极高的人鱼戏水黄河垂钓区和亲子互动娱乐十足的农场采摘、尊师重教弘扬国学的教育园区、唯美展现黄土高原汉传婚礼文化等设施和项目为乡村旅游业的发展提供了坚强支撑。

山西省晋中市榆次区后沟村

后沟村位于山西省晋中市榆次区东赵乡，是典型的黄土高原丘陵地貌，沟、坡、塬、滩纵横交错。后沟村浓缩了黄土旱塬农耕文明的传统经典，是北方农耕文明的活化石，堪称"农耕桃源"。

后沟古村景区的发展还带动了后沟村及周边乡村旅游农业的发展。后沟古村庙宇星

罗棋布，神庙系统相当完善。方圆仅 1 平方千米的村落共建有庙宇 13 座和大小神塑 48 尊，将佛教、道教、儒教囊括为一统。后沟古村民居建筑以窑洞为主，其特点是依崖就势、随形生变、种类繁多，窑洞与厢房、影壁、仪门等又组成规整的三合院或四合院，形成了后沟村浑然天成的独特风景。

后沟村民先后创办集餐饮住宿于一体的农家乐十几家，这些农家乐以经营特色农家菜为主，同时又兼营民宿旅馆，游客在品尝农家菜之余，还可以住农家窑洞体验窑居生活。后沟村及周边乡村近年兴起采摘热，每到水果收获的季节，有大批游客涌向后沟，到各个农户的果园里采摘时令水果。为满足游客的需求，后沟村及周边乡村的村民又开始种植草莓和葡萄等适宜采摘的水果。

辽宁省绥中县新堡子村

新堡子村位于辽宁省葫芦岛市绥中县李家堡乡，东距绥中县城 62.5 千米，世界文化遗产"九门口水上长城"坐落在本村，交通便利，地理条件优越。新堡子村环境优美、森林资源丰富，可谓山清水秀，人杰地灵，是辽西最末端一个最有传统风貌的行政村。

新堡子村形成于明代初年，距今已有 600 余年历史，村民多为明代戍守长城的军户后代。至今，村中仍然保存有明代站台、哨楼等军事设施遗迹和古松、古民居、古井。至今有辽西风格和明清风格的历史建筑 25 处，石头与城砖混建的房子有 60 余户。

新堡子村大力发展观光农业、农家乐等多种旅游形式。新堡子村区域内的自然山水景观有老牛山、流水洞、耿花子坟、狐狸峪、二郎扁担洞等。目前，该村年接待游客 30 万人次，有餐饮类农家乐 26 家，休闲类庄园 1 家，旅游纪念品、小吃类 70 余户（家）。

江苏省江阴市红豆村

红豆村位于江苏省江阴市顾山镇，因昭明太子亲手栽植的千年古树红豆树而获名。本村地处张家港市、常熟市、锡山区和江阴市的四市（区）交界之处。

红豆村拥有"金顾山"水蜜桃生产主体基地，农户因地制宜在自家桃园增加餐饮、垂钓等旅游项目，约有 150 户水蜜桃种植户。红豆村以红豆树为核心，以"情满顾山，爱在红豆"为主题，打造"中国爱情村"品牌，建设了红豆百花园项目，举办 2017 首届红豆文化旅游节活动，2016 年度共计举办大小活动 11 场。

红豆村建有 3 000 亩的"桃园"，是游客观花、采摘区，桃林中建有 1 千米长的步行道，5 千米的自行车道，沿路两侧镶嵌油菜花、向日葵，花开时节可赏花，成熟季节可亲自体验采摘，平时可跑步健身。红豆百花园总面积 200 多亩，院内小桥流水相映环绕，小路土坡曲径通幽，梅花、牡丹、玫瑰、格桑、向日葵、荷花等四季有花可赏。另一个是"万菊园"，有非洲菊、中国菊、园艺盆景，打造出"采菊东篱下，悠然见南山"的意境。

浙江省松阳县西坑村

西坑村位于浙江省西南部丽水市松阳县四都乡，地处上松线西侧，寨头岭背下首，距离县城 14 千米。西坑村始于明代，坐落在海拔 640 米的山顶台地上，村子有一条北宋的松宣古驿道，至今保存完好。至今保留有 12 幢清代古民居、宗祠、社庙等历史建筑，30 余幢民国至 20 世纪 70 年代的民居也保存完好，这在浙江古村落中实属不多。

西坑村四周青山环抱，一湖秀水从村前流淌，从而形成了一个山环水绕、山水交融的空间格局。雾气常常铺天盖地般地涌来，带着竹子的清香，带着山泉的甘甜。西坑村已正式营业的民宿有过云山居、云里听蛙、观云阁、云舍、云端觅境，其中过云山居民宿开业至今以超过 95% 的客房入住率成为民宿界的传奇。

充分挖掘村中古树参天、风景优美、民风淳朴的原生态摄影创作资源，吸引来自美国、英国等20多个国家的大批摄影爱好者，在此创作800余幅摄影作品并在国际、国内影展、比赛中屡获大奖。挖掘西坑村传统文化习俗，如戏曲、祈福等，结合农民文化节、四都萝卜节等活动进行宣传报道，实现非物质文化遗产的传承与发展。

安徽省黟县柯村

柯村位于黟县西北部，在黟县、祁门、石台三县交界处，东临美溪，南与西毗邻祁门，北与石台接壤，距县城50千米。境内人文和自然景观丰富，有"皖南苏维埃政府（柯村暴动）旧址""茅山云海""江溪花海"等景观。

柯村茅山岭头俯拍的油菜花田园风光，已成为黟县旅游对外宣传的又一张名片，每年吸引众多摄影爱好者来此创作，拍摄云雾缭绕、如梦如幻的花海春景。自2010年被确定为黄山市百佳摄影点以来，柯村获得了"中国十大赏花地之一——黄山50万亩油菜花代表地""中国最纯朴的乡村""皖南最大油菜花盆地"3张极富影响的名片。2016年共接待游客超20万人次，同比增长20%。

柯村生态旅游资源丰富，森林覆盖率83.5%。这里有2 000亩油菜花田，被誉为皖南最大的油菜花盆地；有茅山岭云海等生态资源。夏日的荷花与古村落交相辉映，冬日的黄蜀葵，形成多彩柯村一道靓丽的风景线。连续举办了六届油菜花节，吸引了大批游客。

福建省政和县念山村

念山村位于福建省政和县城关东部11千米处，距宁武高速公路入口16千米。念山立村于唐僖宗乾符五年（878年），黄巢起义军入政和，曾扎营于念山，故后人改称念山为

黄念山，含纪念黄巢之意。拥有福建省最美、最壮观的念山梯田等独特的自然景观资源。念山村地域辽阔，梯田风光自然秀美，文化积淀深厚，四季阳光充足，水果繁多，是国家级风景名胜区政和县佛子山的重要景点之一。

念山村投入上千万元用于加强旅游和农业农村基础设施建设，包括梯田水土保持，建设游客服务中心、旅游厕所、生态停车场、观景台等。创建了农耕民俗馆，进驻了摄影家协会创作基地、垂钓骑行俱乐部、瑜伽馆活动基地等6个协会基地。同时，举办油菜花节、美食节、开镰节、开犁节等活动，吸引了更多的游客。

通过念山梯田主导产业带动相关休闲产业发展，建成一批乡村休闲活动体验项目，包括福建省最美最壮观的念山梯田风光体验、观赏油菜花美丽风景线、高山水库休闲娱乐体验、竹海漫步休闲体验、农家乐休闲服务体验、黄巢起义军纪念遗址之念山观景台体验等。

江西省婺源县延村

延村地处婺源县城北偏西15千米处，属婺源县思口镇思溪村委会管辖。"延村"之名，取"绵延百世"之意，延村始建于北宋元丰年间。延村背山靠河，整个村落群山环绕，山清水秀。村内徽派民居布局紧凑，粉墙黛瓦，飞檐翘角，或隐现青翠之间，或倒映清溪之畔，整个村落就是一座清代庄园。

延村现有游客中心一座，大型停车场2个，可供游客休闲度假的精品民宿11家，农家乐及住宿30余家，旅游产品销售门市部数10家，可供观赏的公共建筑有红庙、村史馆、将军亭、古戏台、儒林桥、生态长廊等。延村现有保存完好的明清古民居53幢，其中重点保护建筑18幢，较为著名的有余庆堂、训经养、聪听堂、笃经堂等，现存古建筑占地面积近44 000平方米。

延村成立了专业种植合作社，即延村葡萄专业种植合作社，现有葡萄种植面积 30 余亩，在葡萄成熟季节，吸引县城及周边大量游客前来休闲采摘。

山东省郓城县后彭庄村

后彭庄村位于郓城县城东 12 千米处，距济菏高速入口 6 千米，交通便利。村庄四面环水，风景优美，人杰地灵。先后荣获郓城县"五好"村党支部、郓城县先进基层党组织、郓城县级文明村、郓城县新农村建设先进示范村、菏泽市生态文明村、山东省生态文明村、山东省美丽宜居村庄等荣誉称号。

后彭庄村投资 100 多万元制作了彭庄美丽乡村建设规划，目前已建成戏曲大舞台、占地 2 184 平方米容纳 4 000 多人观看演出的戏曲广场、仿古长廊、休闲仿古亭、旅游观光大道、观光仿古桥等。成立了梦真蔬菜种植合作社，主要种植番茄、甜瓜、草莓、西瓜等，集观光旅游、采摘于一体，增加农民收入。园区道路、排灌沟渠、低压电网设置合理，土壤肥沃，生态环境优越，实现了沟、路、渠、电配套。

河南省商水县邓城镇邓东村

商水县邓东村位于邓城镇镇政府所在地，位于商水县城西北 16 千米处，北部、东部紧靠沙颍河、隔沙河，与西华县相望，西与古刹真龙寺毗邻。邓东村沙河河岸沿途植被茂盛，景色优美，水鸟翩翩起舞，美丽的自然风光和人文景观吸引了各地游客观光旅游。

邓东村历史悠久，文化底蕴深厚，是一个具有千年历史传统的古村落。著名的旅游景点叶氏庄园始建于明末清初，是当地依靠诚信致富的叶氏家族历时半个多世纪，以 3 个大院为主的宏伟民间建筑群，是我国目前保存最为完整、建筑规模最大的清代民间庄园之一。

邓东村当地特色小吃邓城猪蹄、杠子馍、炸油条、麻花等富有地方特色的小吃，闻名遐迩。邓东村成立葡萄种植农民专业合作社，葡萄种植面积达 200 余亩，已形成农家乐、垂钓、种植、采摘、休闲、观光、旅游、餐饮为一体的综合性生态农业观光园区，为全村生态农业的发展起到了极大的示范作用。

河南省漯河市郾城区裴城村

裴城村隶属于河南省漯河市郾城区裴城镇，位于漯河西 25 千米，毗邻许昌市和舞阳县，2012 年底入选第一批国家级传统村落。裴城村历史悠久，相传始于西周，原名为河阳滩、辉渠镇。关于裴城的确切历史记载可以追溯到唐元和十年，唐朝宰相裴度平定淮西时屯兵于此，后人更名为裴城。

裴城是古代郾城存留下来的 6 座古城中仅存的一个，对研究郾城周边古城格局、形制、形成等都是良好的范本。裴城村中彭家大院和贺家大院组合而成的街坊最典型，彭家大院其中一组前后共有七进院落，南北长达 110 多米，裴城能够闻名遐迩，村落本身就是一部人物传记史。裴城早期的代表人物为唐朝的裴度，中期的代表人物为明清的彭家，近代的为苏进将军。

保护裴城村周边自然水系格局和现有地貌、耕地格局等，主要包括大沙河、新老洄河、幸福渠、颍河等组成的河网水系。保护裴城村村南的湿地现状，对村庄建设用地的拓展和规模予以严格控制，保护村落的耕地规模。

湖南省祁阳县八尺村

八尺村位于湖南省永州市祁阳县观音滩镇中心位置，是镇政府所在地。地处 322 国道、107 省道、衡昆高速公路交界区域，是金洞、白水、八宝、肖家等六镇出口之咽喉，畔湘江之滨，距祁阳县城 12 千米。八尺村是湖南省农业旅游示范点，拥有目前祁阳乃至永州市境内年代久远、保存最好、规模最大的古民居群。

八尺村拥有"春夏季观花、秋季观叶、冬季观型""三季有花、四季有青"优美环境，无论春夏秋冬，无论平视鸟瞰，都令人获得愉悦的立体视觉效果，为游客参观提供了舒适优美的村内环境。

八尺村重点打造休闲旅游品牌，建设鸭婆洲生态休闲乐园和传统院落休闲度假园。鸭婆洲生态休闲乐园项目充分利用现有的旅游资源，建设了度假酒店、游乐场、水上乐园、农家乐、烧烤场、垂钓平台、沙地车、户外拓展基地等大型项目15家，总投资已达5 000万余元。八尺村已经营造了一个具有明清建筑风貌和地方建筑特色的居住、休闲旅游胜地，是祁阳县重点旅游资源之一。

广东省中山市南区曹边村

曹边村位于广东省中山市南区，是历史文化底蕴深厚的侨乡村落，也是中山保存较为完好的古村落之一。山林环抱、稻田绵延，村人生活悠闲宁静，到处遗留光阴驻足的历史味道，有大量清代及民国时期的住宅、侨房、石板街、巷里弄道和人文景观。

曹边村位于105国道、广珠西线高速公路与珠三角环形高速公路所包围的三角区内，背靠郁郁葱葱的后门山，前望逶迤30余里的北溪河、高耸的湖洲山，风景秀丽，是著名的侨乡。村中现留有曹边乡立学校、武侯殿、天后宫、水车馆、四大四小碉楼、状元牌匾、青砖大屋、石板街、龙井泉……形成一幅立体的艺术长卷，使这里的风光尤为独特。

曹边村有丰富的农业土地，利用已有资源，发展农业生产与亲子农场采摘园、休闲农场等。为传承传统文化，弘扬和谐社会精神，在每年的端午节都会举办一年一度的曹边武侯庙会。

广西壮族自治区武宣县下莲塘村

下莲塘村位于广西壮族自治区武宣县东乡镇，距武宣县城27千米，离东乡集镇3千米，与国家3A级景区百崖大峡谷相距8千米。下莲塘村自然风光秀美，地处大瑶山南麓，四周山脉蜿蜒起伏，村的后山郁郁葱葱，种有千亩成片茶园。人杰地灵、名人辈出，自清代至民国就生息了8位将军，人文底蕴十分厚重。

下莲塘村大力发展休闲观光农业，提出了"春桃、夏莲、秋葵、冬菜"等四季花发展模式，营造了"古典庄园葵花盛开"的庄园与葵花相结合的乡村美景，吸引区内外游客纷至沓来。葵花节期间，下莲塘村热闹非凡，花山人海，为本村及周边村群众带来商机，葵花景观在2014年被农业部评为中国美丽田园。

下莲塘村依托良好的生态环境、深厚的历史文化底蕴和资源，精心设计建设了鹅卵石"爱情路"、环塘观景步道、古树园林、木造水车、桃花园、太空莲池等特色景观，极大丰富了旅游景观资源，唱响了下莲塘村独具特色的"鉴史—观园—赏花"的旅游品牌。下莲塘村大面积种植油葵，举办葵花节，营造了"古典庄园葵花盛开，秀丽乡村花海惊艳"的美景，吸引区内外游客纷至沓来。

广西壮族自治区灵山县苏村

苏村位于广西灵山县城东30千米钦（州）玉（林）二级公路旁，距石塘镇政府所在地2千米，村域面积2平方千米。苏村自然风光秀美，20多口环村池塘组成了环村水系。水域水质优良，潋滟生辉，在古村落、绿树、蓝天、白云交相辉映下，波光粼粼，异彩纷呈。黄昏时分，金色的余晖染尽化龙塘湖面，形成一幅优美岭南乡村画面。

苏村古建筑群始建于康熙末年，即雍正—乾隆年间，至今已有近400年历史，这里风水绝佳，人杰地灵，具有深厚的历史文化底蕴和浓郁的岭南风俗情调。苏村古建筑群现存明清建筑32个群落，其中刘氏家族祖宅建筑由18个院落组成。苏村古宅还基本保存完整，规模庞大、气势恢宏，建筑艺术极具岭南特色。

由于古宅保存比较完整，并有较高的观赏价值，交通方便，故可以作为旅游资源予以开发，同大芦村、马肚塘、龙武庄园等多处古村合成"古村落群"，从而开发保护灵山古建筑群，使之成为区别于其他传统村落、古镇，具有鲜明文化特色的旅游资源。

海南省琼海市大园古村

大园古村位于海南省琼海市嘉积镇，是具有海南特色的传统耕读文化名村、海南省青少年教育基地。大园古村距离琼海市区约200米，距博鳌镇区约19千米，区位优势明显，交通非常便利。大园古村产业主要以农业为主，主要经济作物为水稻和槟榔。

大园古村拥有沁人心脾的田园风光和文化氛围浓郁的古村落。大园古村的海南特色传统耕读文化浓郁，是远近闻名的"举人村""博士村""教师村"和"华侨村"。

大园古村的求学古道是明清以来大园和附近乡村学童求学的必经之路。在保留历史文化原貌的基础上，增加了"大园治学古训"篆刻碑林，收集了来自全国18位篆刻家的佳作，其中刻录着中华文化奠基者孔子以及本村乡贤黎梦祯等18位先人有关治学的箴言，深化了大园古村历史文化氛围。

海南省澄迈县罗驿村

罗驿村位于海南澄迈县老城镇白莲区境内，已有上千年历史，其所在地在宋代时是海南往西行的驿站，罗驿村的村名也因此而来。

罗驿村充分发挥资源优势和深厚的历史文化底蕴，注重大力发展乡村旅游，通过开发捆绑营销、农家乐、乡村旅游、休闲度假、养生等项目，连年取得丰硕成果，已先后获得中国历史文化名村、中国传统村落称号。

贵州省天柱县地良村

地良村位于贵州省天柱县最南端，素有"天柱的南大门"美称。距天柱县城20千米，距锦屏县城10千米，距高酿镇高速匝道口10千米，距剑河县、黎平县，以及湖南的靖州县、会同县距离都不超过100千米。地良村不仅有风光旖旎的美丽山水，而且凭借中国传统村落木楼人家成为人们欣然向往的度假天堂。

住在冬暖夏凉的木楼人家里，地良村的早点是"香飘十里醉千家"的侗乡油茶，地良的中餐是"乾隆闻香即下马"的天子米，地良的晚宴是用野生折耳根、山笋、蕨粑、荩菜、红扣、腊肉、酸萝卜等给您下酒。地良村风情浓郁，趣味休闲，其乐无穷，遐迩闻名的地良婚俗充满神秘，益智怡乐，健康有趣。参与互动过的游客乐此不疲，恋恋不舍。每年的农历七夕，地良村都将举行盛大的"滚山坡民俗文化艺术节"。

地良村生态良好，气候宜人，风光旖旎。在盘古广场举办多彩的民俗活动，包括民间歌舞表演、木叶吹奏、篝火晚会、婚俗体验、斗鸟斗鸡等。游客可到此参与吃农家饭、饮桃花酒、享农家乐、干农家活等一系列农家活动，以及种植、采摘、畜牧喂养等农事体验活动。

云南省剑川县寺登村

沙溪镇位于大理风景名胜区与香格里拉、丽江之间，镇区距剑川县城23千米，有着便利的交通网络，省道平甸公路横穿沙溪坝区。寺登村地处沙溪坝子中央，黑潓江畔，是沙溪镇政府所在地。寺登村境内自然风光优美秀丽，历史文化积淀浓厚，民族风情浓郁古朴，旅游资源丰富独特，历史上沙溪古镇是茶马古道上的重要驿站，素有"鱼米之乡"的美誉。

寺登村建设的茶马古道文化体验中心，

集茶马古道博物馆展示、茶马古道线路体验和茶马古道文化传播于一体，突出沙溪作为茶马古道重镇的历史文化特色。同时注重保护和传承刺绣、布扎、木雕等传统手工业，支持周边村寨发展与旅游业关联度高的农家客栈、餐饮、旅游商店、导游以及民俗表演等旅游相关产业发展。

陕西省礼泉县烽火村

烽火村位于陕西省礼泉县烽火镇东北3千米处，距礼泉县城25千米，距咸阳市30千米，距西安市50千米，距关中环线3千米，距咸旬高速10千米，咸北路穿境而过，交通便利。泾河自村北环绕而过，南面为白蟒山，依山傍水，环境宜人，风景秀美。

烽火村依托丰厚的文化底蕴和资源优势，大力发展美丽休闲乡村，着力打造三大休闲旅游区，以红色记忆为主题的"激情岁月"体验区、以科技引领现代农业园为主题的"泾河小镇"、以唐文化为主题的"中华好玩城"。

"激情岁月"体验区景点有：窑洞式五·七大学、烽火传统教育基地、"义务厅"大礼堂、烽火文化广场、红色民宿、烽火人民公社大食堂和烽火供销社；泾河小镇旅游区主要景点有：农产品展示中心、农民培训中心、农产品交易中心、农产品加工区、旅游服务中心、文化广场、商务会议中心、艺术街区、特色美食街区和观光采摘园等；中华好玩城旅游区主要景点有：嬉雪场、木牛流马、射击场、魔镜馆、木射馆、剧场、同心锁、瓦岗寨、斗鸡场、秋千林、佛印湖、四面佛、非遗展示区、卡丁车、沙滩游泳及摸鱼、古代战马、中华美食街等。

宁波市海曙区李家坑村

李家坑村地处宁波市海曙区西南部的四明山深处，山清水秀、风景优美，距宁波市区65千米。古村自然环境保护良好，山水至纯。西南背靠大峰山，茂林修竹松涛阵阵如黛碧倚靠，东北面朝大溪坑，绿水长流波光粼粼如玉带围绕。

李家坑村属中国道教三十六小洞天之九——丹山赤水洞天区域，历史悠久，民风淳朴。整个村庄具有浓郁的古民居特色，灰瓦青砖，雕梁画栋，风格古朴，布局讲究，尤以家家相连的四合院居多。如今留存的尚有六七座台门，其中较完整的有4座。

李家坑村以漂流为依托，致力于向立体、多维的"全域旅游"方向发展，其中最具特色的是各类别具风格的民宿，已建成大小规格不一的民宿4家，另有大型民宿宾馆，届时可满足不同消费群体的休闲住宿需求。在春观樱花、夏尝峡谷漂流、秋尝金色吊红、冬踏银装雪景的旅游载体下，结合尝农家菜、体农家活，游古村落，住特色民宿等，形成全方位的乡村旅游。

宁波市余姚市芝林村

芝林村位于宁波余姚市大隐镇西南7.5千米处，东与大隐镇接壤，南临河姆渡镇，西北界陆埠洪山，距宁波市区24.5千米，余姚41.5千米。芝林村山川秀丽，土地肥沃，气候宜人，文化深厚，物产丰富，交通便捷。

芝林村历史悠久，有着1300年的历史，是名副其实的千年古村。拥有众多的历史人文景观，战争年代是浙东根据地主要活动场所，区域内有芝林古道、白岩寺、香积寺、古戏台、浙东临委纪念碑等人文景观和竹木制品等风物特产。

芝林村有农家乐18家，床位153张，能同时容纳约3280人就餐。民宿产业发展势头良好。通过开发浙东小九寨沟景区，挖掘芝林红色文化和历史文化，丰富芝林旅游文化资源和文化底蕴。芝林村将继续充分整合美丽乡村精品村建设项目、四明山区域统筹发展等各类资源，发展乡村休闲旅游，将芝林村建设成为美丽宜居乡村中的优秀示范村。

厦门市海沧区青礁村

青礁村位于厦门市海沧区，海沧马青路与角嵩路交接处，同时亦是厦漳交界处。

青礁村有厚重的人文底蕴，保存有颜氏家庙、大夫第、举人楼、光裕堂等几十座古民居，是保生文化、开台文化的发源地。利用现有古厝、秉持修旧如旧的理念，青礁村打造大夫第家风家训基地、芦塘学院、两岸青创书院及红砖宅角大学生创新创业基地等一批立足于对台文化、颜思齐文化、保生慈济文化的精神培育平台。利用这些平台，广泛传播国学、颜氏家训等中华民族传统文化，举办活动，促进村居和谐和睦。

青礁村开发打造了无公害"城市菜地"，成立了济生缘合作社，3 年来吸引了 20 多万人次到青礁院前休闲旅游，"认种"会员达 300 多名，农民从传统意义的种菜者转变为休闲观光服务者。济生缘合作社引进我国台湾青年进驻青礁院前创业，吸引在外大学生回乡创业，"院前好时光"果饮等一批乡村旅游产业项目陆续在院前落地。

厦门市翔安区金柄村

厦门市翔安区新圩镇金柄村位于新圩镇东北 4.5 千米，"未有厦门，先有同安，未有同安，先有金柄"，距今已有 1 330 年的历史，又被称为"厦门第一村"。金柄村民风淳朴，地势良好，德文孝义兼得。这里好山好水好人文，是一块难得的民间瑰宝。

金柄村农田错落有致，古韵十足。广植造林，绿化山野村落，形成了青山绿水生态家园。晨曦暮晓，山峦如海，树怒似涛，山畔有水，聚而成池，耳边松涛阵阵，鸟鸣啁啾，是野外游玩与休闲之胜地。面线是闽南特色食材。在这里有一种充满阳刚之气的舞蹈——拍胸舞，豪迈矫健、情绪热烈、风趣浪漫，极具艺术观赏价值，最具闽南地区古闽越特色舞蹈的遗风，已被确定为福建省非物质文化遗产。

领 导 讲 话

在首届中国农村创业创新论坛上的主旨演讲

在 2017 全国休闲农业和乡村旅游大会上的讲话

在全国休闲农业和乡村旅游管理人员培训班开班暨全国休闲农业和乡村旅游产业联盟成立仪式
　　上的讲话

在 2017 年中央财政农业生产发展资金项目农村一二三产业融合发展支出方向工作任务实施培
　　训班上的讲话

在 2017 年中国美丽休闲乡村建设现场经验交流活动上的讲话

在 2017 全国休闲农业和乡村旅游推介对接活动上的讲话

在首届中国农村创业创新
论坛上的主旨演讲

农业部部长　韩长赋

（2017 年 11 月 11 日）

各位嘉宾，同志们、朋友们，女士们、先生们：

今天，我们齐聚苏州，举办首届中国农村创业创新论坛，目的是宣传贯彻十九大精神，以习近平新时代中国特色社会主义思想为指引，共商农村双创大计，为农业农村发展增添新动能。首先，我谨代表农业部，对论坛的召开表示热烈祝贺！向出席本次论坛的各位来宾表示诚挚欢迎！

近年来，农业农村创业创新蓬勃发展。党中央、国务院对此高度重视。习近平总书记在党的十九大报告中强调，要促进农村一二三产业融合发展，支持和鼓励农民就业创业，拓宽增收渠道。李克强总理强调，要健全农村双创促进机制，支持返乡下乡人员到农村创业创新。昨天，汪洋副总理在首届全国新农民新技术创业创新大会上发表了重要讲话，要求深入贯彻落实党的十九大精神、推动"双新双创"向更高质量更高水平发展。去年 11 月，国务院办公厅印发《关于支持返乡下乡人员创业创新促进农村一二三产业融合发展的意见》，送出了政策大礼包，为农村双创创造了良好环境。当前，农村双创已成为农业供给侧结构性改革的强大动力，成为大众创业万众创新的重要组成部分。

党的十八大以来，我国"三农"事业取得了重大成就，概括起来有"6 新"：粮食生产能力登上新台阶，连续 4 年总产稳定在1.2 万亿斤以上；农业供给侧结构性改革开创新局面，新产业新业态蓬勃发展；现代农业建设迈出新步伐，主要农作物耕种收综合机械化水平超过 65%，农业科技进步贡献率超过 56%；农村改革展开新布局，深化农村改革的"四梁八柱"已经基本建立，以农村土地制度改革为主线的改革全面深入；农业绿色发展取得新进展，耕地轮作休耕制度试点扩大到 1 200 万亩，全面打响了农业面源污染防治攻坚战；农民收入实现新提升，4年增长 47.4%，今年可以突破 1.3 万元，6 000 多万贫困人口稳定脱贫。这些成就标志着我国农业农村经济整体登上了新台阶，我国农业农村发展也进入了新时代。同时也要看到，农业仍然是"四化同步"的短腿，农村仍然是全面小康的短板。我国最大的发展不平衡，是城乡发展不平衡；最大的发展不充分，是农村发展不充分。农民增收后劲不足，农村自我发展能力弱，城乡差距依然较大的局面还没有根本改变，农业农村需要增添发展动能、加快发展速度、提升发展质量。

党的十九大作出了中国特色社会主义进入新时代、我国社会主要矛盾已经发生变化的重大政治论断，强调"三农"问题是关系国计民生的根本性问题，鲜明提出坚持农业农村优先发展，实施乡村振兴战略。实施乡村振兴战略，是以习近平同志为核心的党中央，对"三农"工作作出的新的战略部署、提出的新的目标要求。实施乡村振兴，是大战略，也是大课题。大力推进农村创业创新，充分调动亿万农民群众以及方方面面的积极性和创造力，对于实施乡村振兴战略具有重要意义。今天，利用这个论坛，有几点想法和大家做一个交流。

第一，农村创业创新势头强劲，正在兴起新的热潮。我国农村是广阔舞台，农民群体人多力量大，农业农村蕴含巨大的创造活力。改革开放以来，我国农村经历了一波又一波创业热潮。首先是实行家庭联产承包责任制，调动了亿万农民生产积极性，一举解决了温饱问题。20 世纪 80 年代，国家放宽了对农村发展工商业的限制，乡村集体经济多点开花，农村能人纷纷加入创业队伍，乡镇企业"异军突起",这是亿万农民的伟大创造,形成了国民经济"三分天下有其一"的局面。1992 年之后,计划经济向社会主义市场经济加快转型,大量农村青壮年到城里务工经商,同时大量城镇体制内人员"下海"到农村创业,带来了新一轮农村创业浪潮。党的十八大以来,国家大力实施创新驱动战略,积极推动大众创业、万众创新,农业农村经济新业态新模式蓬勃兴起,城乡交流日益密切,"三农"政策支持力度不断加大,为返乡下乡人员到农村就业创业提供了更多的机会和要素,也为新型职业农民创新创业提供了更大舞台,推动形成了农村双创新热潮。我们可以看到,农村双创呈现出新的特点和趋势:主体不断增多,各类返乡下乡双创人员达到 700 万人,新型职业农民超过 1 000 万人。领域不断拓展,覆盖特色种养、加工流通、休闲旅游、信息服务、电子商务等多领域。形式不断丰富,50% 以上的双创主体运用互联网等现代信息技术,越来越多的工商企业下乡创业创新,出现了"褚橙""柳桃"等现象,不少创客开设了分享农场、共享农庄。

第二,农村是创业创新的广阔天地,大有可为。党的十九大强调,坚持农业农村优先发展,实施乡村振兴战略,是重大的政策导向。农村双创的利好有几个方面:首先,国家扶持力度将越来越大,政策环境会越来越完善,给农村双创带来更大空间、更好机遇。我们要看到这一点,要有充分信心。其次,基础条件越来越好,农村水电路气房讯等基础设施和科教文卫等公共服务条件逐步改善,以全程冷链为代表的现代物流向农村加快延伸,改善了农村设施条件,提升了流通效率。再次,对接主体越来越成熟,种养大户、家庭农场、农民合作社等新型经营主体蓬勃发展,总量已达到 290 万家,农村的经纪人、供货商、分销商、共享农庄等大量涌现,为农村双创提供了更多平台载体。更

重要的,市场机会越来越多,随着工业化城镇化深入发展,城乡居民消费结构快速升级,人们对绿色优质农产品、休闲旅游观光、农耕文化体验等需求越来越旺盛,为农村双创带来了无限商机。现在到农村吃喝玩住、赏花摘果、农事体验已经成为一种时尚,2016 年全国乡村旅游接待游客近 21 亿人次,营业收入超过 5 700 亿元,从业人员 845 万人,带动 670 多万户农民受益。所有这些,都为农村双创提供了前所未有的发展机遇。

第三,做大做强农村双创,要有新理念新思路。新时代,农村双创不能再沿用村村点火、户户冒烟的老办法,不能搞坐等上门、一成不变的旧模式,要特别注意创意创新。要树立大农业融合发展理念。现在人们对农业的功能要求发生了明显变化,不再满足于提供吃饱喝足穿暖的原料,更需要一些文化体验、休闲娱乐、教育科普、健康养生等生态文化功能。这就需要我们树立大农业融合发展理念,发展"农业＋"旅游、康养、文化、教育、休闲等多种模式,推进农村一二三产业融合发展,让农业有文化说头、景观看头、休闲玩头。要树立大市场抱团发展理念。现在的市场是买全国卖全国、买全球卖全球的大市场,要搞出名堂、树立品牌,仅靠单个主体"唱独角戏""跑单帮"已很难实现,尤其很多新主体是搞农业的"新手",难以抵御农业的自然风险、市场风险、质量安全风险。这就需要通过联合与合作模式开展双创,组建合作制、股份合作制和股份制等形式的双创联盟,抱团闯市场。要树立大生态绿色发展理念。绿色是农业的本色,稻田就是湿地,麦田就是绿地,油菜田就是花海。农业本身就是生态产业,能够给人们提供清心养眼洗肺的好去处。搞双创,要把农业的绿色价值挖掘出来,不仅生产各种绿色优质安全的农产品,还要提供更多清新的空气、洁净的田园,打造"蓝天白云、稻花麦浪、绿草牛羊、荷花锦鲤"相映成趣的生产生态

新景观。

第四，信息化是农业现代化的制高点，农村双创要善于运用互联网技术和信息化手段。现在，物联网、大数据、人工智能、机器人等现代信息技术快速发展，"机器换人""电商换市"等一系列新的变革，正在深刻地改变着人们的生产生活方式。在这样的背景下，推进农村双创，要树立互联网思维、用好信息化手段，把小农户和种养大户、家庭农场、合作社、农业企业连在一起，把千变万化的大市场和千家万户的小生产连在一起，把生产、加工、流通、管理、服务和消费等各环节连在一起，实现产品相通、信息相通、服务相通、利益共享，打造"互联网＋"农村双创新模式。要大力推进农业信息化，完善农村互联网基础设施和物流体系，加快建设农村双创电商园区，大力推进信息进村入户，打通农村信息服务"最后一公里"；大规模开展农民手机培训，提升双创人员运用新技术能力，培育一批中小微网商，催生一大批网商企业家。农业要搭上信息化这班快车，农村不能成为信息化的孤岛。要依托信息技术发展新产业新业态新模式，大力发展电子商务、众筹农业、网上农场、网上农家乐等，把农民的好东西卖出去、卖出好价钱，把农村的好景点推出去、让农家乐火起来。将来，会有越来越多的农民通过动动鼠标、点点手机，获取信息、买卖产品，会有越来越多的城里人在网上感知农业、体验农业，过去藏在深山无人知的土特产品将更多地摆上城里人的餐桌。

第五，农村双创是继乡镇企业之后又一次大发展的机遇，要让小农户共同分享发展机遇和成果。城市化发展到一定水平，农村就是稀缺资源，就是发展机遇。改革开放之初，全国城镇化率不到18%，城市是稀缺资源；目前城市化快速推进，城镇化率很快将超过60%，农村就成了稀缺资源。当前，大批返乡下乡人员到农村创业创新，大量工商资本下乡投资农业，这些都是好现象，为促进农业农村发展注入新要素。发展休闲农业、乡村旅游、农产品加工物流、电子商务等新产业新业态，需要有先进的经营理念、一定的资金投入、专业的营销能力，但普通农户在这些方面先天能力不足，运用现代生产技术、信息手段、金融服务的能力不强，在激烈的市场竞争中难以抢占先机、把握机会。但我们必须看到，农业是农民的立身之本，农村是农民的美丽家园，在家乡搞双创是他们的权利，也是他们分享发展机遇和发展成果的重大机会。实现小农户和现代农业发展的有机衔接，是党的十九大提出的明确要求。中国农民很本分，不怕吃苦，就怕吃亏，要高度重视保护好小农户利益，保障他们的发展机会，不能产业链延长了，但离农民越来越远了，农业效益上去了，但和农民没关系了。我们欢迎各类主体下乡来创业，但一定要与农民共享收益。老板下乡，要带动老乡一块干，不能简单地代替老乡甚至排斥老乡，不能只是简单的劳动雇佣关系、产品买卖关系，也不能只是土地流转，"一转了之"。要完善利益联结机制，鼓励农民将承包地经营权、四荒地使用权、集体建设用地、政府补贴等通过折股量化参与产业化经营，形成利益共同体，共同分享农村双创、乡村振兴的成果。

第六，农村双创是乡村振兴的生力军，是农业农村发展的新动能，政府部门要加大政策支持力度。近年来，农业部门积极发挥牵头作用，抓政策、建机制、育主体、树典型、搭平台，推动农村双创取得了一定成效。发布了1 096个农村双创园区，创建了41个现代农业产业园，组织了3万多人参加农村双创项目创意大赛，每年培训农村双创人员100多万人。但也要看到，农村双创仍处于起步阶段，面临支持政策散、服务指导缺、创业融资难、人才留不住等问题。各级农业部门要适应新形势新要求，转变观念、创新思路，为农村双创主体清障搭台、营造环境。要在政策、产业、人才、服务等方面下功夫，构建起相互协同的支撑体系，将农村双创引向深入。要健全政策体系，贯彻落实国办下发的《意见》，加大督导力度，推动落实金融服务、财政税收、用地用电等"八大政策礼包"，构建全链条优惠政策体系，尽快形成政府激励创业、社会支持创业、农民勇于创业、各方参加创业的新机制。要打造产业链条，结合产业发展规划和当地资源禀赋，积极对接"三区三园"建设，培育一批农村双创园区，鼓励在采摘分拣、物流保鲜、电商营销等环节开展创业创新，打造从低端到高端梯次发展的产业链条。要培育双创人才，抓住双创主体培育这个"牛鼻子"，把支持农村双创与新型职业农民培育工程结合起来，完善培训内容，改进培训方式，提高培训质量，到 2020 年要培育 1 000 万人次农村双创人才。欢迎和支持创新创业的企业到农村培育新型职业农民和基层农技推广员。要完善公共服务，打造一批标准高、服务优、带动作用强的公共服务平台，推动市县政府设立农村双创联合服务窗口，建立健全农村双创协调推进机制，开展全国农村双创指数分析，讲好双创故事，宣传好模式好经验，营造创业创新良好氛围。

同志们、朋友们！

当年，乡镇企业异军突起，为改变农村贫困落后面貌发挥了历史性作用；如今，农村双创风生水起，一定能为农业农村发展再造新的辉煌。我们要抓住这一历史机遇，深入推进农村双创，迅速在全国农村掀起创业创新的热潮，不断开创农业农村发展新局面，千万不能跟不上，慢半拍，贻误时机。

我坚信，在以习近平同志为核心的党中央坚强领导下，在习近平新时代中国特色社会主义思想指引下，在各地区、各部门、各机构、广大农村双创主体和返乡下乡人员的共同努力下，农村双创必将创出新天地，乡

村振兴必将给农业农村带来翻天覆地的新变化。到那时，农业一定会成为有奔头的产业，农民一定会成为有吸引力的职业，农村一定会成为安居乐业的美丽家园！

谢谢大家！

在 2017 全国休闲农业和乡村旅游大会上的讲话

农业部部长 韩长赋

（2017 年 4 月 11 日）

同志们、朋友们：

今天，我们以"践行'两山'理论、发展休闲农业"为主题，在浙江安吉召开首届全国休闲农业和乡村旅游大会，邀请城乡居民游"绿水青山"，寻"快乐老家"，忆"游子乡愁"，吹响 2017 年"中国美丽乡村休闲旅游行"的号角。首先，我代表农业部，向出席大会的各位来宾表示热烈的欢迎！

2005 年，习近平总书记在浙江工作时，在这里首次提出"绿水青山就是金山银山"的重大科学论断，体现了中国共产党人探索经济规律、社会规律和自然规律的认识升华，推动了执政理念和执政方式的转变，引领中国迈向生态文明建设新时代，为新发展理念和"五位一体"总体布局的形成和发展奠定了理论和实践基础。今天，我们在这里重温习总书记的"两山"理论，进一步领会其精神内涵，对于推进农业供给侧结构性改革，大力发展休闲农业和乡村旅游，保护自然资源，改善生态环境，更好地满足城乡居民对幸福美好生活的向往，把生态环境优势转化为经济社会发展优势，具有十分重要的现实意义。

党中央、国务院高度重视休闲农业和乡村旅游发展。今年中央 1 号文件明确指出，要大力发展乡村休闲旅游产业，培育宜居宜业特色村镇。2016 年，国务院印发的《全国

农业现代化规划（2016—2020 年）》提出，要依托农村绿水青山、田园风光、乡土文化等资源，大力发展生态休闲农业，拓展农业多种功能，推进农村一二三产业融合发展。这为发展休闲农业和乡村旅游指明了新方向，提出了新要求，开启了加快发展的新征程。

近年来，在市场拉动、政策推动、创新驱动、政府带动下，全国休闲农业和乡村旅游蓬勃发展，整个产业呈现出"发展加快、布局优化、质量提升、领域拓展"的良好态势。2016 年，全国休闲农业和乡村旅游接待游客近 21 亿人次，营业收入超过 5 700 亿元，从业人员 845 万人，带动 672 万户农民受益。休闲农业和乡村旅游已经成为农业旅游文化"三位一体"、生产生活生态同步改善、农村一二三产业深度融合的新产业新业态新模式，在发展现代农业、增加农民收入、建设社会主义新农村和全面建成小康社会中发挥着越来越重要的作用。这次会议之所以选择在浙江召开，是因为浙江的休闲农业和乡村旅游走在了全国前列，在浙江很多地方，绿水青山已经或正在变成金山银山。我们希望浙江的创新、探索、经验、模式，能够在全国各个地方广泛复制、开花结果。

当前，休闲农业和乡村旅游发展面临难得的历史机遇。随着城乡居民收入水平的进一步提高和消费结构的不断升级，休闲旅游需求将更加旺盛。随着消费观念的转变和带薪休假制度的逐步落实，休闲度假将会成为大众化、经常性的消费方式。随着城乡一体化进程的加快，农村基础设施和公共服务将更加完善，乡村的好山好水好风光将更有魅力，城里人到乡村"养眼洗肺、解乏去累"的愿望更强烈。中国休闲农业和乡村旅游，将以其规模和速度进入前所未有、蓬勃发展的历史阶段。

贯彻落实中央决策部署，各级农业部门要充分认识加快发展休闲农业和乡村旅游的重大意义。这是推进农业供给侧结构性改革的迫切需要。发展休闲农业和乡村旅游，有利于调优农产品品种品质、促进一二三产业融合、挖掘农业的休闲体验功能，增强农业的供给活力。这是促进城乡一体化发展的迫切需要。发展休闲农业和乡村旅游，有利于统筹城乡的要素资源，促进城乡规划一体、设施一体、服务一体，补农村短板、扬农村长处、美乡村风貌、留田园乡愁。这是促进农民就业增收的迫切需要。发展休闲农业和乡村旅游，有利于农村产品变礼品，增加农民的经营性收入；有利于民房变客房，增加农民的财产性收入；有利于农区变景区，扩大就业容量，增加农民的工资性收入。我们必须以高度的责任感、使命感和紧迫感，抓住历史机遇，勇于责任担当，转变发展思想、明确发展定位、创新发展方式、打造发展特色，全力开创休闲农业和乡村旅游发展新局面。

一要坚持以"农民"为中心的发展思想。农民是我们这片土地上最辛勤的劳动者、田野里最朴实的守望者、农耕文明最虔诚的传承者。促进农民就业增收、增进农民福祉是发展休闲农业和乡村旅游的根本出发点和落脚点。搞休闲农业和乡村旅游离不开资本、人才、管理等现代要素，我们要鼓励资本下乡、人才返乡，共同做大做强这一产业。但是，农家乐不能光让老板乐，关键还得让农民乐，资本下乡要带动老乡，不能代替老乡，更不能剥夺老乡。要创新完善利益联结机制，通过采用合作社、入股等方式，让广大农民平等参与，就地就近实现就业增收，共享发展成果；要帮助农民做好规划布局和策划设计，加大基础设施建设支持力度，发展一批休闲农业的特色村、专业园和合作社；要强化农村人才培训，充实一批规划设计、创意策划和营销人才，激发农民创业创新活力。

二要坚持以"农业"为基础的发展定位。农业是全面建成小康社会和实现国家现代化的基础，是促进社会和谐稳定的根基，也是保护生态环境的基石。发展休闲农业和乡村旅游，必须夯实农业的基础地位，挖掘乡间尘封的遗存，唤醒乡村沉睡的资源，激活创业创新的热情，把农业培育成令人向往的产业。要因地制宜发展特色优势产业，带动传统种养产业转型升级，促进产业多样化、个性化发展；要积极拓展农业的多种功能，促进农村一二三产业融合，延长产业链、提升价值链；要加大示范创建力度，整合一批精品景点和精品线路，培育一批知名品牌。

三要坚持以"绿色"为导向的发展方式。绿色是永续发展的必要条件和人民对美好生活追求的重要体现。

农业本身就是绿色产业，农业的底色就是绿色，绿水青山是农村的宝贵资源和独特优势。天人共美、相生共荣的好生态，营养健康、老少咸宜的好产品，是休闲农业和乡村旅游独特的吸引力和竞争力。要始终遵循绿色发展理念，坚持绿色发展方式，尊天重地，道法自然，保护家乡好风景，美化山水田林湖，打造田园绿色美，决不以牺牲环境为代价去换取发展。要遵循乡村自身发展规律，适度开发，合理开发，科学开发，保护田园风光、保留原始风貌、保持乡土味道，防止农村变成城市的缩小版、防止低水平重复建设。

四要坚持以"文化"为灵魂的发展特色。文化是民族的血脉，是人民的精神家园。唯有浸润和涵养了文化的休闲农业和乡村旅游，才会有蓬勃的生命力。发展休闲农业和乡村旅游，必须立足地方和民族的历史地理、传统文化、民俗情感，以文铸魂，匠心创意，讲好那山那水那人那事，勾勒最神往的故乡，书写最动人的乡愁，给游客会心一击，让游客流连忘返、心旷神怡、魂牵梦萦。要保护农业文化遗产，对传统农业的耕作技术、生产工具、种植制度等实施全面保护；要传承农耕文明，多种形式挖掘利用展示乡土文化、民俗文化、农耕文化、农事节庆文化、饮食

文化等；要加大创意设计，创作一批充满艺术创造力、想象力和感染力的创意精品，推进农业与旅游、文化、教育和康养的深度融合。

今天，首届全国休闲农业和乡村旅游大会召开，标志着全国休闲农业和乡村旅游工作进入了新的阶段。各级农业部门要高度重视，要把休闲农业和乡村旅游作为农业的新产业，加强规划引导，加大政策扶持；要作为工作的新领域，注重模式探索，强化典型示范；要作为新阶段的新任务，勇于开拓创新谋发展，敢于顺势而为求实效。

同志们、朋友们！

习近平总书记提出，中国要强，农业必须强；中国要富，农民必须富；中国要美，农村必须美。休闲农业乡村游，望山看水忆乡愁。发展休闲农业和乡村旅游是实现农业增效、农民增收、农村增绿的有效途径，是打赢脱贫攻坚战、全面建成小康社会的重要举措。让我们紧密团结在以习近平同志为核心的党中央周围，真抓实干，奋发有为，大力发展休闲农业和乡村旅游，为推进农业供给侧结构性改革作出新贡献，以优异成绩迎接党的十九大胜利召开！

在全国休闲农业和乡村旅游管理人员培训班开班暨全国休闲农业和乡村旅游产业联盟成立仪式上的讲话

农业部总农艺师 孙中华
（2017 年 7 月 31 日）

各位来宾，女士们、先生们：

大家上午好！

今天，我们齐聚风景秀美、绿水青山的天府之城，举行全国休闲农业和乡村旅游管理人员培训班开班暨全国休闲农业和乡村旅游产业联盟成立仪式。在此，我谨代表农业部对培训班的举办和联盟的成立表示热烈的

祝贺！农业部对组建休闲农业和乡村旅游产业联盟高度重视，韩长赋部长多次过问联盟筹备情况，对联盟的发展寄予了很高的期望，农业部农产品加工局和农村社会事业发展中心为联盟的成立做了大量的准备工作。刚才，四川省人民政府严卫东副秘书长作了热情洋溢的致辞，新当选的联盟主席潘文革同志作了发言，我们为联盟揭了牌，标志着联盟正式开始运转。下面，我就联盟的成立和运行，讲三点意见。

一、认清形势，充分认识成立全国休闲农业和乡村旅游产业联盟的重要性

党中央、国务院高度重视休闲农业和乡村旅游发展。2005 年，习近平总书记在浙江工作时，首次提出"绿水青山就是金山银山"的重大科学论断，引领中国迈向生态文明建设新时代。今年中央 1 号文件明确指出，要大力发展乡村休闲旅游产业，培育宜居宜业特色村镇。国务院印发的《全国农业现代化规划（2016—2020 年）》提出，要依托农村绿水青山、田园风光、乡土文化等资源，大力发展生态休闲农业，拓展农业多种功能，推进农村一二三产业融合发展。这为发展休闲农业和乡村旅游指明了新方向，提出了新要求，开启了加快发展的新征程。据统计，2016 年全国休闲农业和乡村旅游接待游客近 21 亿人次，营业收入超过 5 700 亿元，从业人员 845 万人，带动 672 万户农民受益。休闲农业和乡村旅游已经成为农业旅游文化"三位一体"、生产生活生态"三生同步"、农村第一第二第三产业"三产融合"的新产业、新业态、新模式，在发展现代农业、增加农民收入、推进农业供给侧结构性改革和全面建成小康社会中发挥着越来越重要的作用。

在取得可喜成绩的同时，我们也要看到，休闲农业和乡村旅游的发展还存在思想认识不充分、服务意识不到位、标准规范不统一、产学研结合不紧密、资源整合不充足、产业链条协作度不高、协同管理机制不健全、市场化服务不完善等方面的问题。解决这些问题，需要多措并举，既要发挥政府部门的行业管理作用，更要发挥社会组织在推动行业发展、促进自律协作等方面的桥梁纽带作用。成立产业联盟就是发挥社会组织作用的一种好办法。为此，经反复研究，有关单位共同发起，全国休闲农业和乡村旅游产业联盟于今天正式宣告成立。我认为，联盟的成立至少有以下几方面的意义：

第一，成立联盟是落实中央精神的具体行动。中办、国办《关于加快构建政策体系培育新型农业经营主体的意见》明确指出，促进各类新型农业经营主体融合发展，培育和发展农业产业化联合体，鼓励建立产业协会和产业联盟。农业部联合国家发展改革委等 14 部门印发的《关于大力发展休闲农业的指导意见》（农加发〔2016〕3 号）也明确提出，广泛吸引社会力量参与休闲农业的发展，鼓励企业、院校、协会和社会组织发挥积极作用。成立全国休闲农业和乡村旅游产业联盟，是及时落实中央文件精神，创新行业管理，推进休闲农业和乡村旅游发展的重要行动。

第二，成立联盟是顺应产业发展形势的客观需要。近年来，全国休闲农业和乡村旅游蓬勃发展，在市场拉动、政策推动、创新驱动、政府带动下，产业整体呈现出"发展加快、布局优化、质量提升、领域拓展"良好态势，在经营主体多元化、企业经营专业化、休闲功能丰富化态势进一步强化的同时，对产业的组织化、规模化发展提出了更高要求。成立全国休闲农业和乡村旅游产业联盟，能够把政府与业界、政策设计与企业实践紧密结合起来，发挥联盟对接政府、连接市场的纽带作用，合理配置资源、优化产业结构、规范产业秩序、维护行业权益，引导产业健康发展。

第三，成立联盟是创新工作机制的有效

方式。从国内外经验来看，产业联盟作为一种新型的产业组织形式，对于产业的发展具有重要的意义。行业内外有关企业和科研机构等单位相互合作，组成产业联盟，正逐渐成为一种趋势。进入 20 世纪 90 年代，我国产业联盟也初现端倪，截至目前，围绕技术标准、产业协作、研发合作、市场开发等为主要内容的联盟已有几十万个之多。从农业系统来看，近年来，已经成立了国家农业科技创新联盟、中国茶产业联盟、中国畜牧联盟、全国农产品加工产业发展联盟等等。休闲农业和乡村旅游产业联盟的组建，有利于创新产业主体的联结机制，将管理者、经营者、服务者集聚在同一个平台上，通过开展政策宣贯、信息交流、要素配置、产品互通、服务共享、品牌打造等活动，推动休闲农业和乡村旅游向更高层次、更高质量发展；有利于创新工作管理机制，使管理者、从业者、消费者各司其职、各守其责、各得其便，充分发挥各类主体在产业发展中应有的作用；有利于创新产业服务机制，强化休闲农业与相关产业的利益联结，完善产业链条、优化产业生态、提升产业效益，在产业发展中分享不断增长的红利。

二、厘清思路，准确把握联盟的发展方向

今天，全国休闲农业和乡村旅游产业联盟启动成立，为行业发展增添了新的力量。但是，这个新力量能不能发挥出应有的作用，关键是要厘清工作思路，明确发展方向。

在总体思路上，要全面贯彻落实党中央国务院关于大力发展休闲农业和乡村旅游的部署要求，认真践行习近平总书记"两山"理论，以推进农业供给侧结构性改革为主线，以服务产业、服务会员为核心，以市场主导、资源共享、优势互补、创新共赢、绿色发展为基本要求，充分发挥平台与载体作用，助

推休闲农业和乡村旅游产业做大做强，努力为农业增效、农民增收、农村增绿注入新动力、作出新贡献。

在发展方向上，要着力做到以下五个"始终坚持"。

一要始终坚持以"农"为基础，助推"三农"强富美。休闲农业和乡村旅游根在农业，惠在农村，利在农民。联盟作为一个行业组织，要携手各成员单位，牢牢守住"农"这一发展主线，立足农业这一根本，立身农村广阔天地，发挥农民主体作用，念好"山海经"、唱好"林草戏"、打好"果蔬牌"，将农区变景区、田园变公园、产品变商品、劳动变运动、民房变客房，把农业培育成令人向往的产业，把农民转变成令人羡慕的职业，把农村建设成引人入胜的天地。

二要始终坚持以"绿"为导向，倡导发展新理念。绿色是永续发展的必要条件和人民对美好生活追求的重要体现。优美的自然环境，旖旎的田园风光，优质的农副产品，是休闲农业和乡村旅游最具吸引力的资源，也承载着城乡居民最为本真的追求和渴望。联盟要积极引导整个行业贯彻落实绿色发展理念，加快"三品一标"产品的生产，提升农产品质量安全水平，为消费者提供安全放心的健康食品；积极推广太阳能、沼气、生物质能等绿色能源，倡导高效生态、循环持续的绿色生产方式；严格控制农业投入品的使用，减少农业面源污染，做到"一控两减三基本"，营造天蓝地绿、田园秀美、乡村美丽、赏心悦目的"绿色环境"。

三要始终坚持以"专"为路径，推动产业发展。大凡天下事，无专精则不能成，无涉猎则不能通。学问尚精专，研摩贵纯一。联盟作为一个平台和载体，必须聚集行业专家，专注特色领域，组建专门委员会，为产业发展提供权威专业的技术支撑

和咨询服务。例如，可以汇聚休闲农业衍生品开发、金融、文旅等方面的专业力量，聚焦某一主题，开展有关专门性的工作；也可以发挥智库作用，对行业发展的重大战略或热点难点问题进行研究，提出有关政策建议；联盟还可以配合政府有关部门建立健全全国休闲农业和乡村旅游的统计和标准体系，监测行业运行，规范行业发展，促进提档升级。

四要始终坚持以"创"为核心，培育发展动能。加快转变农业发展方式，最重大、最根本、最关键的是要切实依靠创新驱动。休闲农业和乡村旅游联盟要聚焦创意、鼓励创新、扶持创业。通过建设创业创新平台，引导各类资源有效整合配置到休闲农业和乡村旅游创业上来，使资源要素高效率、无障碍流通，降低创新创业成本；要健全休闲农业和乡村旅游创业人才培养与流动机制，培育一大批创新创业团队，让千千万万创业者活跃起来，汇聚成农村经济社会发展的巨大动能；要围绕文化底蕴和资源特色，以休闲农业产品、包装、活动、景观等为创意重点，挖掘传统文化，突出时代特征，彰显人文风尚，创作一批充满艺术创造力、想象力和感染力的创意精品，同时，加强对创意创新的知识产权保护。

五要始终坚持以"联"为抓手，融合八方资源。休闲农业和乡村旅游产业关联度高，涉及面广，既是新业态，也是农村一二三产业融合的重要载体。产业联盟作为一个开放的平台，能凝聚多方共识、汇聚各方力量，采用大协作、大联合、集团作战的方式，上下衔接、左右协调，充分发挥各类成员单位的积极作用，合力促进行业的持续健康发展。产业联盟要注重多领域联合，广泛征集成员单位，整合"农业＋X"的多领域联合模式。如，＋文化、＋教育、＋旅游、＋科技、＋金融、＋互联网、＋康养等一个或多个领域的联合开发模式。要注重多主体联动，引入休闲农业经营户、返乡下乡创业人员、合作社、有关企业、科研院所、策划咨询机构、配套服务机构、金融机构等新型经营主体，以"百根柳条能扎笤帚"的理念，促成各类主体联合联动，形成"一加一大于二"的"拳头"效应。要注重多要素整合，促进土地、资金、技术、人才、市场等要素资源的融合互通。要注重多利益共享，探索建立多方参与、功能互补、互惠共赢的机制。

三、不负众望，切实做好联盟各项工作

俗话说，人心齐、泰山移，还有一句话，叫作众人拾柴火焰高。联盟就是一个集聚资源的大平台，就是一个干事创业的大舞台，这个平台需要各路精英的参与，也需要来自各方的支持。为推动联盟的健康成长，我在这里提三点要求。

第一，各级有关部门要切实加强对联盟发展的扶助和指导。农业部农产品加工局要努力发挥好行业管理和业务指导的作用，要经常听取联盟工作的汇报，帮助解决有关重大问题。农业部农村社会事业发展中心要切实承担起执行主席和秘书处的职责，加强与有关单位的沟通联络，负责联盟的日常管理工作。各级农业主管部门要积极发挥好行业管理和工作指导的作用，支持本区域有关单位在条件成熟时组建产业联盟，积极出台政策扶持联盟发展。

第二，联盟要扎实做好各项基础性工作，并着力办好几件实事。一是积极开展调查研究。发挥联盟成员多、地域广、专业强的优势，组织开展不同主题的专题调研，结合发展形势和工作实践，提出有针对性的政策建议，为政府部门决策提供参考。二是不断加强政策宣贯。利用各种渠道，采取多种方式，大力宣传党中央、国务院和有关部门关于休闲农业发展的政策，努力创造条件，促进政策有效落地。三是及时反映行业诉求。发挥

联盟桥梁纽带作用，及时了解事关行业发展和成员切身利益的意见和诉求，及时向有关部门反映，力争得到妥善解决。四是组织制定行业规范。根据行业发展需要，组织制定休闲农业的服务标准，协助开展休闲农业等级评定。五是大力推动培训交流。加强同有关国际组织、地区组织的交流合作，组织开展国内外学习考察和业务培训等。六是致力打造行业品牌。为提高联盟在行业内的凝聚力和向心力，每年要举办几次有影响的重大活动，如论坛、展会、技能大赛、公益活动等，逐步形成广泛的社会影响，开创"振臂一呼，应者云集"的局面，增强成员的归属感、荣誉感和自豪感，促进联盟越走越好。

第三，联盟成员要以"盟"为质信。联盟的持续健康运行，需要各方的共同努力，建立较为稳定的合作共赢关系。齐盟，所以质信也。若不斋盟质信，以示四方，知吾等协心戮力，则无以成功。大家以共同的愿景加入联盟，就要认同联盟宗旨，恪守联盟章程，履行成员义务；要支持联盟工作，积极参加各项活动，加强成员间的交流与协作；要加强行业自律，守护行业公信，爱护联盟声誉，维护联盟形象。联盟好，大家才更好，联盟有发展，大家才更受益。

今天这个联盟成立仪式同时也是全国休闲农业和乡村旅游管理人员培训班开班式，来自全国各地的各位学员将接受 1 天半的学习培训。希望你们认真学习、悉心观摩，求真知、取真经，为今后的工作提供实实在在的帮助。

同志们！风正济时，自当扬帆破浪；任重道远，仍需策马扬鞭。让我们紧密团结在以习近平同志为核心的党中央周围，坚定信心，振奋精神，凝心聚力，锐意进取，在推进休闲农业和乡村旅游规范发展的新征程中，不忘初心，砥砺前行，以优异的成绩迎接党的十九大胜利召开！

在 2017 年中央财政农业生产发展资金项目农村一二三产业融合发展支出方向工作任务实施培训班上的讲话

农业部农产品加工局（乡镇企业局）
局长　宗锦耀
（2017 年 7 月 12 日）

同志们：

今天，我们在这里举办 2017 年中央财政农业生产发展资金项目农村一二三产业融合发展支出方向工作任务实施培训班，主要任务是部署 2017 年农村一二三产业融合发展支出方向工作任务实施工作。这次培训得到了农业部财务司的大力支持，农业部规划设计研究院农产品加工研究所为办好此次培训做了大量的准备工作，我代表农业部农产品加工局表示衷心感谢！下面，我就 2017 年农村一二三产业融合发展支出方向工作任务的实施讲四点意见。

一、充分认识推进农村一二三产业融合发展的重要意义

2015 年，中央农村工作会议对农村一二三产业融合发展作出了部署。同年，国务院办公厅印发了《关于推进农村一二三产业融合发展的指导意见》（国办发〔2015〕93 号）。这是农村一二三产业融合发展第一次正式出现在中央会议和文件中，是党的"三农"工作理念和思路的又一重大创新。深入推进农村一二三产业融合发展，积极开发农业多种功能，延长农业产业链条，提高农业附加值，对于增加农民收入、全面建成小康社会具有重要意义。

什么是农村一二三产业融合发展？简单地说就是，以农业农村为基础，通过要素、制度和技术创新，让农业不单是局限在种养业生产环节，还要前后延伸左右拓展，与加

工流通、休闲旅游和电子商务等有机整合、紧密相连、协同发展的方式方法。其特征是在产业边界和交叉处催生出新的业态和模式，重点是构建全产业链全价值链，关键点是融合之后产生的利润要比单纯每个产业之和要大，核心是让农民分享二三产业增值收益。

农村一二三产业融合发展是产业之间的高度融合，是有机交融，不是简单结合。农村一二三产业融合不是农业产业化的简单"翻版"，与农业产业化相比，其内涵更加丰富、功能更加多样、链条更加延伸、边界更加模糊、经营主体更加多元、业态创新更加活跃、利益联结程度更加紧密。农村一二三产业融合是农业现代化发展的必然趋向，是我国农业农村经济发展的高级形态和升级版。如今，工业4.0的概念已广为人知。实际上，我国农业和农村经济发展也存在从1.0版本到4.0版本的升级过程。农业农村经济1.0版本是主要依靠人力畜力的规模农业，2.0版本是主要依靠农业机械装备的工业化、产业化农业，3.0版本是主要依靠互联网和智能化技术的信息化农业，4.0版本是主要依靠农村一二三产业融合催生的诸多新产业新业态新模式农业。如果说农业产业化只是把产加销3个"鸡蛋"并列在一起的话，农村一二三产业融合发展则是把"鸡蛋"打碎重新炒出一盘新菜来。从近年来的发展实践看，推进农村一二三产业融合发展，使我国一些地区的农业农村经济发展已具有4.0版本的明显特征，并涌现出一批农村一二三产业融合发展的先进典型，展现出农业生产蒸蒸日上、农村各业兴旺发达、农民生活富足安康的繁荣景象，对于解决"三农"、促进经济社会发展产生了十分重大的意义：

一是建立现代农业产业体系、生产体系、经营体系的迫切要求。推进农村一二三产业融合发展，可以延伸农业产业链、价值链，构建产加销、贸工农一体化的现代农业产业体系，引领一产按照市场消费需求组织生产，增强产业体系竞争力；同时为一产注入现代生产要素，构建良种良法配套、农机农艺融合的现代农业生产体系，促进农业设施装备建设，助推农机服务、农资供应、农产品流通等农业生产性服务业发展；还可以促进农业的规模化、专业化、标准化和集约化，通过分工分业催生出农业的新型经营主体，构建适度规模经营和社会化服务的现代农业经营体系，化解小生产与大市场的矛盾。通过"三个体系"的构建，从而实现农业技术集成化、劳动过程机械化、生产经营信息化和质量环保法制化，不断提高土地产出率、资源利用率和劳动生产率。

二是增强农村经济发展新动能的重大举措。推进农村一二三产业融合发展，有利于吸引现代生产要素，构建产业跨界融合的产业体系，将传统产业改造成为现代产业；改变传统"衣食农业"的狭窄发展领域，通过不同产业之间的技术融合、功能融合和价值整合催生新的产业和新的增长极，从根本上确立"大农业"发展定位，把生产、加工、流通和消费联系起来，实现农业"接二连三、隔二连三"全产业链发展，获得更大的产业链增值空间。还可以推动新技术、新理念和新思路渗透到传统产业中，促进农业与工业、商业、旅游业、信息产业、养伤养老产业、文化产业、教育产业等嫁接融合，催生出农产品加工业、中央厨房、休闲农业、农村电商、康养农业、创意农业、亲子体验等大量的新产业新业态新模式，扭转农村单纯依靠拼资源、拼人力、拼投入的做法，扭转农村单纯依靠第一产业的做法，使农业农村的多功能性价值得到充分实现，提高了资源利用率、土地产出率和综合生产率，实现了可持续发展。

三是促进农民持续较快增收的重要支撑。当前，我国农业生产承受着成本"地板"不断抬升、价格"天花板"不断下压的双重挤压，农民单靠种植、养殖获利十分有限。通过农村一二三产业融合发展，可以创造出更多新型业态，产生更多增值的环节、增加就业岗位，实实在在开辟农民增收的新环节、新渠道和新途径，为农民增收创造新的增长点。并且，通过农村一二三产业的融合发展，可以推动农民专业合作社、龙头企业等新型农业经营主体与农户建立利益分享机制，让农户分享产业链、价值链延伸后的增值收益，实现农民持续增收，为我国全面建成小康社会打下坚实基础。

四是城乡发展一体化的必然选择。推进农村一二三产业融合，将拉长的产业链条细分出无限的环节和就业岗位、增收机会，将增值利润留给农民，将农村资源要素和人气留在农村，有利于增强农村发展新动能和新活力，建设社会主义新农村；有利于激活城乡闲置资源、闲暇时间和闲散劳力，同时吸引城市和工业资源要素向农村流动，促进城乡之间资金、人才、信息和产品双向合理流动和平等交换，提高乡村的生态、文化、经济、科技水平，将"工业反哺农业，城市带动农村、信息惠及农民"落到实处，把农村建设成美丽幸福的家园，增加乡村的吸引力，构建以工促农、工农互惠、以城带乡、城乡互动的新型工农城乡关系。农村产业融合发展有可能会催生我国农业农村发展的又一次历史性变革，这也许是继联产承包责任制、村民自治、乡镇企业、进城务工、休闲农业之后，中国农民的又一伟大创造，极有可能再次给农业农村发展注入新的强大动力，使农业农村真正成为大有作为的广阔天地。

二、深入理解中央涉农转移支付资金整合改革的要求

中央全面深化改革领导小组将"构建涉农资金整合统筹长效机制"确定为今年的一项重要改革任务，中央1号文件也明确提出："推进专项转移支付预算编制环节源头整合改革，探索实行'大专项＋任务清单'管理方式"。为贯彻落实中央1号文件要求，我部与财政部决定从2017年起，对两部共同管理的5个专项转移支付项目全面实行"大专项＋任务清单"管理方式。改革的总体方向是减少专项转移支付，提高一般性转移支付，总的目标是促进事权与财权相匹配，提高资金使用效益。改革后，允许各省级农业管理部门根据财政部和农业部下发的绩效考核指标，结合各省产业发展实际需求和工作重点，统筹协调、分配资金。此项改革增强了各省级农业管理部门对资金分配的自主权利，有利于中央涉农转移支付资金在省级的进一步优化整合，有利于激发地方内生动力，解决涉农资金使用分散、"供需错配"等问题，确保有限的资金投向最重要的方向、最关键的环节、最精准的对象。

根据中央财政涉农资金整合改革的要求，从2017年起，农产品产地初加工补助政策将纳入中央财政农业生产发展资金项目农村一二三产业融合发展支出方向，并覆盖全国所有省份。主要支持各地结合当地实际分别突出不同方向和重点，延伸农业产业链，提升价值链，拓展多功能性，发展休闲农业、农业文化产业，支持农业产业化，培育新产业、新业态、新模式，突出构建与农民的利益联结机制，整县制推进农村一二三产业融合发展；采取以奖代补的方式，重点支持种植大户、农民合作社、家庭农场等新型农业经营主体，集中连片建设一批贮藏、烘干、净化、分等分级等农产品产地初加工设施。

在农村一二三产业融合发展支出方向工作任务实施过程中，各省级农产品加工业、休闲农业管理部门要坚持基在农业、利在农民、惠在农村的基本原则，坚持因地制宜，分类指导，探索不同地区、不同产业融合模式。要坚持市场导向，发挥市场主体作用，通过市场机制发挥补贴政策对农村产业融合发展的引导作用。要坚持改革创新，打破要素瓶颈制约和体制机制障碍，激发融合发展活力。要坚持农业现代化与新型城镇化相衔接，与新农村建设协调推进，引导农村产业集聚发展。要坚持以促进农民持续增收为目标，以推进农业供给侧结构性改革、引导农业和粮食适度规模经营为着力点，探索发展多种类型农村产业融合方式、培育多元融合主体、建立多形式利益共享机制和实现机制，紧紧扭住全环节升级、全链条升值、全主体共享等关键，做强农民合作社和加工企业等经营主体，推进产业链、价值链、供应链等三链重构，推动粮食等主要农产品生产、贮藏、初加工、精深加工、综合利用、销售、餐饮、休闲旅游等一体化融合发展，建立现代农业产业体系、生产体系和经营体系，提高农业附加值，培育农村新业态，探索形成农民持续增收和精准扶贫、精准脱贫的新模式。

三、切实把握农村一二三产业融合发展支出方向工作任务实施要点

今年是中央涉农转移支付资金改革的第一年，也是农村一二三产业融合发展支出工作任务全面铺开的第一年。之前，我们有20个省、自治区、直辖市实施过农产品产地初加工补助政策，有14个省、自治区、直辖市实施过农村一二三产业融合发展项目，还有一些省份从未实施过相关政策或项目。因此，一定要更好地把握有关工作任务实施要点。

（一）要以农产品加工业为引领，正确把握推进农村一二三产业融合发展的方向途径。推进农村一二三产业融合发展，要以农产品加工业为引领，选择适合融合、与人民群众生活息息相关、在本地区有基础、有优势、成规模的重点产业，选择与生态文明结合、与文化旅游结合的亮点产业，选择新兴起的新模式、新业态，比如"互联网＋"的新增长点等，落实到具体的功能区、产业带和品种上来，通过重新排列组合和资产重组，整合各级对三次产业的投入，加快资产融合、

技术融合、要素融合、利益融合，加强部门配合和资金整合，实现一二三产业融合发展。重点要培育一批农民合作社、家庭农场和农产品加工业龙头企业，引导农民以资金、土地经营权、交售农产品入社或入股发展加工流通，同时协调好新型农业经营主体与普通农户的关系、不同类型新型农业经营主体的关系，更好地发挥新型农业经营主体的引领、示范和带动作用，带动更多的普通农户参与农村一二三产业融合发展，使其分享农村一二三产业融合发展的成果。

（二）要以改革创新为动力，构建完善农村一二三产业融合发展的长效机制。推进农村一二三产业融合发展，最为关键的是要有相应的组织载体和融合模式。要大力发展股份合作制组织形式，使劳动者的劳动与劳动者的资本有机结合；积极发展合作制组织形式，提倡服务成员、民主控制、自愿退出、利润返还，以利于农民特别是弱小农民收入的增加；鼓励发展股份制组织形式，发挥其适应市场、要素集中、权责明确、运营有效的作用。要积极探索各种融合模式，鼓励农民合作社等新型经营主体向初加工和流通延伸，探索发展农户＋合作社＋加工流通企业的模式；支持龙头企业向前延伸建设标准化原料基地，向后延伸建设物流配送和市场营销体系，探索发展公司＋基地＋合作社＋农户的模式，发展区域性一二三产业融合互动示范区。要推动以科技创新为核心的全面创新，树立"大食物、大农业、大资源、大生态"理念，全方位、多途径扩大食物来源，建立营养、安全、美味、方便、健康的多元化食物体系，保障国家食物安全、产业安全、生态安全、质量安全。

（三）要以完善扶持政策和服务体系为支撑，努力提高推进农村一二三产业融合发展的指导水平。要加强融合发展规划引领指导，结合优势农产品区域和现代农业布局规划，对主要农产品加工业和休闲农业进行科学合

理的布局。要突出重点，结合实际，有的放矢地推动财政、税收、金融、投资、保险、科技、用地、用电及中小微企业发展等扶持政策在农产品加工业和休闲农业上的有效落实；围绕农产品加工业和休闲农业发展和政策落实中的突出问题，积极开展政策创设。要整合和优化国内农产品加工产业资源，完善加工技术研发体系，组织开展重大技术装备难题攻关，深入开展科技与企业、设施装备与企业的对接，加快推进标准化体系建设。要培育一批担纲融合发展的企业家人才、经营管理人才、科技领军人才、创新团队、生产能手和技能人才，特别是培育跨产业、懂技术、善管理的复合型人才。要进一步加强全国性、地区性以及专业特色性行业服务组织建设与功能完善。

四、认真实施好 2017 年农村一二三产业融合发展支出方向工作任务

前面我已经就中央涉农转移支付资金改革要求和农村一二三产业融合发展支出方向工作任务实施要点进行了阐释和说明。下面，我将就 2017 年相关工作任务实施过程中的一些问题提出具体要求。

（一）关于加强沟通协调，争取更多资金支持的问题。中央涉农转移支付资金改革后，各省级农业管理部门在资金的使用上具有了更大的自主权，可在确保完成农财两部下达的工作任务清单和绩效考核指标的基础上，结合本省产业发展实际，统筹分配使用资金。所以各省农产品加工业、休闲农业管理部门要加强工作的汇报、协调，在本省资金总盘子内争取更多支持。

（二）关于加强顶层设计，做好项目实施方案的问题。改革后的农村一二三产业融合发展资金在使用过程中，相较改革前更具灵活性。为保证中央涉农资金高效、廉洁使用，各省级农产品加工业、休闲农业等管理部门应该根据本省产业需求和发展实际，做好项目的顶层设计，不断完善实施方案。同时，

在具体实施过程中，工作可能涉及你省（自治区、直辖市）1 至 3 个处室或单位。因此，各单位要在项目设计和实施方案的制定过程中，加强与相关单位的沟通、协调，多部门联动，促进本地区农村一二三产业协调发展。

（三）关于加强监督检查，强化项目绩效考核的问题。为了确保规范、廉洁地实施农村一二三产业融合发展支出工作任务，要坚持一手抓实施、一手抓监管，高效廉洁规范实施，加强监督检查，强化信息公开、绩效考核和廉政风险防控，保障资金安全。我局前期已搭建了项目绩效考核体系框架，起草了绩效考核办法初稿。昨天，我局召开了座谈会，针对项目绩效考核体系和考核办法，向各省（自治区、直辖市）农产品加工业和休闲农业处室负责人征求了意见。希望大家回去后认真研究，及时向我们提出改进意见。同时，各省（自治区、直辖市）也要构建本地区的项目绩效考核体系，有针对性地制定绩效考核办法，加强对市县项目实施情况的监督检查，确保项目公开、公正实施。

（四）关于组建专家队伍，构建技术支撑体系的问题。今年，农产品产地初加工补助政策不再统一制定初加工设施建设技术方案，各省可根据本省实际需求，建设贮藏、烘干、净化、分等分级等农产品产地初加工设施，以及果蔬加工中心、粮食烘储中心等农产品商品化处理中心。这就需要各省（自治区、直辖市）尽快组建省级农产品产地初加工设施建设和技术应用专家库，构建省、县两级技术支撑体系，出台本省农产品产地初加工设施建设技术方案和设施管理规范，加强人员培训，推动建立县级农产品产地初加工技术推广队伍，保证农产品产地初加工补助政策的实施。农业部规划设计研究院农产品加工研究所作为农产品产地初加工部级技术支撑单位，将一如既往地为大家提供各种技术指导和服务。

在今后两天的时间里，我局相关处室负

责人将为大家详细解读农村一二三产业融合发展支出方向工作任务的实施方式和绩效考核体系，相关专家将为大家讲解农产品产地初加工设施建设和技术应用知识。请各位学员认真学习并提出宝贵意见。同时，将学习内容带回去，及时向部门领导汇报，向具体实施人员和主体传达，确保2017年农村一二三产业融合发展支出方向工作任务规范、有序实施，保障中央涉农转移支付资金高效、廉洁使用。

谢谢大家！

在2017年中国美丽休闲乡村建设现场经验交流活动上的讲话

农业部农产品加工局（乡镇企业局）

副局长　马洪涛

（2017年12月5日）

各位代表、同志们：

在举国上下深入学习党的十九大精神，在农业系统各级干部全面畅谈深入实施乡村振兴战略之际，我们来到四川武胜举办中国美丽休闲乡村建设现场经验交流活动，意义重大。举办这次活动的目的，就是要深入实施乡村振兴战略，研究和部署休闲农业和乡村旅游发展，把十九大精神体现在工作上、落实到行动中。首先，我代表农业部农产品加工局向出席今天活动的各位领导和参会代表表示诚挚的欢迎，向新认定的150个中国美丽休闲乡村和29个中国重要农业文化遗产地代表表示热烈的祝贺！向长期以来关心支持休闲农业和乡村旅游发展的各部门、各单位尤其是今天活动现场直接给予指导的国土资源部、水利部、文化部、中国人民银行、国家林业局表示衷心的感谢！

这次活动之所以选择在武胜，是因为近几年武胜县发挥独特优势，休闲农业和乡村旅游发展取得了显著成效，让我们看到了"绿水青山就是金山银山"理念对农业农村实现创新绿色发展产生的巨大驱动力，其发展模式和机制探索，具有典型的示范作用，积累了好经验好做法。2014年，武胜县被农业部认定为"全国休闲农业和乡村旅游示范县"。刚才，吉林、海南两省以及获得中国重要农业文化遗产和中国美丽休闲乡村荣誉的8个不同类型代表很好地作了经验交流发言，讲得各具特色、亮点纷呈。下午我们还要对武胜县的5个点进行现场考察，相信大家会有更直观的感受。本次活动安排了交流学习和现场考察，希望给大家带来启发，回去后结合本地实际情况，更好地梳理2018年工作思路和工作举措，指导实践推动工作。利用这个机会，我跟大家交流三点意见。

一、全国休闲农业和乡村旅游蓬勃发展

休闲农业和乡村旅游贯穿农村一二三产业，融合生产、生活和生态功能，紧密连接农业生产、农产品加工业、农村服务业，是一种新型的产业形态和消费业态。今年以来，全国休闲农业和乡村旅游的供给结构更加优化，要素资源更加活跃，休闲农业和乡村旅游各类经营主体已达33万家，比上年增加了3万多家，营业收入近5 500亿元，整个产业呈现出"井喷式"增长态势。总的看，休闲农业和乡村旅游保持了快速健康有序的发展态势。主要体现为以下五点：

一是以政策为重点，引导带动力度增强。近年来，党中央、国务院和多部门联合制定出台一系列休闲农业和乡村旅游政策意见，尤其在2016年农业部会同国家发展改革委、财政部等14部门印发了《关于大力发展休闲农业的指导意见》，针对性很强、含金量很高。好的政策重在落实，2017年我们把工作重点放在推动落实上，今年又印发了《农业部办公厅关于推动落实休闲农业和乡村旅游

发展政策的通知》，并组织人员分赴广西、云南、新疆、江苏等地开展督导调研工作，了解各地休闲农业和乡村旅游系列政策的落实情况。通过督促检查、通报宣传等方式，推动各地将政策意见细化实化为具体举措，逐步形成中央政策引导、地方措施配套的政策体系。目前，四川、江苏、甘肃、海南等 20余个省份也相应出台了省级休闲农业政策落实意见，还有吉林、海南等省编制了专门的休闲农业发展规划。

二是以资金为突破，扶持力度不断提升。不断加大协调力度，积极引导政府和社会多方面资金注入休闲农业和乡村旅游的发展，今年首次将休闲农业和乡村旅游服务设施建设纳入农村一二三产业融合试点项目补助内容，积极搭建项目投资对接平台，有力引导提升产业发展质量、激励各方主体发展的积极性。从各省（自治区、直辖市）情况看，四川、湖北、辽宁、河北等省（自治区、直辖市）都建立了支持休闲农业和乡村旅游发展的专项资金，其中四川支持资金上亿元，为推动产业发展赢得了有力支持。

三是以品牌为核心，示范效应不断显现。品牌培育是农业部推动休闲农业和乡村旅游发展的重要举措，近几年重点打造了"3＋1＋X"品牌体系。其中，按照"政府指导、目标引导、农民主体、多方参与"的思路，今年继续开展了中国美丽休闲乡村推介工作，推介北京市平谷区黄草洼村等 150 个村为中国美丽休闲乡村，成为"3＋1＋X"品牌体系中的重要组成。按照"发掘中保护、在利用中传承"的思路，今年又认定了河北迁西板栗复合栽培系统等 29 项中国重要农业文化遗产，通过发掘认定工作，有效开发了其历史价值、文化和社会功能。近期，又认定了60 个全国休闲农业和乡村旅游示范县（市、区）。截至目前，全国休闲农业和乡村旅游示范县（市、区）共计 388 个、中国美丽休闲乡村共计 560 个、中国重要农业文化遗产共

计 91 项。同时，我们鼓励各地因地制宜开展形式多样的创建推介活动，培育地方品牌。海南省选择一批基础条件好、有特色、积极性较高的村庄、农场、农业生产基地率先建设共享农庄。北京市、江苏省打造了农业嘉年华活动。四川省、广东省等地培育了一批农业主题公园。通过品牌建设，在全国培育了一批生态环境优、产业优势大、发展势头好、示范带动能力强的发展典范。

四是以推介为手段，发展氛围日益浓厚。根据季节特点和节假日时点分布，围绕"春节到农家过大年""早春到乡村去踏青""初夏到农村品美食""仲秋到田间去采摘"4 个主题，多形式、多渠道、有步骤、有重点、分时段加大宣传力度，今年向社会推介了休闲农业和乡村旅游精品线路 670条，精品景点 2 160 个，满足了城镇居民的休闲消费要求。特别是今年 4 月，我们在浙江安吉举办了首届全国休闲农业和乡村旅游大会，韩长赋部长出席"中国美丽乡村休闲旅游行"启动仪式并讲话，强调要坚持以"农民"为中心的发展思想，要坚持以"农业"为基础的发展定位，要坚持以"绿色"为导向的发展方式，要坚持以"文化"为灵魂的发展特色，带动各地掀起了新一轮产业发展热潮。

五是以培训交流为契机，管理能力持续提升。2017 年，我们先后在重庆、陕西杨凌举办休闲农业和乡村旅游培训班、休闲农业和乡村旅游扶贫学习交流活动，重点培训了休闲农业和乡村旅游示范县负责人、贫困地区的村干部和合作社负责人。通过理论学习、参观考察和现场教学等形式，帮助贫困地区村干部换脑子、学点子、结对子、压担子、趟路子，达到理论与实践、扶智与扶志、资源与市场的有机结合。10 月，我们制定了《全国休闲农业和乡村旅游人才培训行动方案》，2018—2020 年将累计培训休闲农业和乡村旅游人才 15 万人次。

二、准确把握十九大报告提出的实施乡村振兴战略赋予休闲农业和乡村旅游发展的新使命

党的十九大作出中国特色社会主义进入新时代、我国社会主要矛盾已经发生变化的重大判断，鲜明提出实施乡村振兴战略，强调要坚持农业农村优先发展，加快实现农业农村现代化。这为我们做好休闲农业和乡村旅游工作指明了方向，明确了目标和任务。

一是人民美好生活向往对休闲农业提出了新期待。党的十九大报告指出，新时代我国社会主要矛盾是人民日益增长的美好生活需要和不平衡不充分的发展之间的矛盾。当前，从城镇居民来看，不仅要求农村提供充足、安全的物质产品，而且要求农村提供清洁的空气、洁净的水源、恬静的田园风光等生态产品，以及农耕文化、乡愁寄托等文化产品。从农村居民来看，不仅要求物质生活上的富足，也希望生活在好山、好水、好风光之中。无论是从城市居民还是农村居民的角度，都对休闲农业和乡村旅游工作有新的期待，这种期待有物质需求，也有文化需求，更有生态需求，是全面的、多元的。而目前，我国休闲农业和乡村旅游同样也存在发展不平衡不充分的问题，如业态多重复、布局不合理和区域不平衡、质量效益弱，水平提升慢等。

二是绿色发展对休闲农业提出了新理念。党的十九大报告进一步重申了创新、协调、绿色、开放、共享的发展理念，在建设美丽中国部分专门论述要推进绿色发展，要保护好绿水青山和清新清净的田园风光，保留住独特的乡土味道和乡村风貌。这些对休闲农业和乡村旅游的发展提出了新理念。

三是建设美丽中国对休闲农业提出了新目标。党的十九大明确提出，到 21 世纪中叶，把我国建成富强民主文明和谐美丽的社会主义现代化强国。在报告第九部分提到建设美丽中国。习近平总书记在 2013 年中央农村工作会议上曾提出：中国要强，农业必须强；中国要美，农村必须美；中国要富，农民必须富。富强中国、美丽中国都对休闲农业和乡村旅游工作提出了新目标。

四是乡村振兴战略对休闲农业提出了新要求。党的十九大报告首次提出实施乡村振兴战略，并提出要按照"产业兴旺、生态宜居、乡风文明、治理有效、生活富裕"的总要求，加快推进农业农村现代化。"产业兴旺"放在第一位，产业兴旺，就是形成产业多元化，以休闲农业、乡村旅游、农村电商等新产业新业态为引领，推动一二三产业融合发展。生态宜居，就是建设人与自然和谐共生的现代化农业农村，保护好绿水青山和清新清净的田园风光。乡风文明，农耕文化是中华传统文化的源头，就是挖掘保护中国重要农业文化遗产，弘扬中华优秀农耕文化。生活富裕，要求持续促进农民增收、促进农民消费升级。而休闲农业和乡村旅游正可以促进农民就地创业就业。

三、抓住机遇，大力推进休闲农业和乡村旅游提升发展

党的十九大为农业农村发展开启了新征程、续写了新篇章、明确了新方向。乡村振兴战略的提出，为广大"三农"干部开辟了施展才华的广大空间。面对新时代新矛盾新战略，我们要勇于担当新时代赋予的新使命，准确把握新时代提出的新要求，抓住历史发展机遇，以实施乡村振兴战略为总抓手、以新发展理念为引领、以深化农业供给侧结构性改革为主线，以改革创新为动力，以政策创设、质量提升、品牌打造和监管服务为着力点，促进休闲农业主体多元化、业态多样化、设施现代化、发展集聚化、服务规范化发展，大力推进休闲农业和乡村旅游发展。2018 年，我们将重点开展以下工作：

第一，加强政策研究，规划引领发展。

去年以来，党中央、国务院及多部门联合出台文件等一系列政策措施并得到较好贯彻，各省（自治区、直辖市）也纷纷出台立足实际的落实意见和发展规划，政策落实和规划引导是推动产业合理布局，明确发展方向的顶层保障。下一步，我们将继续做好 14 部委意见的督导，推动各级休闲农业管理部门加强协调沟通，层层推动落实、层层落实责任，将政策落实和工作推动纳入年度目标任务考核，进一步将政策细化，推动各项政策落地生根。同时我们将继续加强对产业发展政策的研究，适时出台推动休闲农业和乡村旅游可持续发展的政策意见。

第二，注重标准质量，强化规范管理。加大休闲农业和乡村旅游标准和规范的宣贯力度，指导各地分层次制定相关标准，逐步推进管理规范化和服务标准化。加强对已认定的全国休闲农业和乡村旅游示范县（市、区）、中国美丽休闲乡村等品牌的动态管理考核，研究设立考核标准和管理退出机制，打造一批县域、村域休闲农业和乡村旅游发展精品样板。选择试点省份进行动态监测分析，形成休闲农业和乡村旅游基础数据库，及时、准确、系统掌握行业发展情况，为产业发展提供科学决策，促进休闲农业和乡村旅游可持续发展。

第三，树立品牌意识，加强品牌培育。积极协调争取设立"中国农民丰收节"，谋划开展首届丰收节系列庆祝活动，形成上下联动、欢庆热烈的全国性节日氛围。以点带面、示范引领，继续开展中国美丽休闲乡村推介活动，打造一批天蓝、地绿、水净，安居、乐业、增收的美丽休闲乡村（镇），培育消费新增长点。继续开展休闲农业和乡村旅游精品景点线路推介，吸引城乡居民到乡村休闲消费。鼓励各地因地制宜开展农业主题公园、农业嘉年华、共享农庄、休闲农业特色小镇等形式多样的创建推介活动，培育地方特色品牌。

第四，挖掘文化功能，推进农耕文化保护传承。按照"在发掘中保护、在利用中传承"的思路，实施农耕文化保护传承工程。部署开展第五批中国重要农业文化遗产发掘认定工作。加强对已认定的 91 项中国重要农业文化遗产进行动态监督管理，举办中国重要农业文化遗产主题展览。编辑出版第四批中国重要农业文化遗产的系列丛书，加强中华农耕文明的宣传宣教，提高地方政府及社会各界对农业文化遗产保护工作的认识。

休闲农业和乡村旅游是贯彻落实党的十九大精神，推进实施乡村振兴战略的重要途径，是发展现代农业、增加农民收入、建设美丽乡村的重要举措，是促进城乡居民消费升级、发展新经济、培育新动能的必然选择。做好新时代休闲农业工作责任重大、使命光荣、任务艰巨。希望全国各级休闲农业管理部门，以本次活动为契机，围绕美丽宜居乡村、健康乡村和美丽中国、健康中国建设，不断增强使命感、责任感和紧迫感，加强组织领导、强化协调配合、完善政策措施、强化公共服务、加大工作力度，按照懂农业、爱农村、爱农民的要求加强队伍建设，努力推进我国休闲农业和乡村旅游持续健康发展，为实现人民对美好生活的向往，建设富强、民主、文明、和谐、美丽的社会主义现代化强国，实现中华民族伟大复兴中国梦作出新的更大的贡献。

在 2017 全国休闲农业和乡村旅游推介对接活动上的讲话

农业部农产品加工局（乡镇企业局）
副局长　马洪涛
（2017 年 4 月 12 日）

今年中央 1 号文件提出，要大力发展乡村休闲旅游产业，多渠道筹集建设资金，大力改善休闲农业和乡村旅游的公共服务设施条件，打造各类主题乡村旅游目的地和精品线路。今天，我们在这里举办 2017 全国休闲农业和乡村旅游推介对接活动，搭建供需双方洽谈平台。这是农业部拓宽融资渠道、宣介精品线路、创新营销方式的重要举措，对于推动休闲农业和乡村旅游产业持续健康发展具有重大作用。在此，我代表农业部农产品加工局，向参加本次活动的各方代表表示热烈的欢迎。

休闲农业和乡村旅游作为现代农业的新型产业形态、现代旅游的新型消费业态，近几年发展势头迅猛，呈现出产业规模日渐扩大、发展内涵不断提升、类型模式逐步丰富、综合效益同步提高的良好态势，成为农业农村经济的新增长点，成为社会各界投资合作的热点。搭建休闲农业和乡村旅游领域合作洽谈平台，发挥市场配置资源的决定性作用，引导社会资本和相关机构参与休闲农业和乡村旅游发展，让人才、技术、资金和平台等要素回流乡村、跨界合作，带动经营主体改善基础设施、挖掘特色资源、创新销售模式，有利于推动休闲农业和乡村旅游提档升级，有利于提升产业的知名度和影响力，有利于满足城乡居民对绿色优质农产品的需求。

我们按照"政府搭建平台、平台聚集资源、资源服务产业"的思路，搭建了合作平台，聚集了优质资源。今天我们在这里举行推介对接活动，希望各方积极沟通、热诚交流、优势互补、共商合作。一要善于结交合作对象。参加此次推介对接活动的，既有各地农业管理部门的同志和部分经营主体，还有国投创益产业基金、中国农业发展银行等众多投资主体，携程、同程等专业旅游网站和阿里巴巴、赶街网等电商企业。希望大家怀着做大做强休闲农业和乡村旅游产业的情怀，抱着求同存异、合作共赢的心态，围绕推出的推荐项目册、精品景点册和特色产品册，主动对接合作对象，积极交流合作项目，深入洽谈合作细节，科学分析项目前景，为

后续合作奠定基础。二要勇于创新合作方式。在资本对接方面，投资方要积极探索投资合作新模式，有效解决融资抵押难、担保难等问题。在景点对接方面，旅行社要适应旅游消费向休闲消费转变、自驾休闲增多的新趋势，创新与经营主体的合作方式和利益分享机制，形成景点、游客、旅行社三方受益的格局。在产品对接方面，电商企业要拓展物流渠道，创新物流模式，力争将优质安全、营养健康的农产品销售到消费者的餐桌上。三要敢于承担社会责任。各投资机构、旅行社和电商企业在参与休闲农业和乡村旅游产业发展，获取经济效益的同时，要利用自身的资金、市场和营销优势，积极探索建立农民参与、互惠共赢的机制，为产业发展注入新活力和新元素，帮助有潜力的项目景点做大做好，肩负起助推农业强、农村美、农民富的社会责任。

同志们，朋友们，引导多方主体进入休闲农业和乡村旅游领域，对于提升行业发展水平意义重大。搭建一个永不落幕的对接平台，是产业发展的要求。我们一定要加强组织领导，强化公共服务，构建长效机制。一要切实加强组织领导。各级农业行政管理部门要把推介对接作为推动产业发展的重要举措，纳入年度工作计划，落实专人负责。要引导各经营主体加大规划设计，形成一批推介对接的项目库。要多形式、多渠道组织开展本区域内的推介对接活动。二要营造良好发展环境。要按照中央 1 号文件和 14 部委《关于大力发展休闲农业的指导意见》要求，在用地政策、财税支持、公共服务等方面加大政策创设力度，为产业发展提供政策保障。三要加强宣传推介。要及时总结各地推介对接的好经验、好做法，并通过多种途径加大宣传，为探索合作模式，构建长效机制，推动休闲农业和乡村旅游提档升级发展营造良好氛围。

法律法规与规范性文件

农业部关于公布第四批中国重要农业文化遗产名单的通知

农业部等十二部门关于促进农村创业创新园区（基地）建设的指导意见

农业部关于公布2017年全国休闲农业和乡村旅游示范县（市、区）的通知

国土资源部　国家发展改革委关于深入推进农业供给侧结构性改革做好农村产业融合发展用地保障的通知

农业部办公厅关于开展中国美丽休闲乡村推介工作的通知

农业部办公厅关于开展全国休闲农业和乡村旅游示范县（市、区）创建工作的通知

农业部办公厅　中国农业发展银行办公室关于政策性金融支持农村一二三产业融合发展的通知

农业部办公厅关于推动落实休闲农业和乡村旅游发展政策的通知

农业部办公厅关于支持创建农村一二三产业融合发展先导区的意见

农业部办公厅关于公布2017年中国美丽休闲乡村推介结果的通知

农业部办公厅关于印发全国农产品加工业人才培训等三个行动方案的通知

农业部办公厅 中国农业发展银行办公室关于政策性金融支持农村创业创新的通知

农业部办公厅关于推介休闲观光牧场的通知

农业部办公厅关于公布2017年休闲渔业品牌创建主体认定名单的通知

北京市农村工作委员会等13部门关于加快休闲农业和乡村旅游发展的意见

内蒙古自治区农牧业厅关于印发《内蒙古自治区休闲农牧业发展"十三五"规划》的通知

安徽省人民政府办公厅关于支持利用空闲农房发展乡村旅游的意见

山东省人民政府办公厅关于印发山东省乡村旅游提档升级工作方案的通知

广西壮族自治区农业厅等16部门关于加快发展休闲农业的指导意见

甘肃省农牧厅等16部门关于大力发展休闲农业的实施意见

新疆生产建设兵团关于印发《新疆生产建设兵团推进农牧团场一二三产业融合发展的实施意见》的通知

农业部关于公布第四批中国重要农业文化遗产名单的通知

农加发〔2017〕2号

各省、自治区、直辖市及计划单列市农业（农牧、农村经济）厅（局、委），新疆生产建设兵团农业局：

为贯彻落实党的十八大提出"建设优秀文化传承体系，弘扬中华优秀传统文化"决策部署，我部组织开展了中国重要农业文化遗产发掘工作。依据《中国重要农业文化遗产认定标准》和《重要农业文化遗产管理办法》，在省级农业主管部门初审推荐基础上，经农业部中国重要农业文化遗产专家委员会评审，并在中国农业信息网公示，认定河北迁西板栗复合栽培系统等29个传统农业系统为第四批中国重要农业文化遗产（详见附件），现予以公布。

中国重要农业文化遗产所在地省级农业管理部门要加强工作指导，加大宣传推介，做好动态管理，持续推进中国重要农业文化遗产保护工作。中国重要农业文化遗产所在地要以此为契机，按照制定的保护规划和管理措施，进一步做好中国重要农业文化遗产的发掘保护和传承利用，努力实现遗产地文化、生态、经济、社会全面协调可持续发展，为促进农业可持续发展、带动遗产地农民就业增收、传承农耕文明、建设美丽中国作出积极贡献。

附件：第四批中国重要农业文化遗产名单

农业部
2017年6月28日

附件

第四批中国重要农业文化遗产名单

河北迁西板栗复合栽培系统

河北兴隆传统山楂栽培系统
山西稷山板枣生产系统
内蒙古伊金霍洛农牧生产系统
吉林柳河山葡萄栽培系统
吉林九台五官屯贡米栽培系统
江苏高邮湖泊湿地农业系统
江苏无锡阳山水蜜桃栽培系统
浙江德清淡水珍珠传统养殖与利用系统
安徽铜陵白姜种植系统
安徽黄山太平猴魁茶文化系统
福建福鼎白茶文化系统
江西南丰蜜橘栽培系统
江西广昌莲作文化系统
山东章丘大葱栽培系统
河南新安传统樱桃种植系统
湖南新田三味辣椒种植系统
湖南花垣子腊贡米复合种养系统
广西恭城月柿栽培系统
海南海口羊山荔枝种植系统
海南琼中山兰稻作文化系统
重庆石柱黄连生产系统
四川盐亭嫘祖蚕桑生产系统
四川名山蒙顶山茶文化系统
云南腾冲槟榔江水牛养殖系统
陕西凤县大红袍花椒栽培系统
陕西蓝田大杏种植系统
宁夏盐池滩羊养殖系统
新疆伊犁察布查尔布哈农业系统

农业部等十二部门关于促进农村创业创新园区（基地）建设的指导意见

农加发〔2017〕3号

各省、自治区、直辖市及计划单列市、新疆生产建设兵团农业（农牧、农村经济、农垦、渔业）厅（局、委）、发展改革委、教育厅（局）、科技厅（局、委）、民政厅（局）、人力资源和社会保障厅（局）、国土资源厅

（局）、人民银行、工商局（市场监督管理部门）、统计局、团委、妇联：

为深入贯彻落实中央1号文件和《国务院办公厅关于支持返乡下乡人员创业创新促进农村一二三产业融合发展的意见》（国办发〔2016〕84号）有关精神，加快建设一批具有区域特色的农村创业创新园区（基地），更好地为广大返乡下乡创业创新人员提供场所和服务，全面助推农村创业创新，现就推进农村创业创新园区（基地）建设提出如下意见。

一、重要意义

农村创业创新园区（基地）是依托各类涉农园区（基地），通过政策集成、资源集聚和服务集中，融合原料生产、加工流通、休闲旅游、电子商务等产业，集成见习、实习、实训、咨询、孵化等服务为一体，具有功能定位准确、管理规范、示范带动能力强等特点的农村创业创新服务平台，是支持返乡下乡人员到农村创业创新的重要载体。加快农村创业创新园区（基地）建设，有利于整合市场准入、金融服务、财政支持、用地用电、创业培训、社会保障、信息技术等政策措施，有利于聚集土地、资金、科技、人才、信息等资源要素，有利于开展见习、实习、实训、创意、演练等实际操作，形成统一的政策服务窗口、便捷的信息服务平台和创业创新孵化高地，吸引更多有一定资金技术积累、较强市场意识和丰富经营管理经验的返乡下乡人员到园区（基地）开展生产经营活动。建设好农村创业创新园区（基地），推动形成以创新促创业、以创业促就业、以就业促增收的良性互动格局，为现代农业发展注入新要素，为增加农民收入开辟新渠道，为社会主义新农村建设注入新动能具有重要意义。

二、总体要求

（一）指导思想。牢固树立并切实贯彻新发展理念，紧紧围绕推进农业供给侧结构性改革主线，按照政府搭建平台、平台聚集资源、资源服务创业的思路，加快建设一批区域特色明显、基础设施完备、政策措施配套、科技创新条件完善、服务能力较强的农村创业创新园区（基地），为返乡下乡创业创新提供全方位支持和服务，提升返乡下乡人员创业创新能力水平，为农业农村经济发展提供新动能、新支撑。

（二）基本原则。坚持以农为本，重点发展农业生产和生产性服务业、农产品加工流通、休闲旅游、电子商务等涉农产业，支持产业融合发展、循环发展；坚持规划引领，重点发展与区域主导产业、发展规划相匹配的优势产业，发挥聚集效应，避免分散化、碎片化；坚持市场化经营，按照市场规律办事，充分发挥市场配置资源的决定性作用，充分调动市场和创业创新主体的积极性；坚持服务优先，重点加强基础设施、信息网络、政策咨询、生产经营和创业创新等各类服务能力建设，不断提高服务质量和效率。

（三）目标要求。到2020年，在全国建设一大批标准高、服务优、示范带动作用强的农村创业创新园区（基地），为返乡下乡人员创业创新提供可选择的场所和高效便捷的服务，实现国家政策、各类资源和相关要素的集成整合，推动农村创业创新更快更好发展。

三、重点任务

（一）完善服务功能。支持农村创业创新园区（基地）积极筹措资金，加强水、电、路、气、网、消防、通讯、绿化、物流等基础设施建设。加快搭建公共服务、电子商务等平台，开展政策解读、信息咨询、创业辅导等服务。不断创新体制机制，建立市场主导、政府引导、企业运作、主体参与的运行方式，形成充满活力的制度模式。有针对性地开展返乡创业培训五年行动计划、新型职业农民培育工程、农村实用人才带头人示范培训、农村青年创业致富"领头雁"计划、贫困村创业致富带头人培训工程、农村创业致富女带头人等培训项目，提升创业创新能力。

（二）营造政策环境。引导农村创业创新园区（基地）对接国家政策，及时梳理政策信息，形成政策明白纸，帮助经营主体了解政策和获取政策支持，推动政策落地见效。方便企业等经营主体入园登记注册，营造便利化、法制化的营商环境。组织开展银企对接、银团合作、投资对接等活动，引导各类金融机构加大对园区（基地）经营主体的金融支持。

（三）促进资源集聚。支持农村创业创新园区（基地）参与农村一二三产业融合发展、农业生产全程社会化服务、农产品加工、农业农村信息化等涉农项目建设，积极为园区（基地）经营主体争取资金支持。加强与高等院校、科研单位、行业协会、产业联盟等机构联系，形成科技、人才的汇集高地。支持园区（基地）建设星创天地，组织经营主体积极参加全国大众创业万众创新活动周、全国农村创业创新项目创意大赛、"创青春"中国青年创新创业大赛等赛事活动，支持社会力量举办创业沙龙、创业大讲堂、创业训练营等创业辅导活动。

（四）推动产城融合。引导农村创业创新园区（基地）与国家粮食生产功能区、重要农产品生产保护区、特色农产品优势区、现代农业示范区和现代农业产业园对接，形成功能和优势互补、产业和利益紧密联结的发展模式，积极推动新产业新业态发展。支持引导返乡下乡人员按照全产业链、价值链的现代产业组织方式开展创业创新，培育农村创业创新示范样板。按照土地利用、主导产业发展等规划要求，树立环境绿色、生态友好的好形象，打造

产品优质、安全可靠的好品牌，提高园区（基地）产品的市场占有率，形成区域经济发展新的增长极。

四、保障措施

（一）健全工作机制。各有关部门要充分认识促进农村创业创新园区（基地）建设的重要意义，将其作为推动经济社会发展的重要任务来抓，转变观念、深化认识、精心组织、统筹安排，切实抓好园区（基地）建设各项工作。要在当地党委、政府的统一领导下，明确推进机构，加强工作指导，建立协调机制，形成支持农村创业创新园区（基地）建设的工作合力。

（二）加强政策落实。要强化政策督导，督促支持返乡下乡创业创新政策在园区（基地）落地生根。要结合本地实际，加强调查研究，采取更有针对性的政策措施，努力解决园区（基地）缺人才、缺技术、缺市场等突出问题，着力缓解经营主体的融资难等难题。进一步加大沟通协调力度，推动出台具体的实施办法和工作方案，细化实化配套政策措施，促进政策落地见效。

（三）加强示范带动。要适时推出一批全国农村创业创新示范园区（基地）样板，形成以点带面的良好态势。加强与国家大众创业万众创新示范基地的交流合作，建立共享共赢机制，更好地发挥典型示范带动作用。

（四）加强宣传推介。要充分利用各类新闻媒体，全方位、多角度对园区（基地）进行宣传报道，不断将园区（基地）的优惠政策、基础设施条件和公共服务能力等信息传递给广大创业创新人员，积极营造良好的发展氛围，加快推动农村创业创新蔚然成风。

农业部
国家发展改革委

教育部
科技部
民政部
人力资源和社会保障部
国土资源部
中国人民银行
工商总局
国家统计局
共青团中央
中华全国妇女联合会
2017 年 9 月 8 日

农业部关于公布 2017 年全国休闲农业和乡村旅游示范县（市、区）的通知

农加发〔2017〕5 号

为深入贯彻落实党中央、国务院部署要求和中央 1 号文件精神，培育品牌、树立典型，充分发挥示范带动作用，总结各地休闲农业和乡村旅游发展经验，2017 年，我部开展了全国休闲农业和乡村旅游示范县（市、区）创建工作。经各地申报、省级农业主管部门审核、专家评审和网上公示，决定认定河北省邢台县等 60 个县（市、区）为全国休闲农业和乡村旅游示范县（市、区），现予以公布。

休闲农业和乡村旅游是现代农业和现代旅游业的新业态，是推动农村经济发展的新动能。发展休闲农业和乡村旅游对于推动农业供给侧结构性改革，培育新型农业经营主体，推进农村一二三产业融合发展，促进农业增效、农民增收、农村增绿，满足人民日益增长的美好生活需要，都具有十分重大的意义和作用。希望获得认定的示范县（市、区）认真贯彻党的十九大精神，实施乡村振兴战略，加强规划指导，强化示范带动，推进休闲农业和乡村旅游主体多元化、业态多样化、设施现代化、发展集聚化和服务规范化，不断提升中高端乡村休闲旅游产品供给能力，为决胜全面建成小康社会，建设美丽宜居乡村、健康村镇和美丽中国、健康中国作出新的更大贡献。

附件：全国休闲农业和乡村旅游示范县（市、区）名单

农业部
2017 年 11 月 23 日

附件

全国休闲农业和乡村旅游示范县（市、区）名单

河北省邢台县、承德市兴承（兴隆县、承德县）休闲农业和乡村旅游示范区
山西省长治市、芮城县
内蒙古自治区伊金霍洛旗
辽宁省东港市、营口市鲅鱼圈区
吉林省通化县、汪清县
黑龙江省海林市、五常市
江苏省徐州市贾汪区、宿迁市宿豫区、东台市
浙江省永嘉县、衢州市柯城区、丽水市莲都区
安徽省休宁县、潜山县
福建省寿宁县、尤溪县、福清市
江西省永修县、南丰县、崇义县
山东省五莲县、诸城市
河南省博爱县、卢氏县
湖北省武汉市东西湖区、大冶市
湖南省古丈县、平江县
广东省广州市增城区、珠海市斗门区
广西壮族自治区马山县、北流市、田东县
重庆市涪陵区、綦江区
四川省德阳市罗江区、高县、遂宁市船山区
贵州省贵定县
云南省建水县、丽江市古城区
西藏自治区八宿县

陕西省石泉县、华阴市、太白县
甘肃省天水市秦州区、武威市凉州区
青海省湟源县
宁夏回族自治区隆德县、中卫市沙坡头区
新疆维吾尔自治区沙湾县
大连市长海县
青岛市即墨区
宁波市北仑区
新疆生产建设兵团第一师 7 团

国土资源部　国家发展改革委关于深入推进农业供给侧结构性改革做好农村产业融合发展用地保障的通知

国土资规〔2017〕12 号

各省、自治区、直辖市和新疆生产建设兵团国土资源主管部门、发展改革委，各派驻地方的国家土地督察局：

党的十九大作出实施乡村振兴战略的决策部署，是新时期做好"三农"工作的重要遵循。各级国土资源、发展改革部门要积极行动起来，主动作为，综合施策，坚持农业农村优先发展的原则，落实最严格的耕地保护制度和节约用地制度，完善农村土地用途管制，加快推进农业农村现代化。为全面贯彻落实党的十九大和中央有关要求，深入推进农业供给侧结构性改革，做好农村一二三产业融合发展的用地保障，现就有关事项通知如下：

一、发挥土地利用总体规划的引领作用。各地区在编制和实施土地利用总体规划中，要适应现代农业和农村产业融合发展需要，优先安排农村基础设施和公共服务用地，乡（镇）土地利用总体规划可以预留少量（不超过 5%）规划建设用地指标，用于零星分散的单独选址农业设施、乡村旅游设施等建设。做好农业产业园、科技园、创业园用地安排，在确保农地农用的前提下，引导农村二三产业向县城、重点乡镇及产业园区等集中集聚，合理保障农业产业园区建设用地需求，严防变相搞房地产开发。省级国土资源主管部门制定用地控制标准，加强实施监管。

二、因地制宜编制村土地利用规划。在不占用永久基本农田、不突破建设用地规模、不破坏生态环境和人文风貌的前提下，统筹农业农村各项土地利用活动，优化耕地保护、村庄建设、产业发展、生态保护等用地布局，细化土地用途管制规则，加大土地利用综合整治力度，引导农田集中连片、建设用地集约紧凑，推进农业农村绿色发展。

三、加强建设用地计划指标支持。安排一定比例年度土地利用计划，专项支持农村新产业新业态和产业融合发展。对利用存量建设用地进行农产品加工、农产品冷链、物流仓储、产地批发市场等项目建设或用于小微创业园、休闲农业、乡村旅游、农村电商等农村二三产业的市、县，可给予新增建设用地计划指标奖励。

四、规范设施农用地类型。对于农业生产过程中所需各类生产设施和附属设施用地，以及由于农业规模经营必须兴建的配套设施，包括蔬菜种植、烟草种植和茶园、橡胶园等农作物种植园的看护类管理房用地（单层、占地小于 15 平方米），临时性烤烟、炒茶、果蔬预冷、葡萄晾干等农产品晾晒、临时存储、分拣包装等初加工设施用地（原则上占地不得超过 400 平方米），在不占用永久基本农田的前提下，纳入设施农用地管理，实行县级备案。

五、改进设施农用地监督管理。省级国土资源主管部门明确不同类型设施农用地的规划安排、选址要求、使用周期，以及结束使用后恢复原状的保障措施。县级国土资源主管部门设立标示牌，标明设施农用地用途、面积、责任人和备案序号，接受公众监督。设施农用地的管理信息纳入国土资源综合信息监管平台,加强土地执法监察和土地督察,防止擅自将设施农用地"非农化"。

六、鼓励土地复合利用。围绕农业增效和农民增收,因地制宜保护耕地,允许在不破坏耕作层的前提下,对农业生产结构进行优化调整,仍按耕地管理。鼓励农业生产和村庄建设等用地复合利用,发展休闲农业、乡村旅游、农业教育、农业科普、农事体验等产业,拓展土地使用功能,提高土地节约集约利用水平。在充分保障农民宅基地用益物权、防止外部资本侵占控制的前提下,探索农村集体经济组织以出租、合作等方式盘活利用空闲农房及宅基地,按照规划要求和用地标准,改造建设民宿民俗、创意办公、休闲农业、乡村旅游等农业农村体验活动场所。

七、夯实基础工作。开展耕地质量等别调查评价与监测工作,定期更新耕地等农用地土地等别数据库,稳步推进农用地基准地价制定和发布工作,为农户土地入股或流转提供参考依据。加快"房地一体"的农村宅基地和集体建设用地确权登记颁证工作,为农村新产业新业态发展提供产权保障和融资条件。

八、强化部门协同配合。各级国土资源主管部门要加强与发展改革、农业、城乡规划、建设、环境保护、林业、旅游、消防等相关部门的协同联动,共同开展本地区农村产业融合发展用地现状和需求的调查分析,确定各业各类用地标准和用地保障方式,健全政策体系,联合执法监管,做好风险防控,合力推动新时期农业农村发展。

本文件自下发之日起执行,有效期五年。

国土资源部
国家发展改革委
2017 年 12 月 7 日

农业部办公厅关于开展中国美丽休闲乡村推介工作的通知

农办加〔2017〕10 号

各省、自治区、直辖市及计划单列市农业(农牧、农村经济)厅(局、委),新疆生产建设兵团农业局:

为深入贯彻党中央国务院部署要求和中央 1 号文件精神,总结各地休闲农业发展和美丽乡村建设经验,树立一批可学习可借鉴的典型,深入推动乡村休闲旅游产业发展,培育农业农村经济发展新动能,农业部决定继续开展中国美丽休闲乡村推介工作。现就有关事项通知如下。

一、目标要求

牢固树立并切实贯彻创新、协调、绿色、开放、共享的新发展理念,按照"政府指导、农民主体、多方参与、共建共享"的原则,以建设美丽宜居乡村为目标,以推进生态文明、实现人与自然和谐发展为核心,以传承农耕文明、展示民俗文化、保护传统民居、建设美丽田园、发展休闲农业为重点,加强组织领导,完善政策措施,加大公共服务,带动农民创建,实行动态管理,打造一批天蓝、地绿、水净,安居、乐业、增收的美丽休闲乡村,积极推动农业供给侧结构性改革,培育经济发展新动能,促进新型城镇化和城乡一体化发展,推进社会主义新农村和美丽中国建设。

二、基本条件

中国美丽休闲乡村推介活动以村为主体单位,包括历史古村、特色民居村、现代新村、特色民俗村等类型,集中连片发展较好的、以休闲农业和乡村旅游为主要产业的特色小镇也可推荐申报。参加推介的村应以农业为基础、农民为主体、乡村为单元，依托悠久的村落建筑、独特的民居风貌、厚重的农耕文明、浓郁的乡村文化、多彩的民俗风情、良好的生态资源，因地制宜发展休闲农业和乡村旅游，功能特色突出，文化内涵丰富，品牌知名度高，农民利益联结机制完善，具有较强的示范辐射和带动作用。被我部认定过中国最有魅力休闲乡村和中国最美休闲乡村的村不纳入此次推介范围。具体条件为：

（一）优美的生态环境。能够贯彻落实中央保护环境的要求，制定具体有效的环境保护措施，自觉推动绿色发展、循环发展和低碳发展，形成山水林田湖有机生命综合体以及资源节约型空间格局、产业结构、生产方式和生活方式。

（二）多元的产业功能。农业功能得到充分拓展，农耕文明、田园风貌、民俗文化得到传承，农业生产功能与休闲功能有机结合，一二三产业有机融合，休闲农业发展充分，就地吸纳农民创业就业容量大，带动农民增收能力强。

（三）独特的村容景致。乡土民俗文化内涵丰富，村落民居原生状态保持完整，基础设施功能齐全，乡村各要素统一协调，传统文化与现代文明交相辉映，浑然一体，村容景致令人流连忘返。

（四）良好的精神风貌。基层组织健全，管理民主，社会和谐；村民尊老爱幼，邻里相互关爱，村民生活怡然自得；民风淳朴，热情好客，诚实守信。

三、推荐程序

申报推介的组织工作由各省、自治区、直辖市及计划单列市、新疆生产建设兵团农业主管部门负责。此次推介为政府公益工作，不收取任何费用。

（一）乡村申报。各村在对照推介条件进行自我评估的基础上，填写《中国美丽休闲乡村申报表》，向县级农业主管部门提出申请，并附本村综合情况材料。

（二）县级审核。县级农业主管部门负责对本县的申报乡村进行审核，符合条件的向省级农业主管部门推荐，并登录中国休闲农业网（www.crr.gov.cn）填写相关材料的电子申报文档。

（三）省级推荐。省级农业主管部门初审后择优申报。每省（自治区、直辖市）最多申报 6 个村，计划单列市和新疆生产建设兵团最多申报 3 个村。请省级农业主管部门将确定推荐的村排好序，经盖章后，正式报送纸质推荐文件。同时登录中国休闲农业网（www.crr.gov.cn）将拟申报的村进行提交（注：各县和各省确定的村的申报材料只通过网络提交，不需报纸质材料）。

（四）申报时间。2017 年度的申报截止时间为 2017 年 7 月 30 日。

四、认定管理

（一）专家审核。我部把各地的申报材料提交休闲农业专家委员会进行审核，筛选出一批中国美丽休闲乡村。

（二）网上公示。经我部审定后，对拟认定的中国美丽休闲乡村在中国农业信息网和中国休闲农业网上进行公示。

（三）正式认定。网上公示无异议的村，由我部认定为中国美丽休闲乡村并授牌。

（四）动态管理。农业部对认定的中国美丽休闲乡村加强考核、实行动态管理，违反国家法律法规、侵害消费者权益、危害农民利益、发生重大安全事故，不按时整改的，取消资格。

五、组织实施

（一）加强组织领导。各级农业主管部门要精心组织安排，创新遴选机制，注重遴选过程，按照标准从优筛选，从严控制申报数量，确保推荐的村具有示范带动作用。由于此次申报采取电子文档形式，请各级农业部门做好工作部署安排。

（二）强化政策扶持。各地要以推介工作为契机，进一步增强服务意识，完善服务体系，拓展服务领域，与中国传统村落保护和美丽宜居乡村建设等项目有机结合，加大政府投入和扶持力度，促进美丽宜居乡村建设。

（三）搞好宣传推介。各地要加大宣传力度，让中国美丽休闲乡村推介成为农民的内在需求和自觉行动。通过推介活动，树立一批典型，打造一批品牌，富裕一方农民，营造美丽乡村和美丽中国建设的良好氛围。

附件：2017 年中国美丽休闲乡村申报表

农业部办公厅

2017 年 4 月 28 日

附件（略）

农业部办公厅关于开展全国休闲农业和乡村旅游示范县（市、区）创建工作的通知

农办加〔2017〕11 号

各省、自治区、直辖市及计划单列市农业（农牧、农村经济）厅（局、委），新疆生产建设兵团农业局：

发展休闲农业和乡村旅游对于拓展农业多种功能，加快转变农业发展方式，弘扬中华传统农耕文明，推动农业供给侧结构性改革，促进农村一二三产业融合发展，带动农民就业增收和精准脱贫，建设美丽宜居乡村和美丽中国具有重要作用。为深入贯彻落实中央 1 号文件精神，推动发展乡村休闲旅游产业，农业部决定 2017 年继续开展全国休闲农业和乡村旅游示范县（市、区）创建工作，通过培育品牌、树立典型，充分发挥示范和带动作用，不断满足城乡居民消费升级需求，发展农村新产业新业态新模式，培育经济发展新动能。现将有关事项通知如下。

一、目标要求

牢固树立并切实贯彻创新、协调、绿色、开放、共享的发展理念，以促进农民就业增收、满足居民休闲消费需求、建设美丽宜居乡村为目标，以规范提升休闲农业和乡村旅游发展为重点，通过示范创建活动，进一步探索休闲农业和乡村旅游发展规律，理清发展思路，明确发展目标，创新体制机制，完善标准体系，优化发展环境，加快培育一批生态环境优、产业优势大、发展势头好、示范带动能力强的全国休闲农业和乡村旅游示范县（市、区），形成"统筹谋划、系统部署、上下联动、示范引领"的品牌创建格局，为城乡居民提供望山看水忆乡愁的休闲旅游好去处。

二、基本原则

开展示范创建活动，应坚持以下原则：

——坚持示范创建与示范带动相结合。通过示范引领，总结发展规律，探索发展模式，明确发展思路。既要抓好示范创建，树立典型，培育品牌，又要及时总结经验，形成推动产业发展的新思路新措施，达到以点促线带面的效果。

——坚持政府引导与社会参与相结合。充分发挥政府在政策扶持、规范管理、公共服务、营造环境等方面的重要作用，充分发挥市场配置资源的决定性作用，调动社会力量和行业协会的积极性和创造性，推动形成吸引社会资源要素流向休闲农业和乡村旅游产业的机制。

——坚持系统开发与突出特色相结合。紧紧依托农业生产过程、农民文化生活和农村风情风貌，因地制宜、科学规划，避免盲目发展。注重挖掘乡土文化，强化人文创意，培育特色产业，提升产业影响力、社会认知度和品牌知名度。

——坚持设施改造与素质提升相结合。建立健全投融资体系，加大资金投入，全面改造公共基础和配套服务设施，加强从业人员培训力度，强化策划创意，注重科技支撑，提升服务水平，推进休闲农业和乡村旅游产业提档升级。

三、创建条件

创建的示范县（市、区）应具有以下基本条件：

（一）规划编制科学。编制了休闲农业和乡村旅游发展规划，发展思路清晰，功能定位准确，布局结构合理，工作措施有力。示范县（市、区）探索了有效的农民利益链接机制，有成熟的农村一二三产业融合发展典范和模式。

（二）优势特色突出。具有发展休闲农业和乡村旅游的资源禀赋、区位优势、产业特色和人文历史，形成一定规模的产业带或集聚区；主要休闲农业和乡村旅游点有地域、民俗和文化特色，体验项目和餐饮服务有较强的吸引力；能够依托当地特色种植业、养殖业和农产品加工业开发设计休闲农业和乡村旅游产品，农业与加工、文化、科技、生态、旅游等产业有机融合。

（三）扶持政策完善。当地政府认真贯彻党中央、国务院关于"三农"工作的方针政策，能够根据本县（市、区）休闲农业和乡村旅游发展的实际需求，创设完善扶持政策并落实为具体工作措施。

（四）工作体系健全。具有明确的休闲农业和乡村旅游管理职能和主管部门，有健全的管理制度，已建立休闲农业和乡村旅游行业协会等行业自律组织。重视公共服务，能为经营点提供信息咨询、宣传推介、教育培训等服务。

（五）行业管理规范。围绕农家乐、休闲农庄、休闲农业园、民俗村等类型建立管理制度和行业标准。近3年内无安全生产和食品质量安全事故发生，无擅自占用耕地和基本农田行为，无以破坏农业生产为代价发展休闲农业和乡村旅游现象，没有发生污染和破坏生态环境的事件。

（六）基础条件完备。县域范围内的休闲农业和乡村旅游点要做到通路、通水、通电，网络通信畅通，能够借助互联网等新技术，设置电子商务推介平台。住宿、餐饮、娱乐、卫生、路标、停车场等基础设施要达到相应的建设规范和公共安全卫生标准，生产生活垃圾实行无害化处理。

（七）发展成效显著。休闲农业和乡村旅游是县域经济发展的主导产业，主要指标在全省处于领先水平；休闲农业和乡村旅游点总数须超过100个，精品线路10条以上，其中要有10个以上精品点在省内有一定的知名度；年接待游客100万人次以上，从业人员中农民就业比例达到60%以上，近三年游客接待数和营业收入年均增速均超10%。

示范创建对象以示范县（含县级市、区）为主体，全区域发展休闲农业和乡村旅游资源优势明显、整体发展水平高的地级市（州），可视情况进行整体创建。

四、申报程序

各省（自治区、直辖市）上报示范县（市、区）不超过2个，计划单列市、新疆生产建设兵团上报示范县（市、区）不超过1个，超名额申报的退回重报。

（一）按照自愿申报原则，通过自我创建，达到"全国休闲农业和乡村旅游示范县（区、市）创建条件"的县（市、区），均可申报；由各县（市、区）级农业主管部门填报《全国休闲农业和乡村旅游示范县（市、区）申报表》，附本县（市、区）休闲农业和乡村旅游发展情况、发展规划等材料，并按程序逐级上报。

（二）各省、自治区、直辖市及计划单列市农业（农牧、农村经济）厅（局、委）和新疆生产建设兵团农业主管部门负责审核后择优形成本省的示范县（市、区）推荐名单，行文并附相关申报材料，将书面和电子版材料同时于 2017 年 10 月 15 日前报送至农业部农产品加工局（乡镇企业局）。

五、认定与管理

农业部组织休闲农业专家委员会的专家，对各地上报的材料进行综合审核和随机现场核查后，形成全国休闲农业和乡村旅游示范县（市、区）备选名单，在"中国农业信息网"和"中国休闲农业网"上进行 7 个工作日的公示。公示通过的，由农业部发文确认，并颁发"全国休闲农业和乡村旅游示范县（市、区）"牌匾。

被认定为全国休闲农业和乡村旅游示范县（市、区）后，农业部将对其实行动态监测和管理。所在县（市、区）级农业主管部门每年要按照附件《申报表》中包含的数据和内容进行上报。对违反国家法律法规，侵害消费者权益、危害员工和农民利益、发生重大安全生产或食品质量安全事故的，取消其示范资格。

六、有关要求

（一）精心组织安排。各级农业主管部门要把示范创建活动作为引领休闲农业和乡村旅游发展的重要举措，精心组织安排，创新遴选机制，注重遴选过程，按照标准从优筛选，从严控制申报数量。

（二）完善扶持政策。各地要以示范创建工作为契机，进一步增强服务意识，完善服务体系，拓展服务领域，加大扶持力度，不断提升休闲农业和乡村旅游发展水平，引领休闲农业和乡村旅游持续健康发展。

（三）认真总结宣传。各地要加大宣传力度，通过示范创建活动，树立一批典型，打造一批知名品牌，进一步营造推动休闲农业和乡村旅游发展的良好氛围。

（四）加强指导监督。各地要对示范建设工作加大监督指导，加强动态管理。对于示范作用不明显，工作推进缓慢，没有实际成效的示范县（市、区）责令整改，整改不合格者予以及时上报，由农业部取消其示范资格。

附件：全国休闲农业和乡村旅游示范县（市、区）申报表

农业部办公厅

2017 年 4 月 28 日

附件（略）

农业部办公厅 中国农业发展银行办公室关于政策性金融支持农村一二三产业融合发展的通知

农办加〔2017〕13 号

各省、自治区、直辖市及计划单列市、新疆生产建设兵团农业（农牧、农村经济）厅（局、委、办），中国农业发展银行各分行，总行营业部：

为深入贯彻党中央、国务院关于推进农村一二三产业融合发展的决策部署，根据《国务院办公厅关于推进农村一二三产业融合发展的指导意见》（国办发〔2015〕93 号）和《国务院办公厅关于支持返乡下乡人员创业创新促进农村一二三产业融合发展的意见》（国办发〔2016〕84 号）的要求，农业部办公厅和中国农业发展银行（以下简称"农发行"）办公室在总结近年来农村一二三产业融合发展（以下简称"农村产业融合发展"）行之有效的经验基础上，依照《农业部、中国农业发展银行支持农业现代化全面战略合作协议》，双方决定建立合作推进机制，充分发挥各自优势，切实加大政策性金融支持农村产业融合发展的力度。现就有关事宜通知如下。

一、充分认识政策性金融支持农村产业融合发展的重要意义

推进政策性金融支持农村产业融合发展，有利于发挥政策性金融的独特作用，促进构建现代农业产业体系、生产体系和经营体系，延伸产业链、提升价值链、重组供应链；有利于集成利用资源要素，促进农业产业首尾相连、上下衔接，增强融合发展的内生动力和协同优势；有利于加大科技创新和人才培养力度，培育让农民分享二三产业增值收益的新型经营主体，提升农村融合型产业的辐射带动能力。加强农村产业融合发展项目与政策性金融合作，既是农业部门履行行业管理职能的重要工作，也是发挥政策性银行支农作用的重要体现。

二、进一步明确政策性金融支持农村一二三产业融合发展的目标任务

政策性金融支持农村产业融合发展，要按照相关决策部署，加大政策性金融优惠力度，促进政策性金融支持一批农村产业融合发展项目，支持一批产业链条健全、功能拓展充分、业态比较新颖并在经济规模、科技含量和社会影响力方面具有引领优势的领军型企业和农民合作社，从而促进农村产业融合发展总体水平明显提升，促进农业产业链条完整、功能多样、业态丰富、利益联结更加稳定的新格局基本形成，新产业新业态新模式加快发展，农村产业融合机制进一步完善，带动农业竞争力明显提高，农民收入持续增长。

三、准确把握政策性金融支持农村产业融合发展的重点范围

政策性金融支持农村产业融合发展，要坚持政府引导、市场运作、统筹兼顾、突出重点，积极打造产城融合、农业内部融合、产业延伸融合、功能拓展融合、新技术渗透融合和复合型融合等模式，全面支持领军型企业、农民合作社等新型农业经营主体发展农村产业融合项目，有针对性地支持一批农村产业融合发展主体。

（一）支持标准化原料基地建设，增强农村产业融合发展保障力。依据特色农产品区域布局规划、全国设施蔬菜重点区域发展规划、全国农业可持续发展规划等，重点在粮食生产功能区、重要农产品生产保护区、农业可持续发展试验示范区、特色农产品优势区、大中城市郊区、都市农业区和农业产业园、农业科技园、农民创业园，积极支持高标准农田和优质高产高效农产品原材料基地建设，择优支持标准化、规模化原料生产基地产供销一体化配套基础设施建设；支持农村产业融合发展先导区和示范园中从事农产品及加工副产物综合利用公共设施建设的经营主体。

（二）支持农业科技创新，提升农村产业融合发展驱动力。择优支持农业部认定的"育繁推一体化"种业龙头企业和信用骨干企业，大型种子企业及上市公司，大力支持国家级优势种子生产基地建设，推动种业转型升级；积极支持农产品储藏保鲜、初加工、精深加工和物流配送等全产业链技术装备研发、集成、示范和应用；支持农业科技园区平台和重点工程建设、园区内农业高新技术企业与创新成果转化推广。

（三）支持优势农产品加工企业，发挥农村产业融合发展带动力。支持农产品加工企业向前端延伸建设原料基地，向后端延伸建设物流营销和服务网络。鼓励和支持农产品加工企业与上下游各类市场主体组建产业联盟。大力支持建设主食加工业、中央厨房发展，增强营养安全、美味健康、方便实惠的主食品供给能力。集中支持和培育一批大型企业、上市公司、自主创新能力与核心竞争力强的高精尖加工流通企业，支持融标准化生产、商品化处理、品牌化销售和产业化经营于一体的企业。

（四）支持农村流通体系建设，构建农村

产业融合发展服务力。在优势产区支持建设一批国家级、区域级产地批发市场和田头市场，推动公益性农产品市场建设。加强农产品产地预冷等冷链物流基础设施网络建设，完善鲜活农产品直供直销体系。支持构建农产品营销公共服务平台，支持农社、农企等形式的产销对接，推进商贸流通、供销、邮政等系统物流服务网络和设施为农服务。推进"互联网＋"现代农业行动，促进新型农业经营主体、加工流通企业与电商企业全面对接融合，推动线上线下互动发展。

（五）支持农业多种功能开发，增加农村产业融合发展拓展力。一是运用农业资源优势发展特色旅游产业。依托田园风光、乡土文化、农耕体验等资源特色，积极支持宜居宜业特色村镇建设、乡村休闲旅游产业和休闲农业发展、红色旅游、教育基地建设和农业生态旅游开发等，围绕有基础、有特色、有潜力的产业，推动农业与休闲旅游、教育文化、健康养老等产业深度融合，支持打造农业文化旅游"三位一体"、生产生活生态同步改善、一二三产业深度融合的特色旅游小镇、特色旅游景区景点以及生态建设项目。二是加大力度支持贫困地区农业绿色生态功能开发。发挥生态扶贫在产业融合中的促进作用，鼓励引导贫困农民、林区贫困职工利用当地生态资源，大力发展特色农业、乡村旅游等绿色产业。

四、加快健全政策性金融支持农村一二三产业融合发展的推进机制

（一）加强协同推进。双方本着坚持自主自愿、互利互惠的原则，建立部行之间农村产业融合发展的战略合作关系，共同做好政策研究、信息交流、重大项目协调及监督检查等工作。农业部农产品加工局、中国农业发展银行创新部要建立高效的协调推进机制，联合开展项目评估调查，共同解决项目推进过程中遇到的困难和问题，共同推进农村产业融合发展项目的开展。在具体推进中，双方可以委托农业领域内具有工程咨询甲级资质的单位作为第三方机构协助组织实施，并要充分发挥其在平台搭建、信息交流、经验总结等方面的积极作用。

（二）做好项目推荐评审工作。各级农业部门要统筹考虑项目的推荐价值和意义，积极支持农发行开展农村产业融合发展相关工作，做好筛选协调和项目推选工作。所推荐项目应符合以下几个标准：一是项目的实施主体具有良好的社会信誉和真实的融资需求；二是所选项目市场前景好、发展潜力大、示范性强，对农村产业融合发展和农民就业增收具有切实的带动作用；三是农村产业融合发展先导区和示范园应科学合理编制符合当地经济社会和农业发展总体要求的规划，80％以上企业应是农产品加工流通企业，有2～3家省级以上领军企业和龙头企业；四是项目受地方政府重视，可享受一定的配套扶持政策和资金支持。

符合基本条件的农村产业融合发展项目经营主体均可向当地县级农业管理部门申报项目，并由县级农业管理部门向上逐级推荐；当项目额超过1亿元以上的，由省级农业管理部门审核后报送农业部农产品加工局；农业部农产品加工局委托第三方机构对项目进行评审后征求农发行意见，形成全国农村产业融合发展项目目录，该目录将以农业部农产品加工局名义发送农发行，并在中国农村产业融合信息网上对外公布，定期更新。

（三）完善政策支持和创新服务。凡纳入全国农村产业融合发展目录的项目，农发行总行要利用机构优势，将确定后的产业融合发展项目目录分发至各行，通过多元化信贷产品、融资模式和差别化的信贷政策优先给予支持，同时鼓励引导其他金融机构积极参与。农发行各级行要以项目目录为引导，与企业、当地政府、相关部门积极对接，主动参与项目的前期规划、立项等工作，及时关注企业的融资需求，加大工作力度，提升服务质量，为客户设计个性化的融资方案，打造良好的合作氛围，确保项目顺利推进。贷款利率实行优惠原则，具体贷款期限和利率视项目实际情况确定。同时，要按照择优扶持、风险可控的原则，开辟绿色办贷渠道，优先保障信贷规模。各级农业部门要发挥行业主管部门优势，采取人员培训、市场拓展、专家研讨等多种方式，培育产业主体，健全产业组织，加强项目指导能力和行业服务水平。积极促进各类财政补贴与农发行信贷资金有效结合，积极促进项目推进、落地。

（四）强化沟通协作和信息支撑。各地要定期举办"农村产业融合发展项目银企对接活动"，组织召开多形式的农村产业融合发展经验交流研讨会、项目推介会等，加强企业等社会资本、工商资本与农发行互动交流、沟通合作。双方要经常通报工作和项目贷款进展情况，不少于每半年通报一次，同时做好已贷款项目跟踪总结工作，及时总结贷款模式和经验。

近期，各省级农业管理部门要认真组织并遴选出 10～15 个典型项目，将相关申报材料以及《全国农村产业融合发展项目推荐表》于 2017 年 7 月 1 日前以书面材料和电子版形式送农业部农产品加工局。之后各省级农业部门需要新增申报项目的，请于每月 10 日前，将有关项目推荐表，通过电子邮件形式报送至农业部农产品加工局，并在电子邮件发送主题中注明"××省 2017 年农村产业融合发展××型项目推荐表"。

附件：全国农村产业融合发展项目推荐表

农业部办公厅
中国农业发展银行办公室
2017 年 5 月 31 日

附件（略）

农业部办公厅关于推动落实休闲农业和乡村旅游发展政策的通知

农办加〔2017〕15 号

各省、自治区、直辖市及计划单列市农业（农牧、农村经济）厅（局、委），新疆生产建设兵团农业局：

休闲农业和乡村旅游是农业供给侧结构性改革的重要内容，是农业农村经济发展的新动能。党中央、国务院高度重视休闲农业和乡村旅游发展，2015 年以来连续 3 个中央 1 号文件都提出要大力发展休闲农业和乡村旅游，使之成为繁荣农村、富裕农民的新兴支柱产业。国务院办公厅在加快转变农业发展方式、推进农村一二三产业融合发展、促进旅游投资和消费、支持返乡下乡人员创业创新的四个意见中都强调，要大力发展休闲农业和乡村旅游，推进农业与旅游、教育、文化、健康养老等产业深度融合。为贯彻党中央、国务院的文件精神，2015 年农业部联合财政部等 11 个部门印发《关于积极开发农业多种功能　大力促进休闲农业发展的通知》（农加发〔2015〕5 号），2016 年联合国家发展改革委等 14 部门印发了《关于大力发展休闲农业的指导意见》（农加发〔2016〕3 号），指导全国休闲农业和乡村旅游发展。党中央、国务院和相关部门的文件和意见的相继出台，标志着全国休闲农业和乡村旅游政策体系框架的形成。近年来，各级休闲农业管理部门高度重视，采取多种措施推动政策落实，为本地休闲农业和乡村旅游发展营造了良好环境。但一些地方仍存在认识不足、重视不够、落实不力等问题，严重影响了中央政策的落地生效。为督促政策落实，指导工作开展，现就有关事项通知如下。

一、充分认识落实政策的重要意义

党中央、国务院和多个部门出台的休闲农业和乡村旅游政策措施，具有很强的指向性、针对性和操作性，是今后一个时期指导各地产业发展的重要政策性文件。贯彻落实好这些文件中规定的一系列政策措施，对于促进引导休闲农业和乡村旅游持续健康发展，加快培育农业农村经济发展新动能，壮大新产业新业态新模式，推进农村一二三产业融合发展，深入推进农业供给侧结构性改革，实现农业增效、农民增收、农村增绿具有十分重要的意义。各级休闲农业管理部门要进一步统一思想，提高认识，结合本地实际尽快制定具体实施意见，切实推动政策贯彻落实。

二、认真推动政策落实

各级休闲农业管理部门要加强沟通协调，进一步将政策细化实化，切实提高政策的精准性、指向性和可操作性，推动各项政策落地生根，促进休闲农业和乡村旅游业态多样化、产业集聚化、主体多元化、设施现代化、服务规范化和发展绿色化。

在用地政策上，要落实城乡建设用地增减挂钩试点，农村集体经济建设用地自办、入股等方式经营休闲农业的政策。要积极向当地政府汇报，争取将休闲农业和乡村旅游项目建设用地纳入土地利用总体规划和年度计划合理安排。要支持有条件的地方通过盘活农村闲置房屋、集体建设用地、"四荒地"、可用林场和水面等资产资源发展休闲农业和乡村旅游。

在财政政策上，要鼓励各地整合财政资金，将中央有关乡村建设资金向休闲农业集聚区倾斜。要探索采取以奖代补、先建后补、财政贴息、设立产业投资基金等方式加大财政扶持力度。要创新融资模式，鼓励利用PPP模式、众筹模式、互联网＋模式、发行私募债券等方式，引导社会各类资本投资休闲农业和乡村旅游。

在金融政策上，要创新担保方式，搭建银企对接平台，鼓励担保机构加大对休闲农业和乡村旅游的支持力度，帮助经营主体解决融资难题。要推动银行业金融机构拓宽抵押担保物范围，扩大信贷额度，加大对休闲农业的信贷支持，带动更多的社会资本投资休闲农业和乡村旅游。

在公共服务上，要从规划引导入手，积极推进"多规合一"，将休闲农业和乡村旅游开发纳入城乡发展大系统中，打造产业带和产业群。要加大行业标准的制定和宣贯力度，建立健全食品安全、消防安全、环境保护等监管规范。要积极构建完善的休闲农业和乡村旅游监测统计制度。要鼓励高等院校、职业学校开设专业和课程，培养一批规划设计、创意策划和市场营销专门人才。要加强从业技能培训，培养一批服务接待、教育解说实用人才，提升服务质量。

在品牌创建上，要按照"3＋1＋X"的品牌培育体系，在面上继续创建全国休闲农业和乡村旅游示范县（市、区），在点上继续推介中国美丽休闲乡村，在线上重点开展休闲农业和乡村旅游精品景点线路推介，吸引城乡居民到乡村休闲消费。要继续加大中国重要农业文化遗产的发掘保护传承工作，推动遗产地经济社会可持续发展。要指导各地积极探索农业嘉年华、休闲农业特色村镇、星级户等地方品牌创建。

在宣传推介上，要按照"统筹谋划、上下联动、均衡有序"的思路，加大宣传推介，创新推介方式，在节假日和重要农事节庆节点，有组织、有计划地开展休闲农业和乡村旅游精品景点宣传推介，扩大产业的影响力。要指导各地举办特色鲜明、影响力大、公益性强的农事节庆活动。

三、切实加强组织领导

休闲农业和乡村旅游的持续健康发展，事关发展现代农业、增加农民收入、建设社会主义新农村，事关经济社会发展全局。各级休闲农业管理部门要履职尽责，因势而谋、应势而动、顺势而为、开拓创新，认真抓好各项政策的落实。

一要层层推动落实。要按照中央有关文件要求和统一部署，结合本地实际，争取尽快制定实施含金量高，指向性、精准性、操作性强的政策文件，积极推动中央各项政策的落地生根。

二要层层落实责任。要加强与有关部门协调沟通，探索成立由农业部门牵头、有关部门参与的工作协调机制。要明确工作责任，形成主要负责同志亲自抓、分管负责同志牵头抓、分管处室具体抓的工作格局。

三要层层开展督导。要加强督促检查，建立年前有计划、年中有落实、年终有考核的督察机制。要探索将政策落实和工作推动纳入年度目标任务考核。

我部将于今年下半年择时开展实地督导，全面了解政策落实情况，并对各地贯彻落实政策情况进行通报。各地要及时总结好经验、发现新问题、提出新措施，并请于 6 月 16 日前将政策落实情况及下一步工作计划，以厅文形式报送农业部农产品加工局，并发送电子邮件至 xqjxxc@agri.gov.cn，邮件标题统一使用"政策落实情况"。

附件：休闲农业和乡村旅游工作情况统计表

农业部办公厅
2017 年 5 月 25 日

附件（略）

农业部办公厅关于支持创建农村一二三产业融合发展先导区的意见

农办加〔2017〕20 号

为深入贯彻落实党的十九大提出的"促进农村一二三产业融合发展"和《国民经济和社会发展第十三个五年规划纲要》提出的"培育一批产业融合先导区"要求，根据《国务院办公厅关于推进农村一二三产业融合发展的指导意见》（国办发〔2015〕93 号）精神，农业部决定支持各地培育打造和创建农村一二三产业融合发展先导区（以下简称融合发展先导区），做大做强支柱产业和融合发展各类经营主体。现提出如下意见。

一、充分认识培育打造和创建融合发展先导区的重要作用

农村产业融合发展先导区是指农村一二三产业融合发展中，部分县乡等行政区或某一产业集聚区，坚持产前产中产后有机衔接和一二三产业融合发展，已经形成了相对成型、成熟的融合发展模式和全产业链条，产业价值链增值和区域品牌溢价效果已初步显现，市场竞争已经由产品竞争上升到产业链竞争的新高度，并且其做法经验可复制、可推广，能够在全国发挥标杆引领和典型示范作用的区域。

培育打造一批融合发展先导区，有利于促进资源要素的集中集聚，增强融合发展的协同优势，加快提升产业整体发展水平；有利于总结推广融合发展新经验新模式，增强融合发展的辐射带动效果，加快推动我国农村一二三产业融合发展。各地要统一并深化认识，将其作为推进工作的重要抓手、培育农村新产业新业态新模式的重要举措和深入推进农业供给侧结构性改革的必然要求，下大功夫培育打造一批融合发展先导区，着力促进农民就业创业，拓宽增收渠道，构建现代农业生产体系、产业体系和经营体系，推动农村产业兴旺，助推美丽乡村和美丽中国建设，为实施乡村振兴战略，实现农业农村现代化提供强有力的支撑。

二、培育打造和创建融合发展先导区的总体要求

（一）指导思想。以党的十九大精神为指引，牢固树立并切实贯彻新发展理念，实施乡村振兴战略；以农业供给侧结构性改革为主线，坚持质量第一、效益优先，推进农村一二三产业融合发展；以延长产业链条、完善产业布局、加强科技创新、加快品牌培育、建立利益联结机制为发展方向，推动产业竞争从产品竞争向产业链条竞争转变，不断打造和重构产业价值链，扩大品牌溢价空间，加快建设一批产业多元、联结机制紧密、市场竞争力强、品牌溢价空间大、带动区域经济发展效果好的融合发展先导区。

（二）基本原则。一是聚焦主导产业，要与国家粮食生产功能区、重要农产品保护区、特色农产品优势区建设结合起来，统筹规划布局，形成产业优势；二是坚持市场导向，发挥市场配置资源的决定作用，不断提升市场竞争力和产业价值链增值空间，形成价值优势；三是坚持绿色发展，各产业要推广绿色发展模式，建立绿色、低碳、循环发展长效机制，形成生态环保优势；四是促进农民增收，积极发展扶贫产业，不断完善订单农业、土地经营权入股等利益联结机制，形成农民持续增收的经济优势。

（三）工作目标。按照"一年有规划、两年有起色、三年见成效"的总体安排，力争在全国范围内培育打造和创建一批产业融合方式先进、经济效益显著、产业集群发展高效、与农民利益联结紧密的融合发展先导区，形成多元化的融合发展新模式新经验，有效推动农村一二三产业融合发展，让农民分享更多的二三产业增值收益。

三、培育打造融合发展先导区的重点任务

主要从以下五个方面进行培育打造：

（一）规划先行、统筹布局。融合发展先导区要紧紧围绕区域主导产业，研究国内外相关产业的发展现状及趋势，对接国家粮食生产功能区、重要农产品生产保护区、特色农产品优势区等建设布局，编制产业融合发展规划，优化区域结构、产业结构、要素投入结构和经营主体结构，重点在优化产业布局、培育主导产业、完善产业链条、优化发展方式、构建利益联结机制等方面加强顶层设计、科学布局和宣传引导，构建标准化原料基地、集约化加工园区、区域化支柱产业、体系化服务网络的格局，尽快形成规划引领、链条发展、合作共赢的发展态势。

（二）培育品牌、市场决定。融合发展先导区要构建大型加工流通企业领办、新型经营主体全产业链条服务、广大原料生产农户广泛参与的梯队格局。要加强原料环节"三品一标"、绿色食品原料基地等认证推广工作，不断提升农产品质量品质；引导区域内融合发展的各类新型农业经营主体开展先进的质量管理、食品安全控制等体系认证，提高加工流通环节的质量管理；发挥行业协会在服务产业、规范行业发展、强化行业自律等方面的职能作用；加强市场监管，打击假冒伪劣产品，加大企业品牌、产品品牌、区域品牌的支持保护力度，维护品牌形象和消费者合法权益。

（三）整合资源、形成合力。融合发展先导区要按照国务院办公厅印发的《关于推进农村一二三产业融合发展的指导意见》《关于支持返乡下乡人员创业创新促进农村一二三产业融合发展的意见》等文件要求，主动对接有关政策实施部门，推动政策措施在先导区落地见效；积极对接农村一二三产业融合发展、农产品加工、农业农村信息化建设等涉农项目，为区域内经营主体争取资金支持；组织开展银企对接、投资对接等活动，为区域内经营主体争取更多信贷支持。

（四）发挥优势、绿色发展。融合发展先导区要坚持为农、贴农、惠农原则，不断完善利益联结机制，带动农民就业增收，让更多农民分享产业融合发展产生的增值收益；坚持种养结合、农渔、农牧循环、提高资源综合利用水平；要统一建设节能降耗、低碳环保、循环利用的供热、供水、污水处理、垃圾处理等设施，为经营主体提供安全环保的生产环境；不断加大绿色产业发展力度，创设绿色政策，推广绿色发展模式，建立绿色、低碳、循环发展的长效机制。

（五）主体引领、科技支撑。积极培育具有引领优势的新型农业经营主体，使其在推动区域产业链条延伸、农业功能拓展、区域品牌协同打造、创新利益联结机制方面发挥优势和作用。引导各类主体以价值增值和产业竞争力提升为目标，不断完善产业体系，提升农业的品牌溢价、功能溢价和生态溢价空间；鼓励各类主体加强研发能力建设，积极承接国家级和省级工程技术研究中心、重点实验室、企业技术中心等创新平台建设；支持各类主体组建产业发展联盟，带动上下游企业和相关产业经营主体协同发展，帮助农户特别是贫困户解决实际困难，积极参与社会公益活动。

四、进一步完善融合发展先导区的支持政策

（一）加大项目资金支持力度。各地要以融合发展先导区为平台，以新型农业经营主体为依托，在不改变资金用途和管理要求的基础上，统筹使用各项涉农资金，用于融合发展先导区项目建设，不断完善先导区供水、供电、道路、通信、仓储物流、垃圾污水处理等基础设施。

（二）优化政府投资方式。根据先导区发展规划，以政府资金为引导，吸引社会资本投入，通过市场化运作和专业化管理，加大对融合发展先导区的投入力度，充分发挥政府资金的引导作用和放大效应。

（三）支持政府与社会资本合作。支持区县或地市有关部门通过政府与社会资本合作（PPP）、政府购买服务、贷款贴息等方式，撬动更多金融和社会资本投入融合发展先导区建设和运营，支持各地综合运用税收、奖补等政策，鼓励金融机构创新产品和服务，加大对新型农业经营主体、农村产业融合发展的信贷支持。

（四）完善用地保障机制。支持各地建立健全融合发展先导区用地保障机制，将先导区纳入县级土地利用规划，在年度土地利用计划中单列指标，并通过城乡建设用地增减挂钩、工矿废弃地复垦利用、直接利用存量建设用地等途径，保障先导区用地需求。针对休闲农业、设施农业等不同类型项目，实施差别化的土地用途管制政策。设立审批绿色通道，实行服务清单制，强化项目用地服务措施。

（五）加强产业融合公共服务。支持融合发展先导区建设综合性信息化服务平台，提供政策咨询、电子商务、休闲农业与乡村旅游、农业物联网、价格信息、公共营销等服务。优化创业孵化平台，提供设计、创意、技术、市场、融资等定制化解决方案等服务。建设农村土地产权流转交易市场，引导农村承包土地经营权有序流转、集体经营性建设用地入市等，满足农村产业融合发展用地需要。

五、切实加强对融合发展先导区的组织领导

（一）高度重视、协同推进。各地要充分认识推进农村一二三产业融合发展的重要性和紧迫性，把培育打造融合发展先导区工作摆上重要议事日程，精心组织，周密部署，加快推进培育打造工作。同时，积极沟通协调相关部门，整合资源力量，帮助解决融合发展中的重大问题和主要困难，形成工作合力。

（二）抓好典型、示范引导。各地要深刻理解和掌握融合发展先导区的内涵和实质，以延长产业链条、完善产业布局、加强科技创新、加快品牌培育、建立利益联结机制为衡量标准，及时梳理发展典型，开展示范引导。各省（区、市）农业部门将符合上述条件的融合发展先导区（不超过 5 个）于 2018 年 3 月 30 日前上报农业部，农业部将从各地上报的先导区中遴选一批，作为全国农村一二三产业融合发展先导区发展典型，加强宣传推介，发挥其示范带动作用。

（三）加强宣传、营造氛围。各地要及时跟踪了解本区域内融合发展先导区发展情况，总结梳理每个融合发展先导区的好做法、好模式和好经验，加强宣传推介，综合利用各种媒体手段、采取多种传播方式，加强典型发展案例的宣传与应用推广，为农村产业融合发展营造良好的社会舆论环境。

附件：1. 2018 年融合发展先导区创建申报汇总表

2. 2018 年融合发展先导区创建申报表

农业部办公厅

2017 年 12 月 5 日

附件（略）

农业部办公厅关于公布 2017 年中国美丽休闲乡村推介结果的通知

农办加〔2017〕26 号

各省、自治区、直辖市及计划单列市（农牧、农村经济）厅（局、委），新疆生产建设兵团农业局：

加快建设美丽休闲乡村，打造休闲农业和乡村旅游知名品牌，对于传承农耕文明，保护传统民居，培育消费新增长点，增强乡村经济发展新动能，推动农业供给侧结构性改革，带动农民就业增收，促进新型城镇化和城乡一体化发展具有重要作用。

为深入贯彻落实党中央国务院建设美丽乡村和美丽中国的决策部署，总结各地休闲农业和乡村旅游发展经验，树立发展典型，推进生态文明建设，2017 年，农业部按照"政府指导、农民主体、多方参与、共建共享"的思路，组织开展了中国美丽休闲乡村推介活动。经过地方推荐、专家审核和网上公示等程序，形成了 2017 年中国美丽休闲乡村推介名单，现予以公布。

希望获得推介的乡村珍惜荣誉，加强管理，拓展农业功能，挖掘农耕文化，保育生态环境，改善服务设施，开发特色产品，提升服务质量，不断提升休闲农业和乡村旅游发展水平，切实发挥好示范带动作用，促进农业增效、农民增收、农村增美。各级休闲农业管理部门要进一步加强组织领导，完善政策措施，加大公共服务，强化宣传推介，培育一批知名品牌，让推介的中国美丽休闲乡村保持天蓝、地绿、水净、安居、乐业、增收的良好状态，成为发展现代农业、增加农民收入、建设社会主义新农村的典范，成为市民观光旅游、休闲度假、养生养老、回忆乡愁的好去处，为建设美丽乡村、健康乡村和美丽中国、健康中国做出新的更大的贡献。

农业部办公厅

2017 年 9 月 19 日

2017 年中国美丽休闲乡村推介名单

特色民居村（41 个）

北京市平谷区黄草洼村

河北省邯郸市永年区东街村

河北省秦皇岛市北戴河区北戴河村

河北省滦平县小城子村

吉林省吉林市丰满区孟家村

吉林省东辽县朝阳村

黑龙江省同江市八岔赫哲族村

上海市嘉定区毛桥村

上海市金山区水库村

上海市青浦区蔡浜村

江苏省宜兴市张阳村

江苏省苏州市吴中区旺山村

江苏省连云港市赣榆区谢湖村

浙江省长兴县顾渚村

浙江省嘉善县汾南村

安徽省潜山县官庄村

福建省南靖县书洋镇

江西省井冈山市神山村

江西省广昌县姚西村

江西省萍乡市安源区红旗分场

山东省滨州市经济技术开发区狮子刘村

山东省淄博市淄川区朱水湾村

河南省西平县芦庙村

湖北省南漳县峡口村

湖北省神农架林区红花朵村

湖北省来凤县石桥村

湖南省龙山县捞车河村

广西壮族自治区容县龙镇村

四川省武胜县观音桥村

四川省平昌县龙尾村

贵州省贞丰县纳孔村

云南省腾冲市银杏村

西藏自治区江孜县玉堆村

西藏自治区林芝市巴宜区唐地村

陕西省商洛市商州区江山村

甘肃省嘉峪关市河口村

青海省西宁市城北区晋家湾村

新疆维吾尔自治区新源县肖尔布拉克新村

大连市庄河市马道口村

青岛市崂山区晓望社区

青岛市黄岛区大泥沟头村

特色民俗村（35 个）

北京市延庆区南湾村

北京市大兴区魏庄村

北京市顺义区河北村

山西省灵丘县上北泉村

内蒙古自治区托克托县郝家窑村

内蒙古自治区克什克腾旗小红山子嘎查

辽宁省东港市大鹿岛村

吉林省通化县老岭村

江苏省南京市江宁区孟墓社区

浙江省开化县龙门村

安徽省绩溪县尚村

福建省漳浦县大埔村

山东省莱州市初家村

山东省长岛县北城村

湖南省洞口县宝瑶村

广东省翁源县南塘村

海南省儋州市铁匠村

海南省陵水县坡村

重庆市梁平区聚宝村

四川省平武县桅杆村

四川省阿坝县神座村

贵州省荔波县水甫村

云南省建水县西庄镇

西藏自治区隆子县斗玉村

陕西省宜君县淌泥河村

陕西省佳县赤牛坬村

甘肃省平凉市崆峒区西沟村

青海省湟中县卡阳村

宁夏回族自治区吴忠市利通区牛家坊村

宁夏回族自治区隆德县新和村

宁夏回族自治区中卫市沙坡头区鸣沙村

新疆维吾尔自治区焉耆回族自治县下岔河村

新疆维吾尔自治区新和县加依村

新疆维吾尔自治区温宿县帕克勒克村

新疆生产建设兵团第四师 77 团阔克托别镇

现代新村（48 个）

天津市武清区韩指挥营村

天津市宁河区齐心庄村

河北省枣强县八里庄村

河北省隆化县西道村

山西省长治县东掌村

山西省阳泉市郊区桃林沟村

内蒙古自治区乌审旗神水台村

内蒙古自治区伊金霍洛旗乌兰木伦村

辽宁省鞍山市千山风景名胜区上石桥村

辽宁省盘山县新村村

吉林省德惠市十三家子村

黑龙江省漠河县北极村

黑龙江省农垦宝泉岭管理局绥滨农场

黑龙江省甘南县兴十四村

上海市崇明区丰乐村

江苏省太仓市电站村

安徽省金寨县响洪甸村

安徽省凤阳县小岗村

福建省惠安县下坑村

福建省福清市牛宅村

江西省新余市渝水区下保村

江西省南昌市新建区石咀村

河南省武陟县西滑封村

河南省信阳市浉河区甘冲村

河南省济源市韩彦村

湖北省荆州市高新技术开发区移民新村

湖北省枝江市关庙山村

湖南省浏阳市东门村

湖南省桃江县朱家村

广东省蕉岭县九岭村

广西壮族自治区南丹县巴平村

广西壮族自治区鹿寨县中渡镇大兆村

重庆市石柱县万胜坝村

重庆市永川区八角寺村

重庆市北碚区北泉村

四川省彭州市宝山村

四川省雅安市名山区红草村

贵州省福泉市双谷村

云南省楚雄市紫溪彝村

陕西省凤县马场村

陕西省南郑县瓦石溪村

甘肃省康县花桥村

甘肃省天水市秦州区孙集村

青海省海东市乐都区王佛寺村

宁夏回族自治区隆德县清凉村

大连市瓦房店市渤海村

新疆生产建设兵团第四师可克达拉市可克达拉镇

新疆生产建设兵团第十师 188 团 1 连

历史古村（26 个）

北京市怀柔区红螺镇村

天津市蓟州区西井峪村

山西省临县李家山村

山西省晋中市榆次区后沟村

辽宁省绥中县新堡子村

江苏省江阴市红豆村

浙江省松阳县西坑村

安徽省黟县柯村

福建省政和县念山村

江西省婺源县延村

山东省郓城县后彭庄村

河南省商水县邓城镇邓东村

河南省漯河市郾城区裴城村

湖南省祁阳县八尺村

广东省中山市南区曹边村

广西壮族自治区武宣县下莲塘村

广西壮族自治区灵山县苏村

海南省琼海市大园古村

海南省澄迈县罗驿村

贵州省天柱县地良村

云南省剑川县寺登村

陕西省礼泉县烽火村

宁波市海曙区李家坑村

宁波市余姚市芝林村

厦门市海沧区青礁村

厦门市翔安区金柄村

农业部办公厅关于印发全国农产品加工业人才培训等三个行动方案的通知

农办加〔2017〕28 号

各省、自治区、直辖市及计划单列市农业

（农牧、农村经济）厅（局、委、办），新疆生产建设兵团农业局：

为贯彻落实党的十九大精神和《国务院办公厅关于进一步促进农产品加工业发展的意见》（国办发〔2016〕93 号）、《国务院办公厅关于支持返乡下乡人员创业创新促进农村一二三产业融合发展的意见》（国办发〔2016〕84号）以及农业部、发展改革委、财政部等 14部门联合印发的《关于大力发展休闲农业的指导意见》（农加发〔2016〕3 号）精神，进一步推进农产品加工业人才、全国农村创业创新人才、休闲农业和乡村旅游人才（以下简称三类人才）培训工作，我部组织制定了《全国农产品加工业人才培训行动方案》《全国农村创业创新人才培训行动方案》和《全国休闲农业和乡村旅游人才培训行动方案》（附件 1-3）。为组织开展三类人才培训工作，现就有关事项通知如下。

一、重要意义

党的十九大提出，要实施乡村振兴战略，促进农村一二三产业融合发展；实施人才强国战略，建设知识性、技能型、创新型劳动者大军。人才资源是第一资源。人才是创新的根基，是创新的核心要素。创新驱动实质上是人才驱动。组织开展三类人才培训行动，有利于持续增加行业人才总量供给、优化人才队伍结构、提升人才队伍整体素质，是推进行业人才队伍建设的重要途径，是实施创新驱动发展战略、推动农产品加工业转型升级和农村一二三产业深度融合的客观要求，对于加快推进农业供给侧结构性改革、促进农民增收、推动农村创业创新和城乡协调发展具有重要意义。各级农业主管部门要不断增强责任感、使命感，把组织开展三类人才培训行动作为一项长期而又紧迫的任务摆上重要议事日程，进一步创新机制，加强服务，优化环境，全面提升三类人才队伍建设水平，为全国农产品加工业、农村创业创新、休闲农业和乡村旅游持续稳定健康发展，提供更加有力的人才支撑和智力保障。

二、行动目标

2018—2020 年，在全国开展农产品加工业、农村创业创新、休闲农业和乡村旅游百万人才培训行动，累计培训各类人才 100 万人次。其中，以科技创新与推广、经营管理、企业家和职业技能人才为重点，培训农产品加工业人才 45 万人次；以农村创业创新人员、企业家、创业导师等为重点，培训农村创业创新人才 40 万人次；以规划设计、经营管理、服务导览人才为重点，培训休闲农业和乡村旅游人才 15 万人次。

三、保障措施

（一）多渠道增加培训投入。积极争取各级财政经费用于开展农产品加工业、农村创业创新、休闲农业和乡村旅游人才培训工作。主动与人力资源、教育、科技等部门沟通协调，充分利用新型职业农民培育工程和农村实用人才带头人培训项目，开展三类人才培训。指导市、县两级农业管理部门因地制宜制定人才培训计划，充分调动市、县两级农业管理部门积极性，把培训工作与地方的农产品加工业、农村创业创新、休闲农业和乡村旅游工作相结合，多层级组织好人才培训工作。

（二）广泛整合培训资源。通过政府购买服务、专项资金支持、市场化运作等方式，鼓励和支持各类农业园区、科研机构、大专院校、生产企业、社团组织等积极参与三类人才培训行动，形成大联合、大协作、大培训格局。加强农产品加工业培训鉴定机构的能力建设，充分发挥各级农业广播电视学校和农村实用人才培训基地的作用。组建开放共享、动态管理的人才培训师资库。开展优秀教材、精品网络课件等教学资源评价推介活动，鼓励各地共建共享优质教学资源。

（三）积极创新培训方法。坚持理论与实践相结合、课堂讲授与现场实训相结合、线上培训与线下培训相结合，不断创新和丰富培训方式方法。充分利用互联网等现代信息技术手段，为学员提供灵活便捷、智能高效的在线培训、移动互联服务和全程跟踪指导。在具备条件的培训科目中，改变传统的"填鸭式"教学方式，积极推行互动教学、案例教学、现场教学，设置更多研讨环节，促进教学相长，鼓励学员之间相互交流、相互学习、相互启发。

（四）切实提高培训质量。增强培训的精准性，鼓励各类培训机构针对不同培训对象开展个性化、定制化培训，增强培训方案的针对性，确保培训效果。通过跟班督查、随机抽查等方式，加强对各类培训班次的过程监管。组织开展培训满意度调查，探索对培训质量和效果开展第三方评估，及时根据调查或评估结果改进培训组织工作。

（五）认真做好总结宣传。加强对三类人才培训工作的宣传引导，深入总结宣传各地组织开展三类人才培训行动的成功经验和做法，加强学习交流，相互促进，共同提高。充分借助各种媒体资源，特别是用好新媒体新技术，形成全媒体报道格局，多角度全方位地宣传人才培训行动，努力营造全社会共同关心、支持人才培训工作的良好舆论氛围。

各省（区、市）农业主管部门要统筹整合财务、人事、科技、教育等方面的资源和力量，针对培训任务，科学制定本省（区、市）开展三类人才培训行动的总体实施方案，确保培训任务落实到位。我部将在每年适当时间组织开展检查督导工作。请于今年12月20日前，将本省（区、市）的总体实施方案报我部农产品加工局，此后于每年12月20日前将当年组织三类人才培训行动的全年工作总结连同年度培训任务完成情况统计表（附件4）一并报送我部农产品加工局。

附件：1. 全国农产品加工业人才培训行动方案

2. 全国农村创业创新人才培训行动方案

3. 全国休闲农业和乡村旅游人才培训行动方案

4. 全国农产品加工业、农村创业创新、休闲农业和乡村旅游人才培训年度任务完成情况统计表

农业部办公厅
2017年10月17日

附件1

全国农产品加工业人才培训行动方案

一、基本思路

深入贯彻落实《国务院办公厅关于进一步促进农产品加工业发展的意见》（国办发〔2016〕93号）精神，进一步解放思想，创新机制，加强服务，优化环境，以培养科技创新与推广人才、经营管理人才、企业家、职业技能人才为重点，全面提升人才队伍建设水平，切实促进农产品加工业发展由主要依靠物质资源消耗向主要依靠科技进步、劳动者素质提高、管理创新转变。

二、行动目标

通过整合培训资源，完善培训内容，改进培训方法，提高培训质量，到2020年底，完成全国培训农产品加工业人才45万人次的目标，使行业人才队伍规模不断壮大，人才素质大幅提高，各类人才服务农产品加工业转型升级发展的能力明显提升，人才队伍结构进一步优化。

三、主要任务

（一）坚持以服务产业需求为导向，加强科技创新与推广人才培训。充分发挥国家农产品加工技术研发体系、农产品加工行业重点实验室、农产品加工技术集成基地和

行业若干科技创新联盟的作用，依托国家重点研发计划有关重点专项，组织开展重大关键共性技术攻关，在创新活动中培养人才。切实加大对中青年科技创新人员的培养力度，培养具有国际视野、紧跟国际科技前沿、既懂技术又懂市场的高端科研人才。紧密结合产业需求和市场应用，大力加强科技成果转化专业人才培训，着力培养熟悉科技成果转化政策法规以及科技成果评价、成果交易、企业融资、市场营销等业务技能的复合型人才。鼓励各地积极探索适应移动互联网发展趋势的科技创新和成果转化新模式、新业态，搭建"互联网＋科技成果转化"新平台，促进科技成果转化人才培训与时俱进。

（二）坚持以提高企业核心竞争力为目标，加强企业经营管理人才和企业家队伍培训。着眼于全面提升企业经营管理人员素质能力，培育和增强企业核心竞争力，大力加强企业发展战略规划、资本运作、人力资源、全程质量控制、品牌创建和维护、市场开拓以及金融、财务、法律、信用体系建设等专题培训，推动经营管理人才队伍建设科学化、专业化、国际化发展，着力打造具有全球眼光、开拓创新意识强、掌握现代企业经营管理能力、熟悉国家产

业政策、具有高度社会责任感的企业家队伍。组织中西部地区企业经营管理人员到东部沿海经济发达地区开展异地培训，到行业领军企业开展现场教学和互动交流，推进中西部地区企业经营管理人才队伍建设。抢抓实施"一带一路"和"走出去"战略的发展机遇，加快培育具备国际市场开拓能力的经营管理人才，提升我国农产品加工业的国际竞争力。

（三）坚持以培育和弘扬工匠精神为核心，加强职业技能人才培训。适应农产品产地初加工设施建设和运营、主食加工业提升行动、中央厨房和净菜加工等产业发展需要，加快培育一批岗位生产能手。加大职业技能培训与鉴定工作力度，提高从业人员素质和技能水平。支持有条件的企业开展自主培训，组织一线员工参与技术攻关、技术革新、发明创造，广泛开展岗位比武、技能竞赛等岗位练兵活动，激励生产一线职工努力学习业务技能，不断提高技能等级和实际操作水平。大力弘扬精益求精、追求卓越的"工匠"精神，培育和树立一批技艺精湛、技术高超的技能人才典型，大幅度提高优秀技能人才待遇，加大宣传支持力度，使尊重劳动、崇尚技能在全行业蔚然成风。

2018—2020 年全国农产品加工业人才培训任务分解表

单位：人次

序号	省份	3 年完成培训任务总量	2018 年	2019 年	2020 年
1	北 京	3 000	1 000	1 000	1 000
2	天 津	4 500	1 500	1 500	1 500
3	河 北	15 000	5 000	5 000	5 000
4	山 西	1 500	500	500	500
5	内蒙古	7 500	2 500	2 500	2 500
6	辽 宁	15 000	5 000	5 000	5 000
7	吉 林	12 000	4 000	4 000	4 000
8	黑龙江	9 000	3 000	3 000	3 000
9	上 海	6 000	2 000	2 000	2 000
10	江 苏	2 000	14 000	14 000	14 000

（续）

序号	省份	3年完成培训任务总量	2018 年	2019 年	2020 年
11	浙 江	27 000	9 000	9 000	9 000
12	安 徽	18 000	6 000	6 000	6 000
13	福 建	24 000	8 000	8 000	8 000
14	江 西	12 000	4 000	4 000	4 000
15	山 东	60 000	20 000	20 000	20 000
16	河 南	42 000	14 000	14 000	14 000
17	湖 北	22 500	7 500	7 500	7 500
18	湖 南	15 000	5 000	5 000	5 000
19	广 东	42 000	14 000	14 000	14 000
20	广 西	12 000	4 000	4 000	4 000
21	海 南	1 500	500	500	500
22	重 庆	4 500	1 500	1 500	1 500
23	四 川	19 500	6 500	6 500	6 500
24	贵 州	4 500	1 500	1 500	1 500
25	云 南	6 000	2 000	2 000	2 000
26	西 藏	1 500	500	500	500
27	陕 西	6 000	2 000	2 000	2 000
28	甘 肃	3 000	1 000	1 000	1 000
29	青 海	1 500	500	500	500
30	宁 夏	1 500	500	500	500
31	新 疆	3 000	1 000	1 000	1 000
32	大 连	1 500	500	500	500
33	青 岛	1 500	500	500	500
34	宁 波	1 500	500	500	500
35	厦 门	1 500	500	500	500
36	新疆兵团	1500	500	500	500
	合计	450 000	150 000	150 000	150 000

附件 2

农村创业创新人才培训行动方案

一、基本思路

深入贯彻落实《国务院办公厅关于支持返乡下乡人员创业创新促进农村一二三产业融合发展的意见》（国办发〔2016〕84 号，以下简称《意见》）精神，进一步解放思想，创新机制，加强服务，优化环境，以农村创业创新人员、企业家、创业导师等创业服务人员为重点，全面提升农村创业创新人才队伍建设水平，引导和支持农村创业创新人员利用新理念、新技术和新渠道，开发农业农村资源，发展优势特色产业，实现从"输出一人致富一家"的打工效益向"一人创业致富一方"的创业效益转变。

二、行动目标

通过整合培训资源，完善培训内容，改进培训方法，提高培训质量，到 2020 年底，完成全国培训农村创业创新方面人才 40 万人次的目标，使农村创业创新人才队伍规模不断壮大，人才素质大幅提高，各类机构服务农村创业创新的能力明显提升，农村创业创新队伍结构进一步优化。

三、主要任务

（一）加强政策指引。通过编制手册、制定明白卡、编发短信微信微博等方式，广泛宣传解读政策措施，将国家支持农村创业创新的优惠政策介绍给各地农村创业创新人员，使他们及时知晓政策，增长见识。

（二）汇聚形成合力。采取线上学习与线下培训、自主学习与教师传授相结合的方式，开辟培训新渠道。与青年农场主培训计划、新型农业经营主体带头人培训计划和农村实用人才带头人示范培训等结合起来，通过合作等方式开展多种多样的创业创新培训，全面提升创业创新人员的生产经营、市场拓展、品牌打造、公司治理等方面的能力。

（三）着力培训"双创"导师。组织实施全国农村创业创新导师"百千万"人才培训计划，力争通过 3 年努力，在全国组织培养 100 名左右的国家级、1 000 名左右的省级、10 000 名左右的县市级农村创业创新导师。

（四）强化典型宣传。发挥好典型案例的示范带动作用，充分利用各类媒体特别是新媒体，宣传创业创新的好模式好经验，宣传创业创新的先进典型和优秀带头人，努力营造支持创业创新的良好氛围。结合全国农村创业创新项目创意大赛，发现一批典型，树立一批标杆，供农村创业创新人员学习借鉴，更好地激发创业创新的内生动力。

2018—2020 年全国农村创业创新人才培训任务分解表

单位：人次

序号	省份	3 年完成培训任务总量	2018 年	2019 年	2020 年
1	北 京	6 000	2 000	2 000	2 000
2	天 津	6 000	2 000	2 000	2 000
3	河 北	13 500	4 500	4 500	4 500
4	山 西	3 000	1 000	1 000	1 000
5	内蒙古	4 500	1 500	1 500	1 500
6	辽 宁	13 500	4 500	4 500	4 500
7	吉 林	7 500	2 500	2 500	2 500
8	黑龙江	7 500	2 500	2 500	2 500
9	上 海	7 200	2 400	2 400	2 400
10	江 苏	30 000	10 000	10 000	10 000
11	浙 江	33 000	11 000	12 000	10 000
12	安 徽	12 000	4 000	4 000	4 000
13	福 建	30 000	10 000	10 000	10 000
14	江 西	9 000	3 000	3 000	3 000
15	山 东	45 000	15 000	15 000	15 000
16	河 南	30 500	10 000	10 000	10 500
17	湖 北	15 600	5 200	5 200	5 200
18	湖 南	15 000	5 000	5 000	5 000
19	广 东	48 000	16 000	16 000	16 000
20	广 西	9 000	3 000	3 000	3 000
21	海 南	1 500	500	500	500
22	重 庆	4 500	1 500	1 500	1 500
23	四 川	21 000	7 000	7 000	7 000
24	贵 州	3 000	1 000	1 000	1 000
25	云 南	4 500	1 500	1 500	1 500
26	西 藏	200	50	50	100
27	陕 西	4 500	1 500	1 500	1 500
28	甘 肃	3 000	1 000	1 000	1 000
29	青 海	300	100	100	100
30	宁 夏	900	300	300	300
31	新 疆	1 800	600	600	600
32	大 连	1 800	600	600	600
33	青 岛	1 800	600	600	600
34	宁 波	1 800	600	600	600
35	厦 门	1 800	600	600	600
36	新疆兵团	1 800	600	600	600
	合计	400 000	133 150	134 150	132 700

附件 3

全国休闲农业和乡村旅游人才培训行动方案

一、基本思路

深入贯彻落实农业部、国家发展改革委等 14 部门联合印发的《关于大力发展休闲农业的指导意见》（农加发〔2016〕3 号）精神，进一步转变理念、完善机制、搭建平台、强化服务，以培养规划设计人才、经营管理人才、接待服务人才为重点，全面加强休闲农业和乡村旅游人才队伍建设，切实提升全行业创意创新和管理服务水平，促进休闲农业和乡村旅游由粗放式、单一性、低水平，向规范化、精致化、优质化发展方向转变。

二、行动目标

通过整合培训资源，完善培训内容，改进培训方法，提高培训质量，依托职业院校、行业协会和产业基地，分类、分层开展休闲农业管理和服务人员培训，到 2020 年底，完成全国培训休闲农业和乡村旅游人才 15 万人次的目标，使行业人才队伍规模不断壮大，从业人员素质大幅提高，各类人才服务休闲农业和乡村旅游提升发展的能力明显提高，产业发展智力支撑能力进一步增强。

三、主要任务

（一）以提升项目建设水平为重点，加强规划设计人才培训。依托科研教学单位建立一批设计研究中心、规划中心、创意中心，开展项目研究谋划、农业景观设计、农业功能拓展、农事体验创意等方面培训和咨询，全面加强休闲农业和乡村旅游规划设计人才培养，为休闲农业项目注入先进的建设规划理念，推动项目农业与生态、科技、文化、创意、建筑等多元素融合，提升休闲农业和乡村旅游项目规划设计的科学性和可行性。

（二）以提升实体运营能力为重点，加强经营管理人才培训。组织开展针对休闲农业和乡村旅游经营业主、专业村干部、合作社负责人等管理人员的培训，积极培树创办领办休闲农业致富带头人，为实体运营注入先进的经营管理经验。鼓励高等院校开设休闲农业专业和课程，开展专业培训咨询，发展、培养、充实一批经营管理和市场营销专业人才，全面提升休闲农业经营管理人员素质能力，提升思维高度、开拓战略视野，加强经营点管理人员发展战略、营销推介、资本运作、人力资源、质量控制、品牌创建和维护等方面培训，推动经营管理人才队伍建设科学化、专业化、职业化。

（三）以提升接待服务能力为重点，加强实用技能人才培训。充分发挥职业技术学校和社会机构的作用，鼓励举办休闲农业和乡村旅游相关专业和短期课程，开展肢体仪态、游览服务礼仪、餐饮服务礼仪、解说服务礼仪等职业技能培训，培养一批服务接待、教育解说实用人才，全面提升休闲农业和乡村旅游从业人员的礼仪举止和接待服务质量。

2018—2020 年全国休闲农业和乡村旅游人才培训任务分解表

单位：人次

序号	省份	3 年完成培训任务总量	2018 年	2019 年	2020 年
1	北 京	1 800	600	600	600
2	天 津	3 300	1 100	1 100	1 100
3	河 北	7 500	2 500	2 500	2 500
4	山 西	1 500	500	500	500
5	内蒙古	3 000	1 000	1 000	1 000
6	辽 宁	6 600	2 200	2 200	2 200
7	吉 林	6 000	2 000	2 000	2 000

（续）

序号	省份	3年完成培训任务总量	2018年	2019年	2020年
8	黑龙江	5 400	1 800	1 800	1 800
9	上 海	3 000	1 000	1 000	1 000
10	江 苏	11 400	3 800	3 800	3 800
11	浙 江	10 500	3 500	3 500	3 500
12	安 徽	11 400	3 800	3 800	3 800
13	福 建	6 300	2 100	2 100	2 100
14	江 西	6 000	2 000	2 000	2 000
15	山 东	7 500	2 500	2 500	2 500
16	河 南	3 600	1 200	1 200	1 200
17	湖 北	7 500	2 500	2 500	2 500
18	湖 南	9 000	3 000	3 000	3 000
19	广 东	4 800	1 600	1 600	1 600
20	广 西	4 500	1 500	1 500	1 500
21	海 南	4 500	1 500	1 500	1 500
22	重 庆	3 900	1 300	1 300	1 300
23	四 川	4 500	1 500	1 500	1 500
24	贵 州	3 000	1 000	1 000	1 000
25	云 南	4 500	1 500	1 500	1 500
26	西 藏	300	100	100	100
27	陕 西	1 500	500	500	500
28	甘 肃	1 200	400	400	400
29	青 海	1 200	400	400	400
30	宁 夏	1 500	500	500	500
31	新 疆	1 500	500	500	500
32	大 连	450	150	150	150
33	青 岛	300	100	100	100
34	宁 波	450	150	150	150
35	厦 门	300	100	100	100
36	新疆兵团	300	100	100	100
	合计	150 000	50 000	50 000	50 000

附件 4

20＿＿＿年全国农产品加工业、农村创业创新、休闲农业和乡村旅游人才培训任务完成情况统计表

序号	省份	实际完成培训任务总量（人次）	其中：		
			农产品加工业人才（人次）	农村创业创新人才（人次）	休闲农业和乡村旅游人才（人次）
1	北 京				
2	天 津				
3	河 北				

（续）

序号	省份	实际完成培训任务总量（人次）	其中：		
			农产品加工业人才（人次）	农村创业创新人才（人次）	休闲农业和乡村旅游人才（人次）
4	山　西				
5	内蒙古				
6	辽　宁				
7	吉　林				
8	黑龙江				
9	上　海				
10	江　苏				
11	浙　江				
12	安　徽				
13	福　建				
14	江　西				
15	山　东				
16	河　南				
17	湖　北				
18	湖　南				
19	广　东				
20	广　西				
21	海　南				
22	重　庆				
23	四　川				
24	贵　州				
25	云　南				
26	西　藏				
27	陕　西				
28	甘　肃				
29	青　海				
30	宁　夏				
31	新　疆				
32	大　连				
33	青　岛				
34	宁　波				
35	厦　门				
36	新疆兵团				

农业部办公厅 中国农业发展银行办公室关于政策性金融支持农村创业创新的通知

农办加〔2017〕29号

各省、自治区、直辖市及计划单列市农业（农牧、农村经济）厅（局、委、办），新疆生产建设兵团农业局，中国农业发展银行各分行，总行营业部：

为深入贯彻党的十九大提出的"实施乡村振兴战略，支持和鼓励农民就业创业，拓宽增收渠道"和党中央、国务院关于推进农村创业创新的决策部署，根据《国务院办公厅关于支持返乡下乡人员创业创新促进农村一二三产业融合发展的意见》（国办发〔2016〕84号）精神，在总结近年来农村创业创新工作经验基础上，农业部和中国农业发展银行（以下简称"农发行"）按照《支持农业现代化全面战略合作协议》《关于合力推进农业供给侧结构性改革的通知》要求，继续深化合作推进机制，充分发挥各自优势，切实加大政策性金融支持农村创业创新特别是项目建设力度。现就有关事宜通知如下。

一、充分认识政策性金融支持农村创业创新的重要意义

农村创业创新是大众创业、万众创新的重要力量，也是我国实施创新驱动发展的重要载体。随着越来越多的农民工、中高等院校毕业生、退役士兵、科技人员、农村能人和农村青年等返乡下乡本乡人员到农村创业创新，为现代农业注入新要素、为农村产业兴旺增强新动能、为农民就业增收开辟新渠道、为城乡融合发展提供新力量，在推进农业供给侧结构性改革、实施乡村振兴战略方面发挥了重要作用。推进政策性金融支持农村创业创新，既是农业部门履行行业管理职能的重要体现，也是发挥政策性银行支农作

用的重要方面，有利于发挥政策性金融的支农作用，进一步加速现代科技、生产方式和经营理念等融入农业，提高农业质量效益和竞争力；进一步推动新产业新业态新模式发展，促进农村一二三产业融合；进一步激活各类城乡生产资源要素，促进农民就业增收。

二、进一步明确政策性金融支持农村创业创新的目标任务

政策性金融支持农村创业创新，要按照农业部和农发行相关决策部署，完善返乡下乡创业信用评价机制，强化农村创业创新金融服务，探索扩大农村贷款抵押物范围，开发符合返乡下乡本乡人员创业需求特点的金融产品和金融服务，加大对农村创业创新的信贷支持和服务力度。充分发挥现有信贷产品的支持合力，打造支持农村创业创新服务品牌，促进农村创业创新园区和返乡下乡本乡人员培训基地建设，推动新产业与新业态开拓，支持新型经营主体创业和返乡下乡企业创业创新，从而更好满足农村创业创新需求，构建完整生态的农业产业链，拓展农业经济、生态、社会和文化等多种功能，促进新产业新业态新模式发展，形成利益联结稳定、农村一二三产业深度融合的新格局，有效提高农业竞争力，明显改善农村生产生活生态环境，持续提升农民收入。

三、准确把握政策性金融支持农村创业创新的重点范围

政策性金融支持农村创业创新，要坚持政府引导、市场运作、统筹兼顾、突出重点，积极打造支持农村创业创新的品牌，聚焦重点领域支持农村创业创新。

（一）积极支持创业创新园区等创新体系建设。促进科技与农村经济融合发展，推动农村创业创新向更大范围、更高层次、更深程度发展，着力支持建设一批集标准化原材料基地、规模化种养设施、集约化加工园区

和体系化服务网络于一体的各类现代农业产业园、农业科技园、农民创业园，支持创业创新示范基地、创业孵化基地、创客服务平台等，为农村创业创新奠定基础。

（二）积极支持返乡下乡人员培训基地建设。推动构建返乡创业服务体系，提高返乡下乡人员素质，支持返乡创业培训实习基地、中高等院校及农业企业创业创新实训基地、农民职业技能培训基地建设，支持培训创业扶贫一体化基地建设，以及对建档立卡贫困人口脱贫有带动作用的培训工程、创业培训平台建设、"互联网＋"创业培训体系建设等，推动新型职业农民培育工程、农村青年创业致富"领头雁"计划、贫困村创业致富带头人培训工程等，为农村创业创新储备人才。

（三）积极支持返乡下乡本乡人员发展新产业新业态新模式。鼓励和引导返乡下乡本乡人员开展适度规模经营、创办经济实体和企业，按照全产业链、全价值链的现代产业组织方式开展创业创新，建立合理稳定的利益联结机制，提升农村融合型产业的辐射带动力，支持以农牧（农林、农渔）结合、循环可持续为导向，发展优质高效绿色农业的工程及项目，支持产业链条健全、功能拓展充分、业态新颖的新产业和新业态，鼓励和扶持创业基础好、能力强的返乡下乡本乡人员大力开发乡土乡韵乡情潜在价值，发展休闲农业、乡村旅游、农村电商等新兴产业，提升农业价值链，拓宽农村创业创新领域。

四、加快健全政策性金融支持农村创业创新的推进机制

（一）加强协同推进。坚持自主自愿、互利互惠的原则，部行之间建立共同推进农村创业创新的战略合作关系，协同开展政策研究、信息交流、重大项目协调及监督检查等工作。农业部农产品加工局、中国农业发展银行创新部要建立高效的协调推进机制，联合开展项目评估调查，共同解决项目推进过程中遇到的困难和问题，共同推进农村创业创新项目的实施。在推进过程中，双方可以委托农业领域内具有丰富从业经验及咨询能力的单位作为第三方机构协助组织实施，并要充分发挥其在平台搭建、信息交流、经验总结等方面的积极作用。

（二）严格推荐评审。各级农业部门要统筹考虑项目的推荐价值和意义，积极支持农发行开展农村创业创新相关工作，做好项目筛选协调和推选。推荐的创业创新项目应符合以下标准：一是项目申报主体具有良好的社会信誉和真实的融资需求；二是所选项目示范性强，具有市场前景、发展潜力和推广能力，能切实推动农村创业创新，有效带动区域内农民就业增收；三是创业创新园区、示范基地、服务平台等创新体系建设应科学合理编制规划，符合当地经济社会发展规划和农业发展总体要求，能为双创人员或企业提供、创造有利条件；四是项目受地方政府重视，可享受一定的配套扶持政策和资金支持。

符合基本条件的农村创业创新项目主体均可向当地县级农业管理部门申报，并由县级农业管理部门向上逐级推荐，由省级农业管理部门审核盖章后报送农业部农产品加工局；农业部农产品加工局委托第三方机构对项目进行评审后征求农发行意见，形成全国农村创业创新项目目录，该目录将以农业部农产品加工局名义发送农发行，并在中国农村产业融合信息网和中国农发行官网上对外公布，定期更新。

（三）强化创新服务。农发行总行将确定后的创业创新项目目录分发至各分行，通过多元化信贷产品、融资模式和差别化信贷政策优先给予支持，按照择优扶持、风险可控的原则，开辟绿色办贷渠道，优先保障信贷规模，同时鼓励引导其他金融机构积极参与。

各级农业部门要发挥行业主管部门优势，采取市场调研、专家研讨、经验交流等多种方式，培育农村创业创新主体，健全创新体系，加强项目指导，提高行业服务水平。农发行各分行和各级农业部门要针对各类创业创新主体的融资需求，加大工作力度，统筹利用国家关于支持创业创新的财政贴息、创业基金、税收优惠等政策，使财政资金与政策性金融资金形成合力，积极促进农村创业创新项目落地。如，通过"政府引导、财政扶持、联合增信、批量授信"的模式，与当地政府和担保、保险等各类机构合作，特别是与全国农业信贷担保体系进行合作，探索利用"政银担""政银保"等融资担保方式，为科技创新企业及其他创业创新主体提供融资服务；根据创业创新主体中科技创新型企业和新型农业经营主体缺乏有效担保的问题，积极探索专利权质押等知识产权融资模式，运用保证、抵押、质押等组合担保方式支持创业创新。

（四）及时沟通总结。农发行各级分行要以项目目录为引导，与当地政府和园区、企业及平台管理部门以及返乡下乡创业创新主体等积极对接，主动参与项目顶层设计、立项等工作。充分利用和发挥政府扶持政策优势，促进农村创业创新综合服务平台、信用评价体系和风险补偿机制建设。各地要定期举办"农村创业创新项目银企对接活动"，组织召开多种形式的农村创业创新经验交流研讨会、项目推介会等，加强社会资本、工商资本与农发行互动交流、沟通合作。双方要经常通报工作和项目贷款进展情况，每半年至少通报一次，同时做好已贷款项目跟踪了解，及时总结贷款模式、先进经验和典型案例，加强宣传，树立农业政策性银行服务"三农"、服务创业创新的良好形象。

近期，各省级农业管理部门要认真组织并遴选出5～10个典型项目，将项目可行性研究报告以及《全国农村创业创新项目推荐表》于2018年3月30日前以书面材料和电子版形式报农业部农产品加工局，各部门提交书面材料中的推荐表需要盖章确认。以后，各省级农业部门需要新增申报项目的，于每季度第3个月30日前将有关项目推荐表通过电子邮件形式报送农业部农产品加工局，在电子邮件发送主题中注明"＊＊省2018年第＊季度农村创业创新项目推荐表"，同时将盖章的书面推荐表和项目可行性研究报告在后续一周内寄送到农业部农产品加工局。

附件：全国农村创业创新项目推荐表

农业部办公厅中国农业发展银行办公室
2017年11月23日

附件（略）

农业部办公厅关于推介休闲观光牧场的通知

农办牧〔2017〕21号

各省、自治区、直辖市畜牧（农牧、农业）厅（局、委、办），新疆生产建设兵团畜牧兽医局，黑龙江农垦总局畜牧兽医局：

为展示我国奶业发展成效，引导国产乳品消费，打造休闲观光农业新亮点，按照《农业部办公厅关于推荐休闲观光牧场的通知》（农办牧〔2017〕15号）和《休闲观光牧场推介标准（试行）》，我部在各省推荐的基础上，组织专家审核后，确定北京归原奶庄等8个牧场为第一批农业部推介的休闲观光牧场（名单附后）。我部将在中国休闲农业网"休闲农业和乡村旅游精品景点和线路"板块，宣传推介上述休闲观光牧场，引导消费者观光体验我国奶业。

各省畜牧（奶业）主管部门要指导被推介的牧场进一步完善基础设施，加强经营管理，提高生产和服务水平。要采取多种宣传措施，公布牧场交通指示图、自驾线路、预约热线等服务信息。要积极参与全国休闲农业与乡村旅游星级示范创建等品牌培育工程，进一步提升休闲观光牧场知名度，加大奶业公益宣传。

附件：第一批休闲观光牧场名单

农业部办公厅
2017 年 4 月 14 日

附件

第一批休闲观光牧场名单

（按照行政区划排序，排名不分先后）

1. 北京归原奶庄
2. 河北君乐宝乳业优致牧场
3. 内蒙古子昂牧业奶牛主题公园
4. 黑龙江飞鹤乳业观光牧场
5. 郑州昌明奶牛科普乐园
6. 洛阳生生乳业农牧庄园
7. 四川德阳原野有机牧场
8. 陕西农垦牧业华山牧场

农业部办公厅关于公布 2017 年休闲渔业品牌创建主体认定名单的通知

农办渔〔2017〕70 号

各省、自治区、直辖市及计划单列市渔业主管厅（局），新疆生产建设兵团水产局，各有关单位：

根据《农业部办公厅关于开展休闲渔业品牌培育活动的通知》（农办渔〔2017〕52 号）文件部署，我部采取基层申报、省级初审、专家评审和网络投票的方式组织开展了 2017 年休闲渔业发展典型品牌培育工作。经综合评审、网上公示等程序，认定东港市獐岛村等 27 个村（镇）为"最美渔村"、唐山海洋牧场实业有限公司（唐山海洋牧场生态基地）等 45 家单位为"全国精品休闲渔业示范基地（休闲渔业主题公园）"、碧海（中国）钓具产业博览会等 25 个节庆（会展）活动为"国家级示范性渔业文化节庆（会展）"、三友创美"坑冠王"中国休闲垂钓争霸战等 10 项赛事为"全国有影响力的休闲渔业赛事"、承德县乌龙湖休闲山庄等 100 家单位为"全国休闲渔业示范基地"。现将名单予以公布，有效期自发文之日起至 2020 年 12 月 31 日止。

各级渔业主管部门要加强对本辖区内休闲渔业品牌的培育工作和动态管理，强化政策扶持和宣传推介，营造良好发展环境，共同推动休闲渔业健康规范发展。获得休闲渔业品牌相关称号的单位要珍惜荣誉，依法合规经营，诚信规范服务，安全共享发展，积极维护休闲渔业品牌的良好社会形象。

农业部办公厅
2017 年 10 月 25 日

2017 年休闲渔业品牌创建主体认定名单

一、最美渔村

辽宁省（1 个）
东港市獐岛村
吉林省（1 个）
松原市查干湖屯
黑龙江省（1 个）
佳木斯市赫哲族乡渔业村
江苏省（5 个）
扬州市方巷镇沿湖村
宿迁市穆墩岛村
南通市吕四港镇
淮安市新滩村
泰州市沙沟镇
浙江省（2 个）
台州市石塘镇五岙村
衢州市何田乡

福建省（4个）

泉州市围头村

泉州市惠屿村

漳州市澳角村

宁德市溪邳村

山东省（3个）

威海市烟墩角村

威海市东楮岛村

日照市官草汪村

湖北省（1个）

十堰市关门岩村

广东省（1个）

阳江市大澳渔村

广西壮族自治区（1个）

钦州市三娘湾渔村

海南省（2个）

三亚市西岛

琼海市潭门镇

重庆市（1个）

九龙坡区寨山坪村

四川省（1个）

德阳市友谊村

云南省（1个）

大理市金梭岛村

宁波市（2个）

奉化区桐照村

象山县东门渔村

二、全国精品休闲渔业示范基地（休闲渔业主题公园）

天津市（1家）

天津市君林水产养殖有限公司（赵庄基地）

河北省（3家）

唐山海洋牧场实业有限公司（唐山海洋牧场生态基地）

河北盈源农业发展集团鸳鸯湖景区旅游开发有限公司（鸳鸯湖景区）

河北白洋淀金博蓝农业发展有限公司

（圈头乡桥南村）

山西省（1家）

山西世泰湖文化旅游发展有限公司（山西世泰湖基地）

内蒙古自治区（2家）

巴彦淖尔市纳林湖农林水产科技有限公司（纳林湖基地）

内蒙古呼伦贝尔呼伦湖渔业有限公司（内蒙古呼伦湖基地）

辽宁省（3家）

盘锦辽河绿水湾休闲娱乐有限公司（辽河绿水湾基地）

盘锦光合蟹业有限公司（盘锦光合蟹村科普体验区）

盘锦绕阳河文化旅游有限公司（盘锦绕阳湾基地）

吉林省（1家）

大安市嫩江湾湿地保护开发管理办公室（大安市嫩江湾基地）

黑龙江省（1家）

哈尔滨丁香岛渔业有限公司（丁香岛基地）

上海市（1家）

上海品兴农家乐专业合作社（一品渔村标准化水产养殖场）

江苏省（5家）

南通市世外桃园休闲农庄有限公司（南通世外桃园休闲农庄）

南京鑫淼农业科技有限公司（鑫淼龙锦园）

江苏中洋河豚庄园有限公司（中洋河豚庄园）

南京丽铭农业生态发展有限公司（丽铭农庄）

南京市江宁区宇俊水产养殖家庭农场（舟渔寨基地）

浙江省（4家）

湖州荻港徐缘生态旅游开发有限公司（湖州荻港渔庄）

浙江龙和水产养殖开发有限公司（龙和码头渔业园）

台州市椒江区大陈镇人民政府（大陈岛旅游度假区）

普陀区白沙岛管理委员会（白沙岛基地二期）

安徽省（4家）

舒城县万佛湖渔业总公司（万佛湖海螺堰国际休闲垂钓基地）

铜陵四季养殖有限公司（铜陵四季渔歌基地）

巢湖市鑫鑫水产养殖有限公司（黄麓镇芦溪行政村）

肥西县渔丰水产养殖有限公司（肥西县渔丰休闲山庄）

福建省（2家）

莆田凯茂现代渔业发展有限公司（后海基地）

绿耕耘股份有限公司（绿耕耘龙头基地）

江西省（1家）

江西山水武宁渔业发展有限公司（庐山西海·个山养珍水生态产业园）

山东省（5家）

威海长青海洋科技股份有限公司（威海长青基地）

荣成市泓泰海洋生态休闲旅游有限公司（泓泰海洋生态基地）

日照顺风阳光海洋牧场有限公司（顺风阳光海洋牧场）

威海西港水产有限公司（威海西港小石岛基地）

威海三泉生态农业发展有限公司（威海汤泊温泉基地）

湖北省（3家）

湖北青龙湖农业发展有限公司（钟祥彭墩基地）

湖北绿森林生态农业有限公司（云梦北湖垸基地）

广水市十里观音村银波水产养殖专业合作社（广水市神怡生态园）

湖南省（3家）

长沙千龙湖生态农业开发有限公司（千龙湖基地）

衡阳东方旅游实业有限公司（衡阳东方庄园）

湖南洋沙湖现代农业科技有限公司（湖南顺天洋沙湖基地）

广西壮族自治区（1家）

广西玉林市龙泉水产养殖有限公司（龙泉基地）

重庆市（1家）

重庆新港农业发展有限公司（巴南区云篆山荷韵生态园）

陕西省（1家）

陕西黄河湾生态农业有限公司（陕西黄河湾基地）

甘肃省（1家）

武威市利昇农林渔有限责任公司（磨嘴子神泉山庄）

宁波市（1家）

宁波市奉化翡翠湾海洋渔业发展有限公司（翡翠湾基地）

三、国家级示范性渔业文化节庆（会展）

北京市（1个）

碧海（中国）钓具产业博览会

吉林省（1个）

中国·松原查干湖冰雪渔猎文化旅游节

黑龙江省（1个）

镜泊湖冬捕节

上海市（1个）

上海国际休闲水族展览会

江苏省（4个）

中国盱眙国际龙虾节

中国·高淳固城湖螃蟹节

太湖放鱼节

3.18 中国·洪泽湖放鱼节

浙江省（3个）

千岛湖有机鱼文化节

湖州·南浔鱼文化节

温州苍南龙港肥艚开渔节

安徽省（1个）

中国合肥龙虾节

福建省（1个）

海峡（福州）渔业周·中国（福州）国际渔业博览会

江西省（1个）

中国·南昌"军山湖杯"鄱阳湖螃蟹节

广东省（3个）

广州金花地渔具博览会

中国（江门）锦鲤博览会

连南瑶族自治县"稻田鱼文化节"

广西壮族自治区（1个）

中国·钦州蚝情节

云南省（2个）

中国·孟连娜允神鱼节

中国云南江川开渔节

新疆维吾尔自治区（1个）

福海县乌伦古湖冬捕文化旅游活动

大连市（1个）

大连海尚嘉年华

青岛市（2个）

周戈庄祭海节

东夷海祖郎君庙会

厦门市（1个）

厦门休闲渔业博览会

四、全国有影响力的休闲渔业赛事

北京市（2项）

三友创美"坑冠王"中国休闲垂钓争霸战

"鱼岛杯"垂钓大赛

江苏省（2项）

"无锡渔具展杯"全国千名渔具店长钓鱼大赛

中国泗洪洪泽湖湿地国际大圆塘超级杯休闲垂钓邀请赛

福建省（1项）

中国（福州）金鱼大赛

山东省（3项）

中国日照海钓节暨全民休闲体验赛

中国·临沂（沂河）休闲垂钓大赛

中国威海国际路亚赛

海南省（1项）

万宁市中华龙舟赛

大连市（1项）

全国海钓大师积分赛

五、全国休闲渔业示范基地

天津市（2家）

天津市天祥水产有限责任公司（苗庄镇大沙窝村基地）

天津市蟹源水产养殖有限公司（七里海镇北移民村基地）

河北省（2家）

承德县乌龙湖休闲山庄

廊坊凯峰旅游度假村有限公司（永清县金华湖度假村）

内蒙古自治区（2家）

内蒙古绿野山水生态农业开发有限公司（乌拉特中旗德岭山水库）

磴口县金马湖生态养殖专业合作社（金马湖基地）

辽宁省（1家）

宽甸满族自治县三江养殖场

吉林省（2家）

镇赉县金丰旅游度假山庄有限公司（金丰旅游度假山庄）

通化振国健康生态科技有限公司（英额布水库）

黑龙江省（5家）

嘉荫县鑫阳云水生态种养业示范区有限责任公司（永安东湖基地）

虎林市南新大白鱼养殖农民专业合作社（南岛湖基地）

佳木斯山水渔业有限公司（佳木斯郊区

西格木乡山水渔业基地)

肇东市东发渔业有限公司（水产养殖场）

肇东市大似海渔业有限公司（大似海基地）

江苏省（10家）

江苏金辰农业科技有限公司（祁巷小南湖基地）

江苏省常州市西湖山庄水产科技有限公司（西湖山庄）

江苏渔夫乐园旅游有限公司（渔夫乐园）

淮安市五河口水产科技有限公司（淮安市现代渔业产业园）

江苏德春农业发展有限公司（德春生态园）

高邮市湖畔水产专业合作社（王鲜记农场）

兴化市南阳水产养殖专业合作社（想当年渔村）

启东市旅游开发建设有限公司（启东黄金海滩景区）

江苏福顺旅游开发有限公司（洪泽湖渔家风情园）

泗洪向阳湖现代农业发展有限公司（向阳湖休闲基地）

浙江省（1家）

龙游兴隆锦鲤文化博览园

安徽省（10家）

黄山太平湖生态渔业股份有限公司（黄山太平湖基地）

桐城市仙龙湖文化旅游发展有限公司（仙龙湖基地）

安徽三赢生态农业股份有限公司（佛子岭水库基地）

霍邱县明青水产养殖专业合作社（明青生态园）

安徽百荷农庄农业科技有限公司（百荷农庄）

淮北市南湖公园运营管理有限公司（南湖公园）

太湖县长龙实业有限责任公司（叶家湖基地）

合肥红堰生态养殖有限公司（红堰山庄）

长丰县陶楼乡金徽园生态农庄

霍山县仙人湖家庭农场（霍山县仙人湖水库基地）

福建省（2家）

政和县洞宫种养殖专业合作社渔业基地

福建省沙县国营综合农场（车头基地）

江西省（7家）

江西省瑶池湾度假山庄

九江市柘林湖生态渔业有限公司（柘林湖基地）

江西聚龙湾现代渔业发展有限公司（聚龙湾渔家乐）

江西省方洲特种淡水养殖有限公司（赣鄱方舟休闲农庄）

婺源县江源科技农业发展有限公司（婺源荷包红鲤度假村）

江西田垅农业发展有限公司（南新庄园）

江西鄱阳湖湿地公园旅游开发有限公司（鄱阳湖国家湿地公园）

山东省（10家）

微山县特种水产养殖试验场（微山湖竞技垂钓中心）

威海温泉溪谷休闲养生有限公司（文登区经济开发区大溪谷基地）

荣成成山鸿源水产有限公司（荣成市瓦屋石村基地）

山东景明海洋科技有限公司（水语小镇）

威海市文登区金滩牡蛎养殖专业合作社（文登区小观镇二王家村基地）

山东衍博现代农业科技有限公司（金屯镇王屯村基地）

淄博大芦湖文化旅游有限公司（高青蓑衣樊村基地）

山东益源高效生态农牧渔有限公司（沾化区城北益源基地）

日照国际海洋城莲荷嘉苑莲藕农民专业

合作社（东港区涛雒镇宅科村荷仙子风景区）

荣成市石岛桃园渔家民俗旅游服务有限公司（石岛桃园度假村）

河南省（1家）

范县都市生态种养殖有限公司（龙王庄镇西屯基地）

湖北省（6家）

湖北浠水投资发展集团有限公司（浠水生态农业基地）

武汉五通现代农业发展有限公司（五七公司健康养殖示范场）

老河口市渔悦农业开发有限公司（陈埠村渔悦农庄）

湖北尚禾生态农业发展股份有限公司（尚禾（柽蜜小镇）生态农业旅游区）

赤壁市沧湖生态农业开发区

京山盛昌乌龟原种场

湖南省（5家）

柳吉现代农业科技有限公司（柳吉观赏鱼产业园）

怀化裕源生态农业科技开发有限公司（裕源度假山庄）

岳阳县黄秀农耕文化园

岳阳市屈原管理区明昊生态农业科技发展有限公司（明昊山庄）

临湘市长安街道办事处（临湘浮标特色小镇）

广东省（8家）

惠州李艺金钱龟生态发展有限公司（李艺金钱龟养殖基地）

广东狂人体育文化有限公司（狂人国际路亚基地）

梅州市金穗生态农业发展有限公司（金穗休闲旅游区）

佛山市高明泰康山旅游开发有限公司（广东省休闲垂钓基地）

雷州市天成台旅游度假村有限公司（悦湖自然生态休闲渔业区）

韶关市冯氏生态庄园有限公司（冯氏生态庄园）

广东鑫龙湾生态休闲农业发展有限公司（合水基地）

东莞市松湖水产品养殖有限公司（松湖水产基地）

广西壮族自治区（9家）

武宣县螺山生态农业农民专业合作社（螺山生态产业核心区）

广西东兴天隆泰生态产业有限公司（天隆泰（桃花岛）生态产业园）

广西翠湖田园生态观光发展有限公司（钦北区大垌镇基地）

钦州市那雾山绿宇观光农业有限公司（那雾山生态园）

广西忻城县三寨沟旅游投资开发有限责任公司（三寨沟基地）

桂林市井源生态农业发展有限公司（井源生态农庄）

贺州市平桂管理区鹅塘码头湾生态农场

南宁市碧田原生态农业科技有限公司（碧田原农耕文化体验园）

钦州市浦北县聚然休闲中心

重庆市（5家）

"巴乡谷"休闲渔业基地

重庆鹏鼎生态农业有限责任公司（鹏鼎大坡观赏园基地）

重庆市长寿区老陈菜农业综合开发有限公司（老陈菜生态农庄）

重庆后湖农业有限公司（后湖·水云天基地）

重庆旭途农业开发有限公司（笋河水乡休闲垂钓基地）

四川省（7家）

达州市达川区高滩坪家庭农场

都江堰新联水产养殖有限公司（虹口三文鱼体验中心）

旺苍县世外桃源农业开发有限公司（红垭基地）

旺苍县大两乡淡水鱼养殖专业合作社

（大两乡大河休闲渔村）

三岔湖国际垂钓文化休闲中心

广元市隆华渔业有限公司（米仓山大峡谷渔乐园）

绵阳市金汇丰水产养殖专业合作社（川仙渔村）

甘肃省（2家）

武山县桃缘养殖专业合作社渔场

武山东胜养殖专业合作社（鸳鸯镇盘古养鱼小区）

宁夏回族自治区（1家）

贺兰县兆丰生态渔业有限公司（桃林又一村）

新疆维吾尔自治区（1家）

福海瑞雪渔业生态旅游有限公司（瑞雪度假村）

青岛市（1家）

青岛斋堂岛海洋生态养殖有限公司（斋堂岛海洋牧场基地）

北京市农村工作委员会等13部门关于加快休闲农业和乡村旅游发展的意见

京政农发〔2017〕30号

郊区各区农委、发展改革委、经济和信息化委、财政局、规划分局、国土分局、住房城乡建设委、水务局、旅游委、文委、园林绿化局、妇联，各银行：

休闲农业和乡村旅游是北京都市型现代农业的重要组成部分，是推进城乡一体化发展的重要内容，是落实"绿水青山就是金山银山"的重要载体，在推动农业供给侧结构性改革、建设美丽乡村、带动农民就业增收、传承农耕文明等方面发挥着重要作用。为深入贯彻落实中央1号文件，落实农业部、国家发展改革委、财政部等14部门《关于大力发展休闲农业的指导意见》（农加发〔2016〕3号）和市委、市政府《关于坚持疏解整治促提升扎实推动城乡一体化发展的意见》（京发〔2017〕9号）等文件精神，加快推动休闲农业和乡村旅游提档升级，现提出以下意见。

一、总体要求

（一）指导思想。深入学习贯彻习近平总书记系列重要讲话精神和治国理政新理念新思想新战略，深入学习贯彻习近平总书记两次视察北京重要讲话精神，学习宣传落实市第十二次党代会和市委十二届二次全会精神，践行"绿水青山就是金山银山"的发展理念，立足首都城市战略定位，适应京津冀协同发展新要求，顺应首都居民过上更好生活新期待，以环境生态化、居住文明化、活动民俗化、饮食本地化、服务规范化、管理网络化为方向，以"存量抓升级、增量重转型"为主线，以激发消费活力、促进产业升级、实现产业富民为着力点，坚持农耕文化为魂，美丽田园为韵，生态农业为基，传统村落为形，创新创造为径，加强规划引导，完善基础设施，创新开发模式，强化公共服务，加快品牌培育，推进规范发展，提高组织化水平，促进农业与旅游、教育、文化、体育、健康、养老等产业深度融合，推动休闲农业和乡村旅游提档升级和健康发展。

（二）基本原则。

——生态优先、持续发展。按照首都生态文明建设的要求，遵循开发与保护并举、生产与生态并重的理念，统筹考虑资源、环境承载能力，加大生态环境保护力度，实现可持续发展。

——以农为本、促进增收。以农业为基础，农村为载体，农民为主体，立足提升农民的生活品质和环境，提高村民的服务能力和水平，让游客体验到真实的农村生活，促进农民持续稳定增收。

——市场导向、突出特色。以满足消费者的休闲旅游需求为导向，结合农业资源、乡村景观、人文历史、交通区位、旅游基础和投资条件，因地制宜、突出特色、创新发展，提供舒适自然、特色鲜明的休闲农业和乡村旅游产品。

——多方参与、政策集成。使市场在资源配置中起决定性作用，更好发挥政府作用，创新休闲农业发展体制机制，调动各方积极性，形成"政府引导、主体多元、市场运作"的发展模式。

（三）发展目标。休闲农业和乡村旅游产业规模不断扩大，接待人次、经营收入年均增长5％和8％以上，到2020年，分别达到5 000万人次和60亿元；产业布局更加科学合理，产业结构明显优化，产品内容更加丰富，发展质量明显提高，形成京津冀休闲农业协同发展新格局。

二、主要任务

（一）加强基础设施建设，改善休闲旅游环境。

1. 提升乡村景观。从农田景观、廊道景观、村落景观建设入手，开展景观建设与培育，全面提升乡村景观。推进农田景观建设，实施规模农田镶边、农田缓冲带种植、闲置地景观化改造、坡地景观栽培、沟路林渠景观提升等生态景观农业工程。开展景观作物品种筛选及栽培技术研究，筛选并推广适宜的景观作物品种。实施景观进村入院，鼓励在村域内栽花种草、植树绿化，建设廊架景观、庭院景观、阳台盆栽景观。编制乡村景观建设规划，制订技术规程，建立乡村景观建设和管理体系。

2. 加强基础设施建设。结合新农村建设，重点推进实施农村六网（供水管网、污水管网、垃圾收运处理网、电网、乡村路网、互联网）改造提升工程，切实改善乡村旅游地区的基础设施条件。到2020年，民俗旅游村集中供水实现全覆盖，饮水符合国家《生活饮用水标准》，污水处理率达到95％以上，

生活垃圾收运处理率达到100％，公共交通和4G无线网络实现全覆盖。进一步完善乡村旅游公共服务设施条件，加强游客综合服务中心、餐饮住宿的洗涤消毒设施、农事景观观光道路、农产品展示中心、休闲辅助设施、乡村民俗展览馆和演艺场所等公益性基础服务设施建设，改善休闲旅游环境。大力发展由步道和自行车道等构成的慢行交通系统，推进3 000公里京郊旅游休闲步道建设。开展生态停车场、导引系统建设，提高游客的可进入性。大力推进旅游厕所建设。开展超低能耗农宅示范。在"五个一工程"基础上，进一步推进传统村落升级发展。

（二）创新产品，优化休闲农业结构。

3. 创新发展业态。鼓励根据资源禀赋和市场需求，通过农旅结合、农科结合、农文结合等发展模式，紧密结合中小学生教育示范基地、北京市科普教育基地、A级景区等建设标准，因地制宜创新发展业态。鼓励发展亲子农业、教育农园、市民农园，促进农业与科普、教育、体验的结合。推进乡村酒店、养生山吧、休闲农庄、生态渔家、山水人家、采摘篱园、民族风苑、国际驿站、葡萄酒庄、汽车旅游营地等特色业态发展。探索发展中医药健康旅游产品。挖掘北京地方民俗文化资源和农业文化遗产，开展重要农业文化遗产认定，做好开发、利用、保护、传承工作。支持发展"乡村非遗旅游"，传承北京地方乡土文化。

4. 延伸产业链条。支持一产与二三产业融合发展，培育生产标准化、经营集约化、服务规范化、功能多样化的休闲产业链。支持有条件的乡村盘活闲置农宅，吸引社会资本，发展旅游、休闲、养老、健身等产业，延长产业链条。民俗旅游村要结合美丽乡村建设，完善村内公共服务设施，开展绿色农宅、绿色村庄建设，保留乡村文化符号，健全旅游要素，拓展发展空间。休闲农业园区要以增加体验性、参与性为重点，完善功能分区，搞好标识系统

建设，增加解说服务，丰富游览体验内容。注重保护传统村落、民族村落，建设一批具有历史记忆、地域特点、民族风情的民俗旅游村。支持采摘园改造提升。积极发展城市农业，促进创意农业走进市民家庭。

（三）推进资源整合与产业集聚，优化区域布局。

5. 转变经营方式。创新休闲农业组织形式、体制机制和发展模式，优化资源配置，促进休闲农业由粗放经营向规模集约经营转变。支持建设集乡土文化展示、农事体验、乡村休闲娱乐、商业服务、休闲度假等项目于一体的休闲农业和乡村旅游综合体。鼓励休闲农业园区通过品牌合作、资产重组等方式做大做强，支持休闲农业和乡村旅游企业上市。鼓励休闲农业企业申报农业产业化龙头企业。支持以农民为主体、利益为纽带的民俗旅游专业合作社发展。

6. 推进集群发展。积极推进休闲农业要素、项目、产业集聚。发挥旅游景区景点的带动作用，环绕交通干道、河流和沟域，通过资源优化和创意设计，将民俗旅游村、休闲农业园区与景区景点等串联起来，形成特色明显、资源互补、利益联结紧密、满足游客多元化需求的乡村旅游带。对休闲农业园区较多、基础条件较好、资源独特、发展潜力大的区域进行整体包装，建设集中连片的休闲农业集聚区。有序开展全域旅游示范区创建，借力提升休闲农业和乡村旅游发展水平。结合特色小城镇建设，推动休闲农业与新型城镇化有机结合，开发建设一批具有示范带动作用的乡村旅游小镇。结合沟域经济开发，引进一批休闲农业和乡村旅游重大项目，实现产业集聚发展。借助筹办 2019 年世界园艺博览会、2020 年世界休闲大会等大型会展机遇，引领推动周边休闲农业和乡村旅游快速发展。

7. 推动京津冀休闲农业协同发展。按照"市场导向、优势互补、资源共享、特色鲜明、共赢发展"的原则，统筹规划京津冀三地休闲农业建设，共同打造休闲农业精品旅游线路。建立京津冀休闲农业公众服务平台，加强休闲农业品牌合作，开展休闲农业人才培养，策划休闲农业大型推介活动。以沟域景观建设为契合点，联合推进京津冀沟域发展。

（四）加强宣传推介，培育知名品牌。

8. 加强宣传推介。充分发挥"互联网＋"在促进休闲农业和乡村旅游宣传推介中的作用，在重大节假日前和重要农事节庆节点，利用网络、电视、报纸、微信等，以图文并茂的形式，有组织、有计划地开展休闲农业和乡村旅游宣传推介。鼓励通过传统媒体和互联网等新兴媒体宣传推介精品线路和精品景点，扩大休闲农业和乡村旅游的影响力。鼓励举办特色鲜明、影响力大、公益性强的农事节庆活动，增强市场开拓能力。继续开展休闲农业和乡村旅游信息标注工作。

9. 加强品牌建设。实施休闲农业品牌战略，培育一批特色突出、品质优秀、创意新颖的知名品牌。推进星级民俗旅游村、民俗旅游接待户，休闲农业园星级园区示范创建工作。打造一批乡村美食、创意产品、农事活动等特色乡村旅游品牌。推进 100 个特色旅游村镇创建。培育山区 10 条精品沟域经济带，实现全域景区化。充分发挥北京农业嘉年华的品牌和市场影响力。

（五）强化培训服务，优化创业环境。

10. 大力开展培训。依托职业院校、行业协会和产业基地，分层、分类开展管理人员和服务人员培训。继续推进民俗村户旅游经营者万人培训。整合优化青年创业致富"领头雁"计划、实用人才培训、田间学校、全科农技员等资源，开展针对休闲农业经营管理、从业人员多种形式的培训。切实做好休闲农业解说员的培训。

11. 培育休闲农业创客。落实"大众创业、万众创新"，引导和支持返乡农民工、大学毕业生等通过经营休闲农业和乡村旅游实现自主创业。鼓励首都文化、艺术、科技专业人员发挥优势，开展休闲农业和乡村旅游创作创业。鼓励烹饪协会、北京巧娘协会、玩具协会、工艺美术协会等专业社会团体与民俗旅游村、休闲农业园区"结对子"，提升经营水平。到2020年，在京郊建设一批休闲农业创客示范基地，形成一批高水准文化艺术旅游创业就业乡村。

12. 加强规范管理。认真贯彻实施新修订的《北京市旅游条例》，全面推动休闲农业和乡村旅游依法、有序、规范发展。完善休闲农业地方标准，科学设计评价指标体系，提高市场准入门槛。研究制订市民农园等新业态标准。鼓励休闲农业和乡村旅游企业参与国家有关标准体系认证。支持休闲农业行业协会、产业联盟等行业服务组织强化服务，加强专业指导，通过自我服务、管理和约束，规范竞争行为，营造公平环境。加强对休闲农业和乡村旅游从业人员的诚信教育，严惩违法乱建、欺客宰客，提高服务质量。强化食品、卫生等各方面安全意识和管理制度建设。

三、政策措施

（一）完善用地制度。结合北京农村一二三产融合发展实际，进一步优化集体经营性建设用地的指标结构和空间布局。在与土地利用总体规划、城乡规划、风景名胜区规划、环境保护规划等相关规划充分衔接的基础上，科学规划，合理布局，发展休闲农业和乡村旅游项目。在符合规划的前提下，严格各种用途管制，属于永久性设施建设用地的，依法按建设用地管理；属于自然景观以及农牧渔业种植、养殖用地不征收（收回）、不转用，按现用途管理。允许农村集体经济组织利用集体经营性建设用地，进行休闲农业和乡村旅游所必需的配套设施建设。鼓励利用村内的建设用地发展休闲农业和乡村旅游，支持开展城乡建设用地增减挂钩试点。支持有条件的村通过盘活农村闲置房屋、集体建

设用地、四荒地、废弃矿山、水面等资产资源发展休闲农业和乡村旅游。

（二）加强政策集成。各部门要加大对休闲农业和乡村旅游的政策倾斜，加大投入力度，建立政府投入为引导，农民、企业和社会投入为主体的多元投入机制。进一步集成新农村基础设施建设、沟域经济发展、中小河道治理、园林绿化等方面政策，支持休闲农业和乡村旅游发展。充分结合农村地区现有的产业发展扶持政策、抗震节能改造补贴政策、超低能耗示范奖励资金和传统村落保护修缮资金等，支持休闲农业园区和乡村旅游发展。对开展农田景观建设的镇、村、园区，加大在品种选育、产品开发、基础设施建设等方面的支持。统筹山水林田湖资源，探索发展集循环农业、创意农业、农事体验于一体的田园综合体。对纳入农民专业合作社市级示范社培育创建范围的民俗旅游专业合作社予以支持。对获得国家级、市级荣誉称号的休闲农业园区和民俗旅游村予以支持。

（三）拓宽融资渠道。依托京郊旅游融资担保服务体系，采取"政府引导，市场运作"的方式，撬动金融资本，引领资金投向休闲农业和乡村旅游。鼓励银行业金融机构开发特色休闲农业金融产品，拓宽抵押担保物范围，开展农村承包土地的经营权抵押贷款业务。鼓励银行业金融机构加强与农业担保机构合作，适当扩大保证金的放大倍数，满足休闲农业发展的资金需求。要对特色鲜明、管理规范、带动就业的休闲农业园区和民俗旅游村给予贴息支持。支持社会资本依法合规利用PPP模式、众筹模式、"互联网＋"模式、发行债券等方式，投资休闲农业产业。推进乡村旅游政策性保险。

（四）提升公共服务。加大"智慧乡村"对休闲农业和乡村旅游的支持力度。增强线上线下营销能力，加快构建网络营销、网络预订和网上支付以及导航等公共服务平台。推进"一村一品"＋电商建设，开展休闲农

业电子商务试点。支持依托互联网技术开发休闲农业新产品。运用大数据和云计算技术，强化行业运行监测分析，构建北京休闲农业和乡村旅游监测统计制度。支持休闲农业聚集区域的公共交通体系，加强道路、观光巴士等公共服务设施配套。

休闲农业和乡村旅游是重要民生产业和新型消费业态，要从战略和全局的高度深化认识，高度重视、大力支持，营造良好的发展环境。各区农业、发改、经信、财政、规划国土、住建、水务、旅游、文化、文物、园林绿化、妇联、银行等部门要出台具体的支持政策，加强规划引导，加大投入力度，建立协调推进机制，形成工作合力，扎实推动各项任务落实，加快建立带动农民广泛参与、实现就业增收的机制，形成多方共赢的发展局面。

北京市农村工作委员会
北京市发展改革委员会
北京市经济和信息化委员会
北京市财政局
北京市规划和国土资源管理委员会
北京市住房和城乡建设委员会
北京市水务局
北京市旅游发展委员会
北京市文化局
北京市文物局
北京市园林绿化局
北京市妇女联合会
中国人民银行营业管理部
2017 年 8 月 16 日

内蒙古自治区农牧业厅
关于印发《内蒙古自治区休闲农牧业发展"十三五"规划》的通知

内农牧计发〔2017〕25 号

各盟市及计划单列市农牧业局（产业化办公

室）：

为深入贯彻落实国务院办公厅《关于推进农村一二三产业融合发展的指导意见》精神，引导我区休闲农牧业持续健康发展，促进农牧民就业增收。根据《全国农产品加工业与农村一二三产业融合发展规划》和《内蒙古自治区国民经济和社会发展第十三个五年计划》的精神，结合我区休闲农牧业发展实际，我厅组织编制了《内蒙古自治区休闲农牧业发展"十三五"规划》。现印发你们，请结合实际贯彻执行。

内蒙古自治区农牧业厅
2017 年 2 月 10 日

内蒙古自治区休闲农牧业
发展"十三五"规划
（2016—2020）

为认真贯彻落实《中华人民共和国国民经济和社会发展第十三个五年规划纲要》《国务院办公厅关于推进农村一二三产业融合发展的指导意见》《内蒙古自治区国民经济和社会发展第十三个五年规划》《内蒙古自治区农牧业现代化第十三个五年规划》《全国农产品加工业与农村一二三产业融合发展规划（2016—2020 年）》，促进内蒙古自治区休闲农牧业持续健康发展，结合我区休闲农牧业发展实际，制定本规划。

一、发展休闲农牧业的意义

休闲农牧业融合农村牧区一二三产业，融合生产、生活和生态功能，紧密连接种养业、农产品加工业、农村牧区服务业，是农村牧区新型产业形态和新型消费业态。随着居民收入提高和旅游业发展，城乡居民对休闲消费需求持续增长，休闲农牧业进入快速发展的新阶段。

休闲农牧业符合经济发展规律，蕴藏着巨大发展潜力。发展休闲农牧业是促进农牧民就业增收的重要渠道，发展休闲农牧业能够延伸农牧业产业链条，带动相关配套产业发展，有效拓展农牧民就业增收空间，成为农牧民"四季不断"的重要收入来源。发展休闲农牧业能够有效引导生产要素流向农村牧区，带动农村牧区基础设施建设和生产发展，改善农村牧区发展环境和村容村貌；能够加快培养一批有文化、懂经营、会管理的新型农民，从而整体带动农牧业生产水平、农牧民生活水平和乡风文明水平的提高，推进社会主义新农村新牧区建设。休闲农牧业以农牧业为依托，以农村牧区为空间，以农牧民为主体，以城市居民为客源，能够实现"大农业"与"大旅游"的有机结合，使得城乡互为资源、互为市场、互为环境，必将在加快城乡经济文化融合和三次产业联动发展，缩小城乡差别，加快城乡一体化进程方面发挥重要作用。

二、发展现状

（一）全国休闲农业发展态势。全国休闲农业和乡村旅游呈暴发增长态势，2015 年年接待人数达 22 亿人次，经营收入达 4 400 亿元，"十二五"期间年均增速超过 10％；从业人员 790 万人，其中农民从业人员 630 万人，带动 550 万户农民受益。

发展目标是到 2020 年年接待人数达到 33 亿人次，年均增长 8.4％，年营业收入达到 7 000 万亿元，年均增长 10％。

（二）"十二五"期间我区休闲农牧业发展情况。"十二五"时期，在全国休闲农业和乡村旅游蓬勃发展的大背景下，我区休闲农牧业和乡村牧区旅游风生水起、异彩纷呈。截至 2015 年全区有规模不等的休闲农牧业经营主体 2 700 多家，从业人员达到 5.8 万人，其中农牧民 4.7 万人；带动 8.8 万户农牧民收益。创建国家级休闲农业和乡村旅游示范县 6 个，示范点 17 个；自治区级示范旗县 13 个，示范点 60 个。中国重要农业文化遗产 2 个，中国最美休闲乡村 6

个，有精品线路 30 条，休闲农牧业聚集村镇 20 处，星级企业 61 户。推介了一批农事创意景观和休闲农牧业创意精品。"十二五"时期游客接待数和营业收入年均增速 10％左右，整个产业呈现出"发展加快、布局优化、质量提升、领域拓展"的良好态势，正在成为我区农村牧区经济社会发展的新业态、新亮点。

我区休闲农牧业发展取得了一些成效，但也存在一些问题，主要表现为：休闲农牧业发展仍然存在布局不合理、管理水平不高、人员素质较低、基础设施较差、投资结构不合理等问题。

1. 缺乏整体规划和科学指导。点多面少线短，特色特点不突出。重复建设，功能单一，发展雷同现象比较普遍。

2. 资金投入少，对发展休闲农牧业的关注度不够，政策引导有待于进一步加强。

3. 专业性经营和管理人才欠缺，经营与服务缺乏创新。企业管理和服务质量参差不齐，标准不高。

4. 档次低、效益差。以餐饮为主，参与、体验、度假、娱乐占有的份额少；休闲农牧业旅游商品开发层次较低，一般产品多高档产品少，初级产品多深加工产品少；购物比重偏小，游客总体消费水平不高；休闲农牧业文化内涵挖掘不足，缺少展示自治区独特民俗文化的载体，缺少精品景点景区。

（三）发展机遇。

1. 发展休闲农牧业符合国家和自治区的产业政策。

2015 年 12 月 31 日中共中央、国务院发布《关于落实发展新理念加快农业现代化实现全面小康目标的若干意见》指出要"积极开发农业多种功能，挖掘乡村生态休闲、旅游观光、文化教育价值。扶持建设一批具有历史、地域、民族特点的特色景观旅游村镇，打造形式多样、特色鲜明的乡村旅游休闲产品"。国务院《关于促进旅游业改革发展的若干意见》，将带薪休假制度落实情况纳入各地政府议事日程。2015 年国民休闲纲要、带薪休假制度逐步落实，假日制度不断完善，居民休闲时间明显增多，这为休闲农牧业发展提供了发展拉力。全面建成小康社会为休闲农牧业发展提供了重大机遇，国家和自治区相关政策为休闲农牧业提供了发展的政策空间，自治区休闲农牧业将迎来新一轮黄金发展期。

2. 贯彻五大发展理念有利于休闲农牧业成为优势产业。

休闲农牧业具有内生的创新引领性、绿色生态性、协调带动性、开放互动性、和共建共享性，与"创新、协调、绿色、开放、共享"五大发展理念高度契合。贯彻落实五大发展理念将进一步激发休闲农牧业发展动力和活力，促进休闲农牧业成为新常态下的优势产业。

3. 推进供给侧结构性改革有利于促进休闲农牧业内涵式发展。

供给侧结构性改革将通过市场配置资源和更为有利的产业政策，促进增加有效供给，促进中高端产品开发，优化农牧业供给结构，推动休闲农牧业由低水平供需平衡向高水平供需平衡提升，促进休闲农牧业内涵式发展。在农村牧区科技进步、生产机械化、服务体系健全、经营方式产业化、一二三产业一体化过程中，大量农牧民从繁重的劳作中解脱出来，特别是一批知识青年投身现代农牧业生产，为发展休闲农牧业，走创业就业发展道路提供了条件保障。随着农村牧区经济结构转型升级，工商资本逐步融入现代农牧业，为休闲农牧业发展注入了资金、技术、信息、人才，而生态建设、设施农业为休闲农牧业提供了许多新的观赏景点和体验项目。

4. 农村牧区基础设施改善为休闲农牧业发展创造了条件。

内蒙古自治区农村牧区道路、房屋、供水、供电、卫生、通信等基础设施明显改善，

航空、高铁、高速公路等快速发展，现代种养业标准化、规模化生产基地建设，设施农业园区建设、科技园区建设，扶贫开发、生态建设、国家森林公园建设等项目实施为发展休闲农牧业奠定了坚实的基础。

5. 国民经济快速发展为休闲农牧业发展提供了需求动力。

我区人均国内生产总值已达11 630美元，相当于全国水平 1.55 倍，城乡居民对休闲消费需求持续高涨，农村牧区优美的田园风光和草原风光、恬淡的生活环境，凉爽的气候、清洁的空气、无污染的绿色食品，都对国内外游客有潜在的吸引力，必将成为休闲消费的主阵地。

三、指导思想、原则、目标

（一）指导思想。深入贯彻党的十八大和十八届三中、四中、五中、六中全会精神，牢固树立"创新、协调、绿色、开放、共享"的发展理念，紧紧围绕发展现代农牧业、增加农牧民收入、建设社会主义新农村新牧区三大任务，以促进农牧民就业增收、满足居民休闲消费需求、建设美丽宜居乡村为目标，加强统筹规划，强化规范管理，加大公共服务，强化政策引导，推进农牧业与旅游、教育、文化、健康养老等产业深度融合，提升休闲农牧业发展水平，着力将休闲农牧业产业培育成为繁荣农村牧区、富裕农牧民的新兴支柱产业，为城乡居民提供望得见山、看得见水、记得住乡愁的高品质休闲旅游体验。

（二）基本原则。

——以农为本，科学规划。坚持以农牧业为基础，农牧民为主体，农村牧区为单元，按照生产、生活、生态相统一，一二三产相融合的要求，围绕农牧业生产过程、农牧民劳动生活和农村牧区风情风貌，合理布局，有序发展。

——因地制宜，突出特色。以突出自然

生态，挖掘文化内涵为重点，坚持传承与创新相统一，加快城市近郊和名胜景区周边、自然生态区、传统农区牧区和边疆地区休闲农牧业的发展，变资源优势、文化优势为经济优势。

——协调互补，统筹规划。在基础建设、规划布局、重点线路、培训服务等各方面与《内蒙古自治区"十三五"旅游业发展规划》《内蒙古自治区农牧业现代化第十三个五年规划》相互衔接、相互补充。把自治区旅游精品旅游线路和现代农牧业产业布局结合起来，把打造"全域旅游"与"绿色农畜产品"基地建设结合起来，规划布局全区休闲农牧业发展。

——强化服务，规范管理。加大教育培训和宣传推介力度；制定规范标准，创建示范典型，引导行业自律，加强内部管理，实现休闲农牧业基地建设、安全卫生、公共安全、生产安全、产品开发、环境保护和经营管理的标准化和规范化。

——政府引导，社会参与。创新体制机制，强化政府在政策扶持、规范管理、公共服务、营造环境等方面的作用，充分发挥市场配置资源的基础性作用，调动社会力量和行业协会的积极性，开创休闲农牧业发展的良好局面。

（三）发展目标。

产业规模稳步增长。到2020年，全区休闲农牧业经营主体达到3 500个；就业人数年均增长10%左右，其中吸纳农牧民增长12%左右；年接待游客人数达到3 000万人次以上；营业收入达到100亿元以上。在休闲农牧业聚集地区，休闲农牧业收入占农牧民全部收入的50%以上。

产业框架基本形成。进一步将农牧业的生产过程、农民的劳动生活和农村、牧区的风情风貌科学设计、系统开发，充分满足城乡居民休闲观光、农事体验、文化传承、科普宣传等要求。2020年，基本形成布局科

学、结构合理、服务完善、特色明显、管理规范的休闲农牧业产业带、产业群；创新农家乐、休闲农庄、农业示范园、农业观光园、民俗文化和农事节庆等模式，增强新颖性、趣味性、体验性。基本形成休闲农牧业创意人才队伍，创新创意产品推介的方式方法，完善创意产业与休闲农牧业对接的机制。将休闲农牧业发展成为带动城乡资源双向流动的重要渠道，催生出一批懂经营、会管理的新型农牧民，引领了休闲农牧业产业壮大。

综合效益显著提升。将农牧业的功能从食品保障向就业增收、生态涵养、观光休闲、文化传承等多功能拓展，带动农畜产品加工、交通运输、建筑、文化和旅游等关联产业集群式发展，对国民经济的综合贡献度逐步增加，就地就近吸纳农牧民就业数量不断提高，农村牧区面貌得到明显改善，地区文化软实力不断彰显，文化遗产得到保护、传承与振兴，城乡一体化发展得到有效统筹，休闲农牧业综合效益得到显著提升。

四、发展布局

重点在大中城市周边、名胜景区周边、依山傍水逐草自然生态区、民族风俗区、传统特色农区发展休闲农牧业，充分发挥各地区森林旅游、文化旅游、红色旅游等优势，促进休闲农牧业的多样化、个性化发展。支持农牧民发展农（林、牧、渔）家乐，发展以休闲农牧业为核心的一二三产业聚集村；在适宜区域发展以拓展农牧业功能、传承农耕文化为核心，兼顾度假体验的休闲农庄；建设具有科普、教育、示范以及传统农耕游牧文化展示功能的休闲农园；建设美丽田园，提高农牧业综合效益。"十三五"期间，建成五大休闲农牧业产业带。

（一）呼伦贝尔—大兴安岭休闲农牧业产业带。行政区域包括：呼伦贝尔市、兴安盟、满洲里市。

依托大草原、大森林、大湖泊、大湿地、

大温泉、大口岸旅游资源，借助比较成熟的边境旅游、草原旅游、乡村旅游的品牌知名度，在保护生态环境基础上，发展农牧业生态游、特色游、景观游和民俗风情游，打造休闲农牧业旅游精品。依托农耕游牧文化、特色民俗村镇等资源，加大乡土民俗文化收集整理挖掘力度，按照传承与创新相结合的理念，就地取材挖掘田园文化，寻幽探微发扬山水文化，追根溯源传承建筑文化，去伪存真浓缩民俗文化，促进休闲农牧业与乡土文化创意相融合，展示乡土民俗风情，发展乡村牧区旅游。着力保护特色村庄和田园风光，拓展国内外市场，发展以农牧民家庭经营为基础，以"与少数民族一起生产、生活、过节"等为特色的休闲农牧业新兴体验方式。充分发挥边疆区位优势，推进民族风情村和休闲乡村建设。

（二）锡林郭勒—科尔沁休闲农牧业产业带。行政区域包括：通辽市、赤峰市、锡林郭勒盟、乌兰察布市。

依托科尔沁草原—乌兰布统—克什克腾—锡林郭勒草原等高品位旅游资源，因地制宜开发休闲旅游、民俗体验和生态旅游为核心的休闲农牧业景区和景点，在草原旅游核心区或自然景观周边，加快形成牧家乐聚集带，实现与景区的功能互补，增加休闲畜牧业产品种类，提高产品品质。以设施农业为载体，加快休闲农业科技园、示范园、观光采摘园和休闲农庄建设；利用敖汉小米、捶打麻油等农牧业传统优势，发展特色种养殖，开发地方特色餐饮，积极推动农家乐快速发展。

（三）呼包鄂休闲农牧业带。行政区域包括：呼和浩特市、包头市、鄂尔多斯市。

依托呼包鄂都市核心经济圈，草原沙漠观光、民俗体验、康体养生、乡村旅游等特色化旅游资源，重点发展城郊农业观光采摘、观光垂钓、休闲度假、生态养生，建设高标准的集休闲、观光、度假、科普

于一体的综合性休闲农牧业园区，发展特色养殖、休闲渔业等特色功能区，打造民俗文化、乡村体验等多种形式相结合的沿黄休闲产业。结合美丽田园建设，发展马铃薯、油菜花、向日葵、燕麦等特色农作物观光园、农业主题公园、农耕文化展示园等，进一步丰富产品种类，完善服务功能，提升产业层次，强化品牌建设，促进民族文化产品的保护与开发。

（四）河套平原休闲农牧业产业带。行政区域：鄂尔多斯市、巴彦淖尔市、包头市、乌海市。

深入挖掘黄河中游冲积平原农耕文化，展现悠久农耕文明，把发展休闲农牧业与保护开发黄河灌区资源有机结合起来，挖掘中国重要农业文化遗产。以农家乐、渔家乐、农业科技示范园、农耕文化产业园、河套民俗风情园为主要业态，依托各类农事节庆活动、农田景观设计，打造黄河沿岸休闲渔业聚集区、农耕文明展示区、特色种植养殖示范区。

（五）沙漠戈壁休闲农牧业产业带。行政区域：鄂尔多斯市、乌海市、阿拉善盟。

充分发挥沙漠地区土地资源丰富的优势，利用好光照充足，昼夜温差大的气候特点，将发展休闲农牧业与生态建设有机结合起来，加快开发能够展示具有沙漠特色的休闲农牧业项目，加快设施观光农业、沙漠风情体验、牧家乐等休闲农牧业项目建设，深度开发山羊绒、肉苁蓉、锁阳、甘草、山杏、沙棘等大漠特色休闲产品，发展沙漠特色作物示范栽培技术，打造西部休闲农牧业特色旅游品牌。依托"奇石文化节""金秋胡杨节""马莲花观赏节"等著名节庆活动，发展"农家乐""牧人之家"等乡村旅游、民俗文化旅游，提升休闲农牧业文化内涵。

五、重点工程

（一）示范创建工程。继续开展休闲农牧

业与乡村牧区旅游示范县、示范点创建活动。通过创新机制、完善标准、优化环境、规范引导，逐步使休闲农牧业由单一休闲服务向农牧业生产、农产品加工、现代服务业一体化延伸，形成主题鲜明、特色突出、内涵丰富、产业完备、功能齐全的休闲农牧业示范基地，带动本地区休闲农牧业持续健康发展。到2020年全区建成30个自治区级以上休闲农业示范县和150个示范点。

（二）品牌培育工程。以自然生态、农牧业资源为基础，以诚信经营、丰富内涵、提升品质为重点，开展重要农业遗产挖掘、中国美丽休闲乡村推介、休闲农牧业星级评定、休闲农牧业精品线路景点推介为核心的休闲农牧业品牌培育工程，打造一批有影响的休闲农牧业知名品牌和节庆活动，提升产业影响力和社会认知度，提高全区休闲农牧业发展水平和经济社会效益。到2020年培育50个中国美丽休闲乡村和200星级休闲农牧业企业，打造50条休闲农牧业精品线路，认定10个中国重要农业文化遗产。

（三）体系建设工程。围绕休闲农牧业产业发展需求，加快建设休闲农牧业公共服务平台，形成集信息服务、管理咨询、营销推介、物流交易、虚拟展示为一体的现代信息支撑体系，为休闲农牧业发展营造良好氛围。借鉴相关行业管理经验，遵循休闲农牧业产业发展规律，制定休闲农牧业行业标准，规范休闲农牧业经营行为。加强休闲农牧业设计研究体系建设，依托高等院校和规划设计单位建立一批休闲农牧业规划研发中心。

（四）人员培训工程。围绕休闲农牧业产业发展要求，依托职业院校、行业协会和产业基地，分类型、分层次开展休闲农牧业管理和服务人员培训，提高从业人员素质。对休闲农牧业管理人员重点开展政策法规、企业管理、发展理念、食品安全、综合服务等培训；对一线员工开展专业知识、服务技能和服务礼仪培训，增强服务意识，提升管理

水平。充分运用现代传媒技术在培训方面的优势，加大远程培训，显著提升信息化对休闲农牧业发展的支撑作用。到2020年全区从事休闲农牧业的从业人员大部分参加过专门培训。

（五）内涵提升工程。坚持乡村旅游个性化、特色化方向，突出乡村生活生产生态特点，深入挖掘乡村文化内涵，开发建设形式多样、特色鲜明、个性突出的乡村旅游产品，举办具有地方特色的节庆活动；注重保护民族村落、古村古镇，建设一批具有历史、地域、民族特点的特色景观旅游村镇，让游客看得见山水、望得见山、记得住乡愁、留得住乡情。强化休闲农牧业经营场所的创意设计，推进农牧业与文化、科技、生态、旅游的融合，提升休闲农牧业的文化软实力和持续竞争力。按照"在发掘中保护、在利用中传承"的思路，加大对重要农业文化遗产价值的发掘，推动遗产地经济社会可持续发展。

（六）基础设施建设工程。加快休闲农牧业场所的路、水、电、通信等基础设施建设，建立明晰的路标指示和完备的停车场，改善住宿、餐饮、娱乐、垃圾污水无害化处理等服务设施，使休闲场所和卫生条件达到公共卫生标准，实现垃圾净化、环境美化、村容绿化。加强休闲农牧业生产基础条件建设，在动植物新品种引进、现代种养技术示范、设施农业生产设备、绿色有机农产品生产等方面加大建设力度，为拓展农牧业功能创造条件。

六、保障措施

（一）加强组织领导。要从战略和全局的高度深化对发展休闲农牧业的认识，将休闲农牧业纳入当地国民经济和社会发展规划，引导休闲农牧业有序发展和规范经营。要充实工作力量，加强干部人才队伍建设，建立以农牧业部门牵头，相关部门参与的休闲农牧业行业管理体系，各盟市农牧业行政主管

部门应设立专门机构，基层农牧业行政主管部门应安排专人从事休闲农牧业管理工作，为休闲农牧业发展提供组织保障。

（二）强化政策落实。全面贯彻国家和自治区关于发展休闲农牧业的意见，贯彻落实休闲农牧业在土地使用、税费、金融服务等方面优惠政策，切实排除落实政策的各种障碍。研究制定本地区发展休闲农牧业政策意见，进一步加大对休闲农牧业政策扶持力度。落实职工带薪休假制度、鼓励错峰休假；将带薪休假与本地传统节日、地方特色活动相结合，安排错峰休假，鼓励弹性作息，调整夏季作息安排，为职工周五下午与周末结合外出休闲度假创造有利条件。

（三）优化发展环境。加大管理和服务力度，为休闲农牧业创造良好发展环境。加大公共服务平台建设，建立休闲农牧业旅游咨询中心和集散中心。通过"互联网＋休闲农牧业"有效衔接供需，积极培育在线示范景区和示范企业，增强线上线下营销能力，鼓励社会资本参与休闲农牧业宣传推介平台建设，加快构建网络营销、网络预订和网上支付等公共服务平台，全面提升行业的信息化水平。强化行业运行监测分析，构建完善的休闲农牧业监测统计制度。规范经营服务行为，建立健全休闲农牧业行业标准，提升管理服务水平。利用多种模式开展公益性宣传推介，扩大休闲农牧业的影响力。抓好休闲农牧业行政管理干部、职业经理人、导游、乡村旅游人才和紧缺专业人才的培养与培训，建立和完善自治区、盟市、企业三级培训体系。

（四）加大财税支持。认真推动现有扶持政策的贯彻落实。将中央和自治区有关乡村建设资金、涉农资金适当向休闲农牧业集聚区倾斜。加大对休闲农牧业创业发展和基础设施建设的支持力度，带动大众创业、万众创新，扶持本地休闲农牧业做大做强。加强休闲农牧业经营场所的游客综合服务中心、公共卫生间、停车场、垃圾污水处理、餐饮

住宿的洗涤消毒设施、农事景观观光道路、休闲辅助设施、特色民宿、乡村民俗展览馆和演艺场所、信息网络等基础设施建设，扶持一批休闲农牧业聚集村。撬动社会资本，推动休闲农牧业产业的提档升级。落实税收优惠政策，从事休闲农牧业的经营主体符合税收优惠条件的，可享受有关税收优惠。落实国务院和自治区关于减轻企业负担的各项规定。有条件的地方，休闲农牧业用水用电享受农业收费标准。鼓励旗县区整合农牧业资金，把扶贫开发、生态移民与发展休闲农牧业有机结合起来，实现乡村建设、生态建设与经济建设的协调发展。有条件的地区要建立休闲农牧业发展基金，专项支持休闲农牧业规划制订、基础设施建设、项目开发、宣传推介和产业推进等工作。

（五）拓宽融资渠道。鼓励民间资本采取独资、合资、合伙等多种形式参与休闲农牧业开发和经营。鼓励农牧户以土地草场使用权、固定资产、资金技术、劳动力等多种生产要素投资休闲农牧业项目，以互助联保方式实现小额融资。鼓励担保机构加大对休闲农牧业的服务力度，搭建银企对接平台，帮助经营主体解决融资难题。对信用状况好、资源优势明显的休闲农牧业项目适当放宽担保抵押条件，并在贷款利率上给予优惠。探索休闲农牧业多元化投融资机制，引导休闲农牧业经营实体进入中小企业服务平台，鼓励符合条件的休闲农牧业企业上市。

安徽省人民政府办公厅关于支持利用空闲农房发展乡村旅游的意见

皖政办秘〔2017〕296号

各市、县人民政府，省政府各部门、各直属机构：

为贯彻落实《中共中央　国务院关于深入推进农业供给侧结构性改革加快培育农业

农村发展新动能的若干意见》(中发〔2017〕1号)、《中共安徽省委 安徽省人民政府关于将旅游业培育成为重要支柱产业的意见》(皖发〔2017〕9号)精神,推进全省空闲农房开发利用,促进乡村旅游发展,增加农民财产性收入,助力美丽乡村建设,经省政府同意,提出以下意见。

一、总体要求

全面贯彻党的十九大精神,以习近平新时代中国特色社会主义思想为指导,认真践行创新、协调、绿色、开放、共享的发展理念,以加快城乡要素双向流动,促进城乡融合发展,促进农民增收为目标,坚持市场主导、多方参与,坚持规范指导、优化服务,坚持先行先试、鼓励创新,坚持保护为先、合理开发,统筹处理农村集体经济组织、农户、投资主体的权益关系,加强空闲农房综合利用,促进乡村旅游提升发展,为推动全省旅游业加快发展,提升五大发展美好安徽建设现代化水平提供有力支撑。

二、主要任务

(一)加强多业态乡村旅游产品开发。深入推进旅游强省"五个一批"建设工程,壮大旅游产业规模,带动乡村旅游加快发展。支持利用空闲农房,兴办农家乐、民宿客栈、乡村酒店、休闲农庄、农村电商服务网点、农事体验中心、乡村康养中心等,配套开发山水人家、采摘篱园、欢乐粮田等形式多样的乡村旅游产品,打造特色乡村旅游目的地和乡村旅游品牌,延伸产业链、消费链、价值链。依托空闲农房,策划储备一批乡村旅游项目,纳入各地招商引资项目库并多渠道开展招商推介。(责任单位:省旅游发展委、省农委、省住房城乡建设厅、省商务厅等,各市、县人民政府)

(二)促进空闲农房多渠道开发利用。鼓励农民利用自有住宅经营乡村旅游或将空闲房屋以入股、出租等方式,长期委托第三方统一经营,获得经营性或财产性收入。鼓励市民、返乡农民工、大学毕业生、退伍军人租赁空闲农房,创办乡村合作社、农民合作社、家庭农场、休闲农业、乡村酒店、创客中心等新型经营主体。支持社会资本与农村集体经济组织或农户合作与联合,发展乡村旅游共同体和农产品、手工艺品生产加工联合体,带动农民增收。鼓励国内外品牌管理公司进驻农村,实施连锁经营。引导乡镇、村利用空闲农房开办文化、体育、旅游、教育、医疗等公共配套服务。(责任单位:省旅游发展委等,各市、县人民政府)

(三)分类推进空闲农房盘活利用。结合房地一体农村宅基地综合发证工作,组织开展全省空闲农房基本情况调查,摸清空闲房屋数量、分布、权属、建筑结构、面积等基本情况,建立基本信息数据库。在充分保护的基础上,规范提升中国传统村落、历史文化名镇名村、特色景观旅游名镇名村的空闲房屋开发质量和水平,加快利用皖南国际文化旅游示范区、环巢湖国家旅游休闲区、大别山区和旅游扶贫重点村空闲房屋,有序推进城市近郊、交通干线或风景道沿线村庄空闲房屋利用,积极支持皖北地区因地制宜改造利用空闲农房发展乡村旅游。(责任单位:省国土资源厅、省住房城乡建设厅、省旅游发展委等,各市、县人民政府)

(四)完善乡村旅游配套基础设施。深入推进美丽乡村建设和农村垃圾、污水、厕所专项整治"三大革命",加快旅游交通标识牌、游客中心、停车场等旅游公共服务设施建设,推进完善水、路、电、气、网、污水处理等基础设施。鼓励和引导民间投资通过PPP、公建民营等方式参与厕所及污水处理、停车场、游客咨询服务中心等乡村基础设施建设和运营。探索通过购买服务等方式由第三方提供乡村旅游垃圾处理、环境整治等公共服务。(责任单位:省旅游发展委、省发展改革委、省住房城

乡建设厅等，各市、县人民政府）

（五）加强空闲农房开发利用和管理。制定并推行空闲农房租赁合同示范文本，明确房屋租赁用途、租赁期限、房屋使用要求、维修责任、房屋返还、违约责任和争议解决办法等内容。建立纠纷调处机制，及时处理利用空闲农房发展乡村旅游的矛盾纠纷，充分保护所有者、经营者、游客的合法权益。严格管理空闲农房改（扩）建，严控乱拆乱建行为，确需整体规划改造的，应当符合规划、消防、环保和文物保护等行业管理要求，注重融入文化元素，保持乡风乡貌、保留乡情乡愁。按照属地管理原则，加强乡村旅游安全管理和动态监管。（责任单位：省工商局、省公安厅、省司法厅、省国土资源保障厅、省环保厅、省住房城乡建设厅、省文化厅、省安全监管局、省旅游发展委等，各市、县人民政府）

三、保障措施

（一）加强组织领导。省促进旅游业改革发展领导小组统筹协调全省利用空闲农房发展乡村旅游工作。各地、各有关部门要加强组织领导，建立健全分工负责、优势互补、统一协调的工作机制。各地要将利用空闲农房发展乡村旅游工作与推进脱贫攻坚工作等有机结合起来，形成协同推进的工作格局。（责任单位：省旅游发展委、省扶贫办等，各市、县人民政府）

（二）完善扶持政策。鼓励各地对盘活利用空闲农房发展乡村旅游的农村集体经济组织、农户、投资主体给予奖励，具体办法由各地结合实际制定。将盘活空闲农房发展乡村旅游工作纳入省级旅游发展资金分配因素，采取后补助方式，加大支持力度。对社会资本、高校通过盘活空闲房农房，提供低成本创业场所，按照实际孵化企业户数给予补贴。对毕业2年以内的高校毕业生首次利用空闲农房创办乡村旅游小微企业并正常经营6个

月以上的，给予不少于5 000元的一次性创业扶持补贴。对市民"下乡"租赁空闲农房经营乡村旅游的，优先安排新型职业农民培育工程，按规定给予补助，经营者及其职工可在当地按规定参加社会保险，其子女可按规定在当地接受义务教育和学前教育。鼓励金融机构为优良的创新创业主体提供授信服务，符合有关创新创业信贷政策的主体可按规享受有关贴息、担保优惠政策。鼓励政府支持的融资担保和再担保机构，加大对相关投资主体的支持。（责任单位：省旅游发展委、省财政厅、省人力资源社会保障厅、省政府金融办等，各市、县人民政府）

（三）提供便利服务。积极开展利用空闲农房发展乡村旅游的政策咨询、市场信息等公共服务，重点做好返乡下乡人员开展旅游创业创新中的土地流转、项目选择、标准化建设和宣传推广等方面的专业服务。各级政府建立信息管理和发布平台，及时发布农民自愿出租符合条件的农村闲置房源信息。租赁空闲农房作为经营场所的，允许其办理工商登记，并落实国家和省行政事业性收费优惠政策。依据住房城乡建设部等部门《关于印发农家乐（民宿）建设防火导则（试行）的通知》（建村〔2017〕50号），提供治安消防管理便利服务。（责任单位：省工商局、省物价局、省公安厅、省国土资源厅、省住房城乡建设厅、省旅游发展委等，各市、县人民政府）

（四）加强宣传引导。各地、各有关部门要利用广播、电视、报刊、网络等媒体，采取编制手册、制订明白卡、编发短信微信微博等多种方式，广泛宣传相关政策措施，为盘活利用空闲农房发展乡村旅游营造良好的舆论环境。大力弘扬创业创新精神，及时树立和宣扬利用空闲农房发展乡村旅游的带头人和相关企业，总结可复制可推广的经验做法，充分调动社会各界支持和参与利用空闲农房发展乡村旅游的积极性。（责任单位：各

市、县人民政府，省旅游发展委、省农委、省新闻出版广电局等）

安徽省人民政府办公厅
2017 年 11 月 13 日

山东省人民政府办公厅关于印发山东省乡村旅游提档升级工作方案的通知

鲁政办字〔2017〕84 号

各市人民政府，各县（市、区）人民政府，省政府各部门、各直属机构，各大企业，各高等院校：

经省政府同意，现将《山东省乡村旅游提档升级工作方案》印发给你们，请认真组织实施。

山东省人民政府办公厅
2017 年 5 月 23 日

山东省乡村旅游提档升级工作方案

为贯彻落实省委、省政府关于加快旅游强省建设的部署要求，充分发挥乡村旅游在新旧动能转换工作中的重要作用，进一步调整优化农业产业结构，扩大农民就业，促进农民增收，传承优秀传统文化，促进新农村建设，满足人民群众日益增长的旅游需求，加快乡村旅游提档升级，制定本方案。

一、总体要求、基本原则和任务目标

（一）总体要求。深入贯彻创新、协调、绿色、开放、共享发展理念，坚持乡村旅游提档升级与新型城镇化、农业现代化以及美丽乡村建设、乡村记忆工程、乡村旅游扶贫工程相结合，与发展全域旅游、生态旅游和推进旅游供给侧结构性改革相统一，把乡村旅游打造成生产美、生态美、生活美的全域旅游发展主阵地，促进农村发展、农业转型、农民增收。

（二）基本原则。

1. 坚持资源整合。挖掘利用农业、农村各类资源向旅游转化，推进一二三产业融合发展，丰富业态，拉长产业链，增加旅游供给。

2. 坚持规模化、品牌化发展。优先支持资源条件好的地区成方连片发展乡村旅游，带动乡村生态保护、生产发展、生活富裕，使乡村旅游成为农村经济发展中最具活力的增长点。

3. 坚持保护农民主体地位。正确处理农民主体与市场化发展的关系，通过乡村旅游提档升级，让农民成为发展乡村旅游的主体和最大受益者。

4. 坚持让游客满意。加强旅游基础设施和公共服务设施建设，推行旅游的标准化、个性化、细微化服务，规范旅游市场秩序，为游客创造安全、便捷、放心、舒适的旅游环境。

（三）任务目标。到 2020 年，乡村旅游消费达到 3 600 亿元，年均增幅比全省社会消费总额高 5 个百分点，直接和间接吸纳 200 万农民就业。实施乡村旅游规模化工程、精品工程、效益提升工程，到"十三五"末，初步打造 8 个乡村旅游连绵带、100 个乡村旅游集群片区、300 个乡村旅游园区和 100 个旅游小镇，建成一批精品酒店、精品民宿、精品节庆活动，规模不断壮大、业态更加丰富、品质不断提升、效益显著增强，把我省打造成为国内领先、国际知名的乡村休闲度假旅游目的地。

二、重点工作任务

（一）加强规划和标准引领。依据《山东省旅游产业发展总体规划》，科学安排乡村旅游整体布局，沿交通主干道、重要河流以及特色资源，构建沿京沪高速铁路、沂蒙山脉、

京杭大运河山东段、滨海沿线的"四纵"，以及沿济青高速公路南线、济青高速铁路、齐长城、黄河的"四横"旅游连绵带，使其相互联结、相互带动、相互补充。研究制定山东省乡村旅游发展规划纲要，系统提升县（市、区）现有乡村旅游发展规划，在乡村旅游发展重点区域做好与城乡总体规划、土地利用规划、交通运输规划、消防规划等的衔接，做好与农业发展、环境保护、传统村落保护等规划的融合。市、县政府每年对乡村旅游规划执行情况进行评估并向社会公布。完善乡村旅游标准化体系，制定省级乡村旅游强县（市、区）、强乡（镇）、特色村评定标准，修订完善精品民宿（客栈）和乡村酒店等级评定标准，引导乡村旅游突出特色、做精做细。

（二）推动规模化发展。通过"合作社＋农户""公司＋农户""公司＋合作社"等模式，在全省打造100个相对集中、业态丰富、功能完善、拥有核心吸引物与综合竞争力的乡村旅游集群片区。其中，依托泰山、蒙山等山岳资源，打造九女峰休闲度假、沂蒙红色游学、崮群观光体验等15个集群片区；依托微山湖、东平湖等湖区，打造微山岛渔家休闲度假、东平水浒文化体验等10个集群片区；依托黄河、沂河等重要河流，打造滨州黄河古村风情、台儿庄运河湿地、沂蒙人家乡村度假等10个集群片区；依托齐长城、儒家文化等文化资源，打造莱芜"一线五村"、曲阜石门慢生活等10个集群片区；依托4A级以上旅游景区，打造蓬莱葡萄酒古堡、淄川绘画写生等15个集群片区；依托各市人口、市场优势，围绕环城市游憩带，支持每个城市打造2～3处乡村旅游集群片区。各相关部门要依托自身优势资源，建设乡村旅游园区，水利部门推动现有水利风景区的改造与提升，沿河、湖、渠建设一批水利风景带，督促、指导戴村坝水利博物馆的建设，打造15家省级以上水利风景区。国土资源部门推

动沂蒙山国家地质公园创建世界地质公园，指导现有地质公园完善旅游功能，打造10处地质科普类旅游园区。农业部门结合农业结构调整，推动各类家庭农场、农业园区和规模化基地提档升级，拓展观光采摘、休闲体验、科普教育、文化创意等功能，打造100个齐鲁美丽田园、100个省级休闲农业示范园区。林业部门指导黄河入海口等湿地创建国家5A级景区或生态旅游示范区，推出15家森林公园。体育部门加快推进青岛、烟台、威海、日照海上运动基地建设；依托黄河、淮河、沂河、小清河以及京杭大运河山东段等重点流域，发展皮划赛艇、摩托艇、滑水等水上休闲运动项目；加快航空、山地、露营、冰雪、垂钓等户外健身休闲基地建设；结合地方资源和文化，打造一批能带动乡村旅游的品牌体育赛事，积极创建15个体育文化旅游特色小镇。海洋与渔业部门负责建设30处以上省级海洋牧场、10处以上省级休闲渔业公园。科技、旅游部门合作拓展东营黄河三角洲农业高新技术产业示范区的旅游功能，依托省级以上农业科技园区打造15处创意农业、休闲农业、高科技农业等新业态园区。旅游部门重点打造30处乡村旅游度假区。住房城乡建设、旅游部门按照特色景观旅游名镇标准或3A级以上景区标准，推动省政府确定的100个特色小镇建成旅游小镇。

（三）丰富乡村旅游文化内涵。借鉴西班牙等乡村旅游发达国家"以利用促保护"的办法，加大对古村落、古街区、古民居等的保护利用，推出一批古村落度假村、古民居精品民宿。依托非物质文化遗产资源，培育一批陶瓷琉璃村、木版年画村、刺绣剪纸村、传统民俗表演村、手工艺制作村等"非遗"村落。依托历史文化生态资源，融入现代科技，打造一批画家村、美食村、影视村、艺术村、健身休闲村。充分挖掘农耕文化资源，利用农民传统的生产和生活方式，推出一批体现山东特色的文化生态博物馆、慢生活村

落、乡村慢城，打造一批山会、庙会、乡村大集等精品乡村文化活动。开发传统民族体育项目，推出一批具有地方特色的生日祝寿、婚庆等人生礼仪产品。支持乡村旅游点引入吕剧、柳琴、梆子、山东评书等艺术形式，活跃游客文化生活。文化部门将"文化下乡"活动与乡村旅游结合起来，每年将不少于1/3的文化下乡活动安排在乡村旅游点，定期组织作家、画家、文艺工作者、非遗项目传承人等在乡村旅游区设点展演和传技。文物部门要积极推动众多馆藏文物向社会开放。

（四）实施乡村旅游精品工程。结合300个乡村旅游园区建设，按照国家相关标准，重点打造60个国家级精品园区。住房城乡建设、旅游部门以旅游类小镇为基础，创建20个达到国家级特色景观旅游名镇标准或国家5A级景区标准的精品旅游小镇。林业、国土资源、海洋与渔业等部门要积极引入旅游理念，按照各自建设标准和规划要求，对森林公园、地质公园、海洋公园等进行改造提升，按照不低于20%的比例打造旅游精品项目。旅游、文化、住房城乡建设等部门在济南周边、东部沿海以及其他具备条件的地区，按照高端乡村酒店标准打造20个与乡村环境融为一体的精品乡村旅游酒店。按照外部体现乡土气息，卫生间、厨房等内部设施达到五星级标准的要求，改造建设一批精品民宿。文化部门会同旅游部门挖掘特色民俗，策划推出具有典型山东特色的10个精品文化旅游民俗活动、10个精品农事活动。

（五）改善基础设施条件。巩固提升"改厨改厕"成果，全面实施餐饮质量安全提升工程，推进"明厨亮灶"、色标管理，开展"清洁厨房"行动，推动食品安全信息公开，做到卫生整洁、标识清晰、生熟分开。80%农村景区内餐饮单位要达到餐饮服务食品安全量化等级B级以上（含B级）标准。持续推动厕所革命，到2018年年底前成方连片地区乡村旅游厕所要达到国家三星级标准。积极改善乡村旅游道路交通条件，交通运输部门负责抓好交通主干道以及机场、高铁、城市客运与乡村旅游点的道路无缝连接，重点片区旅游交通条件要达到四级以上公路标准，会同旅游部门于2018年年底前设置完成省道、县道、乡道的旅游交通标识，在主要交通节点建设一批旅游集散中心，推动重点旅游城市开通城区通往主要乡村旅游点的"旅游直通车"。住房城乡建设部门围绕环城市游憩带和100个乡村旅游集群片区，编制乡村旅游绿道建设规划，到2018年年底前初步建成部分生态、骑行绿道。在乡村旅游成方连片地区配套完善污水、垃圾处理处置设施，实现达标排放或集中处理。环保部门负责加强自然生态保护，监督乡村旅游的环境保护工作。旅游、住房城乡建设、国土资源部门共同推动乡村旅游咨询、集散体系和停车场建设。2017年每个县至少建成一处游客综合服务中心，规模较大的乡村旅游点要有咨询中心，免费提供旅游地图、产品信息等资料。旅游、通信管理部门共同推进智慧乡村旅游工程，到2018年年底前获得省级以上称谓的乡村旅游镇、村、点要实现移动数据网络、电子讲解等功能覆盖。

（六）推进精准扶贫。实施公益旅游扶贫行动，组织一批专业化旅游规划团队免费为400个旅游扶贫村编制乡村旅游规划，免费纳入对外营销平台，组织旅行社编排线路，帮助开发市场。鼓励政府机关及涉旅企事业单位与贫困村开展结对帮扶活动。2017年，扶贫机构会同旅游部门选择149个贫困人口较多、旅游资源禀赋好、发展旅游积极性高的重点村实施旅游扶贫项目。省妇联联合省扶贫办、省旅游发展委组织实施"巾帼乡村旅游扶贫行动"，围绕旅游扶贫，建立巾帼居家创业就业示范基地，发展"大姐农家乐""大姐工坊"等居家创业就业旅游项目服务点，促进妇女居家就业增收脱贫。

（七）实施"乡村旅游后备箱"工程。支

持各地推动农林牧渔等产品向旅游商品转化，鼓励开发具有观赏性、艺术性、实用性和地方特点的乡村旅游商品。海洋与渔业部门负责打造"胶东参"等山东水产旅游商品品牌，农业部门做大做强烟台苹果、莱芜生姜、金乡大蒜等一批知名农产品区域公用品牌，做精做细地方特色农产品品牌，不断提升农业旅游商品的知名度和美誉度。林业部门负责打造菏泽牡丹、莱州月季、平阴玫瑰、平邑金银花、沾化冬枣、乐陵金丝小枣等林业旅游商品品牌。加快乡村旅游购物网点建设，支持乡村旅游重点村在邻近的景区景点、高速公路服务区、主要交通干道游客集散点等设立农副土特产品销售展台，支持有条件的村建设乡村旅游淘宝村。重点培育3~5家大型旅游商品生产经营企业、1~2家有实力的本土旅游电商企业，整合全省丰富的旅游商品，线上线下联动，打造"山东乡村礼物"旅游商品品牌。到2020年，全省建设100家"乡村旅游后备箱"工程示范基地、100个乡村旅游扶贫电商示范村。

（八）强化宣传营销。省主流媒体要将乡村旅游纳入全省公益宣传，开设公益性乡村旅游专题栏目，积极利用歌曲、影视作品宣传营销乡村旅游。旅游、宣传、体育、文化、商务、新闻出版广电、农业等部门要利用各自的政务微信、微博以及微电影、微视频等新媒体渠道，推介营销乡村旅游产品，打造"山东乡村更好客"品牌。旅游、商务部门负责培育本土乡村旅游电商。利用网络平台组织开展"千万市民游乡村"活动。

三、保障措施

（一）构建"五级联动"的乡村旅游管理体系。省旅游工作联席会议要将发展乡村旅游作为重要议事内容，定期组织调研，研究解决重大问题。各成员单位和其他相关部门要加大政策扶持力度，重点抓好本行业涉及乡村旅游发展的相关工作，会同市、县（市、

区）共同抓好示范项目建设和经验推广，对列入省级的示范项目给予重点指导与扶持。各市、县（市、区）政府要重点抓好本地区乡村旅游提档升级的组织领导、督查指导工作，完善政策，整合资源，抓好落实。重点镇、村要明确机构或人员负责乡村旅游相关工作。

（二）加大政策扶持力度。

1. 加大财政投入。发展改革、财政等部门要加大相关政策、资金等的扶持力度，稳定省级旅游发展资金规模，视财力增长和支出结构调整情况逐步增加。对符合"一事一议"财政奖补范围的乡村旅游公益性项目，按相关政策给予支持。省区域战略推进专项资金各市切块部分，每年安排一定比例支持乡村旅游业发展。对重大乡村旅游项目和基础设施项目，由旅游部门提出规划建议，相关部门分别统筹给予支持。发挥政府引导性资金投入带动作用，调动社会资金投资建设乡村旅游的积极性。采取政府和社会资本合作（PPP）、众筹等模式，争取中央预算内投资、国家专项建设基金等，建设一批乡村旅游重大基础设施。各市、县（市、区）也应安排相应的扶持资金，专项扶持乡村旅游发展。以县级为平台整合各类资金向乡村旅游重点区域倾斜。结合省级旅游发展资金，出台奖励政策，对连片开发5个村以上、且达到标准的乡村旅游集群片区，根据规模和效益给予300万~600万元不等的奖励；对达到5A级景区标准的精品旅游小镇每个奖励500万元；对获得国家级、省级乡村旅游相关荣誉的，通过以奖代补方式分别给予50万元和30万元的奖励；对经评审通过的全省重点乡村旅游项目规划及市县乡村旅游规划给予适当补贴。

2. 加大金融支持。鼓励金融机构加大对乡村旅游企业和项目的信贷支持力度，深化与中国农业银行、中国农业发展银行、国家开发银行等金融机构合作，推出乡村旅游贷、

旅游扶贫担保等金融创新产品，推动金融机构面向乡村旅游经营业户的小额信贷业务；支持各类融资担保公司为乡村旅游经营主体提供融资担保；鼓励通过农村产权抵押和门票质押等方式获得融资，拓宽乡村旅游企业融资渠道。健全和完善区域信贷政策，在信贷资源配置、信贷管理权限设置等方面，对乡村旅游连片开发和旅游扶贫项目给予倾斜。鼓励金融机构在乡村旅游集聚地区优先布设ATM机，提供POS消费终端等电子化结算服务。

3. 优化土地利用政策。国土资源部门在安排年度新增建设用地指标时，优先支持重点乡村旅游项目；会同海洋与渔业部门支持使用未利用地、废弃地、边远海岛等土地建设旅游项目。允许通过村庄整治、宅基地整理等节约的建设用地采取入股、联营等方式，重点支持乡村休闲旅游养老等产业和农村三产融合发展。鼓励以长期租赁、先租后让、租让结合方式供应旅游项目建设用地。农村集体经济组织以外的单位和个人可依法通过承包经营流转的方式，使用农民集体所有的农用地、未利用地从事与旅游相关的种植业、林业、畜牧业和渔业生产。支持有条件的地方通过盘活农村闲置房屋、集体建设用地、"四荒地"、可用林场和水面等资产资源发展休闲农业和乡村旅游。支持通过开展城乡建设用地增减挂钩试点，优化农村建设用地布局，建设旅游设施。对城镇规划区范围外发展乡村旅游的农户，实行用电、用水与农村同价。

4. 积极支持社会投资。各地要鼓励社会资金以租赁、承包、联营、股份合作等多种形式投资开发乡村旅游项目，兴办各种旅游开发性企业和实体；鼓励农民集资入股或以专业合作经济组织采取公司＋农户、合作社＋农户等方式参与乡村旅游投资开发；鼓励城镇和乡村居民利用自有住宅或者其他条件依法从事旅游经营；积极

引导社会资本参与投资开发，推动乡村旅游向集约化、规模化发展。有关部门要认真贯彻落实中央和省已出台的支持县域经济发展、加快人口市民化进程、培育特色产业小镇、一二三产业融合发展、产业扶贫攻坚、农业产业化发展的相关税费优惠政策，让参与开发建设的乡村旅游点、精品民宿、农家乐、开心农场等经营主体和乡村旅游商品生产、设计、经营单位，平等享受更多的政策扶持。同时，要积极清理乱收费和不合理收费行为，减轻乡村旅游企业和经营者负担。在证照办理上，给予优先办理相关证照，简化办证手续，提高办证速度，符合政策的可降低收费标准。

（三）加强行业队伍建设。推荐一批热爱旅游、有开拓精神的干部充实到市、县、乡、村旅游管理岗位。加强规划策划、管理运营、宣传营销专业队伍建设，实施"送智下乡"工程，组织相关专业技术人员到乡村旅游点进行对口指导。加大人才引进力度，制定优惠政策，吸引大中专毕业生到乡村进行旅游创业、就业。妇联组织开展有针对性的培训活动，落实"四个一百"示范性培训计划，搞好100名乡村旅游企业（经营户）负责人、100名乡村旅游妇女厨艺师、100名手工艺技师、100名村妇代会主任电商创业培训。实施省、市、县、企乡村旅游培训工程，省级重点抓好乡村旅游带头人、具有一定规模的乡村旅游接待服务单位部门经理的培训，每年分批组织乡村旅游带头人赴国（境）内外开展精准交流。市、县、企分级抓好各级各类人员，特别是一线接待服务人员的培训，利用3年时间对乡村旅游人员培训一遍。全面推广《山东文明待客100条》待客规范，将细微化、标准化、个性化、人性化服务落实到乡村旅游接待服务的各个环节。

（四）创新管理服务。财政、税务、机关事务管理等部门要鼓励引导机关和国有

企事业单位，将民宿等优先纳入会议和公务接待定点单位。公安部门按照住房城乡建设部、公安部、国家旅游局制定的《农家乐（民宿）建筑防火导则（试行）》指导民宿做好消防安全工作；负责针对民宿发展的需要制定符合实际的消防安全标准，将乡村民宿纳入公安社会住宿登记管理系统。旅游部门会同海洋与渔业部门研究制定支持渔民利用休闲海钓船（休闲垂钓船）开展海上、水上旅游经营活动的办法。食品药品监督管理部门要加强乡村旅游食品安全监管，结合食品小作坊、小餐饮和食品摊点整治，加大监管力度，实施餐饮单位量化分级管理，引导游客"寻找笑脸就餐"；会同旅游、质监部门每年组织开展一次旅游食品卫生专项整治活动，建立涉旅食品卫生黑名单制度，定期向社会发布。教育部门负责将游学纳入中小学生综合素质教育的重要内容，支持学校将游学列为学生必修课，按照不同年级确定不同的游学内容。引导支持大中学生利用周末、假期到乡村旅游点参加志愿者服务。工会、共青团、妇联等组织在乡村旅游点建立一批职工疗休养基地、青年创客基地、巾帼居家创业就业示范基地。工会组织重点引导支持下岗职工到乡村发展乡村旅游，实现再就业，指导企事业单位出台相关政策，引导职工到乡村旅游点休闲度假，探索将乡村旅游纳入职工疗休养范围。共青团组织引导青年学生将乡村旅游作为创业基地，结合乡村旅游开展"青年文明号"创建以及青年志愿者、文化下乡、社会实践等活动。旅游部门要发挥综合协调职能，联合相关部门建立资源整合机制、市场营销机制、政策扶持机制、环境保障机制、联合执法机制、综合考核机制。加强旅游培训基地建设，整合旅游职业学院（校）以及其他专业技术院校建立省、市、县三级旅游培训基地。探索建立科学的乡村旅游统计与考核评价体系，将乡村旅游接待人数、综合收入、带动就业人数、促进农民增收、精品项目建设情况和政府引导性投资列入省级示范项目数量等主要指标，作为山东省乡村旅游示范单位评选的重要依据。

广西壮族自治区农业厅等16部门关于加快发展休闲农业的指导意见

桂农业发〔2017〕73号

各市农业局（农委）、发展改革委、财政局、教育局、人力资源和社会保障局、国土资源局、住房城乡建设委（局）、交通局、环保局、旅游局发展委、水利局、林业局、文化局、扶贫办、妇联、金融办：

休闲农业是横跨农村一二三产业的新兴产业，是推动农业和旅游供给侧改革的重要抓手，是提高农业效益、增加农民收入培育农村发展新动能的有效途径，是增加就业容量、促进社会和谐的有效渠道，是传承农耕文明、弘扬传统文化的重要举措，是保护生态环境、建设美丽乡村的有效手段。当前，我区休闲农业发展现状与爆发式增长的市场需求还不相适应，存在发展方式粗放、业态相对低端、思想准备不足、基础设施滞后、文化内涵挖掘不够、产品类型不够丰富、服务质量有待提高等问题。为深入贯彻落实农业部、国家发改委等14部委《关于大力发展休闲农业的指导意见》和《自治区党委、自治区人民政府关于坚定不移推进农业供给侧结构性改革大力培育广西农业农村发展新动能的实施意见》等文件精神，进一步优化政策措施，加快推进我区休闲农业发展，经自治区人民政府同意，现提出以下指导意见：

一、总体要求和目标任务

（一）总体要求。深入贯彻党的十八大和

十八届三中、四中、五中、六中全会精神及自治区第十一次党代会精神，贯彻落实创新、协调、绿色、开放、共享的发展理念，以促进农业提档升级农民就业增收城乡居民休闲消费为目标，深化美丽广西乡村建设行动和现代特色农业示范区建设成果，强化休闲农业规划引领，进一步完善基础设施和配套服务设施，丰富产业产品体系，优化发展环境，提高公共服务能力，提升全区休闲农业发展质量、规模和水平，推动形成我区农村一二三产业深度融合发展新业态，为精准脱贫创造新路径，为促进农业强起来、农村美起来、农民富起来做出新贡献。

（二）目标任务。以促进农民就业增收和满足居民消费为核心，以规范提升休闲农业发展为重点，积极拓展农业多种功能，力争到2020年，在全区集中引导培育200个集农业生产、农耕体验、文化娱乐、教育展示、水族观赏、休闲垂钓、产品加工销售等多功能于一体的休闲观光农业基地，推进休闲农业由单纯观光向"观光—休闲—度假"并重转变；全区休闲农业与乡村旅游示范点超过200个、全区休闲渔业示范基地100个、休闲农业重点村达到1 000个、休闲农业景点数超过3 000个、休闲农业经营主体达到4 000家，年接待游客量超过1.5亿人次，休闲农业总产值达350亿元，带动45万农民从事休闲农业生产、经营、服务等工作，使休闲农业成为促进农业增效、农民增收、农村环境改善的重要产业和助推贫困地区农户脱贫致富的新业态。

二、主要任务

（一）实施"一县一规划"工程。各市、县（市、区）要突出特色，科学编制当地休闲农业发展规划，引领产业发展。要按照生产生活生态统一、一二三产业融合的总体要求，围绕农业生产过程、农民劳动生活和农村风情风貌，遵循乡村自身发展规律，因地

制宜科学编制发展规划，调整产业结构，优化发展布局，补农村短板、扬农村长处，注意乡土味道，保留乡村风貌，留住田园乡愁，形成串点成线、连片成带、集群成圈的发展格局。要科学编制规划，提高规划设计的创意水平，充分挖掘当地自然、文化、历史、民俗等资源内涵，突出主题特色，培育新业态，开发新产品。每年支持30个县（市、区）开展专项规划编制，争取到2020年全区各市、县（市、区）基本完成休闲农业规划编制工作。

（二）实施休闲农业提升工程。各地各部门要充分发挥统筹功能和主体作用，强化规划引领，加强基础性、公益性公共服务设施建设，着力改善休闲农业特色村道路、电力、饮水、停车场、标志标识、污水垃圾处理设施、信息网络等基础设施和公共服务设施，重点解决交通主干道和公交专线、重点景区与休闲农业、乡村旅游点的道路连接和景区内卫生、通信设施改善，深入开展"美丽广西·宜居乡村"建设，加强全区乡村环境综合整治，形成整洁、卫生、美观的村容村貌，对照休闲农业资源美、示范带动作用强、服务功能完善、基础设施配套全、经营管理规范、生态卫生安全、发展成长性好等7项标准，每年评选50个以上全区休闲农业与乡村旅游示范点，适时启动全区休闲农业与乡村旅游示范县创建，对获评为全国、自治区休闲农业与乡村旅游示范县、示范点的给予适当补助。

（三）实施"互联网＋"休闲农业工程。结合智慧乡村建设，充分利用"互联网＋"休闲农业，着力提升休闲农业的管理、服务、营销水平大力支持休闲农业景点、园区建设开放式免费Wi-Fi设施，助推休闲农业App、微信等方式宣传推介特色休闲产品；积极支持社会资本和企业发展开发休闲农业旅游（导游）电子产品、休闲农业电子商务，加快推进农副产品网上交易步伐；优先支持贫困

村开展智慧休闲农业示范村建设；鼓励各地建设集休闲观光咨询、展示、预订、交易于一体的智慧休闲农业示范乡村服务平台。每年支持 20～30 个"互联网＋"休闲农业点（园区）建设。

（四）实施示范区升级转型工程。发挥我区现代特色农业示范区产业功能强大的优势，积极推动"农业"与"旅游业"相结合，从以现代特色农业示范为核心转变为以满足观光群众休闲消费需求为核心，强化景观、文化、娱乐、美食、家居等观光休闲功能开发和休闲设施配套，在现代特色农业示范区着力培育壮大一批休闲农业经营主体，打造以农业生产为基础，集科普、生产、销售、加工、观赏、娱乐、休闲、度假等于一体的综合性休闲农业区 200 个以上。将符合条件的示范区认定为全区休闲农业与乡村旅游示范点，对非休闲农业类示范升级转型并评定为全区休闲农业与乡村旅游示范点的给予政策倾斜。

（五）实施传承农耕文化发展创意农业工程。支持各地合理利用民族特色村寨、古村古镇，充分挖掘以"那"文化为代表的农耕文化、垂钓文化和民俗文化内涵，以创新理念盘活当地传统资源，打造特色鲜明、富有吸引力的古村落。敢于彰显农村的"土气"，促进乡土民俗文化的推广、保护和延续。支持成立农业创意景观研究机构，开展特色作物、色彩农田景观、区域农田景观、植物篱笆景观、渔业景观、乡土民居景观等设计技术以及包括延时性、整齐性、多样性和丰产性在内的景观作物栽培技术研究。支持和鼓励各地将有地域特色的农业资源与创意相结合，强化农业产品、农事景观、环保包装、乡土文化和休闲农业经营场所的创意设计，开发丰富多样的创意农业产品，形成创意农业产业带。支持休闲农业景点开设田头超市、农产品和地方旅游纪念品购物点，提高农产品购物在游客消费中的比重。

（六）实施休闲农业品牌培育工程。支持

各地结合农产品生产季节和民族文化活动，创新休闲农业农事节会，打造一批富有地域特色的农事节庆活动品牌，发挥库区渔业资源优势，营造若干个国家级、国际性的渔业垂钓文化交流中心。各市要根据资源禀赋和季节特点，建设"春之花、夏之凉、秋之实、冬之绿"等四季休闲农业景区和精品线路，探索农业主题公园、农业嘉年华、特色小镇、渔人码头、海上游钓等模式，做到季季有主题、月月有重点。到 2020 年，争取实现每县培育 1～2 个特色农事节会，每市规划培育出 10～20 条精品休闲农业旅游线路。自治区将对各市精品线路、县（市、区）特色农事节会每年进行 1 次以上集中宣传推介。

（七）实施"七带三区"聚集带（区）培育工程。充分发挥我区都市休闲农业和沿边、沿海、沿江、沿湖、富硒、长寿和山清水秀等独特优势，着力打造首府南宁都市休闲农业示范区、柳州都市休闲农业示范区、桂林休闲农业国际旅游示范区、沿边民族风情特色休闲农业产业带、沿江亲水观光休闲农业产业带、滨海海洋文化休闲农业产业带、依山森林旅游生态休闲农业产业带、沿高铁（公路）特色种养休闲产业带、富硒农业休闲体验产业带、养生长寿生态休闲农业产业带等"七带三区"休闲农业产业聚集带（区）。鼓励和支持家庭农场、种养大户、农民合作社、务工返乡人员采用众筹、分工合作等形式联合建立休闲农业合作社或联合社，推动我区休闲农业从家族经营向联合协作经营发展，形成点线成带、集群发展的休闲农业聚集区，做大做强、做精做特区域休闲农业园区。鼓励和支持各类资本以协作、参股、合作、独资、土地承包经营权等多种形式参与休闲农业的投资开发。自治区将对在规划休闲农业产业带（区）发展的符合相关项目扶持条件的经营主体给予一定额度贷款贴息扶持，同时，适时调整自治区农业产业化龙头企业认定标准，将休闲农业企业（协会）等新业态新主体纳入认定范围给予扶持。

（八）实施田园综合体探索推进工程。大力支持引进社会资本、社会智力推动我区乡村一体化建设；支持以农民合作社为主要载体创建田园综合体，让农民充分参与和受益；建设集循环农业、创意农业、农事体验于一体的田园综合体，实现以休闲农业为核心产业，推动农业科技产业、农产品加工业、休闲商贸等一批支撑产业的聚集，就地完善会议会展、餐饮住宿、生态旅游、生态养生地产等配套产业，促进农业创新研究、农业创意设计、创意材料生产、创意制作和创意农业经营等衍生产业的发展。要运用现代企业经营模式发展乡村集体经济，实现村庄变社区、村民变市民、村民变股民的城乡统筹发展新路，培育农业农村发展新动能。

（九）实施休闲农业旅游扶贫工程。着力挖掘贫困地区山清水秀、生态良好、景观优美、民族文化底蕴深厚、民俗民风古朴独特、土地空气富氧富硒等资源优势，重点实施"十三五"贫困村"一村一品"产业推进行动，带动贫困地区传统种养产业转型升级；探索以休闲观光资源扶贫资金等入股参与休闲农业开发，让贫困群众从休闲农业发展中获得稳定收益加大对贫困人口参与休闲农业生产经营服务的扶持力度，鼓励先富帮后富加强对休闲农业扶贫重点村的规划指导人员培训宣传推广，对"十三五"贫困村实施整村推进到2020年，对全区20个重点旅游扶贫县和550个旅游扶贫村总体布局，对发展条件好的贫困村实施休闲农业与乡村旅游整体开发，整村推进，确保帮扶一批、脱贫一批。

三、工作要求

（一）坚持以农为本，多方融合。坚持以农业为基础，农民为主体，农村为场所，科学构建利益分享机制，推动休闲农业扩规模提品质增效益。加强与"美丽广西·宜居乡村"建设、现代特色农业示范区创建、精准

扶贫、农耕文化传承、乡村旅游、传统村落传统民居保护、林下经济开发有机融合，推动城乡一体化发展。

（二）坚持政府引导，规范服务。加强政府宏观指导、宣传推介、引导投资，引进社会资本、撬动金融资金开发休闲农业。围绕农家乐、休闲农庄、休闲农业园、民俗村等类型分别制定相应的管理制度和地方行业标准。加大教育培训、宣传推介力度，制定规范标准，引导行业自律，实现服务标准化和管理规范化。

（三）坚持因地制宜，持续发展。立足自身资源禀赋、人文历史、交通区位、产业特色和市场条件，突出地域和文化特色，培育发展不同类型不同风格的休闲农业产品，实现个性化差异化发展遵循"开发与保护并举、生产与生态并重"的理念，统筹考虑资源和环境承载能力，加大生态环境保护力度，实现经济、生态、社会效益全面可持续发展。

四、保障措施

（一）加强组织领导，明确任务分工。区直和各地各相关部门将休闲农业纳入总体发展规划，出台具体政策措施，支持休闲农业和乡村旅游发展。农业部门负责牵头落实本地休闲农业发展工作；发展改革部门负责完善休闲农业的基础设施建设工作，对休闲农业发展和重要农业文化遗产保护项目予以支持；财政部门负责落实财政支持政策；国土部门负责落实相关的用地政策；住房城乡建设部门负责指导村庄的规划建设、传统村落和民居保护等工作；交通运输部门负责对休闲农业聚集区符合交通规划的公路建设项目予以支持；水利部门负责指导相关供水设施建设管理和水利风景区建设发展；文化部门和文物部门负责指导乡村文化和文物的挖掘保护和传承利用；环保部门负责农村环境综合整治、生态保护工作；教育和人社部门负责指导休闲农业人

才教育培训，引导中小学生到休闲农业园区开展研学旅行；金融管理部门负责指导金融机构落实金融政策；林业部门负责指导森林、湿地的保护与旅游开发利用；渔业部门负责指导休闲渔业发展；旅游部门负责指导推动乡村旅游与休闲农业融合发展；扶贫部门负责支持建档立卡贫困户因地制宜发展休闲农业和乡村旅游。

（二）保障项目土地供给，落实税费优惠政策。各级相关部门要将休闲农业项目建设用地纳入土地利用总体规划和年度计划鼓励农村利用集体建设用地和农家建筑开发休闲农业与乡村旅游度假项目；对休闲农业项目直接用于或者服务于农业生产的生产设施、附属设施和配套设施用地，按照设施农用地管理，由用地单位向当地乡镇人民政府提出用地申请，乡镇政府、农村集体经济组织和经营者三方签订用地协议后报县级国土资源主管部门和农业部门核实备案。对休闲农业园区内的亭、台、栈道、厕所、步道、索道缆车等设施用地按"其他建设用地"办理。支持各地通过盘活农村闲置房屋、集体建设用地资源发展休闲农业。新投资的休闲农业项目，属于自治区、市、县（市、区）各级收入的行政性收费，按50％收取；休闲农业场所销售自产的初级农产品及初级加工品按照国家规定享受税收优惠政策。

（三）加强金融信贷支持，健全农业服务体系。努力扩大对休闲农业经营主体的信贷支持，对自治区休闲农业和乡村旅游示范点、四星级以上的休闲农业与乡村旅游企业（园区），比照农业产业化龙头企业信贷政策给予信贷支持。鼓励利用PPP模式众筹模式"互联网＋"等方式，加大金融支持经营休闲农业的回乡创业人员或"十三五"贫困人口，符合相关规定的，可分别申请国家创业担保贷款和自治区农民工创业担保贷款，由财政部门按相关规定给予贴息。扶贫部门要为建档立卡贫困户发展休闲农业给予贷款贴息积极开发农业旅游观光、体验、研学旅游等地方特色的保险服务。建立健全休闲农业管理体系、信息统计体系和社会服务体系。强化对各类休闲农业合作组织和行业协会管理与支持力度，增强行业自律。支持开展信息交流平台和统计报送系统建设。

（四）建立人才培育机制，加强宣传推介。重点支持高等院校休闲农业与乡村旅游相关专业建设；充实一批规划设计、创意策划和市场营销人才；鼓励科技人员兼职开展农业创意研究与开发。将休闲农业从业人员纳入农村实用人才、新型职业农民培育、农民工职业技能培训范畴，积极培养休闲农业职业经理人队伍。协调新闻媒体免费提供版面、开辟专栏，宣传推介广西休闲农业；公安交警和公路管理机构要支持休闲农业业主在公路沿线设置宣传广告牌、交通导向牌；旅游部门要将休闲农业纳入广西旅游整体形象宣传，编入广西旅游地图和精品旅游线路。

广西壮族自治区农业厅
广西壮族自治区发展和改革委员会
广西壮族自治区财政厅
广西壮族自治区教育厅
广西壮族自治区人力资源和社会保障厅
广西壮族自治区国土资源厅
广西壮族自治区住房和城乡建设厅
广西壮族自治区交通运输厅
广西壮族自治区环境保护厅
广西壮族自治区旅游发展委员会
广西壮族自治区水利厅
广西壮族自治区林业厅
广西壮族自治区文化厅
广西壮族自治区扶贫开发办公室
广西壮族自治区妇女联合会
广西壮族自治区金融办
2017年10月20日

甘肃省农牧厅等16部门关于大力发展休闲农业的实施意见

甘农牧发〔2017〕291号

各市、州农牧（农业、农林）局（委）、发展改革委、工业和信息化委、财政局、国土资源局、住房和城乡建设局、水利局、林业局、文化局、旅游局、人民银行中心支行、国税局、地税局、扶贫办、妇联、文物局：

为进一步推动全省休闲农业持续健康发展，积极开发农业多种功能，促进农村一二三产业融合发展，拓宽农民增收渠道，现就贯彻落实农业部等11个部门《关于积极开发农业多种功能大力促进休闲农业发展的通知》和农业部等14个部委《关于大力发展休闲农业的指导意见》提出如下实施意见。

一、充分认识发展休闲农业的重要意义

休闲农业是农业旅游文化"三位一体"、生产生活生态同步改善、农村第一第二第三产业深度融合的新产业新业态新模式，是满足城乡居民休闲消费和扩大内需的战略性支柱产业，是实现农业增效、农民增收、农村增绿的有效途径，是打赢脱贫攻坚战、全面建成小康社会的重要举措。发展休闲农业有利于调优农产品品种品质，开发农业休闲体验功能，增加农业单位面积的多功能产出，提升农业综合效益。有利于促进农业产品变商品，增加农民的经营性收入；民房变客房，增加农民的财产性收入；农区变景区，扩大就业容量，实现农村富余劳动力的就地转移，增加农民的工资性收入。有利于吸引城市资金、人才、管理等现代要素下乡，以城带乡，统筹城乡一体发展。有利于系统整合农业生产、农家生活、农村风貌中的文化要素，传承农耕文明、弘扬传统文化。有利于促进农村生态环境改善，加快美丽乡村建设。

我省境内地形地貌复杂、气候差异较大、农产品特色鲜明，文化遗存丰富、农耕文化悠久、文化底蕴深厚，少数民族众多、民族风情浓郁，发展休闲农业具有得天独厚的资源条件。积极开发全省农业和农村蕴藏的自然生态、生产生活、民族风情等休闲旅游资源，对于发展壮大我省休闲农业产业，加快培育农业农村经济发展新动能，助推全省实现农业强起来、农民富起来、农村美起来具有十分重要的意义。

二、准确把握发展休闲农业的总体要求

（一）指导思想。深入贯彻落实党的十八大和十八届三中、四中、五中、六中全会及省十三次党代会精神，以习近平总书记"绿水青山就是金山银山"理论为指导，牢固树立"创新、协调、绿色、开放、共享"的发展理念，以促进农民就业增收、满足居民休闲消费需求、传承农耕文明为核心，围绕优化区域布局、提升服务能力、培育知名品牌为重点，加快构建完善的政策扶持、公共服务等支撑体系，推进农业与旅游、教育、文化、康养等产业深度融合，着力将休闲农业培育成拓展农业、繁荣农村、富裕农民的新兴支柱产业。

（二）基本原则。

坚持以农为本、利民增收。坚持以农业为基础，以农民为主体、以农村为载体发展休闲农业，科学构建农民利益分享机制。激发农民创业创新活力，增强农民自主发展意识，拓宽农村劳动力转移就业和农民增收致富的渠道。

坚持因地制宜，突出特色。结合地方资源禀赋、历史文化、区位特点和市场需求，立足地方优势农业产业，探索休闲农业发展模式，培育具有浓郁地域特色的休闲农业产品，带动传统种养产业转型升级，变资源优势为产业优势。

坚持多方融合、协同推进。将发展休闲农

业与农耕文化传承、现代农业建设、精准扶贫脱贫、美丽乡村建设、生态文明建设、创意农业建设、传统村落保护、农民创业创新、乡村旅游发展和新型城镇化建设等有机融合、相互促进、协调发展，推动城乡一体化建设。

坚持政府引导、多方参与。强化政府宏观指导、规划、监管等作用，在扶持政策、规范管理、宣传推广等方面加大支持和引导力度。发挥市场配置资源的决定性作用，激发各类投资主体的创业创新活力，集聚各类生产要素，鼓励工商资本、金融资本、民间资本投资休闲农业，形成多方参与、多元投资、互惠共赢的机制。

坚持生态优先、持续发展。遵循乡村自身发展规律，开发与保护并举、生产与生态并重，综合考虑资源条件、环境承载力、市场容量及投入能力等因素，适度开发、合理布局、稳步推进，实现经济、社会和生态效益的有机统一，走生产发展、生活富裕和生态良好的可持续发展道路。

（三）发展目标。到 2020 年，全省休闲农业发展质量明显提高，服务水平明显提升，产业规模进一步扩大，接待人次和营业收入等年均以 10％以上速度增长，全省休闲农业年接待人数达到 5 000 万人次，综合营业收入达到 50 亿元。力争到 2025 年，全省休闲农业产业基本形成布局更加优化、类型更加丰富、功能更加完善、特色更加鲜明的发展格局。

三、进一步明确发展休闲农业的主要任务

（一）科学布局规划。根据区位优势、资源禀赋、农业生产背景等条件，因地制宜，分级科学编制休闲农业规划，并与当地国民经济与社会发展规划、城乡建设规划、土地利用规划等有效衔接，深入推进"农区变景区、田园变公园、劳动变活动、产品变商品"。河西走廊绿洲农业区，利用风景名胜众

多、光照充足等自然人文条件，依托油菜花、葡萄、现代制种等种植业特色资源和鲑鳟鱼等冷水鱼资源，重点发展现代农业成果展示、绿洲生态庄园及丝路风情体验等休闲农业项目；平凉、庆阳等黄土高原农耕文化区，重点开发窑洞农家乐、乡土民俗体验、农耕文化展示等休闲农业项目；甘南、临夏等民族风情体验区，依托回、藏、蒙、裕固、哈萨克等民族风情特色，发掘花儿等特色民俗节庆，开发"田园牧歌"式的民族风情体验和乡村生态庄园等项目；天水、陇南、定西等山地生态绿色度假区，重点开发田园观光、生态养生体验、休闲农业创意精品、特色农产品礼品等；兰州、白银等黄河风情休闲区，依托大城市周边优势，重点开发沿黄库区、水面、湿地等景观，突出发展市民农事参与、休闲度假娱乐和观光采摘等休闲农业模式，着力打造农家乐、现代农业示范园、特色农产品采摘园及休闲农庄等主体。

（二）培育主体发展。鼓励农民以自有宅基地和果园、菜园发展农（林、牧、渔）家乐、特色民宿、开心农场和小型采摘园；鼓励农业企业、国营农场、休闲旅游合作社等依托农业生产基地，开发餐饮、住宿、体验、科普等主题多元的休闲农庄和田园综合体；鼓励现代农业园区、特色优势农产品产业区从事有机食品、绿色食品、无公害农产品生产和加工，开发系列休闲旅游食品、商品和纪念品；鼓励具有农村文化遗迹或传统特色民居等资源的古村落，挖掘保护和传承利用农业文明及地方特色文化，发展具有文化内涵的美丽休闲乡村；鼓励各地根据特色产业，打造农业主题公园、农业嘉年华、教育农园、市民农园、摄影基地、运动垂钓示范基地等，积极探索休闲农业和乡村全域旅游相结合的乡村休闲综合体；支持各种经营主体协作联合，合力打造精品线路，开发乡村酒店、汽车露营和户外拓展运动基地等休闲旅游产品。

（三）改善基础设施。着力改善休闲农业

经营场所的道路、水电、通讯、安全防护等基础设施，改善休闲农业基地的种养条件。不断完善停车场、游客接待中心、公共卫生间、垃圾污水无害化处理、餐饮住宿洗涤消毒、食材保鲜、标识标牌等辅助设施。根据需要和条件，鼓励各地因地制宜兴建乡村民俗展览馆和购物、娱乐等配套服务设施，着力提升服务质量和水平，满足消费者多样化需求。引导"农家乐"相对集中的地方开展卫生、排污、采购等方面的专业化合作。

（四）推动产业扶贫。全省贫困县要把发展休闲农业作为精准扶贫的重要内容。对资源禀赋有优势的贫困地区，实施贫困村"一村一品"产业精准扶贫行动，支持建档立卡贫困户以合作社为纽带发展农家乐、乡村民宿、采摘园等休闲旅游项目，促进贫困地区群众脱贫致富。探索社会资本参与贫困地区发展休闲农业的利益共享机制，引导和支持社会资本开发农民参与度高、受益面广的项目。积极探索贫困地区农民自主创业模式，鼓励农民以承包土地入股等形式参与休闲农业经营，共享发展成果。推动贫困地区优质农副土特产品的加工和销售。支持巾帼创办领办休闲农业实体，培育休闲农业致富带头人。

（五）突出文化创意。按照在"发掘中保护、在利用中传承"的思路，加大对农业非物质文化遗产、农村民俗文化资源的发掘利用。加强对农村文化遗迹、传统村落民居、传统农业耕作技术、传统手工技艺、传统生产工具、传统种植制度等的保护。做好农业文化遗产普查工作，加强对已认定的农业文化遗产的动态监督管理，推动遗产地经济社会协调可持续发展。对接城乡居民休闲观光、健康养生和农耕文化体验等消费需求，强化创意设计，创作一批创意精品，开发一批地方特色休闲商品，提高农产品附加值，提升休闲农业的文化软实力。

（六）开展示范创建。培育示范品牌体系，积极参加全国休闲农业和乡村旅游示范县创建、中国最美休闲乡村评选、中国重要农业文化遗产发掘保护等活动，继续实施省级休闲农业示范创建活动，鼓励各地因地制宜开展各种形式的品牌创建与推介活动，着力建设一批功能完备、特色突出、服务优良的农家乐、休闲农庄、休闲旅游合作社等知名品牌。引导各地积极探索农业嘉年华、休闲农业特色村镇、田园综合体等地方品牌。争取到2020年，全省创建的全国休闲农业与乡村旅游示范县达到10个以上、中国美丽休闲乡村达到15个以上，"中国重要农业文化遗产"达到6个以上。创建的省级休闲农业示范县达到20个、示范点达到200个。

（七）规范行业管理。研究制定农家乐等休闲农业经营主体管理规范，完善行业标准，提出质量要求，提升经营管理水平和服务规范化程度。培育和发展各类休闲农业行业协会等中介服务组织，发挥其在行业自律、市场营销、协调服务等方面的作用，建立行业自我服务和约束管理的长效机制，规范竞争行为，营造公平环境。

（八）大力宣传推介。依托现代信息技术，搭建休闲农业政务信息发布和供需信息对接平台，广泛利用互联网、报刊、电视、广播等多种新闻媒体和农业博览会、农产品展销会等大型会展活动，有计划、有重点地进行宣传推介。在节假日和重要农事节庆节点开展休闲农业精品景点线路公益性宣传推介，扩大休闲农业的影响力。指导地方创新形式、加强策划，举办特色鲜明、影响力大、公益性强的各类农事节会活动，吸引互联网、报刊、电视等媒体的关注，努力营造政策扶持、舆论关注、社会参与的良好发展氛围。

四、完善落实促进休闲农业发展的政策措施

（一）依法解决休闲农业用地。在实行

最严格的耕地保护制度的前提下，将休闲农业基础设施项目建设用地纳入土地利用总体规划和年度用地计划优先安排。充分盘活农村闲置房屋和集体建设用地资源发展休闲农业。鼓励利用"四荒地"、林场和非饮用水源水库等水面发展休闲农业。城乡建设用地增减挂钩和工矿废弃地复垦调整等试点要向休闲农业区域倾斜。在符合相关规划的基础上，农村集体经济组织可以依法使用集体建设用地自办或者以土地使用权入股、联营等方式与其他单位或个人共同兴办住宿、餐饮、停车场等休闲旅游接待服务企业。

（二）加大财税扶持。按照"政府扶持、业主为主、社会参与"的原则，逐步建立和完善休闲农业投入机制。各级财政部门应落实财政支持政策，通过现有资金渠道，探索采取以奖代补、先建后补、财政贴息等方式加大对休闲农业创业发展和基础设施建设的财政投入，撬动社会资本，推动休闲农业产业提档升级。农业综合开发资金要将休闲农业经营企业纳入重点支持范围，有条件的县市区可确定一批休闲农业示范项目，并予以重点扶持。休闲农业发展条件好的地方，可逐步建立休闲农业发展专项基金；落实税收优惠政策，农家乐销售自产的初级农产品及初级加工品享受免税优惠政策。休闲农业经营主体从事国家鼓励的农林牧渔业项目的所得享受减征、免征企业所得税的优惠。对吸收就业多、资源消耗和污染排放低的休闲农业经营主体，按照其吸收就业人员数量给予补贴或优惠。对经审批的休闲农业经营主体生产加工用地及生产生活等用地和房产，纳税确有困难符合减免条件的，其土地使用税、房产税按税收管理权限报批减免。

（三）拓宽融资渠道。担保机构要创新担保方式，银行等金融单位要搭建银企对接平台，加大对休闲农业的信贷支持，带

动更多的社会资本投资休闲农业。鼓励担保机构拓宽抵押担保物范围，在风险可控的前提下，探索开展农村土地经营权、集体林权、水域滩涂使用权等农村产权抵押业务以及大型农机具、存货抵押业务。银行业金融机构要进一步改进服务方式，简化贷款手续，采取信用贷款和抵押贷款等方式，支持休闲农业发展。鼓励在二轮土地承包经营权剩余期限内发放中长期贷款，对经营特色明显、带动能力强、运作规范的休闲农业经营主体，优先给予信贷支持。鼓励民间资本采取独资、合资、合伙等多种方式参与休闲农业项目的开发建设。鼓励利用PPP模式、众筹模式、互联网＋模式、发行私募债券等方式，加大对休闲农业的金融支持。鼓励中小休闲农业经营主体和经营户以互助联保方式实现小额融资。鼓励农民以资产、资金、技术等要素入股参与经营。鼓励将休闲农业经营主体列入中小企业创业贷款、扶贫开发贷款范畴，解决发展过程中的融资需求。

（四）强化公共服务。以政府为统领，以企业为主体，以体制机制创新为动力，努力提升休闲农业行业公共服务水平。建立健全休闲农业发展政策体系和管理规范，重点强化食品安全、消防安全、环境保护等监管措施。制定发布休闲农业统一标识，并推广使用。加强行业监测，构建完善的休闲农业统计制度，搞好休闲农业市场发展及需求调查分析。鼓励高等院校、职业学校开设休闲农业专业和课程，培养一批规划设计、创意策划和市场营销专门人才。加强科技支撑，引导科研教学单位积极开展休闲农业关键技术模式攻关、示范、集成及转化，增强休闲农业科技支撑保障能力。依托阳光工程、职业院校、行业协会和产业基地等，分类别开展人员培训，逐步推动持证上岗制度。出台政策措施，引导大中专毕业生、新型职业农民、务工经商返乡

人员等创办休闲旅游合作社，或与农村集体经济组织联办休闲农业经营实体。加快构建网络营销、网络预订和网上支付等公共服务平台，增强线上线下营销能力，全面提升行业的信息化水平。支持建设休闲农业聚集区域的公共交通体系，加强生态停车场、道路、观光巴士等公共服务设施配套。

五、切实加强发展休闲农业工作的组织领导

（一）提高认识，加强领导。发展休闲农业事关农民就业增收、事关农村可持续发展、事关现代农业建设和经济社会发展全局。各地要从战略和全局的高度深化对发展休闲农业的认识，把促进休闲农业发展列入重要议事日程，加强机构队伍建设，充实人员队伍，理顺职责关系，建立高效的管理体系，认真履行规划指导、监督管理、协调服务的职能。各地要争取把休闲农业发展纳入本地农业发展目标考核内容，列入当地经济发展统计指标体系，进一步优化政策措施，推进休闲农业持续健康发展。

（二）明确任务，履行职责。各相关部门要发挥部门职能作用，支持休闲农业产业发展。农业部门负责牵头发展本地休闲农业工作，指导产业的整体发展，并做好宣传推广工作。发展改革部门负责将休闲农业列入国民经济和社会发展规划，统筹安排现有渠道资金对休闲农业给予支持。工信部门负责休闲农业信息化建设。财政部门负责加大对休闲农业资金支持。税务部门负责落实税收优惠政策。国土部门负责落实休闲农业用地政策。住房和城乡建设部门负责统筹协调历史文化名镇名村、特色景观旅游名镇名村、传统建筑和传统村落等的保护利用工作。水利部门负责水资源保护，并指导水利风景区周边休闲农业建设。文化部门和文物部门负责指导乡村文化和文物的挖掘保护和传承利用工作。人民银行等金融部门和金融机构负责

创新担保机制和信贷模式，扩大对休闲农业经营主体的信贷支持。林业部门负责指导森林、湿地等自然资源的保护与开发利用。旅游部门把休闲农业纳入旅游总体营销推广计划，负责将休闲农业产品推向市场。扶贫部门按照精准扶贫的要求，支持有条件的建档立卡贫困村积极发展休闲农业。妇联负责指导妇女发展休闲农业。

（三）统筹协调，合力推进。各地要将休闲农业纳入当地经济社会发展总体规划，建立多部门共同参与的休闲农业工作协调推进机制，共同参与、履职尽责、协同作战、加强督查，研究解决工作推进中的重要问题，出台具体的政策措施，加强对休闲农业发展的指导和服务，合力推动休闲农业发展，确保各项优惠政策落实到位。各级休闲农业管理部门要结合本地实际，将政策细化实化，尽快制定本地具体的实施意见，切实抓好落实，促进休闲农业业态多样化、产业集聚化、主体多元化、设施现代化、服务规范化和发展绿色化。

甘肃省农牧厅
甘肃省发展和改革委员会
甘肃省工业和信息化委员会
甘肃省财政厅
甘肃省国土资源厅
甘肃省住房和城乡建设厅
甘肃省水利厅
甘肃省林业厅
甘肃省文化厅
甘肃省旅游发展委员会
中国人民银行兰州中心支行
甘肃省国家税务局
甘肃省地方税务局
甘肃省扶贫开发办公室
甘肃省妇女联合会
甘肃省文物局
2017 年 9 月 20 日

新疆生产建设兵团关于印发《新疆生产建设兵团推进农牧团场一二三产业融合发展的实施意见》的通知

新兵办发〔2017〕15号

各师（市）、院（校），兵团机关各部门、各直属机构：

《新疆生产建设兵团推进农牧团场一二三产业融合发展的实施意见》已经兵团同意，现印发给你们，请认真贯彻落实。

2017年3月8日

新疆生产建设兵团推进农牧团场一二三产业融合发展的实施意见

为贯彻落实《国务院办公厅关于推进农村一二三产业融合发展的指导意见》（国办发〔2015〕93号），加快推进兵团农牧团场一二三产业融合发展，结合兵团实际，提出如下实施意见：

一、总体要求和基本原则

推进农牧团场一二三产业融合发展，是拓宽团场职工群众增收渠道、构建团场现代农业产业体系、推进团场农业转型升级的重要举措，是落实农业供给侧结构性改革，加快转变农业发展方式，探索兵团特色农业现代化道路的必然要求，是兵团经济持续健康发展和全面建成小康社会的重要支撑。要以创新产业融合方式为着力点，以培育产业融合主体为重点，以完善产业融合利益联结机制为核心，以建立产业融合服务体系为支撑，以新型城镇化为依托，着力构建农业一二三产业融合发展的现代产业体系，促进团场发展和职工群众增收，提升兵团经济发展的质量效益水平。

在推进兵团农牧团场一二三产业融合发展的进程中必须坚持以下基本原则：

——坚持市场导向。充分发挥市场配置资源的决定性作用，积极发挥行政引导作用，大力培育新型经营主体，营造良好市场环境。

——坚持统筹推进。农业现代化要与新型城镇化、工业化相衔接，与团场建设相协调，促进产业融合集聚发展。

——坚持分类指导。要因地制宜，积极探索各师不同团场、不同产业各具特色的融合模式和利益联结机制，实行分类指导。

——坚持强化利益联结。正确引导各类龙头企业、农业新型经营主体与团场、承包职工建立合理的利益分配机制，保障各利益主体获得应有的产业链增值收益。

——坚持改革创新。打破要素瓶颈制约和体制机制障碍，激发融合发展活力。

二、主要目标

到2020年，兵团一二三产业融合发展总体水平明显提升，主要农产品和相关产业的产业链条完整，龙头企业、农业经营主体与团场基地、承包职工利益联结机制健全，基本形成以团场农业基地和农产品初加工为基础，兵师龙头企业精深加工为主导，产加销一体化经营、利益联结紧密、功能多样、产城融合的新格局。农业竞争力明显提升，农牧团场活力显著增强，职工收入持续增加。

三、主要任务

（一）发展多类型产业融合方式。

1.推进新型城镇化，搭建产业融合平台。培育农产品加工、商贸物流、旅游等专业特色小城镇。继续抓好中心连队居住区建设，改善生产生活条件，促进中心连队居住区与城镇协调发展。开展"美丽城镇、美丽连队"创建活动，推动阿拉尔市生态文明先行示范区创建工作。鼓励社会资本积极参与城镇基础设施建设运营和市政公用事业经营服务，稳定吸纳农业转移人口。垦区中心城镇要突出加快二三产业发展，在团场一二三产业融合发展中起到示范带动作用。（兵团发展改革委、建设局、商务局、农业局、交通局等负责）

2. 优化农业结构，做大做强农业生产基地。坚持"稳粮、优棉、精果、强畜"的结构调整方针，实行农林牧结合，优化农业内部结构。落实粮食作物优势区域布局规划，实行"藏粮于地""藏粮于技"，确保粮食作物面积400万亩，总产200万吨的生产能力；落实棉花优势区域布局规划，推动棉花生产向优势主产区集中，使棉花生产面积稳定在800万亩、总产120万吨的水平；扩大饲草料种植，促进粮经饲三元结构协调发展。加快果蔬园艺业和畜牧养殖业发展步伐，果蔬园艺业要以提质增效益为目标，加大标准园建设力度，力争果品总产450万吨。畜牧业加快规模化标准化养殖场建设，力争牲畜存栏810万头只，肉、蛋、奶总产分别达到43万吨、9.5万吨和72万吨。畜牧业和果蔬园艺业产值占农业总产值之比力争达到60%以上。加强农业标准化体系建设，严格生产全过程管理。（兵团农业局、科技局等负责）

3. 加强产业园区建设，提升农产品深加工水平。重视园区和基地建设对城镇产业发展的承载和推动作用，加快建设产业集聚、用地集约、节能环保、产出率高、辐射带动力强和可持续发展的产业园区，完善公共设施、公共文化服务体系和服务平台建设，促进工业企业和生产型服务业向园区和基地集聚，提高园区和基地对项目和人口的吸纳和承载力。通过产业园区和基地建设促进产城融合发展，带动兵团城镇化的发展。到"十三五"末，做精做强现有的6个国家级产业园区；力争将二师铁门关市经济工业园区、三师图木舒克工业园区、十师北屯工业园区、

十三师二道湖工业园区、十四师北京皮墨工业园区等其中的2～3个兵团级工业园区升级为国家级产业园区。（兵团农业局、建设局、发展改革委、工信委、科技局、国土资源局等负责）

4. 大力发展服务业，创新农业新型业态。以城镇化带动服务业发展，不断拓宽服务领域，促进生产服务业与新型工业化、农业现代化相融合，生活服务业与城镇基础设施建设、居民生活需求相协调。重点发展现代物流、金融、商贸、旅游、文化产业、社区服务等服务业，做大做强商贸流通业、农业互联网新型业态、农产品电子商务，积极发展商业、便民服务业，培育发展文化体育等产业，构建与城镇经济发展和人口规模相适应的服务业体系。培育一批主业突出、特色鲜明、带动能力强的重点企业，加快生产服务集聚化、生活服务便利化、基础服务网络化。到2020年，传统服务业稳步发展，现代金融、旅游、信息等新兴服务业快速提升，服务外包、文化创意、物联网及科技研发等先导产业得到初步发展，服务业发展呈现新活力。（兵团农业局、发展改革委、建设局、工信委、商务局、旅游局、财政局、供销社、交通局等负责）

5. 延伸农业产业链，推进全产业链融合发展。深入落实《兵团推进农业产业化发展的意见》，结合优势农产品区域布局规划，依托优质农林牧特色资源，采用新技术、新工艺，发展纺织服装、番茄制品及果蔬饮料、红枣、油脂、乳制品和肉制品、粮油和氨基酸、葡萄酒、制糖、生物制品等12个特色农副产品深加工业。积极扶持农业产业化龙头企业，实行种养加一体化经营，支持企业规范产品质量标准体系，加强诚信体系建设，增强产品质量安全保障能力。引导龙头企业向优势产区集中，支持围绕龙头企业建设基地，实现龙头企业、基地、农户共赢。进一

步提高农业产业化经营水平，带动兵团垦区和地方乡镇农户在100万户以上。建设培育大型现代化农产品专业批发市场1个、综合交易市场和物流园区10个、物流配送中心5个，培育发展11个物流大企业和大集团。鼓励龙头企业实行农超对接，通过网上销售等新销售业态开拓市场。（兵团农业局、发展改革委、财务局、工信委、商务局、供销社等负责）

6. 拓展农业多种功能，拓宽产业融合覆盖面。积极推进农业旅游资源开发，在城市近郊打造团场旅游休闲带，在有条件的团场打造一批具有兵团特色的观光农业、休闲农业、现代农业、休闲渔业、果蔬采摘等不同主题的旅游点，建设一批具有军垦文化、乡土记忆、地域特色的特色示范连队，将农业旅游资源赋予军垦文化内涵，加大农业旅游资源与军垦文化的融合力度。继续开展兵团特色景观旅游名团场（镇）创建工作。推动和逐步完善旅游信息化、智能化建设，引导旅游环境与公共服务建设，促进旅游电子商务建设和推广。统筹利用兵团现有资源建设农业教育和社会实践基地，引导公众特别是中小学生参与农业科普和农事体验。（兵团旅游局、农业局、建设局、发展改革委、财务局、教育局、宣传部、民政局等负责）

7. 发展农业新型业态，提升产业融合服务的质量效率。实施"互联网＋现代农业"行动计划，利用大数据、云计算、互联网等信息技术手段，提升农业生产、经营、管理和服务水平，培育网络化、智能化、精细化的现代农业新模式，促进农业现代化水平明显提升。推广基于北斗卫星导航的精准农业技术，获取土壤、墒情、水文等极为精细的农业资源信息，构建物联网信息平台，为精准播种、施肥、施药及自动灌溉等的实施提供技术支持。扎实推进信息进连入户工程建设，推广线上营销和线下体验一体化经营模

式，促进电商与经营主体的有效结合，实施"快递下乡"工程，完善配送及综合服务网络。采用现代农业信息技术，改进监测统计、分析预警、信息发布等手段，健全农业信息监测预警体系。鼓励在城市郊区发展工厂化、立体化等高科技农业，提高本地鲜活农产品供应保障能力。建立特色农产品质量安全追溯体系，重点开发生鲜农产品加工数字化管理系统、产地认证与安全生产数字化管理系统、农产品供应链物流管理系统。鼓励发展农业生产租赁业务和农产品个性化定制服务、会展农业、农业众筹等新型业态。（兵团工信委、商务局、农业局、发展改革委、科技局、财务局等负责）

8. 引导产业集聚发展，完善发展空间布局。引导农副产品加工企业向优势产区集中，因地制宜鼓励民间资本发展符合本地区产业特点的中小型企业群，鼓励龙头企业参与基地建设，与农户建立紧密型利益联结机制，着力打造相互配套、功能互补、联系紧密的农产品加工骨干园区，实现企业与所在师（市）、团场融合共赢发展。鼓励各师（市）盘活利用现有存量用地及房产兴办职工创业园，支持团场利用闲置宅基地、存量建设用地等发展设施农业、休闲农业。结合兵团新建城市商业网点规划，打造农产品集散中心、物流配送中心和展销中心。支持涉农企业创新电子商务营销模式，实施内贸流通创新工程、"百团万店"工程、外贸转型升级工程。依托农业科技园区、农业科研院所、大学和"星创天地"等，实施新兴产业创投计划，培育生物质能源、生物育种、生物制药等在兵团具有发展前景的战略性新兴产业。（兵团工信委、商务局、国土资源局、科技局、发展改革委、农业局、教育局、财务局等负责）

（二）培育多元化产业融合主体。

9. 扶持新型经营主体，发挥产业融合主体带动作用。引导和支持团场积极发展各类

新型经营主体，鼓励农业经营公司、供销合作社基层社发展农产品初加工、销售等经营业务，拓展合作领域和服务内容。支持农业产业化龙头企业领办和创办农工合作社。支持新型经营主体开展信息、技术、培训、市场营销和基础设施建设等服务。落实和完善农工合作社税收优惠政策。支持符合条件的农工合作社优先承担政府涉农项目，开展农工合作社创新试点，鼓励同一领域的合作社实行横向联合，组建行业联合社和跨区域的合作社，共同开拓市场，延伸产业链，形成各具特色的产业带、产业群。加强兵地间合作社的联合发展，促进兵地生产要素流动和先进生产技术的交流，共同推进兵地农业生产力水平的提高。（兵团农业局、财务局、商务局、科技局、供销社等负责）

10. 支持龙头企业发展，构建产业融合经营体系。培育壮大农业产业化龙头企业，做好农产品精深加工和市场营销。鼓励龙头企业进一步优化要素资源配置，加强产业链建设和供应链管理，提高产品附加值。鼓励龙头企业参与建设现代物流体系，建立健全农产品营销网络。支持龙头企业利用电子商务创新商务模式、降低生产经营成本、整合商务资源，稳步建立基于电子商务平台的大宗农资、农产品交易平台。积极培育企业集团，围绕团场综合配套改革，加快推进以市场化为导向的农业管理体制、经营机制、服务体系建设等改革试点。在兵师层面围绕农业主导产业，按照集团化的经营模式，通过兼并、重组、收购组建跨垦区的农业产业集团。团场层面按照基地建设、初加工为主的模式，做好与龙头企业、产业集团的产销衔接，构建"龙头企业＋专业公司（合作社）＋职工"为主的生产经营模式；推进建立团场农业经营公司，尽快形成以职工家庭承包经营为基础、农业经营公司为主体、专业公司或专业合作社及其他经营组织共同参与、利益联结、统分结合的新型农业经营体系。到2020年，农

产品加工产值与农业总产值之比达到2∶1。（兵团农业局、发展改革委、工信委、商务局等负责）

11. 支持供销合作社发展，拓宽产业融合服务领域。贯彻落实《兵团党委、兵团深化供销合作社综合改革实施意见》，推动供销合作社与新型农业经营主体有效对接，加快组建棉业、农资、果业、农机装备等企业集团，拓展经营领域，向全程农业社会化服务延伸。完善农产品流通网络建设，在集散地建设大型农产品批发市场和现代物流中心，在产地建设农产品收集市场和仓储设施，在城市社区建设生鲜超市等零售终端。加快电子商务发展，形成网上交易、仓储物流、终端配送一体化经营。围绕兵团城镇化建设，积极拓展日用消费品、社区服务等新型经营业态。（兵团供销社、发改委、农业局、商务局等负责）

12. 发展行业协会和产业联盟，实现产业融合优势互补。积极支持行业协会开展行业自律、教育培训，深入推进农产品品牌名牌创建活动。按照"统一品牌、统一质量、统一标准、统一包装、统一宣传、利益分享"的方法，做大主导产业品牌，做强优势企业品牌，做优地理标志产品。力争到2020年，争创中国驰名商标15个、自治区著名商标和名牌产品100个。鼓励龙头企业、合作社、涉农院校和科研院所成立产业联盟，支持联盟成员通过共同研发、科技成果产业化、融资拆借、共有品牌、统一营销等方式，实现信息互通、优势互补。（兵团农业局、商务局、科技局、工信委、质监局、民政局等负责）

13. 鼓励社会资本投入，优化产业融合发展环境。认真落实《兵团创新重点领域投融资机制鼓励社会投资实施方案》《兵团关于在公共服务领域加快推进政府和社会资本合作模式的指导意见》，积极搭建平台，加大招商引资力度，探索PPP模式和社会资本享有投资项目同等对待的政策。支持利用团场

"四荒"（荒山、荒沟、荒丘、荒滩）资源发展多种经营，开展农业环境治理，大力推进农田水利建设和生态文明建设，支持光伏和风力等清洁能源发展。光伏、风力发电等项目使用戈壁、荒漠、荒草等未利用地土地的，对不占压土地、不改变地表形态的用地部分，可按原地类认定，不改变土地用途，用地允许以租赁等方式取得；对项目永久性建筑用地部分，应依法按建设用地办理手续。继续落实国家和自治区、兵团支持新产业、新业态各类用地政策，降低二三产业项目用地成本。建立招商引资项目督查制度，积极引导外商投资产业融合项目。（兵团发展改革委、财务局、国土资源局、水利局、农业局、商务局、旅游局等负责）

（三）建立多形式利益联结机制。

14. 创新发展订单农业，建立稳定购销关系。引导龙头企业在平等互利基础上，与团场农业公司、农户、农工合作社签订统一农产品购销合同，合理确定收购价格，建立紧密的利益联结机制，形成稳定购销关系。积极探索龙头企业为农户、合作社和农业公司提供贷款担保，资助订单农户参加农业保险。鼓励农产品经营产销合作，在技术开发、生产标准和质量追溯体系等方面，设立共同营销基金，打造联合品牌，实现利益共享。（兵团农业局、发展改革委、商务局等负责）

15. 鼓励发展股份合作，构建合理利润分配机制。加快推进连队转型发展，通过"资源变股权、资金变股金、农工变股东"，采取"保底收益＋按股分红"等形式，让农工分享加工、销售环节收益，让农工获得更多的资产收益。开展农工土地股份合作社建设试点，引导农工自愿以土地经营权等入股龙头企业和农工合作社，形成以农工承包土地经营权入股的利润分配机制，切实保障土地经营权入股部分的收益。（兵团农业局、发展改革委、财务局等负责）

16. 发挥龙头企业带动作用，形成企业

联农带农激励机制。鼓励农业产业化龙头企业和工商企业优先聘用转移出土地的团场职工，并按照有关规定为其提供技能培训、就业岗位和社会保障。引导农业产业化龙头企业和工商企业发挥自身优势，辐射带动农户扩大生产经营规模、提高管理水平。加强引导服务，引导农工商企业建立符合现代产业发展要求的管理体制、经营方式和决策机制，做好重点农工商企业的申报认定和运行监测工作，实行动态管理，逐步建立社会责任报告制度。强化农工商企业联农带农激励机制，相关扶持政策与利益联结机制相挂钩。（兵团农业局、工商联、发展改革委、财务局等负责）

17. 规范土地承包关系，保护职工合法权益。探索完善土地流转关系，确保农工获得稳定的租金收入。规范工商资本租赁农地行为，合理确定土地流转规模，建立农工承包土地经营权流转分级备案制度。建立土地流转、订单农业等风险保障金制度，并探索与农业保险、担保相结合，提高风险防范能力。增强新型农业经营主体契约意识，鼓励制定适合基层特点的信用评级方法体系。制定和推行涉农合同示范文本，依法打击涉农合同欺诈违法行为。加强土地流转、订单等合同履约监督，建立健全纠纷调解仲裁体系，保护双方合法权益。（兵团政研室、农业局、国土资源局、发展改革委、财务局、农业银行等负责）

（四）完善多渠道产业融合服务。

18. 搭建公共服务平台，促进产业融合信息共享。充分利用 3G、4G、互联网、物联网等现代信息技术，整合兵团农业综合信息服务门户，开展兵团云计算平台建设，布局大数据平台，建成兵团级农业综合信息服务平台，为团场连队综合信息化服务平台建设提供硬件支撑，共享各类涉农信息服务数据。优化农业创新孵化平台，创建一批农业"星创天地"，提供设计、创意、技术、市场、融资等创业服务。组织 10 家种植、养殖专业合作社，开展信息化办公、现代化管理系统、交流推广平台、电商平台信息示范。鼓励基础电信运营商、电信增值业务服务商、内容服务提供商和金融服务机构相互协作，建设农资与农产品电子移动商务服务平台，提供生产、流通、交易、竞价、网上超市等服务。制定兵团农产品标准规范，加强交易双方的信用管理。（兵团农业局、发展改革委、科技局、工信委、商务局、供销社等负责）

19. 创新金融服务，拓宽企业融资渠道。做好银企对接，引导银行扩大贷款规模，拓宽中小微企业融资渠道，支持产业转型升级。发展团场普惠金融，以农行兵团分行、信用社、邮储银行、村镇银行为重点，协调推进和进一步完善团场金融机构及网点建设。鼓励金融机构与新型农业经营主体建立紧密合作关系，推广供应链、产业链金融模式，加大对团场产业融合发展的信贷支持。稳妥有序开展农户住房财产权抵押贷款、活畜及林果抵押贷款试点。鼓励政府性融资担保和再担保机构及小额贷款公司对"三农"融资的金融支持，为农业经营主体提供担保服务。鼓励开展支持团场产业融合发展的融资租赁业务。积极推动涉农企业对接多层次资本市场，支持符合条件的涉农企业以"新三板"为重点，拓展对资本市场的利用。加强涉农信贷与保险合作，拓宽农业保险保单质押范围。（兵团发展改革委、商务局、财务局、农业局等负责）

20. 改善硬件设施条件，夯实融合发展基础。统筹实施全国高标准农田建设总体规划，继续加强团场土地整治工程建设，加大新建扩建团场、贫困团场建设力度。积极参建自治区重点水利枢纽工程，实施好水源、输水、灌区节水、灌排等重点水利工程，加快完善水、电、路等基础设施。继续实施"三北"防护林、新一轮退耕还林等重点林业工程，加强环境整治和生态保护。继续办好惠民利民"十件实事"，加强团场住房、通营连道路、饮水及人居环境等基础设施建设。围绕"宽带兵团"工程，加快团场连队通信基础设施建设，推动光纤宽带、3G、4G 网络向团场连队覆盖。以边境团场和连队基础设施和民生建设为重点，进一步实施"兴边富民"行动。利用电子商务进团场综合示范项目，加快健全以师、团、连三级物流节点为支撑的物流网络体系。完善休闲农业和团连旅游道路、供电、供水、停车场、观景台、游客接待中心等配套设施建设。（兵团发展改革委、财务局、国土资源局、水利局、交通局、农业局、商务局、旅游局、民宗局等负责）

21. 支持贫困团场发展，同步推进产业融合。贯彻落实《兵团党委、兵团贯彻落实〈中共中央、国务院关于打赢脱贫攻坚战的决定〉的意见》，以推进"五个一批"为路径，坚持扶贫开发与经济社会发展相互促进，基本建成现代农业生产、经营、产业三大体系，同步推进产业融合。立足贫困团场当地自然、人文等资源及边境口岸特有优势，因地制宜发展区域优势特色种养业、特色农产品加工业、乡村旅游、电子商务和民族传统手工业。以专项扶贫、行业扶贫、社会扶贫、援疆扶贫为重要支点，拓宽扶贫合作交流渠道。加快推进中央企业和援疆省市企业参与兵团产业合作，支持企事业单位、社会组织和个人投资贫困团场产业融合项目。到 2020 年，在现行标准下实现建档立卡贫困人口全部脱贫、30 个贫困团场全部摘帽的目标。落实《兵团支援地方脱贫攻坚工作方案》，帮助贫困县乡村少数民族贫困人口 2 万人来兵团就业，推进兵地产业融合。（兵团发展改革委、农业局、商务局、旅游局等负责）

四、保障措施

（一）加强组织领导，强化责任落实。建立由兵团领导牵头，发展改革委、农业局、财务局、商务局、旅游局、国土局等有关部门参加的协调机制，协调解决产业融合发展中的重大问题。师（市）要切实加强组织领导，把推进产业融合发展摆上重要议事日程。强化团场主体责任，引导资金、技术、人才等要素向农业产业融合集聚。（兵团发展改革委、农业局、财务局、商务局、旅游局、国土局等负责）

（二）加大财税支持，促进产业融合发展。贯彻落实国家、自治区出台的关于推进农村一二三产业融合发展的各项财税政策。统筹安排涉农整合专项资金，加大对农业产业融合投入。兵团从现有现代农业发展、扶贫开发、产业化经营等专项资金中统筹安排，支持农业产业融合发展试点，中央财政预算内投资、农业综合开发资金等向团场产业融合发展项目倾斜。创新涉农资金使用和管理方式，研究通过财政和社会资本合作、设立基金、贷款贴息等方式，带动社会资本投向团场产业融合领域。（兵团财务局、发展改革委、农业局、国资委、工信委、商务局、旅游局等负责）

（三）强化人才和科技支撑，提升产业融合创新水平。加强职业院校基础能力和专业服务产业发展能力建设。扩大招收团场未就业初高中毕业生就读兵团职业院校。组织落实国家级农村职业教育与成人教育示范县（团场）和兵团社区教育示范区创建工作。继续实施"双五千"计划。落实国家新型职业农民培育政策，以新型农业经营主体带头人轮训和现代青年农场主培养为重点，实施好新型职业农工培育工程。在兵团创建旅游创客示范基地，组织引导大学生、返乡农民工、专业技术人才、技能人才、青年创业团队等各类"创客"投身团场旅游发展，推动兵团

旅游实现转型提升、创新发展。继续实施科技攻关与成果转化计划和科技特派员创新创业计划，加强产学研合作，加快推进一二三产业融合发展。（兵团教育局、科技局、农业局、人力资源社会保障局、发展改革委、旅游局等负责）

（四）开展试点示范，引导产业融合发展。围绕产业融合模式、主体培育、政策创新和投融资机制，按照国家七部委制定的《农村产业融合发展试点示范实施方案》，组织申报、筛选石总场、芳草湖农场、41团开展产业融合发展试点示范工作，并根据地域特色，选择产城融合型、产业链延伸型等形式，编制和审批试点示范团场实施方案，在建设内容及制度建设、投入机制、人员培训等方面给予指导，积极探索和总结成功的做法，形成可复制、可推广的经验，促进团场产业融合加快发展。（兵团发展改革委、财务局、农业局、工信委、商务局、旅游局等负责）

（五）强化部门协作、形成工作合力。各有关部门要根据本意见精神，抓紧制定和完善相关规划、政策措施，密切协作配合，确保各项任务落实到位。发展改革部门在组织专项建设基金项目申报时，支持符合条件的试点示范团场建设产业园区、实施企业类项目。财政部门要加大农业综合开发资金等对试点示范团场的支持。国土资源、农业、工业和信息化、商务、旅游等行业主管部门要结合各自职责，加强对试点示范团场的业务指导和行业管理，加大对试点示范团场的支持力度。发展改革部门会同有关部门根据国家发改委要求，做好意见落实情况跟踪分析和评估。（兵团发展改革委、农业局、财务局、商务局、旅游局、国土局等负责）

索　引

A

安徽黄山太平猴魁茶文化系
　　统　92
安徽省　26
　　主要成效及特点　26
　　主要做法　26
　　存在问题　27
安徽省凤阳县小岗村　178
安徽省绩溪县尚村　165
安徽省金寨县响洪甸村
　　177
安徽省潜山县官庄村　154
安徽省人民政府办公厅关于
　　支持利用空闲农房发展乡
　　村旅游的意见　266
安徽省休宁县　109
安徽省黟县柯村　189
安徽铜陵白姜生产系统　92

B

巴西　73
北京市　11
　　主要做法及成效　11
北京市大兴区魏庄村　162

北京市怀柔区红螺镇村
　　186
北京市农村工作委员会等13
　　部门关于加快休闲农业和
　　乡村旅游发展的意见
　　256
北京市平谷区黄草洼村　150
北京市顺义区河北村　162
北京市延庆区南湾村　162

C

重庆市　45
　　主要成效　45
　　主要做法　46
重庆市北碚区北泉村　182
重庆市涪陵区　130
重庆市梁平区聚宝村　167
重庆市石柱县万胜坝村
　　182
重庆市永川区八角寺村
　　182

D

大连市瓦房店市渤海村
　　186

大连市庄河市马道口村
　　161

E

俄罗斯　81

F

发展概况　1
法律法规与规范性文件
　　217
福建福鼎白茶文化系统　93
福建省　28
　　主要做法及成效　28
　　存在问题　29
福建省福清市牛宅村　178
福建省惠安县下坑村　178
福建省南靖县书洋镇　155
福建省寿宁县　112
福建省漳浦县大埔村　165
福建省政和县念山村　189

G

甘肃省　54
　　基本情况　54
　　主要做法　55

发展成效　55

存在问题　56

甘肃省嘉峪关市河口村　160

甘肃省康县花桥村　184

甘肃省农牧厅等 16 部门关于大力发展休闲农业的实施意见　279

甘肃省平凉市崆峒区西沟村　170

甘肃省天水市秦州区　140

甘肃省天水市秦州区孙集村　185

各地概况　9

广东省　39

　主要做法及成效　39

　存在问题　40

广东省蕉岭县九岭村　181

广东省翁源县南塘村　166

广东省中山市南区曹边村　191

广东省珠海市斗门区　128

广西恭城月柿栽培系统　95

广西壮族自治区　41

　基本情况　41

　主要做法及成效　41

　存在问题　43

广西壮族自治区灵山县苏村　191

广西壮族自治区南丹县巴平村　181

广西壮族自治区农业厅等 16 部门关于加快发展休闲农业的指导意见　274

广西壮族自治区容县龙镇村　157

广西壮族自治区武宣县下莲

塘村　191

贵州省　49

　主要做法及成效　49

贵州省福泉市双谷村　183

贵州省荔波县水甫村　168

贵州省天柱县地良村　192

贵州省贞丰县纳孔村　158

国土资源部　国家发展改革委关于深入推进农业供给侧结构性改革做好农村产业融合发展用地保障的通知　223

国外发展概况及动向　71

H

海南海口羊山荔枝种植系统　96

海南省　43

　主要做法及成效　43

　存在问题　44

海南省澄迈县罗驿村　192

海南省儋州市铁匠村　167

海南省陵水县坡村　167

海南省琼海市大园古村　192

河北迁西板栗复合栽培系统　89

河北省邯郸市永年区东街村　150

河北省隆化县西道村　174

河北省滦平县小城子村　151

河北省秦皇岛市北戴河区北戴河村　150

河北省枣强县八里庄村　173

河北兴隆传统山楂栽培系统　89

河南省　33

　主要成效　33

　主要做法　33

　存在问题　34

河南省济源市韩彦村　179

河南省卢氏县　119

河南省漯河市郾城区裴城村　190

河南省商水县邓城镇邓东村　190

河南省武陟县西滑封村　179

河南省西平县芦庙村　156

河南省信阳市浉河区甘冲村　179

河南新安传统樱桃种植系统　94

黑龙江省　20

　基本情况　20

　主要做法及成效　20

　存在问题　21

黑龙江省甘南县兴十四村　177

黑龙江省漠河县北极村　176

黑龙江省农垦宝泉岭管理局绥滨农场　176

黑龙江省同江市八岔赫哲族村　151

黑龙江省五常市　103

湖北省　34

　基本情况　34

　主要做法及成效　34

　存在问题　35

湖北省大冶市　122

湖北省荆州市高新技术开发区黄湖移民新村　180

湖北省来凤县石桥村　157

湖北省南漳县峡口村　156

湖北省神农架林区红花朵村　157

湖北省枝江市关庙山村　180

湖南花垣子腊贡米复合种养系统　95

湖南省　36

　　主要成效　36

　　主要做法　37

湖南省洞口县宝瑶村　166

湖南省浏阳市东门村　181

湖南省龙山县捞车河村　157

湖南省平江县　125

湖南省祁阳县八尺村　190

湖南省桃江县朱家村　181

湖南新田三味辣椒种植系统　95

J

吉林九台五官屯贡米栽培系统　91

吉林柳河山葡萄栽培系统　90

吉林省　18

　　主要做法及成效　18

吉林省德惠市十三家子村　176

吉林省东辽县朝阳村　151

吉林省吉林市丰满区孟家村　151

吉林省通化县老岭村　164

吉林省汪清县　101

江苏高邮湖泊湿地农业系统　91

江苏省　22

　　主要做法及成效　22

　　存在问题　23

江苏省江阴市红豆村　188

江苏省连云港市赣榆区谢湖村　153

江苏省南京市江宁区孟墓社区　164

江苏省苏州市吴中区旺山村　153

江苏省太仓市电站村　177

江苏省徐州市贾汪区　106

江苏省宜兴市张阳村　153

江苏无锡阳山水蜜桃栽培系统　91

江西广昌传统莲作文化系统　94

江西南丰蜜橘栽培系统　93

江西省　30

　　主要做法及成效　30

　　存在问题　31

江西省广昌县姚西村　155

江西省井冈山市神山村　155

江西省南昌市新建区石咀村　179

江西省南丰县　114

江西省萍乡市安源区红旗分场　155

江西省婺源县延村　189

江西省新余市渝水区下保村　179

L

历史古村（26个）　186

辽宁省　16

　　基本情况　16

　　主要做法　16

辽宁省鞍山市千山风景名胜区上石桥村　175

辽宁省东港市大鹿岛村　164

辽宁省盘山县新村村　176

辽宁省绥中县新堡子村　188

领导讲话　195

M

马来西亚　78

N

内蒙古伊金霍洛旗农牧生产系统　90

内蒙古自治区　15

　　主要做法及成效　15

　　存在问题　15

内蒙古自治区克什克腾旗小红山子嘎查　163

内蒙古自治区农牧业厅关于印发《内蒙古自治区休闲农牧业发展"十三五"规划》的通知　260

内蒙古自治区托克托县郝家窑村　163

内蒙古自治区乌审旗神水台村　175

内蒙古自治区伊金霍洛旗　100

内蒙古自治区伊金霍洛旗乌兰木伦村　175

宁波市海曙区李家坑村　193

宁波市余姚市芝林村　193

宁夏回族自治区　57

发展成效 57

主要做法 58

存在问题 61

宁夏回族自治区隆德县清凉村 185

宁夏回族自治区隆德县新和村 171

宁夏回族自治区吴忠市利通区牛家坊村 171

宁夏回族自治区中卫市沙坡头区鸣沙村 171

农业部办公厅关于公布 2017 年休闲渔业品牌创建主体认定名单的通知 250

农业部办公厅关于公布 2017 年中国美丽休闲乡村推介结果的通知 236

农业部办公厅关于开展全国休闲农业和乡村旅游示范县（市、区）创建工作的通知 226

农业部办公厅关于开展中国美丽休闲乡村推介工作的通知 224

农业部办公厅关于推动落实休闲农业和乡村旅游发展政策的通知 231

农业部办公厅关于推介休闲观光牧场的通知 249

农业部办公厅关于印发全国农产品加工业人才培训等三个行动方案的通知 238

农业部办公厅关于支持创建农村一二三产业融合发展先导区的意见 233

农业部办公厅 中国农业发展银行办公室关于政策性金融支持农村创业创新的通知 247

农业部办公厅 中国农业发展银行办公室关于政策性金融支持农村一二三产业融合发展的通知 228

农业部等十二部门关于促进农村创业创新园区（基地）建设的指导意见 219

农业部关于公布 2017 年全国休闲农业和乡村旅游示范县（市、区）的通知 222

农业部关于公布第四批中国重要农业文化遗产名单的通知 219

Q

青岛市 62

主要做法及成效 62

存在问题 63

青岛市黄岛区大泥沟头村 161

青岛市即墨区 142

青岛市崂山区晓望社区 161

青海省 56

主要做法及成效 56

青海省海东市乐都区王佛寺村 185

青海省湟中县卡阳村 170

青海省西宁市城北区晋家湾村 160

全国休闲农业概况 3

全国休闲农业和乡村旅游精品景点线路推介 5

全国休闲农业和乡村旅游示范创建活动 5

全国休闲农业与乡村旅游示范县、示范点 97

R

日本 83

S

山东省 31

基本情况 31

主要做法 32

山东省滨州市经济技术开发区狮子刘村 156

山东省长岛县北城村 166

山东省莱州市初家村 166

山东省人民政府办公厅关于印发山东省乡村旅游提档升级工作方案的通知 269

山东省郓城县后彭庄村 190

山东省诸城市 116

山东省淄博市淄川区朱水湾村 156

山东章丘大葱栽培系统 94

山西稷山板枣生产系统 89

山西省 13

主要做法及成效 13

山西省长治县东掌村 174

山西省晋中市榆次区后沟村 187

山西省临县李家山村 187

山西省灵丘县上北泉村 163

山西省芮城县 99

山西省阳泉市郊区桃林沟村 174

陕西省凤县马场村 184

陕西省佳县赤牛坬村 170

陕西省礼泉县烽火村 193

陕西省南郑县瓦石溪村 184

陕西省商洛市商州区江山村 159

陕西省石泉县 138

陕西省宜君县淌泥河村 169

上海市崇明区丰乐村 177

上海市嘉定区毛桥村 152

上海市金山区水库村 152

上海市青浦区蔡浜村 152

四川省 47
　主要成效 47
　主要做法 47
　存在问题 48

四川省阿坝县神座村 168

四川省彭州市宝山村 183

四川省平昌县龙尾村 158

四川省平武县桅杆村 168

四川省遂宁市船山区 131

四川省武胜县观音桥村 158

四川省雅安市名山区红草村 183

T

天津市 12
　主要做法及成效 12

特色民居村（41 个） 150

特色民俗村（35 个） 162

天津市蓟州区西井峪村 187

天津市宁河区齐心庄村 173

天津市武清区韩指挥营村 173

X

西藏自治区 53
　发展成效 53
　主要做法 53
　存在问题 54

西藏自治区江孜县玉堆村 159

西藏自治区林芝市巴宜区唐地村 159

西藏自治区隆子县斗玉村 169

厦门市 64
　主要做法及成效 64

厦门市海沧区青礁村 194

厦门市翔安区金柄村 194

现代新村（48 个） 173

新疆生产建设兵团 66
　发展成效 66
　主要做法 67
　存在问题 69

新疆生产建设兵团第十师188 团 1 连 186

新疆生产建设兵团第四师77 团阔克托别镇 172

新疆生产建设兵团第四师可克达拉市可克达拉镇 186

新疆生产建设兵团第一师 7 团 143

新疆生产建设兵团关于印发《新疆生产建设兵团推进农牧团场一二三产业融合发展的实施意见》的通知 284

新疆维吾尔自治区 61
　基本情况 61
　主要做法 62

新疆维吾尔自治区温宿县帕克勒克村 172

新疆维吾尔自治区新和县加依村 172

新疆维吾尔自治区新源县肖尔布拉克新村 160

新疆维吾尔自治区焉耆回族自治县下岔河村 172

Y

英国 84

云南省 51
　发展成效 51
　主要做法 52

云南省楚雄市紫溪彝村 183

云南省建水县西庄镇 169

云南省剑川县寺登村 192

云南省丽江市古城区 135

云南省腾冲市银杏村 159

Z

在 2017 年中国美丽休闲乡村建设现场经验交流活动上的讲话 211

在 2017 年中央财政农业生产发展资金项目农村一二三产业融合发展支出方向工作任务实施培训班上的讲话 206

在 2017 全国休闲农业和乡村旅游大会上的讲话 200

在 2017 全国休闲农业和乡
  村旅游推介对接活动上的
  讲话 214
在全国休闲农业和乡村旅游
  管理人员培训班开班暨全
  国休闲农业和乡村旅游产
  业联盟成立仪式上的讲话
  202
在首届中国农村创业创新论

坛上的主旨演讲 197
浙江德清淡水珍珠传统养殖
  与利用系统 92
浙江省 23
  主要做法及成效 23
浙江省长兴县顾渚村 154
浙江省嘉善县汾南村 154
浙江省开化县龙门村 165

浙江省衢州市柯城区 107
浙江省松阳县西坑村 188
中国美丽休闲乡村 149
中国美丽休闲乡村推介活动
  6
中国重要农业文化遗产 87
中国重要农业文化遗产发掘
  保护工作 4

图书在版编目（CIP）数据

中国休闲农业年鉴 . 2018 / 农业农村部乡村产业发展司主编 . —北京：中国农业出版社，2019.8

　　ISBN 978-7-109-25819-8

　　Ⅰ . ①中…　Ⅱ . ①农…　Ⅲ . ①观光农业－中国－2018－年鉴　Ⅳ . ①F592.3-54

中国版本图书馆 CIP 数据核字（2019）第 182934 号

中国休闲农业年鉴 2018

ZHONGGUO XIUXIAN NONGYE NIANJIAN 2018

中国农业出版社出版

地址：北京市朝阳区麦子店街 18 号楼

邮编：100125

责任编辑：杜　婧　贾　彬　徐　晖

责任校对：巴洪菊

印刷：北京通州皇家印刷厂

版次：2019 年 8 月第 1 版

印次：2019 年 8 月北京第 1 次印刷

发行：新华书店北京发行所

开本：787mm×1092mm　1/16

印张：19　　插页：4

字数：700 千字

定价：400.00 元